Neef En Nicht...

Domien Sleeckx

NEEF EN NICHT,

ZUSTER JULIANA — DE KRAAG DES DUIVELS — VOORGEVOEL —

GILLEGILLEGAUWKEN — DE GROOTE ST-BERNHART

DOOR

SLEECKX.

ANTWERPEN,

J. W. MARCHAND EN C^o, UITGEVERS.

——

1869.

Een enkel woord, om den lezer te verklaren, waarom ik in dit bundeltje een vertaald stuk op de oorspronkelijke novelle en novelletten laat volgen.

In onze literatuur wordt bij voortduring veel geschermd met de woorden diep gevoel, dichterlijke gloed verhevenheid van styl, *enz., zonder dat men altoos een juist begrip schijnt te hebben van de denkbeelden, door die woorden uitgedrukt.*

De vertaling, welke ik naar den schrijver van de Nouvelles genevoises *beproefde, heeft ten doel onzen jongen letterkundigen te toonen, hoe een der beste esthetickers en stylisten van onzen tijd over datgene dacht, wat ten onzent maar al te dikwijls als gevoel, gloed en verhevenheid geldt.*

Lier, 2 November 1868.

I.

FRANS GROETAERS EN ZIJNE GEBREKEN.

Frans Groetaers was een beminnelijk jonkman. Aan een gunstig uiterlijk paarde hij een edel en gevoelig hart, een' vluggen geest en een gezond oordeel. Daarbij had hij eene goede opvoeding genoten. Kundig zonder verwaandheid, beschaafd zonder gemaaktheid, was hij beleefd met iedereen, bescheiden met bejaarde en spraakzaam met jonge lieden, hoffelijk jegens dames van elken ouderdom, hartelijk voor zijne vrienden, streng voor zichzelven en toegevend voor anderen, om kort te gaan, volmaakt, voor zooveel dit beduidenisvolle, maar dikwerf misbruikte, woord op een' zwakken sterveling kan toegepast worden.

Bij al zijne volmaaktheid had Frans erge gebreken. Een enkel van dezelve ware toereikend geweest, om voor menigeen, met minder wijsbegeerte toegerust, de toekomst te versomberen. Vereenigd moesten zij, zelfs voor eenen wijsgeer als hij, de kansen op levensgeluk duchtig verminderen.

Men oordeele:

Vooreerst had hij geen fortuin. Hij bezat niets, dan zijn helder hoofd en zijne rechtschapenheid, zijne bekwaamheid en zijnen arbeidslust. Ik twijfel niet, of sommigen mijner lezers zullen beweren, dat het genoeg, meer dan genoeg was. Immers, welke vorderingen het *positivismus* in onze verlichte dagen gedaan hebbe, nog altoos treft men eene macht menschen aan, wien het niet gelukt zich van zekere ouderwetsche begrippen los te rukken, en die in het denkbeeld blijven verkeeren, als zouden braafheid, kennissen en goede wil onmisbare vereischten zijn, om zijnen weg te maken en gelukkig te zíjn of te worden. Het spijt mij te moeten bekennen, dat het mij onmogelijk is in dit gevoelen te deelen. In theorie, ja, kunnen die menschen gelijk hebben; in de praktijk slaan zij deerlijk den bal mis. Spreek mij van eene goede hoeveelheid klinkende munt, lagen geest van kuiperij, schaamtelooze driestheid, gevoegd bij eene kloeke dosis lafheid en gewetenlooze sluwheid of schurkerij... Dat wil iets zeggen: daarmede komt men tegenwoordig soms zeer verre. Met kunde, rechtgeaardheid, oppassendheid?... Dat gaat niet altoos aan. Men hoeft maar rond te kijken, om er zich van te vergewissen. Al wat dagelijks onder onze oogen gebeurt, toont ons, hoe de verstandigste, ijverigste, bekwaamste en trouwhartigste niet zelden veroordeeld is, om geheel zijn leven in kommervolle omstandigheden

voort te sukkelen; terwijl de eerste vergulde ezel of onbe-
schaamde guit de beste niet eens noodig heeft te willen,
om door de wereld te rollen en voor eenen schranderen
bol, een toonbeeld van deugd, een wonder van knapheid
door te gaan, op den koop toe. De toestand, waarin Frans
zich op vijf en twintigjarigen leeftijd bevond, leverde
overigens het welsprekendste bewijs van de onloochen-
baarheid dier bedroevende waarheid. Trots zijne verdiensten, had hij 't niet verder dan tot eene plaats van boekhouder in een handelshuis van derden rang kunnen brengen.
Daarentegen zag hij domkoppen en schavuiten, die onder
geene betrekking met hem konden vergeleken worden,
alleen dank aan de schijven hunner ouders of hunne
eigene nietswaardigheid, aan het hoofd van gewichtige
besturen, befaamde ondernemingen, groote zaken, waarvan zij zonder vreemde hulp niet in staat waren den gang
te begrijpen, laat staan te regelen.

Tweede gebrek : hij was rechtzinnig en openhartig.
Een gezworen vijand van veinzerij en dubbeltongigheid,
meende hij wat hij zegde, en hield niet altijd voor zich
wat hij meende. Het is waar, bij het uiten zijner denkwijze verloor hij nooit de beleefdheid uit het oog en
bleef immer binnen de palen der strengste welvoeglijk-
heid. Het belette niet, dat hij zich de vijandschap op den
hals haalde van hen, die, door het gefleem hunner mond-
fluiters, mouwvagers en andere pluimstrijkers verwend,
in ieder, die het beneden zijne waardigheid achtte hen
te vleien, een' snooden miskenner hunner voortreffelijkheid zagen. Voor zijne rechtzinnigheid was men hem
geenszins dankbaar. Over het algemeen vraagt de wereld
niet, dat men denke wat men spreekt. Als men het maar

schijnt te denken, is zij voldaan; en dat het haar het gehoor streele, is al wat zij verlangt.

Nog was Frans zedig, al te zedig. Hij kende zijne waarde niet, en wat hij er van kende, zoude hij zich geschaamd hebben luide uit te bazuinen. Het deed hem veel kwaad. Geen gebrek, dat iemand meer dan de zedigheid benadeelt. Wij beleven eenen tijd, waarin laatdunkendheid en eigenwaan, praalzucht en snoeftaal, kwakzalverij en bluf van allen aard dingen van eerste noodzakelijkheid geworden zijn. Schier geen mensch, die zich niet beter, deugdzamer, schooner, slimmer, behendiger, wijzer, dan anderen noemt en laat noemen; geen, die zijne gaven of bekwaamheden, waren of gewrochten niet boven die van andere opvijzelt of doet opvijzelen... Alhoewel nu de sukkels, die zich door het gepoch laten misleiden, waartoe groot en klein de toevlucht neemt, om de aandacht te vestigen en zijnen medemensch zand in de oogen te strooien, in geringen getalle zijn, is vaak dit gesnork de onontbeerlijke voorwaarde voor het welslagen elker poging op het gebied van handel en nijverheid, kunst en wetenschap. Want ziehier, hoe het duizendhoofdige monster Publiek redeneert: „Indien zij, die zichzelven prijzen, luttel beteekenen, en hetgene wordt opgehemeld, weinig om het lijf heeft, dan zullen degenen, die zichzelven niet durven prijzen, nog minder beduiden, en zal wat niet opgehemeld wordt, nog minder om het lijf hebben. „ Zulks begreep Frans Groetaers niet, wilde hij niet begrijpen. Zonder rekening te houden van den geest zijner eeuw, beeldde hij zich goedsheugig in, dat ware verdiensten alleen iemand genoegzaam kunnen aanbevelen, dat zij onvermijdelijk vroeg of laat hare belooning vinden, en dat het *charlatanismus* altoos zijne straf medebrengt en op het hoofd van dengene terugvalt, die er zich toe verlaagt. Van daar, dat hij het ongelijk had zedig te zijn in eenen tijd, die de zedigheid niet verstaat, die geene zedigheid duldt; van daar ook, dat hij de roekeloosheid zooverre dreef, door overmaat van zedigheid zijne toekomst almede in de waagschaal te stellen.

Het laatste gebrek van Frans was nog beweenlijker, dan de vorenvermelde. Hij was namelijk verliefd, tot over de ooren verliefd... Of ik dan de liefde iets beweenlijks acht, of ik haar als een gebrek in een jong mensch beschouw? hoor ik den schranderen lezer en vooral de lieve lezeres met verontwaardiging vragen... In geenen deele. Ik verklaar integendeel met alle verliefden, dat zij het schoonste gevoel is, welk ons bezielen kan; het eenigste, welk ons in staat stelt dien anderen, heel niet schoonen, grondtrek van ons karakter, het egoïsmus, gedeeltelijk althans, uit te wisschen; het gevoel, eindelijk, dat meer dan elk ander tot ons geluk kan en moet bijdragen. Ook aarzel ik niet hen beklagenswaardig te noemen, die voor haar niet vatbaar zijn, al ware het slechts hierom, dat zij gevaar loopen nooit oprecht bemind te worden... Wanneer echter een jonkman onverstandig of ongelukkig genoeg is, om hopeloos te beminnen; wanneer zijne kwade star hem heeft doen verslingeren op eene vrouw, van wie hij geene wederliefde verhoopt, aan wie hij zijne liefde niet durft openbaren, wijl hij meent, dat het toch niet helpen zal, wijl hij vreest, dat het hem hare achting en vriendschap zal doen verliezen, dan is liefde, wat ook verliefden praten, een beweenlijk iets; dan is verliefd zijn een betreurlijke toestand, die op iemands volgend leven eenen noodlottigen invloed dreigt uit te oefenen.

En dat was het geval met Frans Groetaers. Hij beminde, gelijk men op zijnen ouderdom en met zijn gevoelig hart bemint, een meisje, met hetwelk hij ongetwijfeld zeer gelukkig zoude geweest zijn, zonder hetwelk hij voelde, dat hij nooit recht gelukkig zoude wezen, doch aan hetwelk hij zijne liefde niet durfde bekennen, uit vreeze van door haar als een vermetele dwaas, en door haren vader als een snoode ondankbare smadelijk te worden afgewezen...In andere woorden, hij beminde, aanbad, vergoodde zijne nicht Clara, zijne naaste bloedverwante, de dochter van den broeder zijns vaders, wel is waar, maar tevens de schoonste en meestgevierde erfgename zijner geboortestad, de dochter van den gewezen bankier, M. Karel Groetaers, eene allergewichtigste personaadje, en die zich, het was overbekend, op zijnen rijkdom en het aanzien, welk deze hem bij zijne medeburgers verzekerde, meer liet voorstaan, dan alle verledene, tegenwoordige en toekomende bankiers en geldmannen van België te zamen.

II.

BETER EENE ONCE GELUK, DAN EEN POND VERSTAND.

M. Karel Groetaers, of liever M. de baron Groetaers, gelijk het Z. M. beliefd had hem zekeren dag, na eene voor het land zeer voordeelige, voor hem nog meer winstgevende geldelijke onderneming te betitelen, was een der rijkste ingezetenen van Antwerpen niet alleen, maar van geheel do provincie. Op de lijst der belastingschuldigen, kiesbaar voor den Senaat, prijkte zijn naam tusschen die der hoogstaangeslagen grondeigenaren. Dat verder zijne portefolie tot berstens met staatspapieren en handelseffekten was volgepropt, wisten allen, die van verre of nabij met hem in aanraking kwamen.

En hoe zouden zij 't niet geweten hebben? De gewichtige man had het zwak gaarne van zijne bezittingen breed op te geven. Waar de gelegenheid zich daartoe aanbood, — en hij zorgde, dat het dikwijls geschiedde, — praalde hij met zijne kasteelen, hoeven en landerijen in den buiten, hotels en huizingen in de stad, met zijnen goed verzekerden en niet minder goed gevulden geldkoffer, zijne schuldbrieven, aandeelen en *coupons*, zijn massief zilverwerk, zijne kostelijke meubelen, zwierige rijtuigen en prachtige paarden. De kamers zijner wezentlijk vorstelijke woning noemde hij immer *mijne zalen*, zijne knechts *mijne lakkeien*. Als hij van wijlen zijne echtgenoote sprak, was het altoos de *baronnes* zaliger, — hij was nogtans eerst lang na haren dood baron geworden ; — en den doopnaam zijner dochter liet hij, in het bijzijn van vreemden, telkens van het predikaat *freule* voorafgaan. Zelfs wanneer hij, — wat mede dikwijls geschiedde, — zijne nederige afkomst herinnerde en zijn' grootvader den kaaiwerker of zijn' vader den winkelier vermeldde, was het enkel met het doel op den verbazenden afstand te wijzen, die hem van hen scheidde, en op de duizeling-wekkende hoogte, waartoe hij, dank zijn beleid, zijn genie, was opgeklommen.

Of inderdaad zijn beleid, zijn genie zoo groot geweest was ? Toch niet. Van de twee zonen, door den eerzamen kruidenier Emmanuel Groetaers, bij Barbara, de dochter van den meelpelder Koeymans, in huwelijk verwekt, was hij de minstbegaafde, onder alle opzichten. Van toen zij in de lagere school waren, had hun vader, wien het niet aan scherpzinnigheid ontbrak, voorspeld, dat Jan, de oudste, alles, Karel, de jongste, daarentegen niets zoude leeren. En de uitslag van beider studiën had die voorspelling bewaarheid. Op zijn zestiende jaar was de eerste

zoo beslagen, als menige knaap, die drie, vier jaar langer
had gestudeerd ; op zijn achttiende had de tweede nauwelijks genoeg voordeel uit de lessen zijner meesters getrokken, om als loopjongen in een bureel te treden; kende
hij, buiten een' mondvol erbarmelijk Fransch, niet zooveel,
als een middelmatige leerling van de middelste klas eener
kostelooze stadsschool.

Jan was destijds al in den handel. Na een paar jaren
als klerk te hebben gewerkt, was hij in koloniale waren
gaan doen. Bij den aanvang slaagde hij redelijk wel;
doch zijn voorspoed hield geen' stand. Ondanks zijne
grondige *commerciëele* kennissen, zijn onberispelijk gedrag en zijne wakkerheid, *faliëerde* hij, korts na het
overlijden zijner ouders, en mocht hij blijde zijn eene
betrekking als kassier bij eenen zijner voormalige studie-
makkers, den graanhandelaar Geert Van Bauwel, te
krijgen. Hij bekleedde dien post tot aan zijnen dood, die,
een tiental jaren nadien, zijne vrouw, de dochter eens
armen, doch eerlijken beunhazen, van eenen voorbeel-
digen echtgenoot, zijn twaalfjarig zoontje, onzen Frans,
van eenen teederlievenden vader, en beiden van hunnen
eenigen steun beroofde.

Hoe het intusschen den geenszins knappen Karel gegaan
was ? Uitmuntend. Als loopjongen op het kantoor eens effek-
tenmakelaars — makelaar in den wissel, zegt men ten
onzent, — geplaatst, was hij mettertijd kommissionnaris
in publieke fondsen geworden. Stilaan had hij zaakjes
voor eigen rekening gewaagd. Die zaakjes waren mede-
gevallen. Hij had ze uitgebreid en er een wisselkantoor
bij geopend. Het was eene nieuwigheid; want Antwerpen,
de eerste handelstad van België, bezat nog geen dergelijk
gesticht. De nieuwigheid, elders, te Brussel, bij voor-

beeld, lang geene nieuwigheid meer, beviel uitermate.
Hij won veel geld. Een jaar later huwde hij een leelijk
meisje van goeden huize, dat, spijt het vermogen haars
vaders, geenen man vond. Zij kreeg eenen niet onaan-
zienlijken bruidschat mede. Eene stoute onderneming,
waartoe hij onnoozel weg, dat is zonder er te hebben
over nagedacht, — ja, het nadenken was zijne zaak
niet, — zich liet verleiden, bracht er hem bovenop.

Het was in 1848. Zijn broeder Jan was onlangs fout
gegaan. De Oostenrijksche Metallieken, tot dan toe eene
soliede effektensoort, waren, ten gevolge der onrustige
tijdsomstandigheden, fel gedaald, en haast niemand durfde
staande houden, dat zij zoo spoedig weer zouden rijzen.
Veeleer voorspelde men, dat zij lager zouden dalen, wie
weet? misschien de waardige tegenhangers worden dier
beruchte Spanjaarden, welke met duizenden onvoorzichtige of lichtgeloovige lieden in het verderf hadden gestort.
Dit oogenblik, gewis het ongunstigste, dat hij konde
uitkiezen, meende onze wisselaar te moeten benuttigen,
om op rijzing te *spekuleeren*. Zonder te weten waarom,
zonder een juist begrip te hebben van den toestand des
Oostenrijkschen staatsbestuurs, van de middelen des lands
en van de oorzaken, welke die middelen tijdelijk verlam-
den, zonder van iets rekening te houden, zonder iets te
berekenen, kocht hij Metallieken. Iedereen spotte met hem.
Men noemde hem een' waaghals, een' domkop, die niet
wist wat hij deed... Hij liet zich niet van zijn stuk brengen.
Integendeel, hoe meer men zijne handelwijze afkeurde,
hoe meer men spotte en schimpte, hoe hardnekkiger hij
voortspeelde. Het kwam hierbij, dat de afkeuringen,
spotternijen en schimpredenen hem geweldig vernederden
en griefden. Ze ergerden hem te meer, daar hij, hoe kort-

zichtig en onnadenkend ook, zich niet ontveinsde, dat hij te
onbedacht was te werk gegaan, en als een duister gevoel
had, dat hij werkelijk op den boord eens afgronds wandelde. Om den schijn te hebben, alsof hij zijn weetje wist
en niet in het wilde schermde, trad hij desniettegenstaan-
de halsstarrig op de ingeslagen baan voort. Hij kocht al
wat men hem aanbood. En 't was voorwaar niet weinig.
Alwie op een greintje doorzicht aanspraak maakte,
spekuleerde op daling. De Metallieken stonden toen op
40. Vier dagen later waren zij tot 38 gedaald. De bedre-
venste spekulanten hielden het er voor, dat het daarbij
niet zoude blijven. Zij heetten hem een' bedorven man.
Op de beurs waren er lieden, die zijnen misslag opentlijk
bejammerden en hunne spijt te kennen gaven, dat een
jongen, die anders zijne zaakjes netjes geklaard had,
als zijn broeder zoude varen en, na eene kortstondige
verschijning, voor altoos van het tooneel des fondsen-
handels verdwijnen. Zijn schoonvader was het hart in.
Hij vreesde, dat de bruidschat zijner dochter niet toereikend zoude zijn, om den onbesuisden behuwdzoon te
redden, en dat hij zich zoude verplicht zien andermaal
zijn kapitaal aan te spreken... Daar keerde eensklaps
de kans. Er kwam hoop op betering in Oostenrijks
toestand. De Metallieken rezen. In de laatste dagen
der maand klommen zij tot 45. Eer de vervaldag daar
was, stonden zij op 50, en toen werd afgerekend, op 53
en meer! Niet alleen was Karel Groetaers gered; hij
was een rijk man en had zich voor altijd de faam van
een' eersten sluwkop, een' spekulant n° 1, een' volleerden
beursspeler, een' geldman van de goede school verworven... Hoe wonderdadig hij aan het gevaar ontsnapte

en door de fortuin was begunstigd geworden, bleek
hieruit, dat, daags na de afrekening, de Metallieken op
nieuws vielen en hare dalende beweging niet meer staak-
ten, vóor dat zij 36 bereikten.

Van dan af groeide zijn voorspoed op eene verbazende
wijze aan. Hij stichtte een bankhuis. In weinige jaren
werd het wijd en zijd befaamd. Hij nam deel aan de
belangrijkste ondernemingen, welke sinds dien in België
tot stand kwamen, als daar zijn : het sluiten van leeningen,
het leggen van spoorwegen, het oprichten van nijver-
heidsgestichten, het invoeren van nieuwe landbouwstelsels,
het uitbaten van gebreveteerde uitvindingen op reusachtige
schaal, het daarstellen van stoombootdiensten en wat dies
meer; en altijd en overal ging het hem voor den wind.
Hij had wat men een *baldadig* geluk pleegt te noemen.
Waagstukken, waar anderen geld mede verloren, deden
hem schatten winnen. Zaken, welke grootelijks hadden te
wenschen gelaten, zoolang hij er niet tusschen was, werden goed, als hij er zich mede bemoeide; andere, goed,
zoolang hij er tusschen bleef, werden slecht, als hij zich
verwijderde. Dat de meeste lieden dien aanhoudenden
voorspoed, dit onverstoorbare geluk, niet aan het blinde
toeval, maar aan zijn wijs overleg toeschreven, dat hij
meer en meer als een beslagen gast, als de ervarenste
financier geroemd werd, zoodanig, dat hij op den duur
zelf zich een' uitstekenden geldman, een genie waande,
moet niemand verwonderen. Het was de gewone loop van
de wereld. Wel waren er menschen, die, meer klaar-
ziende, er anders over dachten en zijn zoogenaamd beleid
naar waarde schatteden ; doch zij waren niet talrijk en
oordeelden het nutteloos het algemeene gevoelen te bestrijden. Zij lieten hem roemen en bevredigden zich met

onder elkaar te fluisteren, dat zijn kolossale voorspoed, tegenover zijns broeders onverdienden tegenspoed, als een nieuw bewijs van de juistheid des spreekwoords : *Beter eene once geluk, dan een pond verstand*, konde gelden. Tot het einde toe rechtvaardigde die voorspoed de spreuk; en toen hij, nog in den bloei des levens, zijn bankhuis en zijne verdere zaken op de voordeeligste voorwaarden aan een machtig vennootschap had overgedaan, om het overige zijner dagen in rust en genot te slijten, had hij het verre genoeg gebracht, om onder de rijkste kapitalisten des lands eenen voornamen rang te bekleeden.

III.

CLARA.

Was M. de baron Groetaers fier en pochte hij gaarne op zijn beleid en zijn genie, op zijn fortuin en zijnen rang met al de voorrechten daaruit voortvloeiende, hij was het nog meer en deed het nog liever op zijn eenig kind, op zijne dochter Clara.

En hij had voorwaar geen ongelijk.

Want Clara was meer dan de kostbaarste zijner bezittingen. Zij was een meisje, op hetwelk ieder vader zich met recht hadde mogen verhoovaardigen. Haar ziende en hoorende, werd men letterlijk betooverd; en naarmate men haar beter leerde waardeeren, begreep men moeilijker, hoe zij de dochter van zulk een' vader konde zijn.

Lichaamsschoonheid was de minste harer gaven; en al-hoewel zij die in den hoogsten graad bezat, vergat men ze allicht, om al zijne bewondering aan haar kloek verstand, haar edel hart, haar liefderijk gemoed en hare innemende manieren te schenken.

Wat inzonderheid voor haar verstand pleitte, was, dat zij met de voordeelen, welke zij der natuur en den vermogen haars vaders dankte, en met de opvoeding, welke men haar had gegeven, een toonbeeld van inschikkelijkheid en eenvoud was gebleven. Koppigheid of eigenzinnigheid kende zij zoo min, als hoogmoed en verwaandheid. Van kindsbeen vertroeteld en bedorven door ouders, die met elkaar wedijverden, om zich de slaven harer nukken en luimen te maken, had zij die gevaarlijke vuurproef doorstaan, zonder, gelijk het onvermijdelijk scheen, wat men eene grillenmoér noemt, te worden. Van de dochter eens gelukskinds had zij niet het geringste; en .de praalzucht haars vaders viel haar even pijnlijk, als de laffe vleitaal zijner vrienden en tafelschuimers. Zij had vroeg hare moeder verloren. In een voornaam Brusselsch onderwijsgesticht opgevoed, alwaar zij verscheidene jaren met de dochters der rijkste en edelste familiën des lands had verkeerd, en alwaar men zich beijverd had haar de noodzakelijkheid in te scherpen uit de hoogte op alle niet rijken, niet adellijken neer te zien en haren landaard te versmaden, was zij er zoo zedig en onverfranscht uitgekomen, als zij er was ingetreden. Zij was er misschien zediger en onverfranschter uitgekomen, wijl zij er had leeren inzien, hoe bespottelijk het voor rijken en adellijken is zich van eene betere stof dan de overige stervelingen te wanen; en hoe verderfelijk het voor een volk moet

2

worden zijne eigendommelijkheid te verzaken, om met eene voorliefde, die aan razernij grenst, al wat vreemd is, aan te kleven.

Als een bewijs van de liefderijkheid haars gemoeds moge het volgende dienen :

Na het afsterven van Jan Groetaers, had zijn broeder zich dezes weduwe en zoon aangetrokken. Hij had het gedaan, minder wijl het zijn plicht was, dan wel omdat zijn dochtertje, toen nauwelijks elf jaren oud, hem had doen inzien, hoe onbetamelijk het zoude zijn, dat menschen, welke zijnen hooggevierden, luidklinkenden naam droegen, in armoede verkommerden. Ook vreesde hij door de openbare denkwijze van liefdeloosheid en enghartigheid, erger nog, van bekrompenheid en vrekkigheid verdacht te worden. Daarom had hij hun een jaargeld toegelegd. Het was vrij sober en voorzag ter nauwernood in hunne dringendste behoeften. Met eene kieschheid, in een elfjarig meisje waarlijk bewonderenswaardig, wist Clara dit jaargeld onrechtstreeks te vergrooten, zoodat zij in betrekkelijk ruime omstandigheden konden leven. Hiermede niet tevreden, trachtte zij door allerlei hartelijke beleefdheden het vernederende der bescherming te bewimpelen, hun door haren vader verleend. Zij was en bleef voor hare tante veeleer eene liefhebbende dochter, dan eene nicht, voor haren neef de speelnoote, de vriendin, de zuster van vroegere jaren. Groetaers bepraatte zij, om hen, als te voren, meer dan te voren, op eenen voet van gelijkheid te behandelen. Zij maakte, dat zij immer gul en voorkomend ten zijnent werden ontvangen, en duldde niet, dat zijne dienstboden, gasten en vrienden hen met minder eerbied bejegenden, dan haar zelve ; dat zij in hen iets anders zagen, dan onafhankelijke bloedverwanten, die evenzeer hunne achting en hoogschatting verdienden, als zij en haar vader.

De moeder werd ziek. Maanden achtereen stond Clara haar als eene liefhebbende dochter bij. Gansche dagen zat zij aan hare sponde, om haar te verzetten en te verplegen. Toen de ziekte verergerde, week zij niet meer van hare zijde. Het hinderde den hoogmoedigen bankier niet weinig. Met verkropte spijt zag hij mejufvrouw Groetaers zich tot de lastige rol eener ziekendienster vernederen. In hare liefde voor de kranke moei vond zij den moed hem met hare handelwijze te verzoenen. Met eene zelfopoffering, die niet verflauwde, bleef zij hare bloedverwante oppassen en bewaken, doch wist daarbij haren vader de noodzakelijkheid der trouwe vervulling van dien kinderplicht zoo behendig onder het oog te brengen, dat hij het niet dorst beproeven het haar te beletten.

De zorgvuldigste verpleging en de hulp der vermaardste geneesheeren vereenigden zich te vergeefs, om de brave vrouw te redden. In de armen van Clara blies zij den laatsten adem uit. Stervende beval zij haren zoon zijner nichte aan en trad, door dezer beloften bemoedigd en gerustgesteld, met woorden van dank en zegening op de lippen, de eeuwigheid in.

Het eerste, waaraan het edelaardige meisje, na den afloop der droevige gebeurtenis, dacht, was hare beloften te vervullen en voor de toekomst van den ouderloozen neef te zorgen. Door haar toedoen werd de jongeling, die niet droomde dan van koopman. gelijk zijn vader, te worden en eenmaal te toonen, hoe nauwgezet de zoon van Jan Groetaers dezes verplichtingen wist na te komen, in een instituut geplaatst, alwaar men hoofdzakelijk de handelswetenschappen onderwees. Hiermede meende Karel Groetaers zich ten volle van zijnen plicht als oom en voogd t kwijten en voortaan van den knaap af te zijn. Clara deed het hem anders verstaan. Zij betoogde hem, hoe hij volstrekt zich de moeite moest getroosten, dezen bij tijd én gelegenheid te ontbieden, ten einde zich van zijne vorderingen te vergewissen en hem met de noodige lofspraken tot volharding of met vermaningen tot beternis aan te sporen. In stede van, gelijk de bankier het gewenscht hadde, ook tijdens de vakantiën in zijn instituut te blijven, mocht dus Frans die telkens in de woning zijns ooms en in het gezelschap zijner bevallige nicht doorbrengen. En hierbij bepaalde zij zich niet. Benevens zijn stoffelijk onderhoud en zijne verstandelijke ontwikkeling, behartigde zij zijne genoegens en vermaken. Geen feest werd gedurende eene reeks jaren door Groetaers gegeven, geen pleziertocht door hem en zijne dochter ondernomen, geen kunstgenot door hen gesmaakt, waarvan niet de wees, voor zooveel zijne studiën het gedoogden, zijn deel had. In één woord, zij strekte hem, hoe jeugdig ook, tot moeder, gelijk zij het der stervende beloofd had. Dank aan hare tusschenkomst, werd hij, tot aan zijne meerderjarigheid, eerder als een zoon, dan als een beschermeling door den baron zelven behandeld, die misschien in den grond zijns harten zijne gedwongen zwakheid verwenschte en zijn pleegkind met geheel andere gevoelens dan die eens vaders beschouwde.

Op het oogenblik, dat Frans, na voleindigde studiën, het instituut verliet, was ook Clara, thans eene beelderige volwassen jonkvrouwe, voor goed uit haar voornaam pensionnaat teruggekeerd. Haar vader had korts te voren zijne zaken opgegeven. Meer dan ooit zag hij haar naar de oogen. Van den invloed, dien zij onvrijwillig op hem uitoefende en dien zij tot hiertoe slechts voor haren neef had doen gelden, wilde zij deze reis gebruik maken, om hem in staat te stellen zich op zijne beurt den weg naar het fortuin te banen. Hij had de lessen zijner professoren vlijtig benuttigd en bezat genoegzame kennissen, om zijn geluk in den handel te beproeven. Waarom zoude hij niet van nu af koopman worden, liever dan, gelijk het zijn voornemen was, eerst eenige jaren als klerk op een kantoor werkzaam te zijn? Om zaken te beginnen, ontbrak hem niets anders dan geld, en juist dat wilde zij hem verschaffen. Zij zoude haren vader bidden hem een kapitaal te schenken, althans voor te schieten. Zij twijfelde niet, of hij zoude eindigen met haar verzoek in te willigen en aldus Frans het middel aan de hand doen, op eene zoo voordeelige als eervolle wijze in de handelswereld op te treden.

Voor de eerste maal, sedert dat zij zich over de toekomst haars neven had beginnen te bekommeren, gelukte het haar niet haar plan door te zetten. Door de weigering van eenen der belanghebbende personen werd het haar onmogelijk hetzelve te volvoeren. Van haren vader kwam de weigering niet. Na eenig tegenstribbelen, stemde hij, net als zij 't voorzien had, er nogmaals in toe haar haren zin te geven. Zij kwam dus van Frans. Te fier om langer zijnen oom tot last te zijn en vol vertrouwen in zijne bekwaamheid, wees hij elke gift of geldschieting van de hand. Dankbaar voor de genoten weldaden, verklaarde hij voortaan op eigen wieken te willen drijven, ten einde later zijn vermogen — hij vleidde zich er spoedig een te winnen, — aan zijn' eigen arbeid, zijne eigene vlijt en knapheid verschuldigd te zijn. Vruchteloos poogde Clara hem van zijn besluit af te brengen. Hij volhardde in zijne weigering. Zelfs duldde hij niet, dat zijn oom stappen aanwendde, om hem aan eene plaats te helpen. Om alle bemoeiingen van dien aard te verijdelen, haastte hij zich voorloopig als boekhouder in het huis van derden rang te treden, waarvan wij hiervoren spraken, hoewel hij wist hoe weinig moeite het den geldman zoude gekost hebben, hem eenen beteren post te bezorgen. Ja, zoo ernstig was het gemeend, wat hij van het drijven op eigen wieken zegde, dat hij voor de huisvesting bedankte, welke Groetaers, natuurlijk alweder op verlangen zijner dochter, hem aanbood. Het eenigste wat hij met vreugd aanvaardde, was de uitnoodiging om elken zondag het middagmaal met oom en nicht te komen gebruiken. Niet minder gewillig stemde hij er in toe Clara te beloven hen in de week, telkens als zijne bezigheden het zouden toelaten, te bezoeken, en verder met hen op denzelfden vertrouwelijken voet te blijven verkeeren.

IV.

VEEL LIEFDE, WEINIG HOOP.

Zoo laat zich de liefde van Frans Groetaers, den koop-
mansklerk, voor zijne nicht, de dochter van den schatrijken oom, verklaren, zonder dat wij er ophelderingen hoeven bij te voegen. Die liefde dagteekende van zijne vroegste
jeugd. Hoe ware hij voor zulke engelachtige goedheid
en teerhartigheid, gepaard aan zulke kieschheid en beminnelijkheid ongevoelig gebleven? Hij hadde Clara moeten
beminnen, al ware zij niet schoon geweest; want hij was
haar zooveel erkentenis verschuldigd, en van erkentenis
tot liefde is dikwijls de stap zoo klein. Doch zij was, wij
weten het, zeer schoon, niet minder schoon dan braaf, en
niet minder braaf dan verstandig. Zij bezat al die eigen-

schappen, welke men in eene vrouw kan verlangen, en die haren echtgenoot tot den gelukkigsten sterveling kunnen maken. Ook beminde hij haar met eene innigheid, eenen gloed, die hem somwijlen verontrustte, daar hij, verre van zich te vleien hare wederliefde te winnen en de toestemming haars vaders te erlangen, er niet durfde aan denken haar met zijne ware gevoelens bekend te maken.

Of hij dan in het geheel geene hoop koesterde? Wie zal het zeggen?.. Geene liefde zonder hoop, beweert men. Nademaal Frans, ondanks den afstand, die hem van Clara scheidde, en waarvan hij de onoverschrijdbaarheid beter dan iemand besefte, haar bleef beminnen, haar dagelijks meer beminde, zouden wij er bijkans mogen uit opmaken, dat in den geheimsten schuilhoek zijns harten iets verborgen lag, hetwelk aan hoop geleek. Wat daarvan zij, veel beduiden konde het niet, aangezien het hem den moed niet gaf Clara te laten merken, hoe dierbaar zij hem was, hoe vurig hij haar liefhad, hoe afgodisch hij haar vereerde.

Hoop?... Die had hij vroeger maar al te veel gehad; thans niet meer. Zoo hem nog iets restte, dat dien naam verdiende, dan werd het met elken dag geringer. Immers met elken dag werd de afstand tusschen hem en Clara grooter, vermeerderden de hinderpalen, die zijner liefde in den weg stonden. Tóen hij, bij het eindigen zijner studiën, zich sterk genoeg geloofde, om alle verdere hulp van de hand te wijzen, was het, dewijl hij, als de meeste jonge lieden, bij hunne intrede in het werkelijke leven, zich door die zelfbegoocheling liet misleiden, welke alles gemakkelijk waant en zich de toekomst onder de lachendste kleuren voorspiegelt. Het scheen hem onaannemelijk, dat een jong mensch met zijne kennissen en zijne wilskracht er niet in zoude slagen zich baan te breken en in korten tijd daar te geraken, waar hij verlangde te wezen. Zijn oom had het wel gedaan gekregen, en hij was bekwamer dan zijn oom... Doch, naarmate hij de werkelijkheid leerde kennen, nam dit zelfvertrouwen af en leerde hij ook de nietigheid zijner streelende verwachtingen inzien. Stilaan kreeg hij een duidelijker besef van zijnen toestand. Hij begreep, hoe weinig op het veld der maatschappelijke bedrijvigheid te verrichten valt voor een' jongeling zonder fortuin en zonder ondervinding, zonder vrienden, die niet op machtige voorsprekers steunt en van alles gruwt, wat naar kuiperij, dubbelhartigheid, lafheid, laagheid zweemt. Hij begreep tevens hoe lichtzinnig hij was te werk gegaan met den verderen bijstand zijns ooms te versmaden; hoe roekeloos met zich door eigen kracht in de hoogte te willen werken. Wat zoude hij eventwel doen? Karel Groetaers te voet vallen? Hem bekennen, dat hij zich in zijne vooruitzichten bedrogen vond; dat hij geene kans had, om zoo spoedig, als hij 't gemeend had, voort te komen? Hem smeeken zich op nieuws zijner te ontfermen?.. Hij konde er niet toe besluiten. Hij hadde zijne onmacht, zijne ontgoocheling moeten belijden en daar zag hij tegen op, als tegen iets, wat hem in de oogen van Clara zoude vernederd hebben. Neen, nog liever wilde hij, moest het zijn, tien jaar langer klerk blijven ..Zoo bleef hij klerk, zonder zelfs in een huis van meer gewicht te kunnen overgaan; zoo werd zijne hoop steeds kleiner. Er kwam een dag, waarop hij erkende, dat hij een vijftiger of zestiger konde worden, vooraleer zijn doel, eene deftige *positie*, te bereiken, en dat alleen het eene of andere toeval den tijd, waarop hij die zoude bereiken, konde bekorten. Van dien dag was het met zijne hope erg gesteld. Zij werd tot een enkel flauw straaltje verminderd. Toch verloor hij niet teenemaal den moed.

Hij ontveinsde zich niet, dat een dergelijk toeval uiterst zeldzaam is, dat het op honderd lieden soms hoogstens éénen begunstigt; maar de gedachte, dat hij misschien, even als zijn oom, die ééne zoude zijn; dat heden of morgen, misschien iets — hij wist zelf niet wat, — zoude gebeuren, hetwelk ook hem er bovenop bracht en hem toeliet naar Clara's hand te dingen, zonder het verwijt van driestheid, ondankbaarheid en baatzucht op zich te laden, die gedachte, zijne laatste begoocheling, wilde niet van hem wijken... Zij belette hem alle hoop op te geven en tot vertwijfeling over te slaan.

Wat nogtans dit flauwe straaltje, het eenigste dat wellicht nog in zijn' boezem glom, flauwer en flauwer maakte, was de gedurige vermeerdering van zijn ooms aanmatigingen. Want met die aanmatigingen hadden ook Groetaers eischen ten aanzien van Clara's toekomstigen echtgenoot toegenomen. In den beginne wilde hij, en dat was natuurlijk, minstens een' stevigen bankier of groothandelaar voor zijnen schoonzoon hebben. Doch allengs had hij meer verlangd. In aanmerking nemende, dat hij geen gewoon bankier geweest was, aangezien het Z. M. behaagd had hem in den adelstand te verheffen, had hij weldra verklaard met een' gewonen bankier of groothandelaar geen' vrede meer te hebben. Zijne dochter moest, volgens hem, met een' van den eersten rang, een' der helden van de beurs, een' der vorsten van het kapitaal, in den echt treden. Daarbij bleef het niet. Nadat Clara eenigen tijd in de groote wereld had verkeerd en allerwege bijval inge_oogst, klommen zijne eischen alweer hooger. Zij konde enkel een' schatrijken edelman huwen. Later werd een onbetitelde edelman hem te gering. Er moest een ridder of baron komen. Eindelijk was zelfs een ridder of baron hem

niet meer genoeg, en verklaarde hij zich met niet minder
dan een' graaf of hertog te kunnen bevredigen. Van eenen
eenvoudigen jonkheer of edelman zonder titel, van eene
echtvereeniging met eenen burger, hoe rijk, hoe aanzienlijk
anders ook, wilde hij onder geene voorwaarde meer
hooren. Zij hadde hem een schromelijk mishuwelijk toege-
schenen, waarvan het denkbeeld alleen hem zoo zeer
verontwaardigde, dat hij niet zonder afgrijzen er konde
bij stilhouden.

Het was niet geschikt, om de hoop van Frans levendig
te houden. Veeleer zal men waarschijnlijk zich verwonderen, dat het hem den moed liet niet te vertwijfelen. Er
blijft ons over het begrijpelijk te maken.

Doen wij in de eerste plaats opmerken, dat hij nog geene
verkoeling in Clara's genegenheid voor hem had bespeurd.
Integendeel, die genegenheid scheen met de jaren aan te
groeien en van lieverlede een teerder karakter aan te
nemen. Bij elk zijner bezoeken, ontving zij hem met on-
geveinsde vreugde en met eene roerende vriendelijkheid,
die niets gemeens had met de alledaagsche beleefdheid,
waarachter men in de wereld dikwijls zijne onverschilligheid, ja zijnen tegenzin verbergt. Wanneer hij des zondags
niet kwam middagmalen, was zij voor drie dagen ontstemd; bleef hij in de weke weg, dan stuurde zij hem
zachte verwijten toe, waarvan de beteekenis den zedigen
Frans ontsnapte, maar die hem stof tot nadenken hadden
moeten leveren. Zij bewezen ten duidelijkste, op hoe hoogen prijs zij zijn bijzijn stelde, en hoezeer het haar eene behoefte geworden was hem te zien en met hem te spreken.
Dat hij niet beter zijnen weg maakte, bedroefde haar meer
dan hem. Slechts de vreeze hem te mishagen konde haar
weerhouden hem op nieuws haren vader dringend aan te

bevelen. In al de bijzonderheden van zijne levenswijze wilde zij ingewijd worden ; en als hij vergat haar kleinigheden mede te deelen, welke hij harer aandacht onwaardig achtte, verzuimde zij niet ze hem in het geheugen te roepen met eene bezorgdheid, die ten overvloede toonde, hoe nauwlettend zij zijnen handel en wandel gadesloeg en alles naging, wat hem aanbelangde. Ofschoon hetgeen hij van dat alles merkte, niet toereikend was, om hem aan iets anders dan vriendschap te doen peinzen, liet het niet na hem te overtuigen, dat zij te zijnen opzichte niet veranderde, dat zij niet ophield hem als een' broeder lief te hebben.

In de tweede plaats scheen zij niet haastig, om eene keus te doen tusschen de talrijke vereerders en aanbidders, die haar omringden. In geheel haar gedrag liet niets vermoeden, dat zij een' hunner bijzonder onderscheidde. Onbevangen en opgeruimd, heusch en lieftallig met allen, gaf zij aan niemand eenige blijk van voorkeur en vermeed elke handeling, die haar van behaagzucht hadde kunnen doen verdenken. Onder de stoutste dier vereerders en aanbidders, waren er, die het gewaagd hadden hare hand te vragen. Het waren goede partijen, waarvan ettelijke schitterend genoemd werden. Tot ieders bevreemding waren zij beleefdelijk, maar bepaaldelijk afgewezen geworden. Waarbij kwam het? Van waar die standhaftige weigering van iederen huwelijkskandidaat? Bevielen de heeren Clara niet; of was het de baron, die hen der eer van eene echtvereeniging met zijne dochter onwaardig keurde? De Antwerpsche *high life* verloor zich in gissingen. Frans, die de toenemende eerzucht van zijnen oom kende, was grootelijks geneigd het hieraan toe te schrijven, dat de baron onder al de vrijers, die waren opgedaagd, geenen schoonzoon naar zijne hand had gevonden. Tamelijk doorschijnige toespelingen van Clara hielpen hem uit zijne dwaling. Hij verstond, dat de achtervolgende afwijzingen wel degelijk haar werk waren. Nog meer: uit de aanmerkingen, waarvan zij hare toespelingen vergezelde, meende hij te mogen besluiten, dat zij niet voornemens was spoedig hare stelling als gevierde erfgename met die van echtgenoote te verruilen.... Dat het alweder bijdroeg, om hem te bemoedigen, zal men beseffen. Wel werd zijne hoop er niet grooter om; doch hij werd voor wanhoop er door gevrijwaard; en dat was veel in zijnen toestand, in den toestand van iemand, die nu en dan begon te vreezen, dat hij, als menig ander, veroordeeld was, om tot het einde zijner dagen eens anders boeken te houden.

V.

EEN HOPELOOS BESLUIT.

Op dien voet stonden de zaken, toen een nieuwe bewonderaar zich in den rei der aanbidders schaarde, die eene voordeeliger, schitterender partij beloofde te worden, dan al degene, welke Clara had geweigerd. De jonge graaf van Hoogereind, van eene langdurige reis in het buitenland teruggekeerd, had op een avondfeest den baron met zijne dochter ontmoet. Het betooverende meisje, als gewoonlijk de koningin van het feest, het mikpunt aller verliefde blikken, het voorwerp aller baatzuchtige of onbaatzuchtige huwelijksdroomen, had eenen diepen indruk gemaakt op zijn gemoed. Hij had zich aan haar laten voorstellen en was schier niet meer van hare zijde geweken, dan om zich met den gewezen bankier, door zijne oplettendheden zichtbaar gevleid, druk te onderhouden. Bij 't afscheidnemen had hij dezen oorlof gevraagd, om hem te bezoeken. Het was hem gereedelijk toegestaan. Hij had niet verzuimd de kennismaking, in zulke gunstige omstandigheden begonnen, met ijver voort te zetten. Weldra kwam hij bijna dagelijks bij Groetaers aan huis. Hij dong niet openlijk naar Clara's hand; doch zijne pogingen om den geldman voor zich te gewinnen en zijne houding tegenover de dochter toonden zonneklaar, hoe hij maar op eene gelegenheid wachtte, om zijne gevoelens te verklaren en eene formeele aanvraag te doen.

Ditmaal verloor Frans zijn weinigje hoop. Hij twijfelde niet, of de aanvraag zoude alras volgen, het huwelijk doorgaan. De graaf was, onder alle opzichten, voor haar een geschikte echtgenoot, voor haren vader de wenschelijkste aller schoonzonen. Uit een hoogadellijk geslacht gesproten, was hij tevens onmetelijk rijk. Op zijn uiterlijk viel niets af te wijzen. Men prees zijn karakter, en zijne begaafdheden waren van dien aard, dat eene vrouw moeilijk aan dezelve wederstaat. Hij praatte allergeestigst, kleedde zich met zwier, danste verrukkelijk, zong uitmuntend en reed te paard als Loisset of Wollschläger. Zijn toon was onberispelijk en zijne hoofschheid met dames voorbeeldelijk. Zijne familie zoo machtig als uitgebreid, was ook ten hove zeer gezien. Zij telde onder hare leden volksvertegenwoordigers en senateurs, een paar gezanten, een' gouverneur en een' minister zonder portefolie. Wat hadde Groetaers meer kunnen verlangen?

Smartelijk trof Frans het vooruitzicht der verandering, welke eerlang in den toestand van Clara dreigde plaats te grijpen. Het denkbeeld, dat hij weldra haar voor altoos

zoude verliezen, dat hij haar, die het einddoel van zijn streven was, in de armen eens anderen zoude zien overgaan,
maakte hem reeds op voorhand radeloos. Hij voelde, dat
hij tegen dien dubbelen slag niet bestand zoude wezen,
indien hij in hare nabijheid bleef. Om zich onuitstaanbare
kwellingen te sparen en om tenzelfden tijde het heilzaam-
ste middel ter genezing zijner ongelukkige liefde aan te
wenden, besloot hij de stad, des noods het land te verlaten, zoodra van eene aanvraag des graven ernstig spraak
zoude zijn.

In afwachting oordeelde hij 't raadzaam van nu af zijne
maatregelen te nemen en elders naar een goed heenkomen,
dat is naar eene plaats uit te zien, die hem zoude toelaten
zijn besluit ten uitvoer te brengen. Vroeger had men hem
meermalen in andere steden, zelfs in den vreemde, betrekkingen aangeboden. Hij had ze telkens geweigerd, wijl
ze hem geene voordeelen beloofden, zijns erachtens,
aanzienlijk genoeg, om tegen eene verwijdering van
Clara op te wegen. Thans betreurde hij het grootelijks.
Welke moeite hij zich getroostte, er was geen behoorlijke
post op te sporen. Te vergeefs schreef hij aan de lieden,
welke hem destijds aanbiedingen hadden gedaan. De
meesten lieten zijne brieven onbeantwoord. De overigen
waren niet andermaal in de gelegenheid zijne diensten te
benuttigen. De vrienden, wien hij zijn voornemen, zonder
verderen uitleg, had te kennen gegeven, waren niet gelukkiger in hunne pogingen. Met waren schroom zag hij dus
den stond naderen, waarop hij het akelige nieuws der
vastgestelde echtvereeniging zoude vernemen, waarop hij
de gedwongen getuige zoude worden van eene gebeurtenis,
die al zijne hoop op geluk vernietigde.

Eens, dat hij, na nieuwe vruchtelooze moeite ter op-

sporing eener betrekking, in treurige gepeinzen op zijne
kamer zat, trad August Lindekens, een zijner vrienden, bij
hem binnen.

„ Frans, mijn beste, „ dus begon hij, „ zijt gij nog altoos zinnens ons vaarwel te zeggen? „

„ Voorzeker! „ antwoordde Frans.

Hij had daags te voren bij zijn' oom gemiddagmaald. Er
waren vele genoodigden. Graaf van Hoogereind bevond
zich onder de dischgenooten en had zich zoo in 't oog-
vallend lief en voorkomend jegens Clara gedragen, dat
aan tafel zelfs van eene spoedige ontknooping was gefluis-
terd.

„ Zoudt gij er iets tegen hebben verre, heel verre van
hier te gaan? „ vroeg nog Lindekens.

„ In geenen deele!... Hoe verder, hoe liever! „

„ Hoe verder, hoe liever!... Gij wilt spotten. Hebt gij
dan zulke gewichtige redenen, om Antwerpen den rug te
keeren? „

„ Ik heb zeer gewichtige redenen.... „

„ En.. mag ik weten welke?... Ziedaar verscheidene
malen, dat ik op het punt was u die vraag toe te sturen.
De vrees onbescheiden te zijn, belette mij u met dezelve
aan boord te komen. Nu echter, daar hetgene ik u voor
te stellen heb, zeer ernstig is en rijpelijk dient overwogen
te worden, aarzel ik niet langer.. Laat hooren, Frans:
spreek rechtuit... Gij weet, dat ik het goed met u meen.
Waarom wilt gij weg, verre weg? Is er niets, dat u van
besluit kan doen veranderen? „

Frans dacht aan graaf van Hoogereind, aan zijne be-
teekenisvolle beleefdheden op het middagmaal en aan de
vriendelijke blikken, waarmede Clara die had beloond.

2.

» Niets! » sprak hij.

» Gij hebt, wel is waar, uwe ouders niet meer; doch gij zijt niet geheel zonder verwanten. Uw oom, uwe nicht... »

Frans ontstelde zichtbaar. Auguste bemerkte het.

» Uwe nicht... » herhaalde hij. » Zij is zeer schoon, uwe nicht, en daarbij, zegt men, zeer beminnelijk.. »

» Te beminnelijk! » zuchtte Frans.

August bezag hem medelijdig.

» Ha! Daar zit de knoop?... Begrepen, jongen, begrepen!.... In dat geval zeg ik niets meer, » ging hij, na eene korte pooze, voort. » Gij hebt gelijk, groot gelijk. Ik ken uw' oom, alweder slechts van hooren zeggen, ik geef het toe; doch genoeg, om te weten, dat gij van hem niets te verhopen hebt... Ook wil ik u niet meer tegenhouden... Het best is inderdaad, dat gij doorgaat... »

» Niet waar, Gust? »

» Ik zoude u zelfs raden spoedig door te gaan. »

Frans verbleekte.

» Spoedig?... Waarom spoedig? » vroeg hij. » Gij weet dan iets stelligs?... Wat?... Zeg mij, bid ik u, o, zeg mij wat hebt gij vernomen!... »

August haalde de schouders op.

» Men vertelde dezen middag ter beurze, » antwoordde hij, » dat graaf van Hoogereind uwe nicht ten huwelijk gevraagd en het jawoord gekregen had. »

» Laat hooren : welke plaats hebt gij voor mij? » riep Frans, nog bleeker wordende.

» Ziehier : gij kent Karel Vronen, van de firma Steyaert, Mellens en Kie? »

» Ik ken hem. Mijn patroon heeft in de laatste maanden meer dan eens zaken met hem gedaan. »

» En hoe bevalt hij u? »

» Goed. Hij schijnt mij een braaf, trouwhartig man, niet al te ikzuchtig voor een' koopman. »

» Welnu, luister : hij vertrekt binnen kort naar Valparaiso. Die heeren willen hunnen handel eene groote uitbreiding geven. Daarom zullen zij ginds een nieuw huis, van het hier bestaande afhangende, eene zoogenaamde *succursale* stichten. Karel Vronen zal aan het hoofd van dit hulpkantoor staan. Reeds heeft hij een paar klerken aangenomen, want hij vreest er te Valparaiso geene bekwame te vinden. Hij wenscht nog enkel iemand, op wien hij zich, als op een ander ik, kunne vertrouwen; iemand, die met hem het kantoor besture en hem des noods vervange, die veeleer zijn vriend en handelsgenoot, dan een eenvoudig klerk zoude wezen.

» Zijn handelsgenoot? »

» Noch min, noch meer. Het zijn zijne eigene woorden. Juist daarom heb ik seffens aan u gedacht. Wanneer gij u zooverre over zee begeeft, moet het voor geene kleinigheid zijn. Ik duldde het niet. »

» Als ik maar wegkom, ben ik tevreden. »

» Ik niet. Gij moet op eene wijze, die uwer en uwer verdiensten waardig is, van hier gaan. Ik heb mij dat in het hoofd gestoken, en het zal zoo zijn... Luister wel : ik ben bij Vronen geweest en heb hem van u gesproken. Gij staat hem wonderwel aan. Hij liet mij nauwelijks voleinden, nadat ik u had genoemd. Hij neemt u mede, als gij wilt. »

» O, ik wil !... Ik ben bereid hem te volgen. »

» Gij sult, om te beginnen, zes duizend frank in het jaar hebben en uw deel in de winsten van het huis. Later, als de zaken medevallen, zullen uwe jaarwedde en uw

deel in de winsten verhoogd worden. Gij kunt zelfs deel-
genoot worden.... Wat zegt gij? »

» Wanneer vertrekken wij? »

» Het kan binnen weinige dagen wezen. »

» Des te beter!... Het kan niet te gauw zijn. »

» Indien gij er niets tegen hebt, zullen wij oogenblikkelijk naar Vronen gaan. Hij verlangt u te zien, een en ander
met u te overleggen. »

» Gaan wij! » riep Frans, zijnen hoed grijpende en zich
naar de deur wendende.

» Nog eens, Frans, bedenk u wel : de zaak dient rijpelijk overwogen. Valparaiso ligt aan 't einde van de wereld.
Men komt er niet gemakkelijk van weder. Aardbevingen,
burgeroorlogen, besmettelijke ziekten en andere onaangenaamheden zijn er aan de orde van den dag. Wie weet,
of gij ooit het vaderland terugziet? Wie weet...? »

» Gaan wij! » herhaalde Frans met klem.

Zij gingen. Een uur later was alles afgedaan. Frans had
M. Vronen zijn woord gegeven, dat hij binnen de veertien
dagen met hem naar Valparaiso zoude vertrekken. Nog denzelfden avond schreef hij aan zijnen oom, die voor het oogenblik op een zijner lusthoven, in de nabijheid der stad gelegen, verbleef, om hem zijn besluit te melden. Om het te
rechtvaardigen en de reden te bewimpelen, welke hem tot
het nemen van hetzelve genoopt had, somde hij hem lang en
breed de voordeelen op, aan zijnen nieuwen post verbonden. Den volgenden zondag, alswanneer hij hem zijn
gewoon bezoek bracht, zoude hij hem verder alles uitleggen en afscheid van hem en Clara nemen. Hij twijfelde
niet, of zij zouden met zijne uitwijking vrede hebben en
beseffen, hoe het, in zekeren zin, zijn plicht was eene gelegenheid als deze niet te verwaarloozen, nademaal zij hem

in staat stelde, om, gelijk het reeds zoo lang zijn droom geweest was, met het aanleggen van zijn vermogen eenen aanvang te maken.

Bij het nederschrijven van dien volzin, konde de vastberaden, doch diepbedroefde Frans eenen pijnlijken grimlach niet onderdrukken. De zonderlinge omstandigheid, dat het toeval, waarop hij gerekend had, om den afstand tusschen hem en zijne nicht te verminderen, hem juist nu begunstigde, als 't hem niet meer helpen konde, als zijne nicht op het punt was eenen andere hare hand te schenken, die omstandigheid leek hem eene wreede spotternij van het lot, dat zoolang hem had vervolgd, dat slechts moede werd hem te vervolgen, wanneer het te laat was, wanneer hij zijne hulp niet meer behoefde.

VI.

Hoezeer Frans ongelijk had den moed te laten zinken, alle hoop op te geven en uit wanhoop naar Valparaiso te willen gaan; hoe verkeerd hij handelde met al te zedig en al te teergevoelig te zijn en hardnekkig zijner schoone nicht zijne liefde te verzwijgen, moge uit het volgende blijken.

Het was des anderdaags in den morgen. M. Karel Groetaers zat met Clara aan het ontbijt. Zij aten weinig en spraken niet veel meer. De vader had daareven den inhoud van Franses brief aan zijne dochter medegedeeld. Die inhoud had haar onaangenaam verrast, zoo onaangenaam, dat zij vergat de haar voorgediende spijzen aan te raken en de noodzakelijkheid voelde hare gedachten te verzamelen, vooraleer hare meening over des neven voorgenomen reize bloot te leggen. Wat M. den baron betreft, zijn gebrek aan eet-en praatlust had eene andere oorzaak. De brief was hem veeleer aangenaam, dan onaangenaam en, indien hij over iets napeinsde, dan was het geenszins over eene tijding, welke hem voor altoos, vleidde hij zich, van de vreeze ontsloeg, zich andermaal den zoon zijns broeders te moeten aantrekken.

M. Groetaers was de eerste, die het stilzwijgen verbrak.

» Welnu, Clara? » vroeg hij, toen de dienaar, die, na het ontbijt te hebben opgedragen, achter zijnen stoel had post gevat, vertrokken was, » welnu, hoe verre zijn wij? Wat beslist gij? Wat is uw antwoord op de aanvraag des heeren graven? De twee dagen bedenktijd, om welke gij hadt verzocht, zijn verloopen. Hoe zal ik hem ontvangen, als hij om bescheid komt? »

» Wat ik beslis?.... Om u de waarheid te zeggen, vader, ik heb nog geene beslissing genomen, » antwoordde zij langzaam.

» Reden te meer, om u te haasten eene te nemen, » meende de baron.

Clara schudde het hoofd.

» Mij haasten! » sprak zij. » Het gaat zoo licht niet. Het is, dat van één enkel woord geheel mijne toekomst, mijn geluk of ongeluk afhangt. »

» Wat hebt gij voor uwe toekomst, voor uw geluk te duchten? Is niet de graaf de beste partij, welke zich ooit voor u kan aanbieden? »

» Ho, de beste !... Misschien voor u is hij dat, vader; doch voor mij... »

» Voor u, gelijk voor mij. Komaan, bezit hij niet alles

wat men in eenen echtgenoot kan verlangen? Van zijne
hoedanigheden als man van de wereld, zijne gaven als
cavalier, wil ik niet eens spreken. Ik weet, dat gij
daaraan niet bijzonder hecht; maar hij is zeer rijk, kind..,
zoo rijk niet als wij, dat spreekt van zelf „ liet hij er
onmiddellijk op volgen; „ maar toch...Ik heb daaromtrent,
zoo als gij wel denken kunt, inlichtingen genomen. Naar al
wat ik hoor, worden zijne inkomsten op ruim honderd
duizend franken geschat. „

„ Dat is het minste van de zaak, „ zei Clara kortaf. „
Wij zijn, God lof! rijk genoeg, en 't is niet om zijn geld,
dat ik hem nemen zoude, ... indien ik er konde toe besluiten hem te nemen. „

„ En zijn adel dan? Is die niet van den oudsten, van den
aanzienlijksten ? Men wil, dat een zijner voorzaten aan het
hof van Maria van Burgondië leefde, slechts in eene
ondergeschikte betrekking, het is waar; doch.... Een
andere voorzaat van hem was ook in dienst van Keizer
Karel. „

„ Het geeft mij al evenmin. Het is niet met een' zijner
voorzaten, dat ik trouwen zou ; en of zijne voorouders keizers en koningen of eenvoudige burgerliê gediend hebben,
dat is net hetzelfde voor de vrouw, die met hunnen afstammeling moet leven. „

„ Maar zijn neef de gezant, en zijn oom de gouverneur,
en zijn andere oom de senateur, en zijn kozijn de minister,
zonder van zijne overige verwanten te gewagen ?... Die
dienen toch in aanmerking te komen, zoude ik denken,
Clara. Aan hen zult gij het te danken hebben, zoo gij ten
hove genoodigd wordt ; door hen zal ik mijnen invloed
zien almachtig worden. Dat alles beteekent, dunkt mij,...„

„ Bitter weinig, beste vader, „ viel zij hem in de rede „,

bitter weinig voor het geluk zijner vrouw, die met dat alles nog zeer beklagenswaardig zoude kunnen zijn, indien zijn gedrag te haren opzichte niet ware, gelijk het hoort. Ook zoude het om andere beweegredenen zijn, dat ik hem mijne hand zoude schenken..., indien, ik herhaal het, ik daartoe besluiten konde... Bij voorbeeld, om zijn verstand, dat mij nog al meévalt; om zijne rechtschapenheid, welke men hoogelijk roemt; en vooral om den eerbied en de vriendschap, welke hij voor u aan den dag legt... Nogtans wil ik u niet ontveinzen, dat hij voor mij een groot gebrek heeft.... »

» Een gebrek! Hij zoude een gebrek hebben! Gij lacht er mede... Ik ken hem geen enkel... »

» Gij, het is mogelijk; maar ik, dat is wat anders. »

» En welk gebrek heeft hij, als het u belieft? »

» Het grootste van alle : ik bemin hem niet, vader lief. »

Groetaers grimlachte op eene wijze, die hij schalk geloofde.

» Gij bemint hem misschien nu nog niet; doch gij zult hem later beminnen,... » sprak hij. » Ik weet dat bij ondervinding, kind. Toen ik uwe moeder zaliger huwde, was zij, zij heeft het mij bekend, niet verslingerd op mijn' persoon, wat haar niet belet heeft later... Als ik zeg, mettertijd zult gij allengs meer van hem houden. Ik wed, dat gij zult eindigen met hem oprecht lief te hebben. »

Weer schudde Clara het hoofd.

» Dat weet ik beter, » zuchtte zij.

» Ik verzeker u... Beproef het eens... En hoe zoudt gij niet eindigen met hem te beminnen. Hij zal u den titel van gravinne bezorgen en u de gelegenheid verschaffen in de hoogste kringen des lands te schitteren. Nog eens, gij zult weldra hem liefhebben en u verwonderen hem niet van eerst af te hebben liefgehad. »

» Nimmermeer!... Ik kan hem niet beminnen! »

» Gij kunt niet!... Waarom zoudt gij niet kunnen? »

» Omdat ik.... »

» Omdat gij...? »

» Omdat ik een' ander bemin. »

M. Groetaers sprong op, als hadde hem eene tarantel gestoken.

» Gij — zoudt — een' — an — der — be— minnen!..» gilde hij het uit.

» Eilaas, ja, vader!. »

De baron stond als versteend. De donder hadde hem niet onverwachter kunnen treffen, dan die verklaring en vooral de toon, waarop zij, ondanks het verzachtende eilaas! werd afgelegd. Zij klonk hem zoo zonderling in het oor, dat hij niet wist waar hij 't had, en werktuigelijk zijne vraag herhaalde, als ware het hem onmogelijk aan te nemen, dat zij den lippen zijner dochter ontsnapte.

Clara knikte toestemmend. Als van de hand des Heeren geraakt, hief haar vader de armen ten hemel, liet daarna zich sprakeloos terug op zijnen stoel nedervallen en bleef een' tijd lang stom van verbazing met groote oogen en opgesperden mond haar aanstaren. Om zijne bevreemding begrijpelijk te maken, zal eene korte uitlegging voldoende wezen.

Ofschoon zij zeer wel wist, welken invloed zij op hem uitoefende, en dat hij de macht niet had haar op den duur iets te weigeren, had Clara zich nooit rechtstreeks tegen eenigen wensch haars vaders verzet. Zij had zich steeds beijverd hem in het denkbeeld te versterken, dat zij geenen anderen wil had dan den zijnen, dat zij niets liever deed, dan hem in alles te gehoorzamen en overal en altijd zijn gevoelen te eerbiedigen. Hoe het haar dan gelukte hem, gelijk wij gezien hebben, als 't er op aankwam, enkel haren wil te doen volbrengen? Zeer gemakkelijk. Zij droeg zorg hem hare gedachten en wenschen als de zijne te doen beschouwen. Het ging niet altoos gezwind : want hare denkwijze over menschen en dingen verschilde soms hemelsbreed van de zijne; doch was zij eens daarin geslaagd, dan had zij over de rest zich niet meer te bekommeren. Dan konde zij hem gerust laten begaan, zeker, als zij zijn mocht, dat hij juist zoude handelen, gelijk zij het begeerde, en in niets afwijken van de baan, welke zij hem, zonder eenigen schijn van drukking, klaar en duidelijk had voorgebakend.

In dien zin had zij gehandeld, bij den dood haars ooms, om haren vader in het onderhoud harer tante te doen voorzien; bij den dood harer tante, om hem de verdere opleiding haars neven te doen bekostigen en den jongen als een kind van den huize te doen aanhalen. In dien zin had zij gehandeld telkens, als zijne wenschen ten opzichte van Frans niet met haren wil overeenstemden, en voornamelijk telkens, als zich voor haar een echtgenoot had aangeboden. Nog eerder dan hij haar, had zij Frans bemind. Van daar, dat zij de verwezentlijking van haars vaders huwelijksdroomen van eerst af vijandig geweest was. Zij had zich nogtans wel gewacht zulks te laten blijken, dewijl zij 't niet noodig dacht tot andere middelen de toevlucht te nemen, zoolang dit eene afdoende haar ten dienste stond. Zij had zich bevredigd met zijne eischen trapswijze hooger op te voeren, en aldus met weinig moeite zich een aantal vrijers van den hals geschoven, wier aanvraag wellicht voor haar gevaarlijk hadde kunnen worden, indien zij ronduit verklaard had hen niet te willen en waarom zij hen niet wilde.

M. Groetaers, die van den invloed, welken hij van harentwege onderging. niets vermoedde, meende, dat het alleen was, om hem te gehoorzamen, dat zij gedwee zich bereid toonde, om ook hare eischen te verhoogen, wanneer hij eenen rijkeren, adellijkeren, aanziénlijkeren sehoonzoon verlangde. Hij had zich gezegd, dat zij zoude trouwen, zoodra hij wilde en met wien het hem behaagde. Dat hij ooit tegenstand van hare zijde zoude ondervinden, en dat zij zoude ophouden met vreugd zich zijne heersch- zuchtige wenschen te laten welgevallen, kwam niet in hem op. Hoe geweldig eene verklaring hem moest tegen het hoofd springen, hem moest verslagen, ontstellen, die eensklaps zijner dwaling een einde maakte en hem toonde, dat hij zich in haar en hare schijnbare gedweeheid had bedrogen, die dreigde geheel het gebouw zijner grootsche verwachtingen in een' ommezien te doen instorten, zal men lichtelijk bevroeden.

Waarom Clara niet op dezelfde wijze, als vroeger, zich den nieuwen *pretendent* had zoeken van den hals te schuiven ; waarom zij voor de eerste maal van haar leven de wenschen haars vaders opentlijk wederstreefde en niet aarzelde hem te bekennen, hoe 't met haar geschapen stond, zal men even licht beseffen. Gelijk wij weten, was graaf van Hoogereind geen vrijer, als die, welker aan- vraag het haar zoo weinig moeite gekost had te verijdelen. Voor zich eenen schoonzoon, voor haar eenen echtgenoot eischen, wiens fortuin, rang en aanzien de zijne overtrof, konde Groetaers niet, zonder zich buitensporig verwaand te toonen en zich belachelijk te maken. Zij zag derhalve geen middel, om hem tot eene nieuwe vermeerdering zijner

aanspraken over te halen. En dan, de aankondiging van
. Franses vertrek liet haar niet toe langer te dralen. Wat
stond haar te doen? Niets anders, dan haren vader de
liefde te bekennen, welke zij haren neef toedroeg en verscheidene jaren onder den schijn van zusterlijke genegenheid had verborgen, en hem door die bekentenis de echtvereeniging met den graaf uit het hoofd te praten.

Clara kende overigens haren vader te goed, om voor
den uitslag dier bekentenis beducht te zijn. Indien zij die
tot heden had uitgesteld, was het niet, omdat zij voor derzelver gevolgen vreeze koesterde. Maagdelijke schaamte
aan den eenen, gevoel van vrouwelijke waardigheid aan
den anderen kant, hadden haar den mond gesloten. Haar
neef sprak niet; hoe hadde zij gesproken? Wel vermoedde
zij zijne stille liefde en de reden, welke hem tot zwijgen
noopte. Zij had die liefde vermoed, vóórdat hij ze zichzelven bekende, en die reden gewaardeerd, gelijk zij het
verdiende. Toch had zij het niet over haar gemoed kunnen
krijgen den eersten stap te doen en eene verklaring uit te
lokken. Zij had het te minder, daar zij niet dacht ooit
gevaar te loopen, tot een ander huwelijk, dan hetgene haar
als het eenigste wenschelijke toelachte, gedwongen te
worden. Nu echter dit gevaar dreigde, en zij zich had genoodzaakt gezien haar geheim te ontsluieren, twijfelde zij
niet, of alles zoude zich ten beste schikken. Zij wist, hoeveel haar vader met zijnen rijkdom, stand en nieuwbakken
adel ophad; en hoezeer hij aan de vervulling hield der
eischen door haar zoo hoog opgevoerd. Zij wist, hoe hij op
eene verbintenis met de machtige familie van Hoogereind
vlamde; en hoe hij daarentegen geenszins met zijnen neef
den boekhouder was ingenomen, wiens nederige stelling
hem een steen des aanstoots, een doorn in het oog was.

Doch zij wist tevens, dat hij haar als zijn' oogappel beminde, dat haar geluk hem bovenal ter harte ging, en dat hij niet in staat was haren beden en smeekingen weerstand te bieden. Zij voorzag wat zoude gebeuren. De gedachte, dat een jonkman zonder vermogen, een kantoorschrijver door haar bemind werd, zoude gewis hem eerst met verontwaardiging, met afgrijzen vervullen. Dat was onvermijdelijk. Doch wanneer zij zoude hebben gezegd, dat zij alleen met dien onvermogenden jonkman, met dien kantoorschrijver konde gelukkig zijn en zonder hem ongelukkig moest worden, zoude hij weldra bedaren. In den beginne zoude hij met tegenzin, daarna met gelatenheid en eindelijk met genoegen van al ander huwelijk afzien, om vroeg of laat zijne toestemming in dat met haren neef te geven.

Dat zij zich niet misrekend had, bleek spoedig. Na eenigszins van den schrik bekomen te zijn, dien hare stoute verklaring hem had op het lijf gejaagd, kreeg Groetaers allengs moed genoeg, om haar verder te ondervragen. Hij vleide zich met de hoop, dat de man, door haar verkoren, een van de vroeger afgescheepte mededingers en derhalve nagenoeg van denzelfden rang als graaf van Hoogereind zoude wezen, en dacht niet aan de mogelijkheid, dat zij een' van lageren en nog min, dat zij een' van zulken lagen stand, als Frans, had kunnen onderscheiden.

» Gij bemint een' ander! » herhaalde hij wederom. » Het spijt mij. » Nog meer spijt het mij, dat gij 't mij niet eerder hebt gezegd. Wij hadden de zaak met den graaf zoo verre niet laten komen. »

» Ik heb niets verre laten komen, vader, » merkte zij aan. » Ik beken, dat ik hier in huis en elders liever met den graaf, dan met anderen koutte. Het was natuurlijk: hij is geestig en belezen, en dat kan men van die anderen niet altoos zeggen. Daarom ontmoette ik hem gaarne in gezelschap en zag zijne bezoeken met genoegen. Dat ik de *kokette* met hem gespeeld of zijne liefde aangemoedigd heb, kan hij niet beweren. Ik heb hem steeds met de ongedwongen beleefdheid en heuschheid ontvangen, waarmede men eenen vriend pleegt te bejegenen, meer niet. Eindelijk, als hij er toe besloten heeft mijne hand te vragen, heb ik ja noch neen geantwoord. Ik heb om bedenktijd verzocht, dat is al. Gij ziet dus, dat ik mij niets te verwijten heb. »

» Het is juist; gij hebt gelijk : gij hebt u niets te verwijten. Gij hebt het niet zooverre laten komen... Doch met mij is het anders. Ik heb hem halvelings mijn woord gegeven, omdat...., dewijl... Kortom, ik meende, dat gij u zoudet gehaast hebben den koop toe te slaan... In allen gevalle is het zoo verre; en het spijt mij ter dege. Ik weet niet, wat ik den graaf zeggen moet, na hem te hebben verzekerd, dat ik, dat gij..., na hem te hebben doen verstaan, dat gij zeer waarschijnlijk zoudt toestemmen... Mag ik u vragen wien gij eigentlijk bemint? » vroeg hij, schielijk van toon veranderende.

Hij hoopte, dat de naam van den uitverkoren hem het middel zoude verschaft hebben zich min of meer in de oogen van den graaf te rechtvaardigen.

» Wien ik bemin? »
» Wien gij bemint! »
Clara vermande zich.
» Mijnen neef Frans, vader, » antwoordde zij op den natuurlijksten toon van de wereld.

Tweede donderslag. Deze reis vergingen den baron letterlijk hooren en zien. Hoe? Dien neef, welke niets bezat, niets was, niets konde worden, welken hij buiten zijne woning nauwelijks als zijnen bloedverwant erkende, dien neef zoude zij beminnen, zoodanig beminnen, dat zij hem den schoonen titel van gravin opofferde, om hem weigerde in eene der eerste familiën des lands te treden! Hij konde het niet gelooven: het ging zijn verstand te boven.

„ Uwen neef Frans! „ riep hij. „ Dat is niet waar! Dat kan niet zijn! Ik heb misgehoord! „

„ Gij hebt zeer wel gehoord, „ sprak zij kalm. „ Het is mijn neef Frans, dien ik bemin, sedert jaren bemind heb, altoos zal beminnen. „

Groetaers geraakte geheel van zijn stuk. Aan zoo iets had hij nooit gedacht, nooit kunnen denken. Gelijk Clara het voorzien had, volgde op zijne verbazing, eene eerste opwelling van toorn.

„ Maar, ongelukkig kind! „ borst hij uit. „ Gij weet niet wat gij zegt!... Uw neef Frans is een arme slokker, een ellendige klerk, een bedelaar, een ..,. „

„ Ik bemin hem! .. „

„ Gij bemint hem,... bemint hem!... Gij kunt, gij moogt hem niet beminnen... Gij hebt groot ongelijk hem te beminnen, hoort gij? „

„ Ik weet het, „ sprak zij zuchtende; „ doch het is zoo: wat kan ik er aan doen? Duizend malen heb ik mij hetzelfde gezegd. Van alles heb ik beproefd, om die liefde te overwinnen. Vruchteloos! Terwijl ik mijn best deed, om ze in mijn' boezen te smoren, nam zij overhand toe. Zoó heb ik op den duur er van afgezien ze te bekampen, daar de kamp zelf haar nieuw voedsel scheen te geven en nieuwe krachten te leenen. Toch zoude ik mij niet verstout hebben ze u te bekennen, haddet gij er mij niet toe gedwongen... Stel u in mijne plaats. Gij wenscht, dat ik den graaf huwe.

Ik weiger, dewijl ik gevoel, dat dit huwelijk niet alleen mij, maar ook u zal ongelukkig maken... Want ik ken u, vader. Ik weet, hoeveel gij van mij houdt, hoezeer mijn geluk u ter harte gaat. Mij ongelukkig ziende, zoudt gij niet kunnen gelukkig zijn. „

„ Het is waar ! „

„ Ik zeg u de reden mijner weigering. Maar het is u niet genoeg : gij wilt ook weten wien ik bemin... Mocht ik langer zwijgen ? Neen, niet waar ?... Gij hadt het recht gehad mijn gebrek aan vertrouwen in uwe teederheid als zwarte ondankbaarheid te beschouwen. Ziedaar waarom ik heb gesproken, waarom ik moest spreken ; ziedaar waarom ik u een geheim ontdekte, dat geen sterveling kende, dat ik nauwelijks mij zelve durfde belijden en dat ik misschien met mij in het graf zoude genomen hebben... „

De baron was reeds ietwat minder boos. Haar hoorende, voelde hij zijnen toorn bedaren. Eer zij geeindigd had, kwam het hem voor, dat zij geen zoo groot onrecht gehad had den graaf af te wijzen en hem hare liefde voor Frans te openbaren. Nogtans was hij er verre van af die liefde te billijken. Zij scheen hem iets onnatuurlijks, wraak-roepends, schromelijks toe. Ook was inzonderheid de volzin, waarmede zij hare rede besloot, hem welkom en diende hij niet weinig, om zijne gramschap te stillen.

„ Dat geen sterveling kende !... En Frans dan? „ vroeg hij.

„ Weet niets, vermoedt niet, dat ik hem anders dan eene zuster liefheb. „

„ Zijt gij daar zeker van? „

„ Maar al te zeker. Zoude hij anders naar Amerika willen gaan? „   4

» Het is waar... Doch hij zelf heeft u toch gezegd..? »

» Hij heeft mij niets gezegd! »

» Hoe weet gij dan, dat hij u bemint? »

» Ik weet het heel niet! »

» Gij weet het niet!.. Is het mogelijk? »

» Ik kan het enkel veronderstellen. »

» Dus gij veronderstelt het... En... op welken grond? »

» Nogmaals, wijl hij wil naar Amerika gaan. »

Groetaers haalde ruimer adem. Zijne gramschap week teenemal. Vermits Frans hare liefde niet kende, niet vermoedde, en dat zij, van den anderen kant, niet zeker was, of hij haar wel beminde, was er, docht hem, niets verloren, moest hij nog de hoop op eene verbintenis met de invloedrijke Hoogereinds niet laten varen. Die gedachte troostte hem. Zij maakte hem bijna vroolijk. Vriendelijk en minzaam, als bij den aanvang van het gesprek, wendde hij zich tot haar :

» Hoor eens, Clara, « sprak hij, « dat alles is niets. Van de huwelijksvraag spreken wij tot nader orde niet meer. Den graaf zeg ik eenvoudig, dat gij nog geen besluit kunt nemen, dat gij nog eenigen tijd bij mij verlangt te blijven... Later, als uw neef weg is, als gij hem vergeten hebt, komen wij er op terug... »

» Ik zal hem nooit vergeten! » zei Clara vast.

» Gij denkt het; maar laat hem eens een jaar of wat weg zijn. »

» Hij mag niet weg! »

» Hoe? »

» Ik zoude het besterven! »

» Bah, men sterft zoo licht niet! »

» Gij zult zien.... Zonder hem kan ik niet leven!....

Indien hij vertrekt, voert gij mij, eer het drie maanden later is, naar het kerkhof, bij mijne moeder... »

» Naar het kerkhof!... Wilt gij zwijgen? »

» Gij zult zien! »

En zij borst in tranen los.

De baron verloor het hoofd.

» Maar... maar... wat moet ik dan doen? » schreeuwde hij het uit, van erger haast buiten zichzelven. » Hij mag niet weg!... Hoe wilt gij, dat ik den verwenschten knaap hier houde? »

Zij antwoordde slechts met snikken.

» Ik kan hem toch niet gaan bidden van zijne voorgenomen reize af te zien » ging hij voort, met groote schreden in de kamer op en neder stappende. » Het ware beneden mijne waardigheid, en.... ik mag, neen, ik mag niet! »

Zij weende voort.

» Komaan! » vroeg hij voor haar stil houdende, » kan ik hem gaan zeggen : lieve neef, gij moogt u niet verwijderen. Het zoude uwer nicht te smartelijk vallen... Zij zoude het besterven. Gij moest, als het u belieft, hier blijven... Spreek, kan ik dat? »

Zij schudde van neen.

» Of eischt gij, dat ik hem ga toeroepen, dat gij tot stervens toe op hem verliefd zijt, dat gij zonder hem niet kunt leven? »

» Vader! »

» Dat ik u in zijne armen werpe met het deemoedig verzoek u, om de liefde Gods! tot vrouw te nemen? »

» Vader! »

» Spreek dan! Zeg mij wat ik doen moet! » riep hij

ongeduldig. " Wat mij betreft, ik verklaar u, dat ik het niet weet. "

En weer begon hij in de kamer op en neer te stappen.

Zij poogde zich te bedwingen.

" Wilt gij mij laten begaan? " vroeg zij hare tranen afdrogende.

" U laten begaan!... Dat is te zeggen... Gij zijt toch niet voornemens hem te bekennen..? "

" Wees niet bang, vader. Ik weet wat ik mij zelve en u verschuldigd ben. Ik zal niets doen, wat onzer onwaardig is. Al wat ik begeer, is te weten, of hij al of niet mijne liefde met wederliefde beantwoordt. "

" En hoe zult gij 't aanleggen, om dat te weten te komen? "

" Bekommer u daarover niet : dat is mijne zaak. Indien gij mij laat begaan, zal ik wel een middel vinden... "

" En dan? "

" En dan... Hoor, vader, een goed akkoord... Indien hij mij bemint, gelijk ik hoop, gelijk ik bijna zeker ben, dan stemt gij in ons huwelijk toe... "

De geldman trok een scheef gezicht. Hij fronste de wenkbrauwen, beet op zijne onderlip en bromde iets, dat geenszins aan eene toestemming geleek. Zijne dochter deed, alsof zij 't niet verstond.

" Bemint hij mij niet, kan ik geene verklaring uit hem krijgen, " hervatte zij, " dan... dan trouw ik den graaf.., seffens niet, wel te verstaan, doch later..., binnen eenige maanden..., binnen een jaar... Neemt ge dat aan? "

Groetaers wezen helderde op. Hij wachtte een luttel, vooraleer haar voorstel te aanvaarden; doch men konde het hem aanzien, dat de strijd, die in zijn binnenste werd geleverd, met eene aanneming zoude eindigen. De mogelijkheid toch graaf van Hoogereind tot schoonzoon te bekomen lachte hem zoo streelend toe, dat hij er die andere, zijnen armen neef den echtgenoot vàn Clara te zien worden, door vergat.

» Dat gaat! » riep hij eindelijk uit. » Bemint Frans u niet, dan wordt gij gravinne ! »

» Bemint hij mij, dan wordt ik zijne vrouw ! »

» Het... zij zoo !... Alleen blijft afgesproken, dat gij hem niets bekennet, vóór dat hij zelf bekend hebbe... »

» Wees niet ongerust, vader. Die voorwaarde heb ik mij vóór jaar en dag reeds gesteld en ik ben niet van zin er, zelfs ten prijze van mijn geluk, van af te wijken. «

VII.

HET GESCHENK.

Wat de baron aan graaf van Hoogereind vertelde, toen deze om bescheid kwam, hoe hij Clara's besluiteloosheid — hij vond goed het zoo te noemen, — kleurde, om hem tot geduld aan te manen, zullen wij niet onderzoeken. Genoeg, de jonge edelman stemde er in toe tot later op een gunstig antwoord te-wachten en, in het vooruitzicht op den titel van bruidegom, met dien van vriend en vereerder voor lief te nemen.

Veertien dagen zijn, sedert het gesprek tusschen Groetaers en zijne dochter, dat wij in het vorige hoofdstuk nederschreven, verstreken. Seder eene week bevindt Frans zich op het kasteel van zijnen oom. Het bezoek, in zijnen brief aangekondigd, heeft hij bij zijne bloedverwanten den volgenden zondag afgelegd. Doch men heeft het niet als afscheidsbezoek willen laten gelden. Des avonds is hij naar de stad teruggekeerd met de belofte eerstdaags weer te komen, om met oom en nicht het overige van den tijd, die hem vóór zijn vertrek naar Valparaiso beschikbaar blijft, door te brengen. Het is de baron in persoon, die, zijner dochter ten believe, zich gewaardigd heeft hem die belofte af te dwingen. Om den ouden heer tot dien stap te bewegen, heeft Clara hem betoogd, hoe zij niet in één' enkelen dag de gevoelens van Frans met de noodige voorzichtigheid konde uitvorschen. Na eenig tegenstribbelen, heeft hij alweder de gegrondheid harer aanmerkingen erkend en haar heuren zin gegeven.

Er is in den loop van die week niets voorgevallen, wat eene bijzondere melding verdient. Trouw aan haar verleden en aan hetgeen zij haren vader versprak, heeft Clara den innig geliefden neef niets van haar geheim laten raden. Zij heeft, als immer, hem vriendelijk, zusterlijk bejegend, misschien iets vriendelijker, zusterlijker, maar dat is al. Dat zij hem anders liefheeft, dan hij zich inbeeldt, dat zij zijne vermetele min met de warmste wedermin vergeldt, en voor hem alleen weigert te trouwen, heeft zij hem niet meer dan vroeger laten gevoelen. Uiterst zorgvuldig heeft zij hem insgelijks de onrust, de gejaagdheid, den angst verborgen, waarin zij, ten gevolge van de pijnlijke onzekerheid, verkeert. Hij, van zijnen kant, heeft zich strenger dan ooit in acht genomen. Geen woord, geen blik, geen gebaar is hem ontsnapt, dat haar zijne grenzelooze liefde en de ware oorzaak van zijn hopeloos besluit, van zijne uitwijking naar Amerika kan verraden. Van de huwelijksvraag des graven is niet gesproken. Men heeft er hem niets van gezegd, en hij heeft zich niet verstout er van te reppen. Nogtans heeft de voorkomendheid, waarmede Groetaers den heer van Hoogereind, die voortgaat hem dagelijks te bezoeken, ontvangt, Frans overtuigd, dat het gerucht betreffende die aavraag en de gunstige stemming des ex-bankiers voor zijnen hoogadellijken schoonzoon *in spe* alleszins gegrond is, en dat het inderdaad niet missen kan, of er zal eerlang tusschen Clara en den jonker eene echtvereeniging tot stand komen. Zijn verblijf op het kasteel heeft derhalve slechts gediend, om hem in zijn besluit te versterken en hem zijne afreize nog meer reikhalzend te doen te gemoet zien...

De dag van Franses vertrek was eindelijk daar. Tegen den avond zoude de stoomboot uitloopen, die hem met M. Vronen en de aangenomen klerken naar Southampton moest voeren, van waar zij met eene andere boot naar den Stillen Oceaan zouden stevenen. Nademaal Frans nog van verscheidene vrienden had afscheid te nemen, had hij in den morgen het kasteel verlaten en zich stadwaarts begeven. Hij zoude korts na het uur van den middag terugkomen, om met oom en nicht voor den laatsten keer het noenmaal te gebruiken en daarna hun vaarwel te zeggen. Met nadruk had Clara er op aangedrongen, dat hij niet te lang zoude wegblijven. Vóór den eten had zij, zegde zij, nog iets met hem af te handelen.

M. Groetaers was dien dag bijzonder goed geluimd. Het sprong te meer in het oog, daar hij 't van geheel de week niet geweest was...Beleefd maar koud, alles behalve hartelijk met Frans, had hij zich in den beginne met zijne dochter zelve niet zoo gemeenzaam en vriendelijk getoond als hij placht; en wie hem aandachtig had gadegeslagen,

wanneer hij dacht alleen te wezen, hadde hem op alleen-
spraken betrapt, waarin hij zijn mistrouwen van beiden
lucht gaf. Slechts toen de tijd verliep, zonder dat de verandering, welke hij duchtte, in de houding der gelieven
merkbaar wierd, was het beter geworden. Den avond vóór
het vertrek eindelijk had hij weer vertrouwelijk met hen
zitten keuvelen. Des anderdaags was hij vroolijker opgestaan, dan men hem in lange gezien had.

Met Frans en Clara had juist het omgekeerde plaats
gegrepen. Het vooruitzicht volle acht dagen in malkanders
nabijheid te leven en, als vroeger in de vakantiën, gedurig
samen te zijn, had eerst hen met eene vreugde vervuld,
die hen onbekwaam maakte aan iets anders, dan het genot
te denken, welk zij in elkaârs gezelschap zouden smaken.
Naarmate die dagen voorbijsnelden en het uur der scheiding
naderde, was hunne vreugde verminderd. Eer de week
ten halve liep, was zij in weemoed, en eer zij ten einde
was, in droefheid veranderd. Wel hoopte Clara nog altoos
die scheiding te voorkomen. Zij meende een onfeilbaar
middel te hebben gevonden, om de gevoelens van haren
neef te doorgronden; doch hetzelve konde maar op het
uiterste oogenblik, als hij op het punt stond haar voor goed
te verlaten, beproefd worden. En zoude het tot den gewenschten uitslag, eene liefdeverklaring van wege den te
blooden jonkman, voeren? Zij had haren vader bijna stellig
verzekerd, dat Frans haar beminde.; doch hoe nader zij
bij den beslissenden stap kwam, hoe minder zij aan hare
verzekering geloofde, hoe kleinmoediger zij wierd en hoe
meer zij vreesde, hare wenschen voor de werkelijkheid te
hebben genomen. Dat zij diensvolgens dien dag niet in
de vroolijkheid haars vaders, maar in de sombere geestes-
gesteltenis deelde, waaraan Frans ten prooi was, toen hij,

des morgens na het ontbijt, stadwaarts toog, om van zijne vrienden afscheid te nemen, was zeer natuurlijk.

Eerst laat kwam Frans terug. De vrienden hadden hem langer opgehouden, dan hij gedacht, dan hij gewild had. Het had hem niet blyder gemaakt. Hij had zich gevleid nog ettelijke uren met Clara te kunnen zijn, en nu bleef hem amper tijd, om te middagmalen, zijnen koffer te sluiten en zich naar de boot te laten voeren. Die tegenslag, hoe onbeduidend in schijn, drukte hem zwaar. Ontstemd, neerslachtig, trad hij het hek van het kasteel binnen.

Nog had hij den breeden stoep vóór het sierlijke woonhuis niet bereikt, als Clara hem kwam toegesprongen. Met folterend ongeduld had zij zijne terugkomst verbeid. In zijn afzijn had geheel haar wezen eene zichtbare verandering ondergaan. Van de kalmte, de gelijkmoedigheid, welke zij geveinsd had, was geen spoor meer voorhanden. Zij hadden voor eene zenuwachtige spanning, eene onbedwingbare ontroernis plaats gemaakt. Met eene haast, die hem nauwelijks toeliet eene verontschuldiging voor zijn lang wegblijven uit te brengen :

» Frans ! Gij zijt eindelijk daar !.... Wat hebt gij mij laten wachten ! » sprak zij in éénen adem, zonder naar hem te luisteren.

Hij wilde andermaal haar zijn leedwezen betuigen niet eerder te hebben kunnen weerzijn. Zij liet hem niet aan het woord komen.

» Wel ! wel ! » ging zij even haastig voort....» Gij zult het mij straks aan tafel uitleggen.... Nu geldt het iets anders.... Gij weet wat ik u schuldig ben... »

» Mij? »

» Ik versprak u een geschenk, als aandenken op de verre reis, mede te geven »...

„ Goede Clara! „

„.... opdat gij in het overzeesche land u mijner zoudet herinneren..., „

„ Alsof ik daartoe een geschenk behoefde! „

„... en niet vergeten.... hoe oprecht,... hoe trouw... ik u... vele jaren... „

Zij aarzelde. De woorden *bemind heb* wilden haar niet uit den mond. Zij vreesde, dat zij te veelbeteekenend, dat zij als eene bekentenis harer liefde zouden luiden. Zij durfde ze niet uitspreken. Ook was zij te zeer ontroerd. Tranen perelden in hare oogen ; hare stem werd schor. Haar boezem zwoegde ongestuimig en de gewaarwordingen, welke haar overstelpten, benamen haar de spraak, beletteden haar te voleinden...

Frans, die hare ontsteltenis bemerkte en de weggelaten woorden in zijnen geest aanvulde, zonder nogtans er de beteekenis aan te hechten, waarvoor zij terugdeinsde, Frans konde zijner aandoening niet meester worden.

„ U vergeten, u, mijne dierbare verwante, mijne beste, mijne eenigste vriendinne ! „ riep hij eensklaps stouter, dan hij 't ooit te voren had durven wezen, op eenen toon en met eene uitdrukking, die van het diepste gevoel getuigden.. „ U vergeten !... Alsof het mogelijk ware !... Alsof ik ooit konde vergeten, hoe engelachtig goed gij voor mij geweest zijt !... Hoe fier en gelukkig de namen vriend en broeder mij maakten, welke gij mij wel wildet schenken !... O neen, nimmermeer !... Eer vergeet ik, dat ik geleefd heb, dan dat ik de herinnering verlies uwer verkleefdheid ; dan dat ik ophoude u als mijne toeverlaat te vereeren, u onuitsprekelijk... „

Hij was gereed om haar te zeggen, wat hij voor haar gevoelde en hoe hij 't gevoelde. De nieuwe blijk van genegenheid, welke zij hem wilde geven, de wijze, waarop zij 't hem aankondigde, en vooral hare ontroernis hadden hem zoo hevig aangegrepen, dat voor een oogenblik alle besef van ongelijkheid in hunnen stand op den achtergrond week, om hem enkel aan hare liefderijke handelingen te laten denken. Als bij tooverslag brachten zij gansch het verleden, al wat zij sedert den dood zijns vaders voor hem en zijne moeder, sedert den dood zijner moeder voor hem gedaan had, levendig voor zijnen geest. Bliksemsnel schoot de gedachte hem door het hoofd, dat eene vriendschap, welke haar zoo teedere en kiesche bezorgdheid, zoo warme deelneming en belangstelling had ingefluisterd, geene gewone was, meer dan eene zusterlijke moest zijn, zeer wel van denzelfden aard als de zijne konde wezen. Voor de eerste maal vroeg hij zich af, of hij geen ongelijk had gehad zoo zedig te zijn en haar zijne liefde te verzwijgen; en het antwoord op de vraag was, dat hij misschien de schuld van zijn eigen ongeluk en van dat zijner nicht zoude wezen... Maar nog was het niet te laat; nog konde het kwaad hersteld worden. Wat hoefde daartoe? Een weinig onbeschroomdheid, meer niet... Welnu, die onbeschroomdheid wilde hij hebben. Hij zoude spreken; hij sprak...

Ongelukkig duurde die opwelling van moed niet lang genoeg. Juist toen hij zijn voornemen wilde uitvoeren en, na Clara te hebben verzekerd, dat hij haar nimmer zoude vergeten, er ging bijvoegen, dat hij haar onuitsprekelijk zoude beminnen en nimmer ophouden haar te beminnen, niet als een vriend, een broeder, gelijk zij zich verbeeldde, maar met al de vurigheid eens minnaars; juist toen kwam eene omstandigheid, welke hem veeleer hadde moeten aanmoedigen, aan die opwelling een einde stellen en hem den lust benemen met zijne verklaring voort te varen.

Het was Clara zelve, die. onvrijwillig, hem zijne bekentenis deed afbreken. Zij voelde wat op zijne verzekeringen van haar nimmer te vergeten, zoude volgen ; en ofschoon zij er zich aan verwachtte, ofschoon zij het sedert zoo lang wenschte en vreesde onder de vreugde te bezwijken, welke het haar veroorzaakte, bracht het haar nog meer in verwarring. Zij kleurde en sloeg voor zijnen vlammenden blik den haren zedig neder. Zelfs konde zij eene lichte huivering, eene beweging van schroom niet bedwingen. Het ontging hem niet, en, jammer! hij legde het een en ander verkeerd uit. Hij meende er het bewijs in te zien, dat hij zich omtrent den aard harer genegenheid bedroog, en onderbrak zijne verklaring, deed zich geweld aan en kwam schielijk tot bedaren.

» Geloof mij, waarde nicht, » hervatte hij, na eene korte poos, kalmer, doch met tranen in de stem, » geloof mij : ik heb geen geschenk noodig, om mij te herinneren wat gij voor mij en mijne moeder waart. Zoolang ik adem, zal ik mij zeggen, dat gij onze troostende engel, onze redster geweest zijt ; dat wij, zonder uwe deelneming onder onzen kommer en onze droefheid zouden bezweken zijn ; dat ik, zonder u, zonder uwe aanhoudende bezorgdheid en liefdevolle bescherming, als een rampzalige verlateling, verstooteling hadde omgedoold... Ook moogt gij gerust zijn.... Mijne erkentenis zal eeuwig wezen, eeuwig als... mijne vriendschap...., eeuwig.... als mijne..... »

Wederom had hij de verklaring op de lippen. Door zijn gevoel en zijne eigene woorden medegesleept, had hij op nieuws de beweeggronden zijner uitwijking, graaf van

Hoogereind, den rijkdem en de trotschheid zijns ooms uit
het oog verloren. Hij had zelfs Clara's beweging van
daareven vergeten, om enkel aan hare braafheid en lief-
talligheid, aan hare teedere deelneming en bezorgdheid te
denken.... Hij ging het woord *liefde* uitspreken. De wijze,
waarop het meisje naar zijne betuigingen van eeuwige dankbaarheid en vriendschap luisterde, scheen er
hem ditmaal toe uit te noodigen. Nog stond zij nevens hem
schroomvallig en verlegen te blozen; maar den blik hield
zij niet meer ter aarde gevestigd. Integendeel, zij zag hem
minnelijk glimlachend aan, en hare vochtige oogen straalden met eenen glans, die zalig genoegen en blijde goedkeuring te kennen gaf....

Daar liet niet verre van hen de stem van Groetaers zich
hooren.

" Frans! Clara! " riep hij. " Wat talmt gij? Waarom
blijft gij buiten. Gij kunt immers aan tafel mekaàr alles
zeggen, wat gij nog te zeggen hebt? Indien gij langer
draalt, zult gij niet eens den tijd hebben gerust te noen-
malen. "

Uit het geopende venster der eetzaal, had hij sedert
eenige minuten hen gadegeslagen. Hunne houding beviel
hem niet. Ofschoon hij hen niet hooren konde, verontrustte
zij hem dermate, dat hij het voorzichtig achtte hun vertrouwelijk gesprek te storen.

Zijn geroep deed hen als betrapte misdadigers opschrik-
ken. Schielijk wendden zij zich naar het venster en stot-
terden, elk van zijnen kant, een antwoord, waarvan de
afstand hem belette iets te verstaan, waarvan hij evenmin
iets zoude verstaan hebben, al hadde hij zich in hunne onmiddellijke nabijheid bevonden.

Als zwijmeldronken beklommen zij den stoep. Zij wis-

selden geen woord meer. Toen zij in het voorhuis aan-
kwamen, stond de baron hen aan de deur der eetzaal af te
wachten.

» Frans, » sprak Clara haastig, » gij zult mijn geschenk
boven vinden. Men heeft het mij heden eerst gebracht. Ik
liet het naar uwe kamer dragen. »

» Maar, kind lief, heeft dat dan zulke haast ? » vroeg
Groetaers. » Frans moet straks toch op zijne kamer
zijn... Dan zal hij uw geschenk vinden. Laat hem nu met
ons aan tafel gaan. »

» Ik verlang, dat hij het vóór den eten ga bezichtigen »
antwoordde Clara met ongeduld.

Groetaers trad schouderophalende de eetzaal binnen.
Zijne dochter vervoegde zich bij hem, terwijl Frans zich
spoedde den trap op te klimmen, om aan haar verzoek
te voldoen.

Frans was een bekwaam toonkundige. Hij speelde
meesterlijk de dwarsfluit; en menig artist van beroep,
virtuoos van naam hadde zich met hem niet durven meten.
Het geschenk had Clara met het oog op zijne kunstliefde
gekozen.... Op zijne tafel stond het prachtigste fluitkastje,
dat men kan uitpeinzen.... Hij opende het en vond eene
fluit, waarvan de sierlijkheid en de rijkdom hem niet
minder verbaasden.....

In elk ander geval, hadde hij voorzeker het speeltuig
ter hand genomen en beproefd. Thans had hij wel wat
anders te doen. Vol van het gesprek met Clara en hopende
aan tafel de gelegenheid te vinden het te hervatten, waar
zijn oom het zoo ontijdig had gestoord, sloot hij het kastje
weder dicht, en verliet snel zijne kamer.

Toen hij de eetzaal binnentrad, waren reeds zijn oom en
Clara aangezeten. Angstig vragend keek Clara hem aan.

Hij meende, dat zij wenschte te weten wat hij van haar
geschenk dacht, en verzuimde niet den lof van het kastje
en zijnen inhoud te maken, en haar al zijne dankbaarheid
voor de kostelijke gift te betuigen... Zij verbleekte zienlijk
bij zijne lofspraak en dankbetuigingen. Schier wezenloos
staarde zij hem aan, als konde zij niet gelooven, dat hij
haar niets anders te zeggen had... Door haren zonderlingen
blik verrast, sprak hij met nog uitbundigeren lof van
haar geschenk.... Met eene onbeschrijfelijk weemoedige
uitdrukking op het gelaat, wenkte zij smeekend hem te
zwijgen, lei de hand op haar hart, als voelde zij er eene
hevige pijn en borst in zenuwachtig snikken los... Verwonderd sprongen Frans en Groetaers op. Zij bestormden
haar met vragen... Sprakeloos weende zij eenen tijd lang
voort. Daarna gaf zij het verlangen te kennen zich naar
haar vertrek te begeven. Zij wendde eene schielijke
onpasselijkheid voor en bad, dat men hare kamenier
zoude schellen.... Het meisje verscheen en leidde hare
meesteresse ter zaal uit. Nadrukkelijk verklaarde Clara
geene andere hulp te willen en verwijderde zich weenende, zonder Frans vaarwel te zeggen, zonder hem
eenen anderen blik te schenken...

Stil en treurig was de maaltijd. De bankier dobberde
tusschen hoop en vrees, onrust en blijdschap. Hij hoopte,
dat alle gevaar thans voor hem voorbij was, en vreesde,
dat Clara, zich bezinnende, op hare stappen mocht terug-
keeren, om, hare belofte ten spijt, zelve hare liefde te
bekennen. Hij was blijde, daar hij begreep, dat het
middel, door haar gebezigd, mislukt was ; en ongerust,
wijl hare onpasselijkheid hem vrij ernstig scheen. Hij
sprak weinig of niet. Frans was ter neêr geslagen. Het
gedrag van Clara scheen niet alleen hem onbegrijpelijk :

het verontwaardigde hem. Dat zij zich onwel bevond, geloofde hij; dat zij het genoeg was, om niet eens hem de hand te drukken, vaarwel te zeggen en *goede reis*! toe te roepen, wilde hij niet aannemen. Hij vergaf het zich niet, korts te voren in hare toespraak en hare houding liefde voor hem te hebben vermoed, en wenschte er zich geluk mede de dwaasheid niet te hebben begaan haar zijne liefde te openbaren.

Een paar uren later was hij aan boord van de stoomboot en des anderdaags in den morgen te Southampton.

VIII.

DE ONTDEKKING.

De reis naar Valparaiso was voorspoedïg. Op 4 Augusti uit Antwerpen vertrokken, kwamen Frans en zijne gezellen tegen het einde van September te hunner bestemming aan. Gedurende de overvaart hadden zij geene andere onaangenaamheden, dan die des langen tochts ondervonden.

Menigvuldige bezigheden beletteden den jonkman in den eersten tijd zich veel over Antwerpen en zijne bloedverwanten te bekommeren. Het was, meende hij, geen kwaad. Om van zijne geliefde te genezen, konde hij tot geene betere medecijn, dan den arbeid de toevlucht nemen. Hoe minder hij zich met zijne nicht en het verleden bezig

hield, hoe rasscher de genezing zoude zijn. Met voorbeel-
digen ijver en rustelooze inspanning legde hij dus zich op
de gewetensvolle vervulling zijner ambtsplichten toe. Dag en
nacht werkte hij, om het nieuwe kantoor op eenen duch-
tigen voet in te richten. Zijne pogingen werden met het
beste gevolg bekroond. Door zijn voorbeeld aangespoord,
arbeidden ook de andere klerken met vlijt. Weldra werd
het huis, aan welks hoofd M. Vronen stond, als een toonbeeld van orde, regelmatigheid en wijs beleid geprezen.
De patroon was van Frans uiterst tevreden. Dagelijks
schatte hij zijne bekwaamheden hooger en achtte zich
gelukkig op eenen helper van zulke onbetwistbare verdiensten de hand te hebben gelegd.

Na zes maanden worstelens, had Frans zijne liefde in
zooverre overwonnen, dat hij aan Clara zonder onmatige
droefheid, zonder bitterheid konde terugdenken. Wel bleef
hem de stille treurigheid bij, welke den laatsten tijd van
zijn verblijf in het vaderland had gekenmerkt; doch
het verontrustte hem niet. Hij was er, om zoo te spreken,
aan gewend en hoopte, dat zij allengs zoude slijten. Die
treurigheid had overigens niets smartelijks in zich. Zij verschafte hem integendeel menigen stond van weemoedig
zoet genot, welken hij tot geenen prijs hadde willen missen,
noch verruilen met andere genietingen en allerminst met
die luidruchtige vermaken, den jongen lieden veelal onontbeerlijk.

In den loop dier zes maanden had hij, gelijk men wel
denken kan, herhaalde malen uit Antwerpen tijding ontvangen. Zijne nicht had hem niet geschreven; doch haar
vader had op den brief geantwoord, waarin hij hem zijne
voorspoedige reize en zijne aankomst te Valparaiso berichtte. Het schrijven van den heer baron was droog en

kort. Van Clara werd er in gezegd, dat hare onpasselijkheid spoedig was overgegaan. Reeds des anderdaags was
zij weder op de been en sedert gezonder en vroolijker geweest, dan te voren... De brieven zijner vrienden, met name
van Lindekens, waren uitvoeriger. Wat hem het meest
verwonderde was, dat August hem geheel andere dingen
meldde. Hij schreef, dat Clara ernstig ziek had gelegen,
zoo ernstig, dat zij vele weken hare kamer had gehouden
en niet in de wereld was verschenen. Uit Augustes laatsten
brief, gedagteekend van 10 Januari, vernam Frans, dat
zij stilaan herstelde. Wel woonde zij geene avondfeesten bij,
maar zij reed, bij helder weder, nu en dan uit, van haren
vader en soms ook van graaf van Hoogereind vergezeld. Nog
altoos zag zij er bleek en lijdend uit. Naar men beweerde,
was de graaf meer dan ooit met haar ingenomen. Alle dagen ging hij ten minste tweemaal naar haar bevinden vragen en was niet voldaan, wanneer hij niet eenige stonden
de eer van haar gezelschap had mogen genieten. Men was
te Antwerpen algemeen van gevoelen, dat het huwelijk tusschen hem en haar wel degelijk was vastgesteld geworden.
Hare ziekte had de plechtigheid doen verschuiven; doch
er werd enkel op hare volkomene genezing gewacht, om
ze met den behoorlijken luister te vieren.

Het stilzwijgen van Clara bevreemdde Frans niet minder
dan die tegenspraak. Kwalijk nam hij het haar niet af,
verre van daar; hij voelde, dat een brief van hare hand in
staat geweest ware zijne pas geheelde wonden weer te
doen bloeden. Niettemin vond hij het niet vriendelijk,
zeggen wij het woord, niet beleefd van haar, dat zij hem
geen regeltje schreef. Met de woordkarigheid en achter-
houdendheid haars vaders had hij meerder vrede. Hij
legde ze door het verlangen uit hem geene onrust aan te

jagen. De tijding van Clara's herstelling verblijdde hem ;
en wat Lindekens van den graaf, zijne dagelijksche bezoeken, zijn uitrijden met de nicht en den oom, alsmede
van de vermoedelijke echtvereeniging meldde, deed hem
zich op nieuws verheugen, dat hij naar Valparaiso was
gegaan.

Aan muziek maken had hij tot hiertoe geen oogenblik
kunnen peinzen. Het fraaie speeltuig, hem door Clara
geschonken, had hij, sedert zijn verblijf in Amerika, nog
niet aangeraakt. Met andere voorwerpen, waaraan hij eene
bijzondere waarde hechtte, stond het prachtige kastje in
eenen zijner koffers gepakt. Nu zelfs, daar hij de handen
vrijer begon te hebben, en zijne liefde voor de kunst allengs ontwaakte, aarzelde hij het voor den dag te halen.
Hij vreesde, dat het hem te levendig het laatste gesprek met
zijne nicht zoude herinneren, de vermetele inbeelding,
waartoe hij zich door hare ontroernis had laten verleiden,
de wreede teleurstelling, die er op volgde, en de akelige
gemoedsgesteltenis, waarin hij uit Antwerpen was ge-
stoomd.

Zekeren dag nogtans, dat hij blijmoediger en opgeruim-
der was, geloofde hij zich sterk genoeg, om elke droeve
herinnering te trotseeren. Hij had des morgens een nog al
gewichtig onderhoud met M. Vronen gehad. De zaken van
het nieuwe huis gingen naar wensch. Zij beloofden eerlang
de meest voldoende uitslagen op te leveren. De patroon, die
niet ontveinsde, hoeveel de ijverige Frans daartoe had
bijgedragen, had hem, in eigen naam en in naam zijner
Antwerpsche vennooten, nogmaals al zijne tevredenheid
betuigd. Hij had hem tevens aangekondigd, dat hij en die
heeren voornemens waren hem, na het einde van het loopende jaar, het kleine aandeel in de onderneming toe te

staan, dat zij hem voor de afreize hadden versproken, doch welk zij van plan geweest waren hem, om zijnen ijver aan te vuren, door ettelijke jaren dienst te laten winnen. Die aankondiging had hem vreugdig gestemd. Zij had alweder hem iets van het zelfvertrouwen weergegeven, waarmede hij zijne loopbaan begonnen, maar dat hij weldra grootendeels, om niet te zeggen teenemaal, verloren had. Zijne toekomst, korteling zoo somber en dreigend, helderde meer en meer op. Zij nam inderdaad de rooskleurige tint aan, waaronder hij ze als beginneling had gezien. Die verzekering had hem zoodanig bemoedigd, dat hij zonder schroom eenen blik in het verleden had kunnen werpen en bij de verijdeling zijner vroegere verwachtingen, het verlies zijner hoop op Clara's bezit, verwijlen, zonder dat bittere gepeinzen in zijnen boezem oprezen, zonder dat hij zich geneigd gevoelde het lot te beschuldigen.

Hij ontsloot den koffer, kreeg er het fluitkastje uit en plaatste het op zijne tafel. Hij had het sinds den dag van zijn vertrek uit Antwerpen niet meer gezien. Na met innig welgevallen het kostelijke inlegwerk te hebben bewonderd, waarmede het deksel en de zijkanten versierd waren, zocht hij, uit eene talrijke verzameling muziekwerken, een zijner lievelingsstukken en legde het op zijnen lessenaar. Daarna opende hij het kastje... Hoe sterk hij zich gewaand hadde, een zonderling gevoel overviel hem, toen hij de hand uitstak, om het speeltuig aan te roeren. Het was hem, alsof met dit speeltuig een geheim in het kastje verborgen lag, dat op zijne lotsbestemming eenen beslissenden invloed moest uitoefenen. Onwillekeurig trok hij de hand terug... Een oogenblik later lachte hij met zijne dwaasheid, stak op nieuws de hand uit en greep een der stukken van de overheerlijke fluit... Thans verschoot hij werkelijk... Op den bodem van het vak, waaruit hij het fluitstuk genomen had, lag een klein briefje. Hij vouwde het open en... herkende het schrift zijner nicht. Met ontroernis las hij de volgende vier verzen van Goethe :

> Willst du immer weiter schweifen?
> Sieh, das gute liegt *so nah*.
> Lerne nur das glück ergreifen,
> Denn das glück *ist immer da*. (1)

Peinzend bleef hij eene poos op de vier regelkens turen... Wat konde de bedoeling van Clara bij het overschrijven derzelve geweest zijn?... Zij had ook den titel des Duitschen dichters, *Erinnerung*, er boven gezet; maar dat beteekende niets. Het geschenk zelf was eene herinnering, waarbij geene tweede behoefde, zoomin als de naam des afgebeelden bij een afbeeldsel. In haren geest moesten dus de versjes eene andere beteekenis hebben. Welke? Op welk geluk had zij de woorden van Goethe willen toepassen? Wat bedoelde zij met het woord aangrijpen?... Hij konde er niet wijs uit worden; en toch leek het geheel hem eene soort van raadsel, waarvan zij de oplossing zijner schranderheid had overgelaten; meer nog, eene soort van verwijt, zijner kortzichtigheid toegestuurd.

Daar ging eensklaps een licht voor hem op... De woordjes *so nah* en *ist immer da* waren onderlijnd... Die bijzonderheid was hem eerst ontsnapt. Thans rukte zij hem den blinddoek af. Hij bracht ze in verband met den stond, waarop ze geschreven werden, met haar gedrag den dag van zijn vertrek, met haar aandringen, opdat hij het ge-

---

(1) Wilt gij immer verder dwalen? Zie, het goede ligt *zoo na*. Leer slechts hét g éluk aangrijpen, want het geluk *is immer daar*.

schenk nog vóór het middagmaal zoude bezichtigd hebben
en alle twijfel verdween!... Hij opende eindelijk de oogen!
Hij bevroedde wat zij met de uitdrukkingen *glück* en
ergreifen had willen zeggen!... Hij verstond, waarom zij
het briefje in het fluitkastje verborgen had!... Hij begreep
haar gedrag, hare houding, haar blozen, hare huivering,
haren schroom en later haar vreugdestralend wezen en
haren minzamen glimlach bij het gesprek, zoowel als
haren vragenden blik, bij zijne intrede in de eetzaal, hare
schielijke onpasselijkheid, hare sprakeloosheid en hare
verwijdering na zijne lofspraak op het geschenk en
zijne dankbetuigingen!... Hij begreep tevens haar stilzwijgen, sedert zijn verblijf te Valparaiso en de pogingen haars vaders, om hem hare ziekte te verbergen
en hem het spoor bijster te maken!.... Hij begreep alles!...
Hij had grooten lust om zichzelven met vuisten te slaan,
noemde zich een' domkop, een' bloodaard, een' rampzalige
en snelde naar M. Vronen, om hem te verwittigen, dat
hij met het eerste het beste stoomschip naar de oude wereld, mogelijk voor altijd, terugkeerde, en dat hij rust
noch duur zoude hebben, vóórdat hij te Antwerpen voet
aan wal zette!

IX.

DE TERUGKOMST.

Alle jaren, in het begin van den zomer, werd door den heer baron Groetaers een luisterrijk veldfeest ingericht, waarvoor alwie te Antwerpen en in de omliggende steden tot de groote wereld behoorde, eene uitnoodiging ontving. Nademaal de rijkaard de voorzorg had ook telkens eenige dagbladschrijvers te verzoeken, werd over die *plechtigheid* — men vond dien naam niet te grootsch, — in de kranten, zelfs in een paar Brusselsche, met uitbundigen lof, met geestdrift gesproken.

Dit feest had op het schoone landgoed plaats, hetwelk de ex-bankier niet verre van de stad bezat, en alwaar wij vroeger Frans bij zijnen oom en zijne nicht gezien hebben. Het bestond gewoonlijk in een prachtig *gala-diner*, gevolgd van een uitmuntend concert, een schitterend bal, een glansrijk vuurwerk en andere min gewichtige, doch niet min *fashionabele* vermakelijkheden en verlustigingen, die nog lang nadien der Antwerpsche burgerij, inzonderheid dergene, welke aan de feestelijkheden geen deel had mogen nemen, stof tot uitvoerige beschrijvingen en belangwekkende gesprekken leverden.

Het was in de laatste helft van Juni, ruim tien maanden nadat Frans uit Antwerpen was vertrokken, om zijn geluk in de nieuwe wereld te gaan beproeven. M. Groetaers gaf zijn jaarlijksch landelijk feest. Aan zijn' rijkbezetten en smaakvol versierden disch, waarvan de *honneurs* door freule Clara met evenveel *tact* als bevalligheid werden waargenomen, waren, benevens graaf van Hoogereind en de voornaamste leden zijner hoogadellijke familie, de befaamdste kooplieden, bankiers en andere geldmannen der Scheldestad met hunne vrouwen en dochters vereenigd. De verdere genoodigden, welke slechts voor het concert en het bal gevraagd waren, zouden later opdagen en mede den adel en het kapitaal, den handel en het bankwezen, den grondeigendom en de nijverheid, zoowel als de magistratuur en het leger, zelfs een luttel de kunst en de wetenschap vertegenwoordigen. Van de literatuur was geene spraak : die bestaat niet voor onze Cresussen... Dit tweede gedeelte van het feest beloofde overigens deze reis nog fraaier te zijn, dan de vorige jaren. Het concert vooral zoude, beweerde men, al zijne voorgangers in de schaduw stellen. Vieuxtemps en Servais hadden er in toegestemd er zich op te laten hooren, en voor de zangnummers van het programma had de baron een paar Parijzische *beroemdheden* ontboden, die ettelijke van de meest geliefkoosde stukken huns uitgebreiden *repertoriums* moesten voordragen. Het vuurwerk, dat eerst laat in den avond zoude worden afgestoken, was aan de zorgen van een der bekwaamste mannen van het vak toevertrouwd...

Het feestmaal liep ten einde. Men was aan het nagerecht. De ananassen en andere kostelijke vruchten, het pastei-werk, suikergebak en ander lekkergoed werden rondge-diend. De Champagne schuimde in de sierlijks geslepen drinkschalen. De deftige dischgenooten verkeerden in die opgeruimde stemming, welke het genot van keurige spij-zen en edele wijnen verwekt.

Reeds waren verscheidene min of meer gelukkige toas-ten min of meer welsprekend uitgebracht. Men had gedron-ken op de gezondheid en het heil van den hoogachtbaren gastheer en zijne beminnelijke dochter, van de aanzien-lijkste onder de gasten en hunne dierbare betrekkingen. Daar beval M. Groetaers de schalen op nieuws te vullen, stond op en verzocht een oogenblik gehoor. Hij wilde op zijne beurt eenen toast voorstellen en tevens den dischge-nooten een heuglijk nieuws aankondigen, dat zij allen, hij twijfelde er niet aan, met een genoegen zouden vernemen, niet minder groot, dan hetgene hij smaakte, daar hij 't hun konde mededeelen.

Iedereen verstond, dat hij de veelbesproken echtver-eeniging zijner dochter met graaf van Hoogereind bedoelde. Glimlachend bezagen de gasten elkaar. Zij waren te wel opgevoed, kenden, gelijk men zegt, te goed hunne wereld, om hunne verrassing — voor de meeste hunner lang geene verrassing meer, — anders dan door schier onmerkbare wenken, hoogstens door een zacht gefluister hunnen on-middellijken naburen te kennen te geven. Clara's wezen werd met een vurig rood overtogen.. Wat den graaf betreft, die nevens haar was aangezeten, hij hield zich zoo goed, als men het van eenen man van zulken fijnen toon bij eene dergelijke gelegenheid konde verwachten.

De talrijke tafeldienaars haastten zich het bevel te volvoeren. Toen alle glazen volgeschonken waren en hij de aandacht behoorlijke gespannen oordeelde, hervatte de baron het woord :

» Dames, heeren, » dus begon hij met eene stembuiging en eene gelaatsuitdrukking, die innige zelfvoldoening verrieden, » ik acht mij gelukkig u eene gebeurtenis te mogen melden, die mijn vaderlijk hart van vreugdigen hoogmoed doet kloppen en mijne liefste wenschen vervult, eene gebeurtenis,... die.., dewelke... »

Hij zweeg... De woorden bestierven hem op de tong... Met opgesperden mond en wijdgeopende oogen bleef hij door het venster staren, dat, vlak over hem, op de laan uitzag, die van de groote baan naar het kasteel voerde...

Uit de schaduw dier laan had hij, terwijl hij beval de glazen te vullen, in de heldere zonnestralen, die het breede grasperk en den ruimen koer vóór het woonhuis verlichtten, een zedig huurrijtuig zien naderen. In den beginne had hij er niet meer acht op gegeven, dan het verdiende. Hij had tot zichzelven gezegd, dat het een der genoodigden voor het concert, wellicht een' kunstenuar of geleerde aanbracht, die te vroeg kwam, wijl hij niet wist, dat de beleefdheid eerder bestaat in te laat te komen; en dat het volstrekt onnoodig was er zich verder over te bekommeren. Toch had hij er de oogen niet kunnen van afwenden. Het was hem, alsof die nederige vigilante, welke hij in al andere gevallen met geenen blik zoude verwaardigd hebben, van meer beteekenis voor hem was, dan zij scheen, eene personaadje bevatte, voor hem van oneindig

meer gewicht, dan verreweg de meeste zijner genoodigden. Ook had hij ze met eene zonderlinge onrust, met eenen
onverklaarbaren angst gadegeslagen, tot zij voor den stoep
was aangekomen, en zijne dienstboden toeschoten, om
de portel te openen... Toen juist was het, dat hij zijnen
toast begon.... Hij had dien onderbroken, zoodra hij
den nieuwen gast herkende, die uit het rijtuig daalde...
Het hoofd der Medusa hadde hem niet meer kunnen
treffen, dan dezes gelaatstrekken. Zij maakten hem
onbekwaam, om zijne rede voort te zetten, om verder een
woord te uiten...

Trots de onbeschroomdheid, de onverstoorbare stoutmoe-
digheid, welke hij aan het bewustzijn van het alvermogen
zijns rijkdoms dankte, stond Groetaers niet als welbe-
spraakt te boek. Zijne onderbreking namen de dischge-
nooten voor een van die ongevallen, waaraan hij meer
onderhevig was, wanneer hij het waagde als spreker op
te treden. Weder als wel opgevoede lieden, bevredigden
zij zich dus met strak op hun bord neer te kijken en
geduldig te wachten, tot het hem zoude behagen met zijnen
toast voort te gaan. Toen hij echter, na eenige stonden,
niet voortging, sloegen zij verwonderd de oogen naar hem
op. Thans begrepen zij, dat eene geheel andere omstandigheid, dan die, waaraan zij zijn plotseling stilzwijgen hadden toegeschreven, hem de spraak roofde. Zij zagen hem
door het raam staren met al de teekens eener diepe ontsteltenis, eens waren schriks, blikten in dezelfde richting
en bemerkten op den stoep een door de zon gebruind jong
mensch in onderhandeling met de toegesnelde dienstboden,
die, ofschoon met beleefdheid en ontzag, hem iets schenen
te weigeren, wat hij hun dringend verzocht, wat hij niet

ophield, spijt hunne afwijzingen en verontschuldigingen, dringend te verzoeken.

Ook Clara had eerst op haar bord gekeken, daarna de oogen naar den vader opgeslagen, de richting van zijnen blik gevolgd en den jonkman met het bruingezengde gelaat bemerkt... Nog heviger was de ontroernis, welke, bij het herkennen van dezen, zich van haar meester maakte. Zonder zich om haren vader, zijne gasten, om wat haar omringde te bekreunen, zonder op iets anders, dan hetgene op de stoep plaats greep, te letten, sprong zij op, strekte de armen naar het venster uit, en :

» Frans!... Waarde Frans! » gilde zij, tot nog grootere verbazing en zelfs tot ontstichting der genoodigden, en stoof ijlings naar buiten, om haren neef uit de handen eener te nauwgezette dienaarschap te bevrijden.

Die kreet en dit vertrek brachten M. Groetaers tot bezinning. Hij blikte rond, las de afkeuring op eenige, de bevreemding op alle aangezichten en voelde de noodzakelijkheid eener verklaring, om zijne gasten te overtuigen, dat zijne houding en het gedrag zijner dochter niet aan geestesverbijstering te wijten waren. Op nieuws wilde hij het woord nemen, hen om verschooning bidden en hun eene opheldering geven, die, zonder zijnen hoogmoed te vernederen, hem en Clara rechtvaardigde. Het gelukte hem niet eenen verstaanbaren volzin uit te stamelen. Na herhaalde vruchtelooze pogingen, welke zijne pijnlijke verlegenheid en die zijner toehoorders nog vermeerderden, en waarbij hem het angstzweet op het voorhoofd parelde, was hij verplicht van zijn voornemen af te zien. Hij stond gereed om zich, half radeloos van schaamte en ergernis, terug in zijnen zetel te laten nedervallen, als een bediende binnentrad en hem eerbiedig iets in het oor fluisterde, dat hem, bijna even schielijk als zijne dochter, deed de deur uitsnellen.

Diepe stilte heerschte in de eetzaal. De genoodigden wisten niet wat van dat alles te peinzen en wierpen stilzwijgend elkander vragende blikken toe. Om aan den onaangenamen toestand een einde te stellen, besloot graaf van Hoogereind de taak der onontbeerlijke opheldering op zich te nemen. Hij ook had Frans meenen te herkennen; en alhoewel hij niets van de oorzaak zijner onverwachte terugkomst vermoedde, wist hij genoeg wie Groetaers was, om te beseffen, dat die terugkomst, vooral op zulken stond, hem niet welkom konde wezen. Met de gevatheid eens mans van de wereld bereidde hij zich dus eene behendige en toch voldoende oplossing van het raadsel te beproeven, dat aller nieuwsgierighied in zoo hooge mate gespannen hield. Hij had daarmede nog niet aangevangen, als dezelfde knecht andermaal verscheen, hem naderde en uit name van mejufvrouw Clara verzocht zich bij haar en haren vader te vervoegen.

De graaf volgde den dienaar. Zijne verwijdering deed de verbazing en nieuwsgierigheid ten top stijgen. Van het eene einde der zaal tot het andere steeg een gefluister op, veel duidelijker dan het vorige. Hier en daar aarzelde men zelfs niet meer elkander halfluid zijne indrukken en gewaarwordingen mede te deelen. Men verloor zich in gissingen omtrent de onverklaarde en onverklaarbare verdwijningen. Alleen de aristokratische van Hoogereinds bleven hunne deftige kalmte bewaren en bevredigden zich ook nu met, ietwat medelijdig nogtans, te glimlachen, alsof zij de een den ander wilden beduiden, dat eene miskenning der strenge wetten van het *decorum* als die, waarvan zij getuigen waren, in de woning van een' kersversch geadelden burgerman, als Groetaers, hen geenszins verwonderde....

Eensklaps werden de vleugels der groote inkoomdeur geopend. De baron, Clara en de graaf vertoonden zich op den drempel. Frans vergezelde hen. Groetaers vatte hem bij de hand en stelde beraden hem aan het gezelschap voor. Daarna, met eene vastheid, waaraan hij zijne toehoorders niet gewend had:

» Dames, heeren, » hervatte hij zijnen toast daar, waar Franses aankomst dien had onderbroken, » ik heb de eer u het aanstaande huwelijk van mijne dochter met haren neef Frans Groetaers, den zoon van wijlen mijnen waarden broeder Jan, aan te kondigen. Ik hoop, dat gij niet zult weigeren met mij op de gezondheid van het jonge paarte drinken... »

Wij zien er ditmaal van af de bevreemding der gasten af te malen. Hunne teleurstelling ging alle beschrijving te boven. Het spreekt eventwel van zelf, dat niemand onheusch genoeg was, om zich niet te beijveren op den ingestelden dronk bescheid te doen. Zelfs de bloedverwanten van den graaf ledigden op het heil van Clara en Frans hunne schaal, alhoewel zij meer dan al anderen verwonderd opkeken en zeer waarschijnlijk zich afvroegen, welke komedie het den graaf en den baron beliefde met hen te spelen, en wat zij in het huis van den laatste waren komen verrichten. Zij vroegen het zich nog meer, toen de eerste, na het drinken der gezondheid, aan het gezelschap uitlegde, hoe M. Frans Groetaers veel vroeger van Valparaiso was teruggekeerd, dan men gedacht had, en hoe zijne plotselinge verschijning op zijnen oom en zijne nicht het uitwerksel gemaakt had, dat men had gezien, en waarvan men thans de onvermijdelijkheid zoude begrijpen...

Ziehier wat gebeurd was : in twee woorden had Frans aan Clara de geschiedenis van het fluitkastje en zijne jarenlange bescheiden liefde ontdekt. Onmiddellijk had het meisje deze haren vader medegedeeld en de naleving zijner belofte geëischt. In het nauw gebracht, had Groetaers zich op den graaf en de verbintenis, met hem en zijne bloedverwanten aangegaan, beroepen. Zonder tijd te verliezen, had Clara den heer van Hoogereind ontboden, hem alles bekend en haar lot in zijne handen gesteld. Grootmoedig als een echt edelman, had hij ridderlijk haar heur woord weêrgegeven en alle verdere aanspraak óp haren persoon laten varen. Zelfs had hij zich met een gedeelte der aan het gezelschap verschuldigde opheldering willen gelasten. Bij gebreke van hare liefde, wenschte hij zich ten minste hare achting en vriendschap te verzekeren, en meende hiertoe geen beter middel te kunnen aanwenden, dan haar de echtvereeniging met den man harer keus te vergemakkelijken. Wat den baron aangaat, van den steun beroofd, dien hij in den graaf hoopte te vinden, had hij van den nood eene deugd gemaakt en in het huwelijk met den armen neef toegestemd. Zijne eerste belooning was, dat hij met veel meer geluk als spreker konde optreden en voor gansch de aanzienlijke dischgenootschap van wijlen zijnen gefaliëerden broeder, zonder hapering, gewagen; dat hij, wellicht voor de eerste maal van zijn leven, eenen toast konde instellen, zonder in zijne *speech* te blijven steken.

Het luisterrijke feest liep verder zonder andere onvoorziene episoden af. Slechts de van Hoogereinds bleven niet tot het einde; en nog lang nadien werd in hoogere en lagere kringen over het *diner*, het concert, het bal, het vuurwerk, enz. gesproken. Waar nog langer over gesproken werd, was de algemeene misvatting, welke den graaf als den toekomstigen bruidegom van Clara had gedoodverwd, en het huwelijk van de schoone, bevallige, brave en verstandige dochter des trotschen millioenbezitters met den

6

ouderloozen neef, van wien vroeger haast niemand wist,
en die als uit de lucht was komen vallen, om der Antwerpsche groote wereld te toonen, hoezeer zij zich had
bedrogen. Dit huwelijk werd eenige weken later gevierd.
Er waren onder de geldmannen, die het afkeurden,
doch hun getal was geringer, dan men zoude denken.
Zelven zonen van kleine burgers of werklieden, zelven
menschen, die met weinig of niets begonnen waren,
herinnerden de meesten dier geldmannen, na de eerste stonden van verrassing, zich hunne eigen nederige afkomst
en beleden, zoo niet luide, dan toch inwendig, dat Groetaers had wel gehandeld. Voor hoeveel de afgunst bij die
goedkeuring in het spel kwam, of zij al dan niet met leede
oogen de vermaagschapping van een' hunner met het
aloude geslacht der van Hoogereinds zouden gezien
hebben, zullen wij liefst niet onderzoeken.

Frans heeft den droom zijner jeugd verwezentlijkt. Hij
is koopman geworden, als zijn vader, en heeft de eer zijns
vaders ten volle hersteld. Hij heeft de schuldeischers van
Jan Groetaers zaliger, kapitaal en intresten, tot den laatsten
centiem betaald. Hij behoort tot de voornaamste handelaars
en reeders des lands. Het is het vermogen zijner vrouw alleen
niet, dat hem tot die hoogte heeft opgevoerd. Zijne bekwaamheid, rechtschapenheid en werkzaamheid hebben ruim zooveel misschien tot zijne verheffing bijgedragen, als het geld
en de invloed zijns schoonvaders. Dat hij nogtans zonder
deze in zoo korten tijd nooit zooverre zoude gekomen zijn,
dat hij dertig a veertig jaren zoude gearbeid hebben, vooraleer eene eerbiedwaardige stelling in te nemen, bekent hij
dagelijks, laat hij nooit na den jongen lieden te herhalen,
die zich de toekomst onder te lachende kleuren voorspie-
gelen en zich met de hoop vleien alleen door wilskracht,
ijver, knapheid en braafheid *spoedig* hun fortuin te maken.

ZUSTER JULIANA.

Ik zie haar nog vóór mij met het bleeke, vermagerde gelaat en de gebogen gestalte, den treurigen glimlach en den zielvollen blik. Ik hoor nog hare zachte, een luttel heesche stem, waarin als een weêrgalm van vroeger' harteleed weende, en die nogtans den lijderen als hemel-muziek in de ooren klonk, daar zij zelden andere woorden sprak dan van stichting, troost en aanmoediging.

Alles in haar was belangwekkend en getuigde van voormalige schoónheid en uitstekende verdiensten. Dat zij tot den beschaafden stand behoorde en eene schitterende opvoeding had genoten, bewezen hare uitgebreide kennissen en meer dan gewone talenten, benevens de sierlijke uitdrukkingen, waarin zij de minste harer gedachten wist te kleeden. Dat zij in kringen verkeerd had, alwaar men de uiterlijke vormen op hoogen prijs stelt, toonde het edele in hare houding en bewegingen, hare innemende beleefdheid en ongedwongen manieren; toonden zelfs de smaak en zwier, waarmede zij, onwillekeurig, het grove en onbevallige gewaad eener nederige zwartzuster droeg. Thans eenvoudig een engel van godsvrucht, goedheid, zachtmoedigheid, geduld en menschenmin, was zij de toevlucht van allen, die onder het gewicht van kommer en ziekte, van smarten en rampen, van jammer en ellende gebukt gingen en het geluk hadden in hare nabijheid te leven.

Hoe zij zwartzuster geworden was, kan ik niet zeggen, zonder geheel hare geschiedenis mede te deelen. Dezelve was slechts van weinigen gekend en leek een' kleinen roman. Ik vernam ze uit den mond van den ongelukkigen grijsaard, dien zij, sedert verscheidene jaren, verpleegde met eene opoffering en liefde, eene verkleefdheid en zelfverloochening, welke bewondering wekten, en waarop zij zoo weinig zich liet voorstaan, alsof het onbeduidende kleinigheden, de geringste dingen van de wereld geweest waren. De geschiedenis van dien grijsaard zelven was een roerend huiselijk drama, dat ik wellicht later schrijven zal, wanneer al de lieden, die er eene rol — tamelijk snoode rol, voorwaar! — in speelden, tusschen de schermen van het groote wereldtooneel verdwenen zijn. Voor het oogenblik zal ik mij bevredigen met in korte woorden die van de engelachtige zuster Juliana te verhalen.

Zij was geboren in eene voorname stad, onder welker deftigste burgers hare ouders gerekend werden: zij waren rijk, van een aanzienlijk geslacht en oefenden eenen invloed uit, dien zij aan hunne deugden, zoowel als aan hunne schatten en hunne afkomst, te danken hadden. Behalve Juliana, hadden zij eene tweede dochter, Bertha geheeten, die ettelijke jaren minder telde.

Op twintigjarigen leeftijd was Juliana een van de gelukkigste meisjes, die men zoude hebben kunnen aanwijzen. Schoon in den vollen zin des woords, deugdzaam, verstandig, geleerder dan de meeste jonkvrouwen van goeden huize, werd zij door hare ouders en bloedverwanten letterlijk op de handen gedragen. Hare wenschen waren bevelen voor allen, die haar omringden; en in de luisterrijkste gezelschappen werd hare verschijning, als die van een hooger wezen, als eene heuglijke gebeurtenis begroet. Geen feest was volledig, wanneer zij er op ontbrak; en het geringste kreeg eensklaps eene bijzondere aantrekkelijkheid, wanneer zij 't met hare tegenwoordigheid vereerde. Door de haren vergood, door vrienden en bekenden met blijken van achting en bewondering overladen, door al de meisjes benijd en door al de jongelingen aanbeden, bewandelde zij een pad, enkel met rozen bestrooid, was haar leven eene aaneenschakeling van vreugden en zegepralen.

Ook de zaligste toekomst lachte haar tegen. Onder de oudste en trouwste vrienden haars vaders, bekleedde de burgemeester der stad de eerste plaats. Die waardige magistraatspersoon had een' eenigen zoon, in wien hij al zijne hoop stelde, en die, voor de jonge lieden wat Juliana voor de jonkvrouwen, een toonbeeld was van schoon- en braafheid, van verstand en geleerdheid, van fijnen smaak en edelen zwier. Lang vóórdat Theodoor den manbaren ouderdom bereikte, had zijn vader het verlangen gekoesterd hem eens met de dochter zijns boezemvriends te zien in den echt te treden. Van den anderen kant, had die vriend dikwijls er aan gedacht, hoe zoet het lot zijner dochter zoude

wezen met eenen jonkman tot echtgenoot, die door zijn
uitmuntend karakter, zijne beminnelijke hoedanigheden
en zijn vermogen de beste partij van al diegene moest
worden, welke zich voor haar konden aanbieden. Geen
van beiden had den andere iets van dit huwelijksontwerp
in petto laten vermoeden. Alleen toen de kinderen allengs
meer met elkander opkregen, meer genoegen in elkanders
bijzijn smaakten en eindelijk elkaàr ondubbelzinnige blijken van liefde begonnen te geven, kwam het tusschen de
oude heeren tot eene verklaring, waarvan de verblij-
dende uitslag onmiddellijk aan de moeders werd medegedeeld. Zoo werd zekeren dag den gelieven — want dat
waren Theodoor en Juliana, ik zal niet zeggen zonder het
te weten, maar toch zonder er veel te hebben over nage-
gedacht, — zoo werd hun bericht, dat hunne ouders hunne
liefde met innig genoegen hadden zien rijpen, dat door
deze de vurigste wenschen hunner bloedverwanten werden
vervuld, en dat het maar van hen afhing den dag der
bruiloft te bepalen.

Die dag werd bepaald. Na verloop van een jaar zoude
de bruiloft gevierd worden. Intusschen zoude Theodoor
met een' zijner vrienden, die eene naburige stad bewoonde,
de voornaamste landen van Europa bezoeken. Hij zelf
had meer dan eens het verlangen te kennen gegeven zulk
een' tocht te ondernemen. Hoe beslagen anders ook,
begreep hij, dat aan zijne opvoeding iets haperde, hetwelk
men in de befaamdste onderwijsgestichten en voortreffelijk-
ste boeken niet leeren kan, namelijk: die ondervinding en
menschenkennis, die breedheid van gedachten en diepte
van doorzicht, welke men slechte in het verkeer met lieden
van verschillenden landaard en stand, van allerlei gezind-
heid en leefwijze verkrijgt. Zijn vriend Felix, die reeds

eene dergelijke reize gedaan had en niet ongeneigd was ze te herhalen, om de indrukken te versterken, welke zij bij hem gelaten had, werd verzocht hem te vergezellen en aanvaardde het voorstel gereedelijk. Alzoo zoude aan Theodoor menige onaangename bejegening gespaard, menige leerrijke ontmoeting bezorgd worden ; alzoo zoude hij menig verheven genot smaken, dat hij anders, in zijne onervarenheid, waarschijnlijk hadde moeten missen.

De gansche stad, inzonderheid dat gedeelte, hetwelk met de twee achtbare gezinnen in nadere betrekking stond, juichte de vastgestelde echtvereeniging en de voorgenomen reize hartelijk toe. Het ware, iedereen bekende het, moeilijk geweest twee menschen te vinden, die beter bijeenpasten dan Theodoor en Juliana, twee familiën, die beter dan de hunne bij elkander voegden. Ouderdom, stand, fortuin, geaardheid, staatkundige en andere gevoelens, alles was van wederzijden in volmaakte overeenstemming. In de omreis van den jongen heer zag men een nieuw bewijs van de vrijzinnigheid, den practischen zin en de levenswijsheid des wakkeren burgemeesters, die, even als de vader der bruid, verstand en geleerdheid hooger schatte dan rykdom en niet aarzelde zijnen erfgenaam de wijde wereld in te zenden, om hem het middel aan de hand te doen, vóór zijn huwelijk nog, zijne begaafdheden te benuttigen, zijne kundigheden te vermeerderen; om hem in staat te stellen eenmaal door iets anders dan zijn fortuin en zijnen naam den bijval zijner medeburgers te verwerven.

Theodoor en Felix vertrokken. Hunne reis was zeer voorspoedig. Geen enkel ongeval kwam ze onderbreken of de gelukkige stemming verstoren, waarin hunne terugkomst door de hunnen werd verbeid. Zij bezochten beurtelings Frankrijk en Zwitserland, Duitschland en Italië, Spanje en Portugaal. Uit Engeland kondigde Theodoor zijnen terugkeer in het vaderland over Holland aan. Wel was zijn makker voornemens de reis met een uitstapje naar Denemarken, Zweden en Noorwegen te bekronen ; doch zijn ongeduld belette Theodoor hem daarheen te vergezellen. Hij moest en zoude naar huis. Hij konde niet langer van Juliana gescheiden leven en rekende elken dag verloren, dien hij voortaan van haar verwijderd bleef.

De vrienden scheidden te Edimburg. Felix toog naar Kopenhagen, en Theodoor kwam, na Holland doorloopen te hebben, in zijne geboortestad aan. Ik zwijg van de vreugde des wederziens. Men oordeele wat zij, na eene afwezigheid van acht maanden, wezen moest : de bruid was schooner en lieftalliger dan ooit ; de bruidegom bekwamer, om hare voortreffelijkheden te waardeeren.... Er zouden nog vier maanden verloopen, eer de bruiloft werd gevierd. Op dringend verzoek van Theodoor en met toestemming van Juliana werden zij tot twee verminderd.

De eerste dier twee maanden scheen den ongeduldigen jonkman eene eeuwigheid. Hij vreesde, dat zij nimmer zoude eindigen, en ging de tweede mismoedig en met schrik te gemoet, wijl hij meende, dat zij vast hem nog langer zoude duren. Daarin bedroog hij zich grootelijks. Die tweede begon, en eer acht dagen om waren, zoude hij, die in het hart des bruidegoms hadde kunnen lezen, met verbazing bemerkt hebben, hoe zij hem scheen al te ras voorbij te snellen.

Het klinkt zonderling ; maar nog zonderlinger klinkt wat wij verder te verhalen hebben.

Theodoor had dan zijne Juliana wedergevonden wat hij haar vóór zijn vertrek gekend, wat hij haar gedurende de

reis in zijne droomen gezien had : eene deugdzame en
beminnelijke maagd, met al de gaven der ziel en des
lichaams, des harten en des geestes versierd, en die te
meer zijne liefde verdiende, daar zij voor hem de reinste
en oprechtste liefde koesterde. Nevens haar had hij echter
een wezen aangetroffen, niet minder schoon en lieftallig,
schooner en lieftalliger misschien, dat hij niet herkende,
niet herkennen konde. Het was Bertha, Juliana's jongere
zuster, in zijn afzijn op eene wonderbare wijze opgeschoten
en ontwikkeld. Nog een kind, toen hij haar verliet, was
zij hem eensklaps, zonder dat hij zich aan iets dergelijks
verwachtte, als eene bloeiende jonkvrouw wederversche-
nen, op wier slanke en rijke gestalte en beelderige vormen
de blik met welgevallen rustte, aan wier gelaatstrekken,
minder regelmatig dan die harer zuster, de bekoorlijkste
uitdrukking en treffendste beweeglijkheid eene betooverende aanminnigheid leenden. Bij de eerste ontmoeting
had het hem zoodanig verrast. dat hij haar nauwelijks
eenige onsamenhangende woorden van plichtpleging had
kunnen toestamelen. Wat haar betreft. zij had hem zeer
heusch ontvangen, niet met de diepgevoelde ontroernis,
de hartstochtelijke teederheid van Juliana, wel is waar,
maar toch als een' duurbaren vriend, een' veelgeliefden
broeder. Hij hadde dus al spoedig zich met haar op zijn
gemak moeten gevoelen. En nogtans gebeurde zulks niet.
Integendeel, van dit oogenblik kenmerkte zijne houding
tegenover haar zich door eene verandering, zeer natuurlijk, indien men wil, doch tevens vreemd genoeg. nademaal zij van een' volslagen ommekeer in zijne houding
tegenover Juliana vergezeld ging. Ziehier waarin die
dubbelde verandering bestond :

Vóór zijne afreize was hij gewoon geweest Bertha met

eene vroolijke gemeenzaamheid te behandelen, welke zijn dagelijksch verkeer in het huis haars vaders, haar jeugdige ouderdom en kinderlijk voorkomen ten volle rechtvaardigden. Hij sprak en gedroeg zich met haar als met eene levendige kleine meid, eene lieve, een weinig bedorven jongste zuster, met wie men zich weleens onschuldige plagerijen veroorlooft, aan wie men hare luimen, in aanzien van haar goed hart en hare vernuftige invallen, vergeeft, wier nukken men zich gaarne getroost en met wier naïeve zetten men zich lustig maakt. Zij, van haren kant, beschouwde hem als eenen toegevenden vriend, eenen inschikkelijken speelmakker, lachte, schertste, stoeide met hem, als met een' ouderen broeder. Nu konde zeker van zoo iets geene sprake meer wezen. Zij had opgehouden een kind te zijn, en hij bevond zich derhalve in de onmogelijkheid haar langer als een kind te bejegenen. Zij was voortaan eene jonkvrouw en mocht als zulke op meerder ernst van zijnentwege, op meer beleefdheid, ja, gelijk hare zuster, op eerbied en hoffelijkheid aanspraak maken. Dien eerbied en die hoffelijkheid liet hij dan ook niet na haar te betuigen. Alleen hadde een schrandere opmerker daarbij kunnen waarnemen, dat de vroegere broederlijke genegenheid door te stijve beleefdheid, de voormalige vroolijke gemeenzaamheid door te koelen ernst vervangen waren. Zelfs hadde misschien die opmerker uit de zichtbare verlegenheid, waaraan Bertha en Theodoor soms in malkanders tegenwoordigheid ten prooi werden, kunnen opmaken, dat onder die beleefdheid en dien ernst iets anders dan eerbied en hoffelijkheid schuilde, en dat de klove tusschen het verledene en het huidige al te wijd gaapte, om niet gedwongen, om niet gekunsteld te wezen.

Aan het scherpziende oog der minnende Juliana konde

het vreemde dier verandering te minder ontsnappen, daar deze, gelijk **wij** zegden, met eene even vreemde te haren opzichte gepaard ging. Inderdaad, ook voor haar was Theodoor geenszins dezelfde gebleven. Als altoos toonde hij zich voorkomend en liefderijk; maar de ernst, die te voren hem nooit aan hare zijde verliet, die thans in al zijn doen en laten doorstraalde, wanneer hij zich met hare zuster bezig hield, die ernst was teenemaal verdwenen. Zoo naderde hij haar niet meer met die soort van schroom, die vroeger hem scheen te overvallen, als hij op haar toetrad, en die haar meer vleide dan de warmste betuigingen van verkleefdheid en liefde. Zoo behandelde hij haar niet zelden in volle gezelschap met schier evenveel gemeenzaamheid als eens Bertha. Was zij met hem alleen, dan legde hij eene onbevangenheid, eene luchthartigheid aan den dag, waaraan hij haar niet had gewend. Het gaf haar herhaalde malen stof tot nadenken. Moest die dubbele, in het oog vallende verandering, die rolverwisseling, gelijk zij geneigd was ze te noemen, iets beduiden? En zoo ja, wat eigentlijk? Zij bleef zichzelve het antwoord op die vragen schuldig en deed haar best, om zich niet verder over de oplossing van het raadsel te bekommeren. Het gelukte haar slechts ten halve; en trots hare inspanning, kwam zij onvrijwillig nu en dan op dit raadsel terug, hetwelk haar bijwijlen eene onverklaarbare onrust influisterde en smartelijke gewaarwordingen in haren boezem wekte....

Het was veertien dagen vóór de bruiloft. De koelheid van Theodoor jegens Bertha had met den dag toegenomen. Waar hij kans zag haar te ontwijken, zonder het verwijt van onheuschheid op zich te laden, nam hij de gelegenheid gretig waar. Konde hij niet, dan sprak hij haar nauwelijks toe, en bezag haar niet, als vreesde hij hare blikken te ontmoeten. Daarentegen waren zijne vroolijkheid en gemeenzaamheid met zijne bruid zoo groot geworden, dat zij naar gemaaktheid zweemden. Men zoude gezworen hebben, dat hij zich geweld aandeed, dat hij al zijne krachten inspande, om anders te schijnen dan hij was, om te verbergen wat in zijn binnenste omging.... De ouders bemerkten het niet; Juliana bemerkte het maar al te wel. Deze reis werd zij wezentlijk bang. Zij werd het nog meer, toen Bertha's klachten haar kwamen overtuigen, dat zij niet had mis gezien. De jongere zuster was ontroostbaar. Het onverklaarbare gedrag van Theodoor maakte haar zoo ongelukkig, dat Juliana's smart dreigde los te bersten. Zij stond in beraad of het niet goed zoude zijn eene opheldering uit te lokken en haren bruidegom te bidden aan hare onrust door eene openhartige verklaring een einde te stellen, toen het toeval haar aan de noodige inlichtingen hielp en alle verdere uitlegging overbodig maakte.

De vriend Felix was korteling uit het Noorden teruggekeerd. Hij bracht Theodoor een bezoek. Deze haastte zich hem in het gezin zijner verloofde te voeren. Beiden werden ten eten verzocht. Zij aanvaardden. In afwachting, dat de overige genoodigden zich aanmeldden en de dames met haren opschik klaar waren, werd den vrienden volle vrijheid gelaten. Zij begaven zich naar den tuin, alwaar Juliana en Bertha beloofden weldra zich bij hen te vervoegen.

Het uitstapje naar Denemarken, Zweden en Noorwegen werd eerst behandeld. Felix sprak van zijne ontmoetingen op dit laatste gedeelte der reis en van het genoegen, dat het hem had gegeven. Daarna kwam de beurt aan Theodoor. Hij vertelde zijne tehuiskomst. Van zijn aanstaande huwelijk repte hij haast niet. Het bevreemdde Felix, die vroeger dikwijls uren lang naar den lof van Juliana's volmaaktheden en haars echtgenoots onvermijdelijke zaligheid had moeten luisteren. Hij bracht dit huwelijk op het tapijt. Hij roemde het geluk zijns vriends en bekende, dat hij Juliana nog schooner, nog onweêrstaanbaarder gevonden had, dan Theodoors gloeiende schilderingen haar hem hadden doen vermoeden. Theodoor werd sprakeloos. Met nog meer bevreemding werd Felix gewaar, hoe zijne woorden, in stede van zijns reisgezels geestdrift te wekken, hem ontstemden, ja mismoedig en gemelijk maakten. Hij drong dieper in hem en vernam...

Wat hij vernam, heeft zeker de lezer al lang geraden. Het was inderdaad zoo. Theodoor had zich bedrogen. Hij had gemeend Juliana te beminnen en beminde haar niet, althans niet gelijk zij 't geloofde, gelijk zij 't verdiende. Wat hij voor haar gevoelde, was vriendschap, warme vriendschap, geene liefde. Vóór zijn vertrek, tijdens de reis, had hij daarvan niets bespeurd. Na zijne terugkomst was hem alles klaar geworden. Hij had in zijn hart gelezen. Bertha's verschijning in jonkvrouwelijken vorm had den blinddoek van zijne oogen gerukt. Haar alleen beminde hij, had hij altoos bemind, zelfs toen zij nog als kind met hem speelde en stoeide ; en zoo hij had verlangd in hare familie te treden, hare zuster te huwen, dan was het enkel geweest, hij gevoelde het nu, wijl hij verlangde in hare — Bertha's — nabijheid te blijven, zoo luttel mogelijk van haar verwijderd te zijn.

Felix sidderde. Hij ried zijnen vriend eene spoedige en volledige verklaring aan. Hij legde hem de gevolgen eens echts met Juliana bloot en bezwoer hem zich niet wetens en willens in het verderf te storten. Te vergeefs ! Treurig schudde Theodoor het hoofd.

» Aan die verklaring is niet te denken, » zuchtte hij.

» Niet te denken!... Waarom niet? » vroeg Felix

» Omdat Juliana mij bemint, bemint met al de innigheid van haar liefdevol gemoed; omdat zij zich even innig bemind waant. »

» Reden te meer om haar... «

» Om haar te ontgoochelen, om haar te zeggen, dat ik haar niet bemin, nooit bemind heb, meent gij? Het is mijn gevoelen niet. Die ontgoocheling zoude haar al te smartelijk vallen. Ik ken haar : zij konde haar den dood aandoen. »

» Gij overdrijft! »

» Gave de hemel! Maar neen, ik overdrijf niet, vriend. Indien ik haar beken, wat ik u toevertrouw, wat ik nog geen' mensch heb toevertrouwd, zal zij het besterven. Ik zal haar moordenaar worden! »

» Maar wat wilt, wat zult gij doen? »

» Ik wil en zal een rechtschapen man blijven; ik wil en zal het woord houden, dat ik haar gegeven heb, dat ik mij gelukkig achtte haar te mogen geven. Haar vertrouwen in mij zal niet teleurgesteld, niet te schande gemaakt worden! »

» Maar... gij zult ongelukkig zijn! Uw lot zal onverdraaglijk worden! »

» Ik weet het; doch ik zal mijn' plicht doen, wat het mij ook koste! »

» En Bertha?... Zult gij haar blijven zien? Uwe liefde voor haar door de nog vertrouwelijker betrekkingen, die noodzakelijk tusschen u en haar zullen ontstaan, nieuw voedsel geven? »

Theodoor verbleekte.

» Bertha! » riep hij. » Neen, neen! Zien mag ik haar

langer niet! Vluchten moet ik haar, vluchten, zooveel ik kan! Want nog weet gij alles niet! "

" Hemel! Zoude zij...? "

" Ja, vriend, ik kan er niet aan twijfelen. Hoe zeer ik mij hebbe in acht genomen en nooit haar de minste reden hebbe gegeven, om te vermoeden, dat ik iets anders dan broederlijke vriendschap voor haar koester, vrees ik, ben ik zeker, dat ook zij mij eene teederer genegenheid toedraagt, dan zij zich inbeeldt; dat ook zij mij bemint, gelijk ik haar, eilaas! beminne! "

" En dat schrikt u niet af? "

Theodoor deed eene poging om al zijnen moed te verzamelen.

" Het schrikt mij niet af! " antwoordde hij op vasten toon. " Gelijk ik u zegde : ik zal mijnen plicht doen. Ik hoop, dat God, in aanzien van mijne edele bedoeling, mij niet aan mijzelven zal overlaten; dat hij mij zijne hulp zal verleenen en de noodige kracht schenken, om den harden kamp te strijden; dat hij mij eindelijk den troost niet zal onthouden, die de belooning van mijn streven en voortaan mijn eenigste geluk op aarde moet wezen... "

Lang nog bespraken de vrienden het netelige onderwerp. Op alle wijzen trachtte Felix zijnen reismakker te overtuigen, dat hij zich andermaal bedroog; dat hetgene hij de vervulling eens plichts waande, dien naam niet verdiende; dat de rust van zijn geweten en het geluk van Juliana zelve eene volledige bekentenis van het misverstand aan haar en hare ouders vergden, daar hij anders gevaar liep door kwalijk begrepen bedenkelijkheid, in stede van een enkel, drie wezens in eenen afgrond van ellende te dompelen. Vruchteloos! Niets konde hij op den halsstarrigen Theodoor winnen. Zelfs moest hij dezen plechtig beloven het smartelijke geheim in zijnen boezem te smoren, en door woord noch daad de geringste bijzonderheid van hun gesprek aan eenig sterveling te openbaren.

Bertha kwam in den tuin. Hare zuster verscheen niet. Tot groote verslagenheid van het gezin en de aangekomen gasten, liet zij zich verontschuldigen. Eene schielijke onpasselijkheid belette haar aan het maal deel te nemen. Vader, moeder en zuster snelden naar hare vertrekken. Zij vonden haar te bed. De geneesheer, die spoedig werd ontboden, bevestigde, dat zij niet wel was. Hij sprak van zenuwen en beval inzonderheid rust aan. Het kleine feest was vrij treurig. Na hetzelve ging Felix bij Theodoor vernachten...

Des anderdaags 's morgens was Juliana spoorloos verdwenen. Op hare schrijftafel vond men een' brief, nog nat van hare tranen, waarin zij hare ouders, hare zuster en haren bruidegom vergiffenis vroeg. Ernstige overwegingen hadden haar, meldde zij, de overtuiging gegeven, dat zij in den echt noch gelukkig konde zijn, noch Theodoor gelukkig konde maken. Hare roeping was geheel iets anders dan de echtelijke staat. Later zoude zij hun schrijven, welk besluit zij had gemeend te moeten nemen. Tot dan bad zij hen harer met toegevendheid te gedenken. Hare ouders in het bijzonder smeekte zij haar verblijf niet op de sporen. Hare zuster en Theodoor ried zij in een huwelijk troost voor het hartzeer te zoeken, dat zij hun beiden berokkende. Zij twijfelde niet, of zij en hare ouders zouden in die vereeniging toestemmen, als zij hun zoude verklaard hebben, dat zij die toestemming als de grootste gunst zoude beschouwen, welke zij haar konden verleenen.

Men begrijpt wat gebeurd was. Eerder dan hare zuster in den tuin gekomen, was Juliana langs eenen omweg onbemerkt de plaats genaderd, alwaar de vrienden zich bevonden. Onvrijwillig had zij een gedeelte van hun gesprek gehoord. Het trof haar zoozeer, dat zij schier hare bezinning verloor en de macht niet had eenen voetstap te zetten, om zich van de noodlottige plek te verwijderen. Als in den grond geworteld, bleef zij staan luisteren en vernam wat zij in den laatsten tijd meer dan eens had voorgevoeld, wat zij zichzelve had willen ontveinzen, en wat in eens haar aardsch geluk voor altoos vernietigde. Dan, weldra had het bewustzijn van hetgene zij aan hare eigene waardigheid en aan het geluk van anderen ver- schuldigd was, haar op nieuws kracht en moed gegeven. Den dood in het hart, doch met het onverzettelijk besluit zich voor Theodoor en Bertha op te offeren, had zij hare vertrekken terug bereikt en, zonder morren, zonder eene klacht te uiten, haar voornemen uitgevoerd.

Twee jaar later eerst, toen Bertha, lang de gelukkige echtgenoote van Theodoor, reeds haren gemaal een beeld- schoon knaapje had geschonken, wist de familie waar Juliana eene schuilplaats had gezocht. Naar N... gevlucht, had zij er in het klooster der zwartzusters de veilige haven gevonden, welke hare ziel, na de schipbreuk harer duur- baarste verwachtingen, behoefde. Den dag, dat zij hare gelofte aflegde, ontvingen hare ouders eenen tweeden brief van hare hand, waarin zij hun alles zegde, hen met de ware reden bekend maakte, die haar genoopt had hun huis te verlaten, om zich aan den dienst der arme zieken te wijden. Zij verzocht om hunnen zegen en drukte den wensch uit, dat die reden een geheim voor Bertha en Theodoor mochte blijven.... Zij keerde slechts tweemalen naar hare geboortestad terug : de eerste, toen hare moeder, de tweede, toen haar vader op hun sterfbed lagen. Haar ouderlijk erfgoed vermaakte zij den kinderen harer zuster. Sedert verliet zij N.... niet meer. Zij is op het einde van 1866, in haar vijf en dertigste jaar, aan de ziekte bezweken, welke haar weêrgalooze ijver bij het bedienen van choleralijders haar had op den hals gehaald.

—·—∞×∞—·—

DE KRAAG DES DUIVELS.

Gij, trotsche dames, die met achteloozen zwier den zwaren sleep van uw prachtig gewaad over de straatsteenen doet ruischen, wanneer gij u gewaardigt deze met lichten tred te beroeren! Gij, schoone jonkvrouwen, die zoo fier als bekoorlijk, in uw schitterend balkostuum, u beweegt, te midden van de dichte schaar aanbidders en bewonderaars, die zich op uwe schreden verdringt! Gij eindelijk, lieve deernen uit de volksklas, die even hoovaardig op uwe zediger, doch niet minder sierlijke kleedij, als uwe zusteren der hoogere standen op haren kostelijken tooi, nog meer verleidelijk daarhenen trippelt! Gij allen, die, op jeugd en schoonheid, geboorte en aanzien of rijkdom en weelde prat, slechts aan uwen opschik denkt en der wispelturige mode te gewillig offers brengt, leent mij voor eenige stonden uwe aandacht en luistert naar mijne woorden, indien gij, wel te verstaan, uwe moedertaal niet geheel vergeten hebt! Ik zal u eene kleine geschiedenis verhalen, die u van groot nut kan wezen, daar zij toont met welke gevaren vrouwelijke praalzucht gepaard gaat, en hoe streng zij, door eene wijze schikking der Voorzienigheid, soms gestraft wordt door *hem zelven*, die er het meeste voordeel bij heeft en ze maar al te dikwijls gebruikt, om u in het verderf te storten.

Het was in den herfst van den jare 1582, voor verscheidene gewesten van Zuid-Nederland een jaar van ernstige gebeurtenissen en groote ellende. In de maand Februari reeds was de Blijde Intrede van den Franschen hertog van Alençon, te Antwerpen, onmiddellijk gevolgd geworden door zware onweders en felle stormwinden, die schepen deden vergaan, dijken doorbreken, menschen en vee verdrinken. Korts nadien had de moordaanslag van den dweepzieken Spanjaard Jauregui op den vromen prins van Oranje plaats gehad. Later in het jaar was het niet beter geworden. Er heerschte door gansch het land eene duurte, die aan hongersnood geleek en door de godvruchtige menschen aan het voortdurend verbod van alle openbare uitoefening des katholieken godsdienst werd toegeschreven. Brabant, Vlaanderen en Henegouwen werden door allerlei krijgsvolk afgeloopen. De dorpen waren ontvolkt; de landerijen bleven onbebouwd. De schaarschheid was in sommige streken vreeselijk. Het leger van Alexander van Parma leed zooveel gebrek, dat er soldaten van dien befaamden veldheer van honger bezweken.

Wat de ongewone duurte te Antwerpen nog gevoeliger maakte, was de hachelijke toestand, waarin een gedeelte der bevolking, sedert de *Spaansche furie*, verkeerde. De vermaarde Scheldestad mocht niet langer zich in den bloei verheugen, dien zij vroeger, onder Keizer Karel, bij voorbeeld, had genoten. De tijd was voorbij, dat dagelijks vijfhonderd schepen hare rivier opvoeren, om den overvloed van andere landen in hare pakhuizen op te stapelen; dat vijfduizend kooplieden van allen landaard des middags op hare beurze vergaderden; dat jaarlijks voor meer dan vijfhonderd millioen gulden zaken door dezen gedaan werden, en dat tweehonderdduizend inwoners binnen hare muren krioelden. De faktoren of hoofden van de meeste vreemde kantoren, en met hen een aanmerkelijk getal burgers, hadden de stad verlaten, om elders rust en veiligheid te zoeken. De handel was geknakt, de scheepvaart onderbroken, de nijverheid verlamd. Met duizenden ambachtslieden waren zonder brood en zagen zich gedwongen den bijstand der openbare liefdadigheid af te smeeken, om niet met vrouw en kinderen van ellende om te komen.

Edoch, gelijk het in rampvolle tijden meermalen geschiedt, ondanks den heerschenden nood, hadden pracht en praal in levenswijs en vooral in kleederdracht, te midden der algemeene verarming, eerder toe- dan afgenomen. Nooit te voren hadden de gegoeden zulke onmatige weelde tentoongespreid. Het was, als wilden zij het verval van handel en nering, het opdrogen der bronnen van welvaart en den ondergang van de meerderheid hunner medeburgers onder eenen schijn van voorspoed en rijkdom bewimpelen. Zijde en fluweel, goud- en zilverlaken, kanten en borduursels, pelswerk en vederen, juweelen en edelgesteenten waren al, wat men des middags aan

de wandelaars op de *Meir* te zien kreeg. De pronk-
zuchtige heeren en dames schenen er met elkander te
wedijveren, om aan de weinige vreemdelingen, die thans
nog hunne stad bezochten, het bewijs te leveren, dat
deze bij voortduring den naam van *rijke* verdiende, en
dat de titel van *Sinjoors* of *Heeren*, door de Spanjaarden
den Antwerpenaren gegeven, met volle recht door hen
konde blijven gedragen worden.

Tusschen de jonkvrouwen, die zich door de buitensporige pracht harer gewaden, zoowel als door hare
schoonheid en bevalligheid, onderscheidden. bekleedde
ongetwijfeld Renata, de fiere dochter van eenen der
aanzienlijkste Antwerpsche edellieden, de eerste plaats.
Geene, die, als zij, op de hoogte was van de nieuwste
uitvindingen, verzinsels, luimen en grillen der mode, hetzij die van Spaanschen, Franschen of Duitschen oorsprong
waren; geene, die, beter dan zij, de kunst verstond den
luister harer bekoorlijkheden door het aanwenden dier
nieuwigheden te vermeerderen. Zij gaf, gelijk men heden
ten dage zoude zeggen, den toon aan al de vrouwen en
meisjes, welke in minderen of meerderen graad met mode-
ziekte behebt waren, en strekte ten voorbeelde aan haar,
die op fijnen zwier en edelen smaak aanspraak maakten.
Ofschoon geenszins van verstand ontbloot, hield zij zich
schier uitsluitelijk met haren opschik bezig en bracht
minstens drie vierden van den dag aan hare kaptafel en
voor den spiegel door. Zij kende geene andere eerzucht,
dan degene door haren tooi al hare vriendinnen en kennissen in de schaduw te stellen en het ruime aantal vrijers,
die te vergeefs naar heure hand dongen, gestadig te vergrooten.

Daar werd eens die ijdele jonkvrouw met hare ouders

op eene bruiloft genoodigd. Een vriend haars vaders,
mede een rijk edelman, zoude in den echt treden.
Nademaal de bruid tot hare gespelen behoorde, mocht
Renata onmogelijk op het feest ontbreken. Het was dan
ook haar voornemen niet eene zoo goede gelegenheid
te verzuimen, om in vollen glans te schitteren. Veeleer
was zij er op bedacht nogmaals al hare gezellinnen de
loef af te steken, al de genoodigden van hare kunne door
haar tooisel te vernederen.

Te dien einde liet zij een paar nieuwe bouwens,
schooner en kostelijker dan al degene, welke hare
garderoob stoffeerden, vervaardigen. De eene was van
blauw damast met zilveren bloemen doorwrocht; de
andere van inkarnaat fluweel met goud geborduurd. Een
lichtblauw armozijnen hoedeken met zilveren versierselen
en witte pluimen, en een wit satijnen met goud en pau-
wenvederen werden ook besteld. Verder zouden eene
zilveren en eene gouden gordelkoorde met kunstig
gedreven en gesneden sieraden en knoopen, fluweelen
schoentjes, aan de boorden en op de wreef rijk bestikt,
en een kostbaar netje, om de eigene lokken, met vreemde
vermengd, op te vangen, de kostumen volledigen.

Volledigen?... Neen. Nog misten die kostumen een
voornaam, zoo al niet hun voornaamste deel: de deftige
Spaansche kraag, voor welker vervaardiging de Nederlandsche en Brabantsche vrouwen zoo beroemd waren,
en die met hare honderden groote of kleine, breede of
smalle, platte of hooge plooien een wezentlijk kunststuk
vormde. Aan dit deel nu dacht jonkvrouw Renata vooral,
om, als gewoonlijk, uit te munten en hare gezellinnen te
overschaduwen. Zij wilde eene kraag hebben, als geene
harer vriendinnen eene bezat, ooit had bezeten; eene

kraag, welke al de dames en juffers van het gezelschap, meer nog dan het overige van haren tooi, haar zouden benijden.

Om zeker van hare zaak te wezen, liet zij er vier te gelijk, de eene al duurder, dan de andere, maken.... Dra waren zij gereed. Daarmede was eventwel alles niet afgedaan. Zij moesten gesteven, gestreken, geplooid en op een' gouden band tot ronde of in elkander sluitende buizen gevormd worden. Eene kragenplooister, die als eene meestersse in haar vak te boek stond, werd ontboden. De jonkvrouw overhandigde haar twee kragen en verzocht haar aan dezelve eene bijzonder zorge te besteden, opdat zij harer en harer gewaden waardig werden. De eene wilde zij den dag der bruiloft, de andere den volgenden dag dragen. Voor arbeidsloon zoude zij zes schellingen Brabantsch of vier en twintig stuivers betalen.

De vrouw beloofde haar best te doen en aan de kragen al hare bedrevenheid te koste te leggen. Zij deed het inderdaad. Toch gelukte het haar niet Renata teenemaal te bevredigen. Wel verwaardigde de jonkvrouwe zich er met lof van te gewagen, toen de kragen haar werden te huis gebracht; doch zij verlangde ze nog beter. Zij zond om eene andere plooister, die eene nog grootere befaamdheid genoot. Aan deze stelde zij de twee overige kragen ter hand. Zij versprak haar eene kroon met de roos, indien het moeilijke werk tot hare voldoening werd verricht. Dan, hoezeer die tweede plooister zich beijverde, om het haar toegezegde loon, waarlijk eene beduidende somme voor dien tijd, te verdienen, zij slaagde evenmin, dat is, het mocht haar al niet meer dan der eerste gelukken Renata te voldoen. Het gevolg was, dat deze, toen de kragen ditmaal te huis kwamen, in hevige gramschap ontstak. Zij rukte de onschuldige halssieraden uit de korven, waarin ze, als versch gevallen sneeuw zoo wit, lagen te prijken, smeet ze verontwaardigd op den vloer en trad ze met voeten. Zij weende tranen van spijt, raasde van woede, zwoer, dat zij nimmer met dergelijke frazen ter bruiloft zoude gaan, en dreef door hare verwijten en uitscheldingen de arme plooister, ja hare kamenier, anders aan hare nukken en uitvallen gewoon, letterlijk op de vlucht. Haar toorn duurde zoo lang en klom eindelijk zoo hoog, dat zij zich tot vloeken en verwenschingeu liet vervoeren, iets, waarover zij zich gewis in andere omstandigheden bitter zoude geschaamd hebben.

» Hale mij de booze, » kreet zij, » indien ik mij ooit tot het dragen zulker ellendige frazen vernedere ! »

Zij had nauwelijks die goddelooze woorden uitgesproken, als de duivel, steeds bereid, om elke gunstige kans te benuttigen en eene geheele hand te nemen, waar men hem eenen vinger toereikt, bij haar binnentrad.

Dewijl zijn doel niet was haar te verschrikken, had hij 't onnoodig geoordeeld zich in zijne eigene gedaante aan te bieden. Om lichter haar te verschalken, had hij die van eenen volmaakten modejonker, van eenen harer bewonderaars aangenomen, wiens gevlei en gekoos haar bij uitstek beviel, en van wien zij derhalve bijzonder hield. Hij was uiterst keurig en naar den laatsten trant opgesmukt. Zijn wambuis van bruin sammet, puntig naar den buik uitloopende en van talrijke insnijdingen voorzien, was met gouden bloemen opgeluisterd en van voren met fraai bewerkte gouden knoopjes gesloten. Zijne bruinsatijnen broek, breed aan de heup en smal aan de knieën, prijkte op de naden met passement en van onder met eenen breeden knieband, die buitenwaarts eenen sierlijken

strik vormde. Een kort Spaansch manteltje van groen
fluweel, met gouden galons, knoopen en lissen afgezet en
met wit satijn gevoederd, hing hem losjes op den schouder.
Zijn tamelijk hooge hoed van geplooid zwart armozijn
was met eene vuurroode veder versierd, en zijne punt-
schoenen van bruin Corduaansch leder waren boven en
terzijde doorluchtig uitgesneden.

Zoo naderde hij, een toonbeeld van goeden smaak en
zwierigheid, met veel strijkaadjes en honigzoete woorden,
jonkvrouw Renata, die, verrukt door zooveel bevalligheid
en hoffelijkheid, bij zijne verschijning eensklaps tot bezinning kwam en hem, ondanks hare toomlooze gramschap
van daareven, met even bevallige neigingen en minzame
uitdrukkingen welkom hiet. Wat echter meer dan zijne
onberispelijke kleeding en betooverende houding, meer
zelfs dan zijne heusche taal en hoofsche manieren, hare
aandacht vestigde, waren de kanten lobben om zijne polsen en de heerlijke Spaansche kraag, waarop zijn gekne-
veld en spitsgebaard hoofd, als op eenen breeden schotel,
rustte. Die lobben waren van het schoonste Valencijnsch.
De kraag van het fijnste kamerdoek, met Mechelsch geboord, was zoo meesterlijk opgedaan, dat zij een wonder
van stijf- en plooikunst mocht heeten. Ook konde de
jonkvrouw niet afzijn, na de eerste uitwisseling van kom-
plimenten en plichtplegingen, ze tot onderwerp van het
gesprek te kiezen.

» Ei, zoete vriend, « dus begon zij, » zeg mij toch, ik
bidde u, wie aan die heerlijke frazen u helpt. Van gansch
mijn leven zag ik geene zoo konstig gefatsoeneerde. Waar
huist de welbekwame plooister, die zoo volmaaktelijk
kragen weet op te doen! «

De duivel grimlachte :

„ Volschoone jonkvrouwe, „ antwoordde hij hoffelijk, „ bijster vereerd achte ik mij, dat mijne frazen u bevallen, en nog wel, naar het schijnt, in hooge mate. Verneem, dat geene plooister ofte stijfster de hand eraan heeft gestoken. Ik zelve, de vurigste uwer bewonderaren, heb ze opgevormd. gelijk gij ze om mijnen hals ziet. „

„ Gij! „ riep verwonderd Renata. „ Dan munt gij uit door vrij meerder voortreffelijke eigenschappen, dan ik mij verbeeldde. Wel kende ik sedert lang uwe vroedheid en gracelijkheid, uwe courtoisije en schoontaligheid: maar dat gij almede de konste bezat kragen zoo verrukkelijk op te maken, heb ik voormaals nooit geweten, hoor ik heden voor de eerste reize. „

„ Al te genadig, mejonkvrouw. Gij roemt mijne handigheid verre boven hare verdienste. De jonste is al te groot... Zoo heusche lofsprake en uit zoo schoonen monde kan ik bezwaarlijk ernstig gelooven... Zij doet mij haast vreezen, dat het uwe edelheid belieft een luttel met uwen nederigen dienaar te jokken. „

„ Fij, jonker!... Wat gij denken gaat!... Ik jok in geenen deele, ik verzeker u. Uwe kraag betoovert mij. „

„ Gij acht ze dan wezentlijk uwer aandacht waardig? „

„ Of ik!... Het is alzoo, dat ik ook de mijne zoude willen, dat ik ze, leider! niet bekomen kan, welke moeite ik mij getrooste. Zelfs tegen ruime betalinge vinde ik geene plooister, die mij ietwat draaglijks levert. Diegene, welke het best geslaagd is, blijft zooverre beneden u, dat het mij wanhopig maakt. „

En meteen toonde zij hem de kragen, welke men haar een oogenblik te voren gebracht. en die zij uit de korven gerukt, op den vloer gesmeten en met voeten getreden had.

De duivel grimlachte nogmaals, doch zoo deelnemend

en medelijdig, dat zij des noods er door in het denkbeeld zoude zijn versterkt geworden, niemand anders dan den meest verliefden harer aanbidders voor zich te hebben.

„ Die kragen, mijne dierbaarste, „ sprak hij minachtend, „ zouden voor eene gewone dame wellicht voldoende zijn. Voor u, voor het puik onzer maagdelijnen, de perel der Antwerpsche schoonen, voor eene jonkvrouwe, die door de voortreffelijkheid harer lichaams- en geestesgaven zoo verre boven al hare gezellinnen verheven is en aan den hemel der goddelijke mode, als eene heldere starre, wat zegge ik ! als eene glansrijke zonne, blinkt, laten zij inderdaad zeer te wenschen. „

„ Niet waar, mijn veelwaarde ?... Doch wat gedaan ?... Na het vruchteloos met twee plooisters te hebben beproefd, zie ik er tegen op eene derde te ontbieden, die, naar allen schijn, niet beter zoude slagen. En daar ik niet zonder kragen mij vertoonen wil, waarmede ik, als met mijn' overigen opschik, eere kan inleggen, verkies ik het bruiloftfeest, waarop ik tegen morgen met mijne ouders genood ben, niet bij te wonen. „

„ Dan zal het zijn edelste sieraad en zijne grootste aantrekkelijk missen, „ vleide de duivel.

„ Het is, lacie ! mijne schuld niet. „

„ Het jammert mij te meer, „ ging hij voort, „ daar ook ik genood ben, eene eere, alleen daarom mij alleraangenaamst, dewijl ik hoopte het geluk te smaken u op dit feest te ontmoeten. „

Renata schonk hem tot belooning een harer aanminnigste lonkjes.

„ Is u dat waarlijk ernst ? „ vroeg zij met gehuichelde zedigheid.

„ Volkomen ernst ! „

„ Welnu, bezorg mij eene kraag, als de uwe, en gij zult mij op het feest zien. „

„ Niet slechts in dit enkele geval, ook later, altijd ben ik geheel te uwen dienst. „

En hij begon zijne kraag los te strikken.

Zij raadde zijne bedoeling.

„ Hoe!... Gij zoudet...? „ vroeg zij nog.

„ Van heden af, zult gij immer frazen dragen uwer waardig, „ was het antwoord. „ Op eene voorwaarde nogtans... „

„ Eene voorwaarde! „

„ Gij zult mij op al uwe vrijers de voorkeur blijven geven... Gij zult beloven mij toe te behooren. „

„ Al wat gij wilt! „ riep geestdriftig Renata, als zinneloos van blijdschap en bevredigde pronkzucht, en nauwelijks wetende wat zij versprak.

Hij had zich van zijne kraag ontdaan. Met gemaakten eerbied trad hij op haar toe en legde ze haar om den hals. Dan, haar gracelijk bij de hand nemende en voor den breeden schouwspiegel voerende :

„ Zie toch, liefste mijn, hoe uitstekend mijne frazen u tooien ! „ voegde hij haar toe met eenen grimlach, welke ditmaal veeleer eenen grijns geleek en op een' toon, die meer spottend, dan vriendelijk haar in de ooren klonk. Zonder zich van de zonderlinge verandering rekening te geven, rilde zij. Een onverklaarbare schroom overweldigde haar; zij voelde hare knieën knikken, en was op het punt van te bezwijmen.

Toch blikte zij in het spiegelglas.

Wat zag zij?... Wie zal het zeggen?... Zeker iets afgrijselijks, want hare lippen verstierven, hare tanden klapperden en geheel haar wezen trok krampachtig te zamen. Zij poogde hare oogen met hare handen te bedekken, maar konde niet, wijl haar de macht ontbrak die handen aan haar hoofd te brengen. Zij zonk ineen met eenen kreet, die akelig de gansche woning doorgalmde en alwie hem hoorde, het bloed in de aderen deed stollen..

Op dien kreet kwamen hare ouders en verdere huisgenooten, het ergste vreezende, toegesneld. Weldra bleek, dat hunne vrees niet ongegrond was. Van den jonker, dien de kamenier verklaarde bij hare meesteres te hebben zien binnentreden, geen spoor; doch voor den schoorsteen vond men het lijk van jonkvrouw Renata liggen. Om haren hals had zij eene zwarte streep van dezelfde breedte, als de band der kraag. Geheel haar lichaam was paarsch en blauw; haar aangezicht deerlijk misvormd. Men konde haar met moeite herkennen... !

De getuigen van het ontzettende schouwspel maakten groot misbaar. De ouders waren radeloos en bejammerden het ongeluk van hun kroost in de roerendste bewoordingen. Op die uitberstingen van droefheid, volgde eene neerslachtigheid, die niet minder wanhoop verried. Zonder juist te weten wat eigentlijk gebeurd was, begreep ieder, dat het iets verschrikkelijks moest wezen, iets, waarvan het denkbeeld alleen de haren deed te berge rijzen.

Om de schande, waarmede zijn naam bedreigd werd, af te wenden en alle opspraak te keer te gaan, oordeelde de vader het raadzaam het gerucht te laten verspreiden, dat Renata aan eene geraaktheid schielijk was overleden. Den dienstboden werd die taak opgedragen. Zij kweten zich gewetensvol van hunnen last. Het hielp niet. Hoe het kwam, is nooit bekend geraakt; maar vóor het einde van denzelfden dag, wist geheel de stad, hoe de zaak zich had toegedragen, en op welke wijze Renata voor hare

hoovaardije was gestraft geworden. Men vertelde luide,
dat de duivel, bij het aanpassen der kraag, haar den hals
had omgewrongen, en haalde vele bijzonderheden uit haar
gesprek met den helschen modejonker aan, welke wij
liefst verzwijgen... Het ergste was, dat hetgene bij
de begrafenis voorviel, niet weinig bijdroeg, om al wat
aangaande den plotselingen dood der jonkvrouw in om-
loop werd gebracht, te bevestigen. Toen vier sterke
dragers de rijk versierde kist, welke haar lijk bevatte,
uit de prachtige rouwkamer wilden halen, om ze naar
het kerkhof te voeren, was het hun onmogelijk die kist
van de plaats te krijgen. Zij konden ze niet opheffen. Te
vergeefs voegden vier andere mannen zich bij hen : de
kist bleef onbeweeglijk. Men dacht, dat zij bij vergissing
aan den vloer was gespijkerd, en besloot ze te openen,
om het te onderzoeken... Niet zoodra had men er het
deksel afgenomen, of eene reusachtige zwarte kat kwam
mauwend en blazend uit de kist gesprongen en verdween
ijlings langs den schoorsteen, een' onverdraaglijken stank
na zich latende. Op dit gezicht werden al de omstanders
met zoodanigen schrik bevangen, dat zij te gelijk het
uitschreeuwden van angst en ontsteltenis, en eene woning
ontvloden, alwaar zoo onnatuurlijke dingen gebeurden...

En ziedaar, dames, jonkvrouwen en deernen, de geschiedenis, welke ik u wilde verhalen. Het zoude mij
bevreemden, indien niet sommige onder u met die geschiedenis den spot dreven en ze een belachelijk fabeltje, een
ongerijmd vertelsel, een dwaas sprookje noemden, slechts
goed, om onnoozelen menschen te worden opgedischt en
kleine kinderen naar bed te jagen. Om die vermetelen te
beschamen, zal het genoeg zijn te vermelden, dat die ge-

schiedenis alreede ten jare 1586, dus in eenen tijd, dat nog bijna al de oog- en oorgetuigen leefden, door den druk werd verspreid. Zij werd het in het Nederlandsch niet alleen, wat u misschien weinig afdoende zoude schijnen, maar, hetgeen veel meer zegt en voorzeker de ongeloovig-sten zal overtuigen, ook in het Fransch, in de taal, die voor de meeste dames louter Evangelie kan spreken. Immers van het Vlaamsch relaas. te Antwerpen bij Jan Melchior Pynaert, in *de Gouden Appel*, op den Grooten Goddaert, met *gratie ende privilegie* geprent, zag spoe-dig, te Parijs, bij Benoist Chaudet, eene vertaling *avec per-mission des autoritez* het licht. De oorspronkelijke tekst werd door den vertaler met eene korte, doch kernige toe-spraak of *remontrance aux dames et filles* verrijkt, waarvan wij niet kunnen nalaten het slot, tot stichting onzer lezeressen, over te schrijven. Het luidt :

« Mevrouwen en jonkvrouwen, moge deze waarachtige historie, eerst onlangs geschied, u tot les en leer ver-strekken. Zij toont, hoe God somwijlen de vreeselijke werking zijner gramschap aan de menschenkinderen laat blijken, opdat zij tot inkeer zouden komen en hun leven beteren. Zij toont verder, hoe noodzakelijk het voor u is alle weelderigheid en wulpschheid in kleedije en opschik te vermijden, indien gij eenmaal eenen treffelijken dood wilt sterven en in den hemel aan de rechterhand des Heeren, met de heilige maagden en andere gelukzaligen, eene plaats vinden, een heil, welk ik den Algoede ootmoe-diglijk bidde u en mij genadelijk te verleenen. Amen. »

VOORGEVOEL.

Dat de mensch somwijlen het vermogen bezit de toekomst min of meer duidelijk door voorgevoel te kennen,
voor te gevoelen wat hem of anderen gebeurt of te gebeuren staat, zal niemand loochenen. Duizenden voorbeelden
uit de geschiedenis en het dagelijksche leven bewijzen
zonneklaar, dat het zenuwgestel bij menïgeen, in enkele
omstandigheden, derwijze geprikkeld wordt, dat het eenen
verbazenden, schier ongeloofelijken graad van fijnheid
bereikt, die hem toelaat dingen, welke buiten den gewonen
kring der zinnelijke waarneming liggen, te vermoeden,
te bevatten, te zien, indien men wil, zonder in het minst
de hulp der zintuigen te behoeven. De wetenschap zelve
neemt die mogelijkheid aan en bevredigt zich ons voor-

zichtigheid aan te raden omtrent een verschijnsel, waarvan zij, ofschoon het door de ervaring van alle eeuwen bevestigd wordt, tot nog toe geene voldoende verklaring kan geven. « Wij wandelen immer » zegt Zschokke, dien men voorzeker niet van lichtgeloovigheid zal verdenken, (1) « wij wandelen immer in duisteren middernacht, zoodra wij ons in de onderzoeking van ons eigen *ik* wagen : de geleerden mogen nog zoovele folianten met hunne wijsheid vullen, nooit zullen zij, betreffende deze stoffe, onwedersprekelijke waarheden vinden. Zooverre de kracht onzer uiterlijke zinnen strekt, kunnen wij des noods het ware van het valsche onderscheiden ; maar hoe meer sommige voorwerpen zich buiten het bereik dier zinnen bevinden, hoe onduidelijker en onverklaarbaarder die voorwerpen ons schijnen. Hadde de Schepper ons evenveel zinnen ter waarneming van onzichtbare krachten en wezens gegeven, als wij ter waarneming van zichtbare bezitten, wij zouden wellicht in staat zijn zoovele waarheden in gene als in deze te ontdekken. »

Het lust ons een van de zooeven vermelde duizenden voorbeelden tot staving van ons gezegde aan te halen of liever, daar het schier algemeen gekend is, op te warmen. Wij kippen het tusschen de vele andere historisch ware uit, omdat het door eenen tijd geleverd werd, die zeer dicht bij ons is : omdat diensvolgens het voorval door een groot getal menschen, welke thans nog leven, om zoo te spreken, werd bijgewoond. (2)

Onder de toeschouwers, die, op 29 februari 1828, bij

(1) Uber Ahnungsvermögen und Schutzgeister.
(2) De bijzonderheden van dit verhaal zijn alle echt. Wij putteden

de eerste opvoering der *Muette de Portici*, in de Groote
Opera, te Parijs, de meeste geestdrift aan den dag legden,
het levendigst toejuichten, het hardst in de handen klapten
en het luidst *bravo!* riepen, onderscheidde zich de vermaarde tenor Ponchard. Men weet, dat deze langgevierde
zanger en muziekleeraar, weinige maanden te voren, in
eenen anderen Parijzischen schouwburg, de Komische
Opera, de rol van *Masaniello*, in het zangspel van dien naam,
gelijk men het noemt, *geschapen*, en zoowel met deze, als
vroeger met die van *Georges Brown*, in de *Dame Blanche*
van Boieldieu, een ontzaglijken bijval verworven had.
Om zijne bewondering voor Aubers meesterstuk en inzonderheid voor de voortreffelijke uitvoering van hetzelve te
verklaren, dienen wij en van dit gewrocht, en van den
Masaniello eenige woorden te zeggen.

De treurige geschiedenis van den Napelschen volksman
Thomas Aniello. Masaniello, zooals men hem doorgaans
bij verkorting noemt, werd al vroeg voor het tooneel bewerkt. Het was omtrent het midden der XVIIᵉ eeuw, dat
de Napolitanen, het dwingelandsche beheer van den
Spaanschen onderkoning, den hertog van Arcos, moede,
zich tegen dezes willekeurige maatregelen door eenen ernstigen opstand verzetteden, die dreigde van toen af Napels
van Spanje los te scheuren. Hun aanvoerder, gezegde
Aniello, ofschoon eenvoudig een visscher, oefende op zijne
gezellen en beroepsgenooten, alstoen zeer talrijk te Napels,
alsmede op de *lazzaroni* en andere lieden van lageren
stand eenen almachtigen invloed uit door den moed, de

ze gedeeltelijk uit onze eigene herinneringen. De overige werden den
dagbladen, vooral den tooneelbladen van den tijd en eener fraaie
studie van den Duitschen toonkundige-oudheidsminnaar Ernst Paque
over *Masaniello* ontleend.

vurige vaderlandsliefde, de krachtdadigheid en het beleid, waarvan hij bij meer dan eene gelegenheid blijken had gegeven. Hij dwong den hertog, die op het kasteel San-Elmo gevlucht was, de voorrechten en vrijheden des volks te vernieuwen, en legde, zoodra hij verkregen had wat hij voor zijne medeburgers verlangde, vrijwillig het gezag neder, dat zij hem hadden opgedragen. Na gedurende acht dagen met Arcos het bewind te hebben gedeeld, keerde de visscher-koning naar zijne schamele hut terug, om op nieuws zich aan zijn nederig beroep te wijden. Hij had echter zonder zijne vijanden gerekend. Zijnen invloed op het volk duchtende, die door het welslagen zijner pogingen nog beduidend was vergroot, deden zij hem vergift toedienen. Dit vergift had op Masaniello een zonderling uitwerksel : het maakte hem zinneloos. Hij stierf eerst na verloop van eenige dagen, gekenmerkt door buitensporigheden en gruweldaden, welke hem den haat en de verachting op den hals haalden van hen, die hem als hunnen redder hadden vergood, ja van zijne trouwste aanhangers en vrienden. Men beweert, dat die laatsten hem zouden doodgeschoten hebben, om aan zijne dolzinnige wreedheden een einde te stellen.

Dertig jaar later reeds werd de geschiedenis van Masaniello op het tooneel gebracht. Het moet ons niet verwonderen. De Napelsche opstand en vooral het rampzalig uiteinde van den koenen visscher hadden in al de landen van Europa belangstelling gewekt. Overal werden zijn leven en zijne daden beschreven en bezongen; overal zijne beeltenis geteekend, geschilderd, gebeiteld en in koper gesneden. Zoo gewaardigde zich onze Vondel op den Napelschen volksheld eenige dichtregelen te vervaar-

digen, die den stempel van zijn stout vernuft en zijnen
krachtigen stijl dragen.

> Zie Mas Anjello hier in print voor elk ten toon,
> Die van de vischbank klom op 's konings hoogen troon,
> Het kitteloorig paard van Napels hielp aan 't hollen,
> En, op zijn Faëtons, geraakte aan 't suizebollen,
> In éénen oogenblik ging plotseling te grond,
> Gehoorzaamd als een vorst, doorschoten als een hond.

schreef de verdediger van Oldenbarneveld op eene af-
beelding van den man, wiens beroep, ondernemen en
lotgevallen aan den Vlaamschen volksleider Zannekin
doen denken. De Duitsche dichter Christian Weise, die
van 1642 tot 1708 leefde, liet kort daarop te Zittau een
treurspel opvoeren, onder den titel: *De Napelsche
opstandeling Masaniello*. Dit stuk werd door vele andere
op hetzelfde onderwerp in Duitschland en elders gevolgd.
In 1706 werd te Hamburg het eerste zangspel vertoond,
waarin Masaniello de hoofdrol speelde. Vóór weinige
jaren nog zagen wij te Parijs en daarna te Brussel een
nieuw drama opvoeren—*Salvator Rosa*, indien wij het
wel hebben, — waarin alweder Masaniello de Napolitanen
hunne vrijheid hielp bevechten.

Na in verschillende landen beurtelings als treurspel,
als drama en als zangspel behandeld te zijn geworden,
werd de geschiedenis van den Napelschen visscher in
1827 door den Italiaanschen komponist Caraffa nogmaals in
muziek gebracht. Deze reis heette zij: *Masaniello ou le
Pêcheur Napolitain*. Op den 17en october van hetzelfde
jaar werd zij in de Komische Opera opgevoerd en beviel
ongemeen. Caraffa had voor zijn zangspel een aantal Italia-
aansche volkswijzen benuttigd, en deze droegen niet
weinig bij tot het gelukken van zijn werk. Eene van die

wijzen, de bekende barcarolle : *Le ciel n'a plus d'étoiles*, is tot op onze dagen volklief gebleven. Onder den naam van *Carnaval de Venise* hebben Paganini en andere voorname virtuozen haar wereldberoemd doen worden.

Wat niet minder bijval aan Caraffa's zangspel bezorgde, was het aandeel, dat Ponchard aan de opvoering van hetzelve nam. Hij had zich met de rol van *Masaniello* gelast. Ponchard was sedert 1819 professor van zangkunst bij het Parijzische Conservatorium. Hij bezat eene lieve, frissche tenorstem, welke, gevoegd bij eene uitmuntende methode en eene uiterst keurige voordracht, hem tot een waar toonbeeld voor zijne leerlingen niet alleen, maar voor al de zangers van zijnen tijd maakte. Ook zong hij zijne partij, inzonderheid de lichte, vroolijke plaatsen van deze, met eenen smaak, een *brio*, een talent, toereikend, om den *Masaniello* over de honderd vertooningen te verzekeren. Ongelukkig voor Caraffa, die werkelijk een goed gewrocht had voortgebracht, gebeurde er weldra iets, dat den loop der voorstellingen in de Komische Opera onderbrak, de aandacht van zijn stuk afleidde en het belette in de overige Europeesche landen dien opgang te maken, welken het ongetwijfeld, in andere omstandigheden, er zoude gemaakt hebben.

Auber, alreede door eenige boertige opera's gunstig gekend, had eene kunstreize naar Italië gedaan. Van daar met eenen rijken voorraad volksliederen te Parijs wedergekeerd, wilde ook hij die zoo spoedig mogelijk te pas brengen. Er ontbrak hem slechts een *libretto*, om zijn plan ten uitvoer te leggen. Hij sprak met zijne vrienden Casimir Delavigne en Scribe, die er in toestemden hem dit *libretto* te schrijven. Zij begrepen, dat een Italiaansch onderwerp volstrekt noodzakelijk was, vermits vooral aan Auber de gelegenheid moest verschaft worden zijne Italiaansche liedjes te gebruiken. Hunne keus viel insgelijks op Masaniello. Zoo ontstond de *Muette de Portici*. In korten tijd was de *partitie* voltooid; en nauwelijks vier maanden na de eerste vertooning van *Masaniello*, had die van Aubers zangspel in de *Koninklijke Akademie van Toonkunst* plaats. Eensdeels, omdat de Komische Opera, in het bezit was van een welgelukt gewrocht op hetzelfde onderwerp, anderdeels omdat hij wenschte in een ernstiger vak zijne krachten te beproeven, had de Fransche komponist een groot opera vervaardigd, dat is een opera, waarin al de woorden gezongen en de zangstukken niet met proza afgewisseld werden.

Gelijk wij hierboven zegden, woonde Ponchard de eerste vertooning van de *Muette* bij en juichte hij het stuk en de zangers met de warmste geestdrift toe. Wat voornamelijk zijne goedkeuring verwierf en zijne begeestering ten top voerde, was de rol van *Masaniello* en de meesterlijke wijze, waarop die door Adolf Nourrit werd voorgedragen. Met eene minder lieve en aangename tenorstem, maar met een veel breeder en indrukwekkender orgaan begaafd, treurspeler van het onbetwistbaarste talent en zanger van niet minder verdiensten, was Nourrit inderdaad de man, om van *Masaniello* den held te maken, dien Casimir Delavigne, Scribe en Auber hadden gedroomd. Hij vertolkte dezen op eene schitterende wijze en leverde een kunstbeeld, dat onder alle opzichten onovertrefbaar konde genoemd worden. Vooral de dramatische plaatsen zong en speelde hij overheerlijk. Het vierde bedrijf, dat, waarin hij als verdediger van *Alfons* en *Elvira* optrad, verwierf hem de luidste bijvalsbetuigingen. Zijn met kracht en klem uitgegalmd *L'hospita-*

lité vous défend deed de gansche zaal in eenen donder van toejuichingen losbarsten, waaraan geen einde scheen te zullen komen. Het laatste bedrijf, waarin hij als waanzinnige verschijnt, voltooide zijne zegepraal en die van Auber. Zelden had men in de Groote Opera eene dergelijke geestdrift gezien.

Het konde niet missen, of juist deze plaatsen moesten ook op Ponchard eenen geweldigen indruk maken. Hij had te veel talent, was te zeer in al de geheimen van het vak ingewijd, om de kunst niet te waardeeren, welke zijn mededinger in dezelve ten toon spreidde. Daarbij wist hij zeer goed, wat hem zelven ontbrak, en was hij rechtzinnig genoeg, om het openhartig te bekennen. Van daar, dat dit machtig stemgeluid, hetwelk Adolf Nourrit toeliet de hevigste hartstochten natuurlijk weer te geven, die breedheid van voordracht, die fierheid van houding en die edelheid van gebaren, welke hem zoo geschikt maakten, om eene heldenfiguur als die van Masaniello, den bevrijder zijns vaderlands en het slachtoffer van Napels' vijanden, daar te stellen, Ponchard in de hoogste mate troffen en hem alle kleingeestige afgunst, allen broodnijd, indien wij 't zoo mogen noemen, deden vergeten, om slechts één gevoel, dat der vurigste bewondering, in zijnen boezem te laten voorheerschen.

Het gevolg was, dat hij zich nauwelijks den tijd gunde het afroepen der namen van de schrijvers des *librettos* en der *partitie* bij te wonen. De gordijn was nog niet, na die afroeping gevallen, de luidruchtige *bravos* van het talrijke publiek hadden nog niet opgehouden in de ruime zaal te weerklinken, of hij stormde naar buiten en snelde naar het tooneel. Hij konde zijne gemoedsbewegingen niet langer bedwingen. Hij moest zijnen kollega met den zoo

glansvollen, zoowel verdienden bijval geluk wenschen ;
hij moest zijn talent, zijn genie de verschuldigde huldè
brengen; hij moest Adolf Nourrit zijne bewondering, al
zijne begeestering betuigen.

Nourrit was zeer vermoeid. Hij was uitgeput naar zijne
logie teruggekeerd en had het bevel gegeven voorloopig
niemand, zelfs zijne beste vrienden niet, bij hem te voeren.
Ponchard werd dus afgewezen met de verontschuldiging,
dat de tenor der Groote Opera rust noodig had. Hij
verloor eventwel den moed niet. Hij wilde en zoude den
zanger zien, hem spreken.

» Zeg den grooten man, » riep hij den tooneelbediende
toe, die hem poogde terug te houden, » zeg den eersten
zanger van de wereld, dat de *Masaniello* van de Komische
Opera verlangt den *Masaniello* van de Groote Opera in
zijne armen te drukken ! »

De dienaar ging eindelijk. Hij keerde spoedig met een
gunstig antwoord weder. Ponchard trad de logie binnen.

Nourrit had werkelijk rust noodig ; en indien hij er had
in toegestemd zijnen dubbelganger van de Komische Opera
te ontvangen, was zulks het treffendste bewijs van hoogschatting, dat hij hem konde geven. Hij was nog meer
zedelijk dan lichamelijk afgemat. Nadat Ponchard hem in
de vleiendste bewoordingen en met dien vloed van uitroepen
en overdreven loftuitingen, den Franschen eigen, zijne
hartelijke gelukwenschen, van omhelzingen en vreugdetranen vergezeld, had toegestuurd, aarzelde de zegepraler
niet het hem te belijden.

» Gij kunt niet gelooven, » sprak hij, » hoezeer ik mij
tijdens geheel den duur der *repetitiën*, maar vooral in den
loop van dezen avond met den ongelukkigen Masaniello
heb vereenzelvigd. Het ging zoo verre, dat ik mij, in

zekere oogenblikken, den vermaarden visscher wezentlijk waande. Ik had het bewustzijn van mijne eigene persoonlijkheid geheel verloren. „

„ Daaraan erken ik den waren, den genialen tooneelkunstenaar, „ antwoordde Ponchard, „ en daaraan erken ik tevens, dat ik u niet tot de knieën reik. Zingen kan ik, al zeg ik 't zelf, en gij ook zult mij, ik ben er zeker van, dit recht laten wedervaren. Maar derwijze mij in eene rol verdiepen, dat mijn eigen ik verdwijnt, dat ik inderdaad de persoon word, dien ik voorstel, dat gaat niet..... Ik heb het nooit gekunnen ; ik zal het nooit kunnen. Ik zal in der eeuwigheid comedie spelen, meer niet ! „

„ Vooral in het laatste tooneel, dat van den waanzin, was zulks het geval, „ hernam Nourrit, zonder de streelende bekentenis anders dan met eenen stillen, bijna weemoedigen glimlach te beantwoorden. „ Ik schaam mij het te zeggen, want het is dwaas, onvergeeflijk dwaas, ik weet het; maar.... Ziedaar, het was mij, alsof iets mij zegde, dat een even rampzalig lot als dat van Masaniello mij boven het hoofd hangt. „

„ Wat zegt gij ! Alsof....? „

„ Ja, alsof eene geheimnisvolle stem mij toeriep, dat ik een even rampzalig einde als de edelmoedige volksverdediger te gemoet ga ! „

Ponchard proeste het uit van lachen.

„ Misschien wel ook te Napels, op het tooneel van ons beider heldendaden ! „ schertste hij.

„ Juist, „ fluisterde Nourrit, „ te Napels, op ditzelfde tooneel ! „

Ponchard lachte voort.

„ Neen, kollega, „ sprak hij, „ nu drijft gij de gewe-

tensvolheid te verre. Ook verwondert het mij niet, zoo
gij, na de vertooning, uitgeput en afgemat zijt... Het kan
niet anders. Onder ons, gij hebt ongelijk u zooverre door
uw gevoel te laten medesleepen. Dat men den toeschouwer
zoeke te begoochelen, is wel. Dat men zich zooveel mogelijk in zijne rol spele en, in sommige stonden, eindige
met te gelooven, dat men waarlijk degene is, dien men
voorstelt, sta ik toe.... Maar dat men, het publiek ten
believe, zichzelven pijnige en martele, dat men zich, in
zekeren zin, ongelukkig make of ten minste zijne gezondheid krenke, — want zoo iets moet de gezondheid krenken :
er valt niet aan te twijfelen, — dat keur ik af, volstrekt
af. Wat duivel! onze kunst is toch maar kunst, en wat
wij op de planken doen, is en blijft spelen, wanneer men
het op den keper beschouwt. »

» Ik kan er niet aan doen, » vervolgde Nourrit, de
schouders ophalende. » Reeds verscheidene malen bij het
repeteeren heb ik dezelfde gewaarwording gehad. Eerst
gaf ik er weinig acht op. Later deed ik mijn best, om
door redeneering mij te overtuigen, dat het eene zinneloosheid was er gewicht aan te hechten. Te vergeefs! De
geheime stem bleef roepen, en het voorgevoel van eenen
dood in den aard van Masaniello's en in dezelfde stad,
alwaar hij den zijnen vond, wilde niet van mij wijken.
Dezen avond eindelijk greep het mij met meerder geweld
dan ooit te voren aan. In het tooneel op de Markt en in
dat des waanzins was het mij, alsof niets mij van het
noodlottige uiteinde des visschers konde bevrijden, alsof
ik onherroepelijk veroordeeld ware, om te Napels op
eene treurige wijze om te komen. »

» Gij zoudt mij bijna mij doen gelukkig achten,
dat ik mij met mijne personaadjes niet vereenzelvigen

kan, » merkte de ontroerde Ponchard aan. « Maar komaan! Stel eens vooral die gedachten ter zijde. Wees
verstandig. Ik vraag het u : welke overeenkomst kan er
tusschen u en Masaniello, tusschen uw lot en het zijne
bestaan? Hij was visscher, en gij zijt operazanger. Hij
leefde in de XVIIe en gij leeft in de XIXe eeuw. Hij
maakte eene soort van omwenteling, en het is niet te
veronderstellen, dat gij ooit op het denkbeeld zult komen
iets dergelijks te beproeven. »

Die laatste woorden deden Nourrit, deze reis minder
weemoedig, glimlachen.

» Gij hebt gelijk, » bekende hij : » zoo iets ben ik niet
van zin, kan ik nooit van zin wezen. »

» Evenmin als gij ooit kunt van zin wezen u te Napels
te vestigen. Gij zijt, net als ik in mijn vak, in het uwe
een zanger van de Fransche school. Gij zult wellicht
nimmer in het Italiaansch zingen, want de Italianen
zouden u moeilijk begrijpen, en gij zelf gevoelt waarschijnlijk hunne muziek niet genoeg, om ze tot hunne
voldoening uit te voeren. Van dat oogenblik wordt het u,
om zoo te zeggen, onmogelijk Napels of eene andere Italiaansche stad te bewonen, tenzij voor een' dag of wat,
als reiziger, als *toerist*. En daar ik niet geloof, dat gij,
zelfs in dit geval, lust zoudt hebben, om in den krater
van den Vesuvius af te dalen of eenig ander waagstuk
van dien aard te ondernemen, zie ik niet, hoe gij er zoudt
kunnen verongelukken. »

» Nog eens : gij hebt gelijk, het grootste gelijk van de
wereld ; en 't is inderdaad dwaas, onvergeeflijk dwaas van
mij, zulke grillen in mijn hoofd te steken... Bij dat al...
Kom, laat ik er niet meer aan denken. »

Nog eene poos keuvelden de twee operisten te zamen,

Nourrit nu en dan wederom een weinig ontstemd, Ponchard al zijn best doende, om hem de sombere gedachten
uit het hoofd te praten. Allengs gelukte het den *Masaniello* der Komische Opera zijnen kunstgenoot moed en
vertrouwen in de toekomst in te spreken; en toen hij hem,
vrij laat in den nacht, verliet, had hij de troostende overtuiging hem voor altoos van zijn akelig voorgevoel verlost
te hebben.

De *Muette de Portici* zette den loop harer zegepralen
voort. Na Parijs, wilden de andere steden van Frankrijk
het stuk zien en hooren, en na Frankrijk de overige landen
Europa's. Overal werd het met luiden bijval begroet. Te
Brussel werd het zelfs, gelijk den lezer overbekend is,
het sein der omwenteling van 1830, aangezien het na eene
vertooning van Aubers opera was, dat in die hoofdstad de
eerste wanordelijkheden plaats grepen. Door de ruischende
muziek van den Franschen maëstro en de vrijheidademende woorden van het duo *Amour sacré de la patrie*
opgewekt, welke de tenor Lafeuillade en zijn gezel de
baryton, — zijn naam ontschiet ons, — met veel nadruk
uitgalmden, vooral door de woelige tooneelen van het
derde bedrijf medegesleept en door Fransche agenten
opgestookt, verlieten de toeschouwers al zingende den
schouwburg en deden het licht ontvlambare volk in hunne
opbruisende gevoelens deelen. Denzelfden avond werden de
woningen van den beruchten Libri Bagnano, van M. de
Knyff, bestuurder der policie, van den minister van Maanen
en den prokureur des konings, M. Schuermans, door het
opgewonden grauw geplunderd en verwoest.

Acht volle jaren bleef Adolf Nourrit de gevierde zanger
van de Groote Opera; acht volle jaren schitterde de zon
van zijnen roem met onverdoofden luister. Hij *schiep* ach-

tervolgens de prachtige tenorrollen in *Robert le Diable* en de *Huguenots* van Meyerbeer, in *Gustave III ou le Bal masqué, le Dieu et la Bagadère*, enz. van Auber, in *le Comte Ory*, van Rossini, in de *Juive*, van Halevy, enz., enz. De kunstreizen, welke hij naar verschillende landen deed, bevestigden zijne faam en verspreidden ze allerwege. Hij was nauwelijks vier en dertig jaar oud en dus in de volheid van zyn talent, zijne stem was nog even schoon en krachtig als bij de eerste vertooning van de *Muette de Portici*, en hij had lang zijn akelig voorgevoel en zijn gesprek daarover met Ponchard vergeten, toen den bestuurder der Koninklijke Akademie van Toonkunst zekeren dag de lust bekroop eenen anderen tenor aan te werven, om hem den last van het *repertorium*, die voor hem alleen te zwaar wierd, te helpen torschen. Hij ging eene verbintenis aan met Gilbert Duprez.

Duprez was destijds tenor van de Italiaansche Opera. Te Parijs op 6 december 1806 geboren, had hij op negentienjarigen ouderdom voor de eerste maal in den schouwburg van het Odeon de planken betreden. Ziende, dat aldaar geene veelbelovende toekomst hem tegenlachte, toog hij in 1828 naar Italië. Hier oefende hij zich derwijze, dat hij eerlang een van de meest gezochte tenors van het Schiereiland wierd. Zijne stem was verre van schoon te mogen heeten; doch zij bezat eene meer dan gewone uitgestrektheid, en door hardnekkige studie had hij ze weten te beschaven. Hij zong eenige jaren in den schouwburg van San Carlo, te Napels, en *schiep* de hoofdrollen in ettelijke Italiaansche zangspelen. Voor hem schreef Donizetti den *Edgardo* in *Lucia di Lammermoor*, een stuk, dat later in het Fransch vertaald, haast nog meer beviel dan in het Italiaansch. Zijne optrede in hetzelve werd de luisterrijkste zijner triomfen. Thans kwam hij naar Parijs terug en werd onmiddellijk bij de Groote Opera aangenomen.

Adolf Nourrit, die in deze aanneming eene miskenning zijner verdiensten zag, voelde zich door deze diep gegriefd. Hij wilde niet langer aan de Groote Opera blijven en besloot zich voor eenen zekeren tijd uit Parijs te verwijderen. Op 1 april 1837 had zijne afscheidsvertooning plaats. Men voerde de *Huguenots* op. Nooit speelde en zong hij beter de halsbrekende rol van *Raoul*, dan dien avond. Zijn bijval was overgroot. Met kronen en bloemen beladen verliet hij het tooneel, waarop hij zoo lang de onverdeelde gunst des publieks had genoten. Wat beduidde echter die bijval in vergelijking met dengenen, welke korts daarna zijnen opvolger ten deele viel? Bitter weinig, voorwaar! Veertien dagen later trad Duprez voor de eerste maal op in den *Guillaume Tell* van Rossini. Zijne verschijning werd tot eene van die zegepralen, welke als gewichtige gebeurtenissen dagteekenen in de jaarboeken eens schouwburgs en voor den *dilettante*, in zijnen ouden dag, eene bron van belangwekkende verhalen aan jonge liefhebbers zijn. In het tweede bedrijf reeds met blijken van de algemeene bewondering begroet, voerde hij in het bekende *Suivez-moi!* van het vierde de geestdrift ten top. Vooral toen hij in die aria zijn *ut de poitrine* klinken liet, kende de geestdrift geene palen meer. Het publiek wilde het stuk niet verder hooren en dwong het bestuur van den schouwburg de gordijn te laten vallen. Zoo ging het later telkens, wanneer Duprez de rol van *Arnold* zong, wat ten gevolge had, dat voortaan ook in andere Fransche schouwburgen *Guillaume Tell* met de tenoraria van het vierde bedrijf eindigde, zonder dat het slot van het stuk werd gespeeld,

zelfs dan, wanneer de tenor geen het minste *ut* uit
de volle borst konde zingen. Er moesten bijna dertig
jaren verloopen, eer men van die misselijke gewoonte,
in de meeste schouwburgen door niets gerechtvaardigd,
afzag, en het Rossinische meesterwerk, zonder verminking,
gelijk de *Zwaan van Pesaro* het geschreven had, opvoerde.

Wat was natuurlijker dan dat Nourrit, bij al zijn talent
en bij al zijnen roem, na weinige dagen voor de Parijzenaars schier niet meer bestond? Het is het lot van elken
zanger, van elken schouwspeler, vergeten te worden,
zoodra hij van het tooneel zijner zegepralen verdwijnt;
en de overdreven loftuitingen, de buitensporige eerbewij-
zingen, waarmede men zich voor hem, meer dan voor
elken anderen kunstenaar, kwistig toont, zijn slechts door
die broosheid zijns roems, die onbestendigheid zijns bijvals
te rechtvaardigen. Voor Nourrit moest zulks nog onvermijdelijker het geval wezen, dewijl hij tot opvolger iemand
had, die door het ongewone zijner stem al zijne voorgangers in de schaduw stelde. Ook was het met den dood in
het hart, dat hij Parijs verliet, om andermaal in den
vreemde zijn geluk te beproeven.

En waarheen begaf hij zich? Waar wilde de eens zoo
afgodisch vereerde, thans bijna vergeten *Robert* en *Raoul*
troost voor zijne smart, vergoeding voor de onverwachte
miskenning zoeken? Naar Italië, in datzelfde land, alwaar
hij gemeend had nooit te zullen zingen, en dat hem thans
het eenigste scheen, alwaar hij zijne gekrenkte faam
konde herstellen. Hij wilde er op zijne beurt lauweren
oogsten, de ondankbare Parijzenaars door den weerklank
zijner triomfen beschamen en niet dan met den zegekrans
des overwinnaars om de slapen hun terug onder de oogen
komen. Eilaas! hoe deerlijk moest hij zich in zijne hoop

teleurgesteld zien ! Op den 14 november van het volgende
jaar *debuteerde* hij te..... Napels, in de stad en in
den schouwburg, alwaar Duprez had geschitterd, in het
zansgspel *Il Giuramento* van den maëstro Mercadante. Hij
beviel den Napolitanen niet bijzonder. Het was te verstaan.
De hoedanigheden van Nourrit waren niet degene, welke
de Italianen tegenwoordig gewoonlijk in eenen tenor vereischen. Voor hen is eene sterke, geoefende, en bovenal
hoogreikende, luidschetterende stem alles ; het overige
slechts bijzaak. Van den goeden smaak, het juiste gevoel,
de passende voordracht en het kunstige spel wordt door
hen weinig rekening gehouden. Van daar, dat de *librettos*
hunner zangspelen doorgaans zoo onbeduidend zijn. De
komponist vraagt aan den schrijver maar één ding : toestanden, nog toestanden, altoos toestanden, en bekreunt
zich verder niet om de wijze, waarop ze al of niet worden
voorbereid en ontwikkeld. Van daar mede, dat de zanger,
al ware hij de bekwaamste tooneelspeler van de wereld,
luttel gelegenheden vindt, om in die laatste hoedanigheid
uit te blinken. Nourrit wist het; en daarom had hij lang
geaarzeld, om in een oorspronkelijk Italiaansch stuk op te
treden. Hij had zelf den *Polyeucte* van Corneille tot een
opera omgewerkt, waarvan Donizetti de muziek had geschreven. In dit opera wilde hij voor de eerste maal in
San-Carlo optreden. Het zoude hem hebben toegelaten
zich in zijne gansche waarde te toonen, al zijne begaafdheden en kundigheden te ontvouwen. Jammer maar, dat
de censuur verbood den *Polyeucte*, dat is den *Poliutto*,
gelijk het stuk in het Italiaansch heette, op te voeren,
dewijl het met de zaken van den godsdienst in te nauw
verband stond. Het was ten gevolge van dit verbod, dat

9

Nourrit zich gedwongen zag zijn eerste *début* in *Il Giura-mento* te doen. En daar dit opera een echt Italiaansch was, een van die, waarin de tenor slechts zingen en hard zingen kan, zoo bevond hij zich in de onmogelijkheid de verschillende zijden van zijn talent ten toon te spreiden en den bijval te genieten, welken hij ongetwijfeld in *Poliutto* zoude genoten hebben.

De volgende vertooningen, welke hij te Napels gaf, waren niet gelukkiger dan de eerste. Integendeel, zij lieten het publiek nog koeler. Hetzelve eindigde met hem schier vijandig te worden. Hoezeer het hem, aan onbetwiste zegepralen gewoon, moest pijnigen en vernederen, zal men beseffen. Hierbij kwam nog, dat hij in de Parijzische bladen dagelijks ellenlange artikels over Duprez las. dat die bladen onuitputtelijk schenen in lofspraken op den tenor, die hem, in zekeren zin, uit de Groote Opera had verdrongen. Zoo verviel hij allengs in eene doffe zwaar-moedigheid, niet veel verschillende van degene, waaraan Ponchard hem den avond der eerste voorstelling van de *Muette* had ten prooi gezien. Wat het einde van die zwaar-moedigheid moest worden, wisten zijne bezorgde vrienden niet. Dat dit einde niet gelukkig zoude zijn, vreesden zij maar al te zeer.

En zij hadden geen ongelijk. Op den 7 Maart 1839 zong Nourrit de rol van *Pollione* in de Norma van Bellini. Deze tenorrol, eene van de ongunstigste, zoowel voor zijn talent als voor zijne stem, is tevens eene van de ongunstigste, voor alle zangers in het algemeen, van geheel het Ita-liaansche repertorium. Slechts met tegenzin en omdat hij zich aan de verplichting, hem door zijne verbintenis met het bestuur van den schouwburg opgelegd, niet onttrekken konde, trad hij in de alles behalve sympathieke personaadje

van den Romeinschen veldheer op. Geen wonder dus,
dat hij in deze het publiek nog minder dan in andere voldeed; en geen wonder ook, dat dit publiek, reeds vijandelijk jegens hem gestemd, zich blijken van afkeuring
veroorloofde, welke het hem tot hiertoe gespaard had. Er
werd zelfs in de zaal gefloten! Het was de eerste maal, dat
de kunstenaar die schande beleefde. Zij sloeg hem geheel
ter neder. In eenen toestand, die zich eerder beseffen
dan beschrijven laat, keerde hij, na de vertooning, huiswaarts. Hij was als zinneloos. Nu eens weende hij
tranen van woede en spijt; dan weder gaf hij zijnen
verkropten boezem lucht in verwijten en verwenschingen.
Aan slapen dacht hij niet. Hij sleet den langen, langen
nacht in droevige gepeinzen, bittere overwegingen, folterende herinneringen en wanhopige besluiten. Tegen den
morgen werd hij kalmer. Reeds waanden de vrienden,
die de gezellen zijner smartelijke waak hadden willen
zijn, de *crisis* voorbij; reeds vatteden zij de hoop op,
dat hij zich den onverdienden smaad zoude getroosten en
er van afzien met zijn talent een publiek te willen
verzoenen, dat hem niet begreep, niet in staat was hem
te begrijpen. Eensklaps verliet hij hen. Zonder dat iets
zijn voornemen verried, trad hij in eene nevenkamer. Men
snelde hem na. Te laat!... Eer men het beletten konde,
had hij een venster geopend en was uit hetzelve gesprongen... Van eene hoogte van drie verdiepingen viel
hij in den hof van het hotel, dat hij bewoonde. Weinige
stonden later gaf hij den geest. Dit hotel was niet verre
van de plaats gelegen, alwaar, volgens de overlevering,
Thomas Aniello aan zijn einde kwam.

Nourrit liet eene weduwe na met zes kinderen, voor
welke zijn broeder August, mede een niet onverdienstelijk

operazanger, dien wij omtrent dien tijd de tenorrollen in
den Koninklijken Schouwburg te Antwerpen hoorden
zingen, een tweede vader werd. Hij had in de uitoefening
zijner kunst het middel gevonden een vrij aanzienlijk
vermogen te verzamelen. Als eene meldenswaardige
bijzonderheid stippen wij nog aan, dat de rol van *Poliutto*,
welke hij voor zichzelven vervaardigd had, in 1840, toen
het zangspel van Donizetti onder den titel van *Les
Martyrs* in de Groote Opera te Parijs voor de eerste
maal werd opgevoerd, aan Duprez de gelegenheid verschafte eene nieuwe schitterende zegepraal te behalen op
hetzelfde tooneel, alwaar hij den armen Nourrit had
vervangen.

GILLEGILLEGAUWKEN,

EEN SPROOKJE.

Er was eens een voortreffelijk meester in Je kunst: hij heette Jan Van Eyck en leefde over meer dan vier honderd jaar. Vlaanderen werd toen bestuurd door den machtigen Franschen hertog Philips van Burgondië, dien men ook Philips *den Goede* noemt, doch verkeerdelijk, nademaal hij, tijdens geheel den duur zijner lange regeering, er enkel op bedacht scheen zijne onderdanen, inzonderheid de Vlaamsche en Brabantsche, te kwellen en te verongelijken, te stroopen en te verdrukken.

Jan Van Eyck woonde te Brugge. Hij was een der grootste schilders, niet alleen van zijnen tijd en van ons land, maar van alle tijden en landen. Hij had de kunst geleerd van zijnen broeder Huibrecht, die een nog grooter schilder dan hij geweest was. Van dienzelfden broeder had hij het geheim geërfd zijne kleuren met olie te mengen. Gij moet weten, dat de fijnschilders zich, vóór de Van Eycks, uitsluitelijk van water- en wasverw bedienden, zoodat hunne schilderingen veel minder stevig en schoon waren. Huibrecht was de eerste, die op den inval kwam olieverw voor zijne tafereelen te bezigen, hetwelk dezen eenen zoo hoogen graad van volmaaktheid leende, dat zij overal eenen ontzaglijken bijval vonden en eerlang eene geheele omwenteling in de schilderkunst te wege brachten.

Gelijk men wel denken kan, wilde alwie zich in de kunst wenschte te bekwamen, lessen van Jan Van Eyck ontvangen. Hij had dus vele, zeer vele leerlingen. Onder dezen was er een, van wien hij bijzonder hield. Hij beminde hem meer dan al de andere, den Brusselaar Rogier Van der Weyden en den Leuvenaar Dirk Stuerbout, zelfs den goeden Koning Renatus van Anjou niet uitgezonderd, die er zoo fier op was de Vlaamsche schildering van hem te hebben geleerd, dat hij hem den eersten meester van de wereld noemde.

Die begunstigde leerling was een Bruggeling, naar den heiligen patroon en voorspreker zijner geboortestad, Donatus geheeten. Van al degenen, die zich aan de leiding van Jan Van Eyck hadden toevertrouwd, was hij verreweg de knapste. Geen, die, als hij, ieder graspijltje, elk boom- of bloemblaadje, het fijnste stofdraadje met de bewonderenswaardigste uitvoerigheid op doek of paneel konde tooveren. Den weerschijn van zijde, satijn en fluweel wist hij met zijn penseel zoodanig na te bootsen, dat men zich geneigd voelde naar de stof te grijpen. Het goud en zilver schitterden in zijne tafereelen en konterfeitsels met zoo helderen glans, de diamanten, robijnen, smaragden, en andere edelgesteenten straalden met zooveel vuur, dat men er zich blind op keek. Wat zijne beelden van heilige mannen en vrouwen betreft, zij waren hemelschoon en zoo gewetensvol gemaald, dat men het bloed in de aderen konde zien omloopen en de haarkens in baard of lokken tellen; dat men in de oogappels de gedachten meende te raden, welke gewis in het brein omwoelden, en uit den mond de woorden te vernemen, welke hij bereid scheen uit te spreken.

Donatus had eene allerliefste zuster, met name Beatrijs. Die zuster had een hondeken en eene meid. Het hondeken was mede zeer lief en vriendelijk : het heette Gillegillegauwken en konde spreken, met haar ten minste, want met anderen sprak het niet. De meid was leelijk en kwaadaardig : men noemde haar de Zwarte Margriet, wijl zij oogen en haar had, zoo donker als de nacht.

Even als zijn meester, was Donatas wijd en zijd vermaard. Van heinde en verre kwam men, om hem tafereelen te bestellen. Er waren prinsen en graven, die hem nu en dan aan huis bezochten; en menigeen hadde niets vuriger gewenscht, dan hem aan zijnen persoon te verbinden en hem er toe over te halen zijn steen of kasteel tot bestendig verblijf te kiezen. Daarin wilde echter Donatus niet toestemmen. Hij hield te veel van zijne zuster, om van haar te scheiden, en stelde zijne vrijheid te zeer op prijs, om zich tot den gehoorzamen dienaar eens beschermheers te vernederen, zelfs wanneer die beschermheer den titel van graaf of prins voerde.

Daar ontving hij zekeren dag eene boodschap van den koning van het eiland Sicilië, in de Middellandsche Zee, die hem in groote verlegenheid bracht. Die koning deed

hem een voorstel zoo vleiend en zoo voordeelig, dat hij
't moeilijk konde van de hand wijzen. Men bedenke eens :
hij wilde hem tot zijnen hofschilder noemen, hem eene
ruime jaarwedde verzekeren en verder hem met eerbewij-
zen en gunsten overladen. De eenigste voorwaarde was,
dat hij bij hem, in zijn paleis, zoude komen wonen en
onder zijne oogen werken... Hoe de vorst hem kende? Het
laat zich begrijpen. Korts te voren was een ander voornaam leerling van Jan Van Eyck, een Siciliaan, Antonello
van Messina genaamd, naar zijn vaderland teruggekeerd.
Hij was jaren achtereen de vriend en trouwe makker
geweest van Donatus, die hem, bij zijn vertrek, een klein,
doch keurig afgewerkt tafereeltje ten geschenke had
gegeven. Dit juweeltje had de koning van Sicilië, een
hartstochtelijk vereerder en voorstander van de kunst, te
zien gekregen. Het had hem een' hoogen dunk van des
makers bekwaamheid doen opvatten en besluiten dien naar
Sicilië te ontbieden en niet te rusten, vooraleer hij hem
kost wat kost aan zijn hof gelokt had.

Wat zoude Donatus doen? Hij wist het niet. Hij was
minder eerzuchtig dan de schilders het gewoonlijk zijn ;
doch voordeelen als die, welke de koning hem versprak,
slaat zelfs de minst eerzuchtige niet gaarne af. Van den
anderen kant wilde hij zijne zuster niet verlaten. Zij was
zijne eenigste bloedverwante en wist zoo liefderijk hem te
troosten en op te beuren, wanneer hij, als ieder ander
kunstenaar, stonden van onttoovering en moedeloosheid
beleefde, dat zij hem onontbeerlijk was geworden. Beatrijs
zelve kwam hem te hulp. Zij ried hem aan, zij dwong
hem, in zekeren zin, van zijn hart eenen steen te maken en
naar Sicilië te vertrekken. Voorzeker zoude de scheiding
haar hard vallen. Ook schrikte haar min of meer het denk-

beeld af, voortaan met de Zwarte Margriet alleen te blijven. Edoch, de toekomst haars broeders stond op het spel, en die gedachte deed al andere op den achtergrond deinzen. Zij verlangde, zij eischte dus, dat hij den koop zoude toeslaan. Enkel verzocht zij hem haar zijn woord te verpanden, dat hij binnen de drie jaren zoude wederkeeren. De hoop hem eerlang rijk en geëerd terug te zien, zoude haar den noodigen moed influisteren, om zijn afzijn gelaten te verduren. Voor het overige zoude zij zich met Gillegillegauwken troosten en met het hondje over den afwezige spreken.

Door hare aansporingen bemoedigd, liet eindelijk Donatus zich gezeggen. Hij verpandde haar zijn woord en ging naar Sicilië op reis. Bij het afscheidnemen overhandigde Beatrijs hem hare beeltenis, welke hij zelf eenigen tijd te voren op ivoor had gemaald, en die zij sedert in eenen gouden rand aan haren hals had gedragen. Dit portret was van eene treffende gelijkenis. Gillegillegauwken was er mede op uitgeschilderd. Zij verzocht den broeder eenen blik op haar te werpen telkens als hij zoude droefgeestig zijn, en verzekerde hem, dat hij in die beschouwing den troost en de opbeuring zoude vinden, welke hij tot nog toe in hare woorden en liefkozingen geput had.

Op Sicilië werd onze schilder door den koning en zijne hovelingen met open armen ontvangen. Zij bejegenden hem met eene heuschheid en eene voorkomendheid, die zijne koenste verwachtingen overtroffen. Er werden glansrijke feesten te zijner eere ingericht, en geheel het hof beijverde zich niet minder dan de overige bevolking, om hem het verblijf op het eiland aangenaam te maken. Getrouw aan zijne belofte, overlaadde hem de vorst met schatten en gunsten, zoodanig, dat hij eerlang een rijk man en eene aanzienlijke personaadje wierd. Hij woonde in het koninklijke paleis, at aan de koninklijke tafel en werd door den koning eerder als een vriend, dan als een ambtenaar of hoveling behandeld. Waar hij zich vertoonde, zag hij zich met blijken van eerbied en genegenheid omringd; en als men van hem sprak, was het om hem en zijne kunst te roemen en op te hemelen.

Donatus was niet alleen een knap kunstenaar, schier even bekwaam als zijn doorluchtige meester; hij was tevens een braaf en verstandig jonkman. Naarmate de koning hem meer van nabij leerde kennen, leerde hij, nevens zijn talent, ook zijn gezond oordeel, zijn helder doorzicht en zijne rechtschapenheid waardeeren. Weldra bevredigde hij zich niet met hem tafereelen voor zijne paleizen en lustsloten te bestellen, hem in zijne werkplaats te bezoeken en op feesten en maaltijden te noodigen; allengs werd het hem eene behoefte zich met hem over staatszaken te onderhouden. Zoo raadpleegde hij hem somwijlen in netelige omstandigheden en riep weleens zijn oordeel in, als het de ernstigste belangen gold van zijn koninkrijk. En dewijl de raad, welken Donatus, altoos met de grootste bescheidenheid, gaf, immer wijs verdiende genoemd te worden, gebeurde het meermalen, dat hij dien boven al anderen verkoos te volgen. Hij bevond er zich wel bij. Zulks boezemde hem meer en meer achting in voor den jeugdigen Vlaming. Zijn eerste minister gestorven zijnde, aarzelde hij niet den schilder in dezes plaats te benoemen.

Dat die verheffing Donatus gelukkiger maakte, zullen wij ons niet verstouten te verzekeren. Veeleer zouden wij het tegendeel kunnen zeggen. Immers twee jaren waren sedert zijne aankomst op Sicilië verloopen; het tijdstip, waarop hij zijner zuster beloofd had naar Brugge weer te keeren, naderde met rassche schreden ; en hij vreesde, dat de koning er niet licht zoude in toestemmen hem uit zijnen dienst te ontslaan. Het verontrustte hem. Voor geen geld van de wereld hadde hij aan zijn woord willen te kort blijven ; en hij zag weinig kans het te houden. Van daar, dat hij, te midden van zijne nieuwe grootheid en van de bezigheden en beslommeringen, welke zij medebracht, dikwijler dan vroeger aan huis begon te denken en naar zijne zuster te verlangen. Hij werd nevens den vorst ontzien en geëerd, door den vorst geacht en bemind, en hij peinsde gedurig aan zijn stil en zedig leven binnen de muren zijner dierbare geboorte-stad. Hij woonde in een marmeren paleis, van heerlijke tuinen omgeven, en tienmaal op een' dag wenschte hij zich in de nederige stulp terug, welke hem zoolang aan de zijde zijner geliefde Beatrijs tevreden had gezien. Hij at uit zilveren schotels de kostelijkste gerechten en dronk uit gouden bokalen de uitgezochtste wijnen, en 't smaakte hem niet half zoo goed als de sobere maaltijden, waaraan hij zich in het gezelschap zijner zuster verkwikte. Zijne kleederen waren even sierlijk als rijk, en bevielen hem minder dan zijn voormalig eenvoudig gewaad. Eindelijk, hij had te zijner beschikking een leger bedienden, die allen, op zijne wenken vlogen, en hij hadde ze allen willen geven voor Gillegillegauwken, al sprak het niet met hem, en zelfs voor de Zwarte Margriet, ondanks hare leelijkheid en kwaadaardigheid.

Den koning van Sicilië konden die gepeinzen en wen-schen van zijnen eersten staatsdienaar, zoo min als de zwaarmoedige stemming en nare droefgeestigheid, waarvan zij gepaard gingen, lang ontsnappen. Zij lieten niet na hem te bekommeren. Hij vermoedde gedeeltelijk wat zij beduidden, en duchtte grootelijks de gevolgen, welke zij konden na zich slepen. Nademaal hij den minister, die hem met elken dag dierbaarder, onontbeerlijker wierd, tot elken prijze wilde hij zich houden, beraamde hij een middel, om aan zijne treurigheid een einde te stellen, hem het plan eener vroegere of latere verwijdering te doen opgeven en hem voor altoos aan zijn nieuw vaderland te kluisteren.

De koning was weduwer. Uit zijn huwelijk met de prinses van Hungarië, was hem eene dochter gebleven van zeldzame deugd en uitstekende schoonheid. De faam harer bevalligheid, beminnelijkheid en edelaardigheid had zich in al de naburige landen verspreid en overal bij jonge en oude prinsen eene ware geestdrift gewekt. Van verschillende zijden waren, sedert dat zij huwbaar geworden was, huwelijksaanzoeken bij haren vader ingekomen. De hertog van Venetië, de koning van Griekenland, de soudaan van Egypte en de sultan der Turken hadden zich, benevens anderen, als dingers naar hare hand aangeboden. Zelfs de keizer van Marokko, anders geen vriend van kristene vorsten of vorstinnen, had zich op den rang gesteld en opzettelijk een gezantschap naar Sicilië gezonden, om haar ten huwelijk te vragen. Alles te vergeefs! De prinses, die in geen' hunner zin had, had hunne voorstellen onverbiddelijk afgewezen; en de koning, die zijn eenig kind te zeer liefhad, om haar tot eene keus te dwingen, had beleefdelijk verzocht om in het vervolg van dergelijke boodschappen verschoond te blijven.

Met die deugdzame en schoone prinses, om welke machtige koningen en keizers te vergeefs gevrijd hadden, wilde de koning van Sicilië zijnen gunsteling doen trouwen, wel te verstaan, indien zij er niets tegen had. En hij hoopte van neen. Donatus was een fraai en flink manspersoon, dien zijne dochter om zijn verstand en om zijne bekwaamheid hoogachtte. Hij twijfelde haast niet, of zij zoude aan zijnen wensch gehoor geven. En inderdaad...! Nauwelijks had hij zijnen naam vermeld en haar een paar woorden van zijn verlangen gezegd, of zij stemde in het ontworpen plan toe en verklaarde zich bereid, om hem seffens te gehoorzamen.

Zoo werd de schilder Donatus de gemaal eener vorstinne, beroemd om hare deugd en schoonheid en die zelfs in den nederigsten stand harer kunne tot sieraad zoude hebben verstrekt. De echtvereeniging werd met ongemeenen luister gevierd. Er werden aan het hof nog schitterender feesten dan gewoonlijk gegeven, en uit al de naburige streken kwamen gezantschappen opdagen, om bruid en bruidegom te huldigen en hun rijke geschenken aan te bieden. Tot de afgescheepte vorstelijke vrijers toe bleven niet in gebreke den jongen echtelingen hunne heilwenschen toe te sturen, de eenen, omdat zij het raadzaam oordeelden hunne spijt en hunnen wrok achter die bewijzen van deelneming en wellevendheid te verbergen; de anderen, omdat zij het zich ten plicht rekenden der voortreffelijke prinses te toonen, welke achting zij haar, niettegenstaande hare weigering van hunnen persoon, bleven toedragen.

Het spreekt van zelf, dat de aangename stonden der wittebroodsweken en de menigvuldige feestelijkheden, welke met dezelve afwisselden, Donatus eenen tijd lang verstrooiden en hem beletteden aan Vlaanderland en zijne znster, aan Brugge en zijne belofte te denken. Doch die feestelijkheden en wittebroodsweken konden niet eeuwig

duren. Er moest een einde aan komen. Er kwam een einde
aan, en, ondanks de beminnelijkheid zijner eegade, ondanks de liefde, welke hij haar spoedig had toegedragen,
verviel hij in zijne vorige zwaarmoedigheid en naar-
geestigheid. Zelden was hij opgeruimd. In de tuinen van
het paleis zocht hij voor zijne wandelingen de eenzaamste
wegen en paden. Uren achtereen bleef hij soms in zijn
kabinet opgesloten, in de beschouwing van Beatrijs' afbeeldsel verdiept. Honderdmaal op een dag trok hij 't,
wanneer hij zich alleen geloofde, uit zijnen boezem, om er
weemoedige blikken op te werpen, zelfs om het troostende
woorden toe te spreken. Wanneer hij bij zijne gemalinne
was, toonde hij zich weleens afgetrokken en sprakeloos,
ja, vergat soms het bijzijn der vorstinne, om zich aan
droevige gepeinzen over te geven.

  Deze reis bemerkte de koning het zoo spoedig niet; des
te spoediger de prinses. Zij ook had alras hem hartelijk
lief gekregen en stelde alles in het werk, om hem te verzetten en op te vroolijken, om hem te behagen en zijn
vertrouwen te winnen. Ziende, dat het haar niet gelukte,
werd zij ongerust. Zij werd het nog meer, nadat een
laaghartige hoveling, die Donatus nooit had kunnen lijden,
en hem zijn geluk benijdde, haar was komen aanbrengen,
hoe hij ontdekt had, dat haar echtgenoot het portret
eener vrouw op zijn hart droeg. Zij beeldde zich
in, dat dit portret hetgene eener vrouw was, die hij
in zijn land had bemind, die hij meer dan ooit beminde en
om wie hij nu treurde. Het maakte haar achterdochtig,
ijverzuchtig, en zij nam voor, bij de eerste gelegenheid, er
haren vader over te spreken.

  Eens, dat Donatus, nog treuriger gestemd, na vergeefsche pogingen om zich met haar te onderhouden, naar

zijne vertrekken gevlucht was, om ongestoord de beeltenis van Beatrijs met haar hondeken te beschouwen, konde
zij zich niet langer bedwingen en ging haar leed den
vader klagen. Deze werd op zijne beurt op nieuws ongerust. Om zich te overtuigen, dat zijne dochter hem de
waarheid zegde, volgde hij haar stillekens naar het kabinet
van zijnen schoonschoon. De deur stond op eenen kier,
dat is met een spleetje, zoodat hij alles konde afspieden
wat binnen gebeurde. Toen kreeg hij de verzekering, dat
de prinses niet ten onrechte geklaagd had. Hij zag Donatus bij het venster staan, in de houding van iemand, die
onder het grievendste hartewee gebukt gaat. Hij weende
bittere tranen en hield eene medalie in de hand, waarop
hij zonder ophouden de teederste blikken vestigde. Bij
poozen bedekte hij dit medalieken met kussen en voegde
het de zoetste namen toe, tot hij, door droefheid overmand,
op nieuws aan 't krijten ging, en zuchtte en snikte, om een
steenen hart te breken.

De koning ontstak in toorn. Hij ook meende, dat hier
eene vroegere beminde van zijnen minister in het spel was.
Hij duwde de deur verder open, trad binnen en stuurde
hem harde verwijten toe over zijne trouwloosheid en ondankbaarheid. Donatus verschrok eerst, doch herstelde
weldra. Hij zwoer, dat hij de prinses alleen beminde,
altoos zoude beminnen. Hij legde alles uit. Hij vertelde
van zijne zuster en haar hondeken, van den raad, dien zij
hem bij zijne afreize had gegeven, van de belofte, welke hij
haar gedaan had en van de droefheid, welke hij gevoelde,
daar hij vreesde, dat hij die belofte niet zoude kunnen gestand doen. Hij bad om verschooning, dat hij, trots zijne
pogingen om gelukkig te zijn, toch niet volkomen gelukkig was, en, trots de schoonheid en deugd zijner gema-

linne, zich van zijne treurigheid niet konde los maken.

De koning bedaarde. Hij vroeg om het portret te zien. Donatus toonde het hem gereedelijk. De vorst vond het uitmuntend. De aanminnigheid van Beatrijs trof hem zoo geweldig, dat hij eensklaps smoorlijk op haar verliefde. Ook Gillegillegauwken stond hem wonderwel aan, en toen hij hoorde, dat het beestje spreken konde, nog oneindig meer. Eerst bekeef hij zijnen schoonzoon hem niet eerder van de gansche zaak te hebben onderricht. Daarna beval hij hem onmiddellijk naar Brugge te gaan, om Beatrijs en haar hondeken af te halen. Hij gaf hem zijn koninklijk woord, dat hij haar, zoodra zij aan zijn hof kwam, tot zijne echte vrouw zoude nemen en tot koninginne van Sicilië doen uitroepen,

Op eene der sierlijkste galeien des konings stak Donatus. eer drie dagen verloopen waren, in zee en stevende naar Vlaanderen. Ik laat u peinzen, hoe gelukkig Beatrijs was, toen zij haren broeder in zulken goeden doen zag weder-keeren. Zij konde hem en zijne galei niet genoeg bewon-deren. Hare blijdschap werd nog grooter, toen hij haar vertelde, hoezeer hij aan hei Siciliaansche hof werd ontzien en geëerd, en hoe hij met de eigen dochter des konings getrouwd was. Zij wilde het niet gelooven, en eerst nadat hij 't haar herhaalde malen verzekerd had, twijfelde zij niet meer. Wat echter hare vreugde ten top voerde, waren de kostelijke geschenken en prachtige kleederen, welke hij haar van wege den koning aanbood, alsook de tijding, dat de vorst haar tot vrouw begeerde. Aanstonds maakte zij zich reisvaardig. Vergezeld van Gillegillegauwken en de Zwarte Margriet, begaf zij zich met Donatus aan boord van de galei, om naar Sicilië te zeilen.

Nadat men vele dagen en nachten gevaren had, kreeg

men eindelijk het eiland in 't zicht. Beatrijs bevond zich op dat oogenblik met hare leelijke meid en haar lief hondeken in een prachtig kamertje, hetwelk de koning aan boord van de galei voor haar had doen inrichten en versieren. Daar Donatus haar gezegd had, dat het slot, waarop het Siciliaansche hof doorgaans verbleef, op den boord der zee gelegen was, verzocht zij aan de Zwarte Margriet eens eventjes door het venster te kijken, om te zien, of het slot nog niet zichtbaar was. De meid gehoorzaamde; doch alhoewel zij niets bemerkte, zegde zij toch, dat zij het slot duidelijk zag. Toen wilde Beatrijs het ook zien. De Zwarte Margriet maakte haar plaats aan het venster en ried haar het hoofd zoo verre mogelijk uit te steken, daar zij het anders niet zoude in het oog krijgen. Geen kwaad vermoedende, stak het arme kind het hoofd zoo verre ten venster uit, als zij konde; en terwijl zij der Zwarte Margriet toeriep, dat zij niets hoegenaamd bespeurde, vatte deze haar van achteren bij de beenen en smeet haar verraderlijk in de zee. Beatrijs slaakte eenen luiden angstkreet en verdween oogenblikkelijk in de golven.

Donatus, die op het achterkasteel van het vaartuig wandelde, had den kreet alsook den plons in het water gehoord. Het ergste vreezende, snelde hij naar het kamertje zijner zuster. Aldaar vond hij Gillegillegauwken, dat jankend naar het venster opsprong, langs waar zijne meesteres was verdwenen, en de Zwarte Margriet, die gehuichelde tranen weende en hem met veel geklag verhaalde, hoe zijne zuster, haren raad versmadende, zoo onvoorzichtig haar hoofd ten venster uitgestoken had, om naar het slot des konings te kijken, dat zij in het water

10

was gevallen en in een' ommezien versmoord. Donatus was
ontroostbaar. Ja, hij beminde zijne zuster zoo teeder, als
ooit een broeder zijne zuster bemind had... Hij vreesde
daarbij, dat de koning hem eenen bedrieger zoude schelden,
indien hij zonder Beatrijs zich voor hem vertoonde... En
wat zoude de prinses zijne vrouw zeggen? Zoude zij thans
niet nog meer het ergste wanen en vastelijk gelooven, dat
het portret, waarvan hij den vorst de geschiedenis had
verhaald, wezentlijk eene vroegere beminde van hem voorstelde? Gewis! Hoe zeer onschuldig, mocht hij dus zich van
wege haar aan de bitterste verwijten, en van wege haren
vader aan de strengste straf verwachten... Ook was hij
radeloos. Hij leek geen' verstandig' mensch meer, was
teenemaal het hoofd kwijt en deed niet dan klagen en steenen om de schrikkelijke ramp, die al zijn geluk vernietigde,
juist op het oogenblik, dat hij en zijne zuster op het punt
stonden volkomen gelukkig te worden.

De Zwarte Margriet poogde hem te troosten. Na eene
poos schijnbaar in zijn leed gedeeld en met hem geweend
te hebben, gaf zij hem te verstaan, dat hunne droefheid en
wanhoop het ongeluk niet zouden verhelpen, en dat zij naar
een middel moesten uitzien, om de gramschap des konings
te voorkomen. Zij deed Donatus gelooven, dat zij, na de
schoone kleederen zijner zuster te hebben aangetrokken,
gemakkelijk voor deze zoude doorgaan. Zij maakte zich
sterk den koning door hare vleiende woorden en geestige
taal zoodanig voor zich in te nemen, dat hij het verschil tusschen haar en de beeltenis harer meesteres niet eens zoude
bemerken en veeleer tevredenheid dan toorn laten blijken.

Donatus was te zeer door droefheid overmand, om al
het uitzinnige van haar voorstel te beseffen. Hij stemde er·
dus in toe. Aanstonds trok de Zwarte Margriet de schoon-

ste kleederen harer meesteresse aan, en sierde verder zich op met al de juweelen, welke zij konde machtjg worden. Het was tijd. Nauwelijks had zij haren opschik voltooid, of het schip liep den kleinen inham binnen, op welks oever het koninklijke paleis was gelegen.

De koning en zijne dochter. die de galei in de verte hadden zien aankomen, stonden op het strand, om Beatrijs en Donatus te ontvangen. Als de koning de Zwarte Margriet in het oog kreeg, ontstelde hij ter dege, en nog meer, toen zij onbeschaamd weg op hem toetrad, hem als haren gemaal begroette en hem verzocht haar meteen als, koninginne te doen uitroepen. Haar zoo verschillend vindende van hetgene hij, volgens het portret, verwachtte, schoot hij in eene hevige gramschap. Hij beval, dat men Donatus in eenen donkeren kerker zoude opsluiten, om hem te kastijden voor hetgene hij zijne bedriegerij noemde. Terwijl hij eventwel een man van zijn woord was en stellig versproken had met Beatrijs te trouwen, nam hij haar, ofschoon met veel tegenzin, tot vrouw. Wat hem niet minder tegen de borst stiet, was, dat Gillegil legauwken, van hetwelk men hem gezegd had, dat het spreken konde, geen enkel woordeken liet hoorde. Dat heette hij eene nog schandelijker fopperij. Het maakte hem zoo kwaad, dat hij meer dan eens gereed was, om het doodvonnis over zijnen minister te vellen en dezen in zijnen kerker te laten ombrengen.

Sedert dat de koning met de Zwarte Margriet getrouwd was, ging hij dagelijks met haar in de tuinen en zelfs in de omstreken van het slot wandelen. Eens kwam hij op den inval zijne wandeling tot aan de zee uit te strekken. Het was juist aan dien kant van het eiland, alwaar de Zwarte Margriet hare meesteresse verraderlijk door het venster van het schip in het water had gesmeten. De koningin rilde, toen zij zijn voornemen gewaar werd. Zij verzocht hem eenen anderen weg in te slaan. De koning bekeek haar verwonderd, doch voldeed aan haar verzoek. Des anderdaags, als zij nogmaals al wandelende de zee naderden, begon zij van hoofdpijn te klagen en bad haren echtgenoot haar terug naar het slot te brengen. Deze reis keek de koning nog meer verbaasd; doch hij wachtte zich wel het te laten blijken, en deed wederom wat zij verlangde. Toen zij echter den derden dag nogmaals naar het slot wenschte terug te keeren, onder voorwendsel, dat zij moede was, weigerde de koning gladaf, en stond er op, dat zij langs den oever der zee zouden gaan. De Zwarte Margriet werd zoo verlegen, dat zij hare ontroernis kwalijk konde verbergen, maar durfde zich niet langer verzetten. Zij beefde als een blad en stapte schoorvoetend aan den arm des konings voort. Gillegillegauwken was bij hen. Het diertje deed juist het tegendeel van de koninginne. Het sprong en blafte vroolijk en huppelde kwispelstaartend op de zee toe. Zoo bereikten zij den oever. Terwijl zij langsheen het strand voorttraden, klonk eensklaps eene stem uit het water:

» Gillegillegauwken! »

riep zij.

De koning bleef getroffen staan.

» Wat is dat? Wat beteekent die stem? » vroeg hij.

De Zwarte Margriet verbleekte, dat het blanketsel, waarmede zij haar wezen beschilderd had, er op enkele plaatsen afviel.

» Niets! 't Is niets! » stotterde zij haastig. » 't Zijn de bladeren, die waaien! »

Maar de stem liet zich andermaal hooren:

» Gillegillegauwken ! »

herhaalde zij.

Het hondje naderde het water zoo dicht, dat zijne pootjes nat werden. Het blafte als dol van vreugde en scheen lust te hebben, om in de zee te springen.

» Men roept het, geloof ik ! » zei de koning.

» Toch niet! Gij bedriegt u! » kreet de Zwarte Margriet, terwijl het angstzweet op haar voorhoofd parelde. » Het zijn de baren, die ruischen ! »

» Gillegillegauwken! »

riep de stem ten derden male.

Toen blafte, sprong en kwispelstaartte het hondje nog meer. Het deed eene hopelooze poging en sprak voor de eerste maal sedert het zijne meesteresse verloren had.

» Wat belieft u, mijn schoon vrouwken? »

antwoordde het op het geroep, dat uit het water steeg, tot wezentlijke verbaureering des konings, die onbeweeglijk bleef staan luisteren en niet weg konde, hoe zeer de beangstigde Zwarte Margriet hem voorttrok, om spoedig van de noodlottige plaats te komen. De stem hernam :

» Waar is de Zwarte Margriet,
» Die mij zoo deerlijk in 't water stiet? »

En Gillegillegauwken :

» Zij ligt al warm
» In 's konings arm! »

zei het. Waarop de stem :

» Och arm! Och arm! »

riep zij al zuchtende en zweeg.

De Zwarte Margriet was eerder dood dan levend. Zij was paarsch en blauw geworden, hield de oogen nedergeslagen en durfde naar den koning niet opzien.

» Ik moet weten wat dat altemaal beduidt! » sprak deze.

Zonder zich verder te uiten, keerde hij naar het kasteel terug. Hij gaf bevel, dat men eenen dijk in de zee zoude maken, waar hij de stem gehoord had en daarna het water uit de ruimte pompen, welke die dijk insloot. Men haastte zich zijn bevel te volvoeren; en toen al het water uitgepompt was, kwam Beatrijs, schooner en lieftalliger dan ooit, te voorschijn en stapte aan land. Zij had vele weken op den bodem der zee geleefd.

De koning was verrukt. Thans herkende hij het oorspronkelijk model van de beeltenis, waarop hij smoorlijk was verliefd. Beatrijs deelde den vorst mede, wat haar was wedervaren. Daarop liet hij seffens de Zwarte Margriet verbranden en, tot groote blijdschap van zijne dochter, den goeden Donatus uit den kerker komen. Hij trouwde nog denzelfden dag met de schoone Beatrijs, aan wie hij voortaan, zoowel als aan haar hondeken, veel vreugde beleefde (1).

(1) Zoo ongeveer hoorde ik dit sprookje uit den mond eener hoogbejaarde vrouw. Later vernam ik dat er varianten op bestaan. Te Antwerpen, onder ander, meent men, dat de zuster van den schilder onder de gedaante van een wit konijntje langs een.... *mozegat* in het kasteel kwam. Nadat het den eersten dag of liever nacht bovenvermeld gesprek met Gillegillegauwken had gevoerd, deed de koning den tweeden nacht, nadat het konijntje binnengeslopen was, het mozegat stoppen. Als het diertje het mozegat toevond, veranderde het in de jonkvrouw en het huwelijk greep plaats. Bij de gebroeders Grimm, die het sprookje onder den titel *Die weisze und die schwarze Braut* in hunne *Kinder- und Hausmärchen* opnamen, is het konijntje eene witte eend, die haar gesprek drie avonden achtereen met den keukenjongen voert. De koning plaatst zich den vierden avond bij het mozegat en houwt haar met zijn zwaard den kop af, waarop zij eensklaps in het meisje verandert. Dan volgt de straf, de verlossing des broeders en het huwelijk. Van een' leerling van Jan Van Eyck is in het Grimmsche vertelsel geene spraak, zoo min als in de verschillende andere lezingen, welke men te Antwerpen en elders in Nederland aantreft.

DE GROOTE SINT-BERNHART.

(NAAR TÖPFFER.)

Wij zaten in het klooster van den grooten Sint-Bernhart, de voeten tegen het vuur, in gezelschap van den prior. Na menig verhaal, door onze vragen uitgelokt, sprak deze : " Voor 't overige, mijne heeren, is onze berg Sint-Bernhart eerder vermaard, dan hij wel gekend is... "

" En ik ga u zeggen waarom, pater, " onderbrak een dikke heer, die, rechts van den haard gezeten, nog geen deel aan het gesprek had genomen : hij is slecht gekend, wijl hij dikwijls werd beschreven. Het is met uwen vermaarden berg als met zoovele hedendaagsche schrijvers gesteld, insgelijks vermaard, en die wij, publiek, door de *feuilletons*, de levensbeschrijvingen, de prenten kennen. De feuilletons drijven er den spot mede, de levensbeschrijvers liegen, de portretten vleien : het alles is valsch als een grafschrift ! »

Die heer zweeg ; doch ik, die mede publiek ben, ik, die mijne gedachten en overtuigingen van publiek heb, ik voelde mij gekrenkt door de lichtzinnige barschheid van zijnen uitval :

» Neem niet kwalijk, » zegde ik hem, » de grafschriften.....»

Hij liet mij niet uitspreken :

» De grafschriften ! Zoudt gij misschien de grafschiften willen verdedigen ? Dan zond ik u wandelen... » (ik beefde van toorn en ben zeker, dat mijn oog bliksemde) » dan zond ik u, al ware het maar een uurtje, wandelen op het kerkhof van Père-Lachaise. Gij kunt niet loochenen, mijnheer, dat daar wel eenige duivels onder den grond liggen. Welnu ! de grafschriften vermelden er enkel engelen. »

» Het is mogelijk, » sprak ik. » Men begrijpt overigens, dat de nagelaten betrekkingen, in de overmaat van droefheid... »

Hij onderbrak mij nogmaals :

» Gij zijt jong, mijnheer, gij zijt zeer jong. Gij moet nog leeren, dat het nooit de droefheid is, maar wel de praalzucht, de ijdelheid of de vreugd, welke die leugenen ingeven en betalen. »

» De ijdelheid, het kan zijn, maar de vreugd, mijnheer,» riep ik uit, » de vreugd op een kerkhof, op een graf ? »

» De vreugd, mijnheer, de blijdschap, indien gij 't liever hebt, die stomme, geweldige blijdschap, welke het bekomen van een ruim erfdeel wekt... Door een gevoel, overigens natuurlijk, maar dat met de droefheid niets gemeens heeft, wil men op eenige wijze zich dankbaar toonen voor het goed, dat ons gedaan wordt, en daar biedt zich het grafschrift aan. Het is onder al de wijzen de gemakkelijkste, de minst kostbare en, om die redenen, de vroegst gebruikte. Beitel, beitel, mijn beeldhouwer ; beitel door en door, beitel altoos ; zet er deugden op, zet er nog op, betaal den tol van.., van wat ? mijne heeren, als het u belieft, zoo niet van onze diepe dankbaarheid jegens den overledene, van onze volkomen en geheele voldoening, van onze blijdschap, inwendig te levendiger, te warmer, daar het haar voor alsnog verboden is zich uitwendig te toonen...? »

» Er zijn monsters, » hernam ik verontwaardigd, » die alzoo bestaan, maar... »

» Trek dit woord in, jonkman, en bewaar het voor hatelijker dingen. Wat ellende is, ellende het menschdom eigen, kan niet zonder onrecht monsterachtig genoemd worden. Ik spreek u daar van alledaagsche feiten, ik spreek u van eene ikzucht, veeleer leelijk dan boosaardig, van eene huichelarij welvoeglijk en beleefd onder de huichelarijen ; ik spreek u van wat monsters als gij en ik, bij voorbeeld, hebben kunnen doen. Al wat ik zeggen wil, is, dat diezelfde monsters, als zij waarlijk bedroefd zijn, aan praalgraven noch grafschriften denken. De droefheid vindt haar voedsel in zichzelve ; zij is bloode, vreesachtig, zij heeft hare schaamte ; zelfs die rouwkleederen, welke het gebruik haar oplegt, zijn haar onaangenaam, wijl zij de blikken vestigen. De droefheid beweent gansch het wezen met zijne gebreken, welke zij verschoont, met zijne deugden, welke zij bemint en waaraan zij de geheime hulde brengt der bittere zuchten en der onbekende tranen. De droefheid, mijnheer, de ware, diepe droefheid! wel verre van zich opentlijk te toonen, laat zij zich nauwelijks ver rassen; en indien ik, ondankbare zoon, aan de mijne wilde doen gelooven, zoude ik mij vooral wachten een stuk marmer op het graf mijner moeder te gaan zetten! „

— De mijnheer, die aldus sprak, mishaagde mij. De prior ook mishaagde mij, die verklaarde in een gevoelen te deelen, waarvan de uitdrukking mij treurig streng scheen, en de zin valsch en wonderspreukig. Om niet tegen te spreken en het gesprek eene andere wending te geven:

„ Het zij zoo voor de giafschriften, mijnheer; maar wij spraken daar straks van beschrijvingen, van levensverhalen, van portretten van schrijvers....

„ Aan dat alles geloof ik als aan de grafschriften, en dat wil niet zeggen, dat ik er geheel niet aan geloof, Maar hoor eens : die duivels van Père-Lachaise, het kan in den grond waar zijn, dat het goede duivels waren; zeker waren zij niet zonder hoedanigheden, en het grafschrift liegt misschien zoozeer door diegene hunner deugden, welke het vergeet, als door die, welke het hun toekent.... Zoo ook, die portretten van onze beroemde mannen, zij zijn niet zonder gelijkenis: maar het is insgelijks het schoone, dat valsch is, op het ware, dat onvolledig is. Het is het wezen van den man niet, welk men ons geeft, het is het gelaat van den onsterfelijke; het is niet, gelijk eertijds, dat magere hoofd van Fénelon, in eene pruik bedolven; het is een prachtig masker, geplooid, gepruikt, wanordelijk gemaakt voor het publiek en voor het nageslacht... Vroeger liet men het publiek de zorg op het magere gezicht de ziel weer te vinden, welke de schriften hadden veropenbaard ; heden moet hetzelfde publiek in de schriften de ingeving, de oorspronkelijkheid, het innerlijke, het menschdommelijke wedervinden, op het aangezicht geteekend. Grafschrift, mijnheer! Op al die gesteendrukte,gegraveerde of geschilderde maskers lees ik in groote letters : » Ziehier den grootsten der dichters ! Ziedaar den verhevensten der lyriekers ! Deze was uitge-mergeld door overweging, gene hol van diepzinnigheid, die andere bol van genie ! » Grafschrift ! mijnheer ; alles is grafschrift !.. Maar om op den grooten Sint-Bern-hart weer te komen... »

Op dit oogenblik liet zich eenig rumoer in het beneden-gedeelte van het klooster vernemen, aan den kant van den drempel, en het geblaf der honden verdoofde de stem van den dikken heer.

» Het zijn aankomelingen, » zegde de prior. En hij ver-liet ons, om ze te gaan ontvangen.

Wij bleven alleen, ik en de dikke heer, ons elk van zijnen kant bezig houdende met vermoedens omtrent het gene gebeurde, en zonder verder aan de grafschriften te denken. Na eenige stonden, trad een heerschap de zaal binnen.

Dit heerschap was een toerist van omstreeks dertig jaar, zeer goed gekleed, zeer spraakzaam.

» Ik groet u, mijne heeren. »

Hij nam een' stoel; wij schoven achteruit, om hem plaats te maken.

» Verschooning, maar het vuur doet goed, als men uit eenen sneeuwval komt. »

» Een sneeuwval ! « sprak de dikke heer.

» In dit jaargetijde? » voegde ik er bij.

» O een schoone, ik verzeker u : van een kwaart mijl ten minste. »

Ik begreep niets aan den sneeuwval van dien heer. Inderdaad, wij waren op het einde van Juli, diensvolgens in een jaargetijde, dat, de naburige kruinen teenemaal van sneeuw ontbloot zijnde, die sneeuw, welke er niet op ligt, zich niet onder den vorm van eenen sneeuwval kan neder-storten. Daar ik echter niet durfde tegenspreken, bevre-digde ik mij met dien heer te verzoeken ons zijn geval te verhalen.

" Volgaarne " zegde hij. " Wij hebben om zes ure de kantien verlaten. " (De kantien is, aan den kant van Waadtland, het laatste bewoonde huis, dat men aantreft, vooraleer aan het klooster te komen.) " Vijftien stappen vóór mij had ik een gezelschap; het zijn de lieden, die aankomen. Twee heeren, een jong meisje, lief, op mijn woord! maar borstziek. Zij voeren haar naar Italië, om er den winter door te brengen. Een der beide mannen is haar vader; de andere haar verloofde, een groote stille jongen, dienstvaardig als een standbeeld. Zoo zijn die Zwitsers. Op een' sneeuwval gekomen.... "

Hier poogde ik te onderbreken :

" Neem niet kwalijk, mijnheer, gewoonlijk is het de sneeuwval, die op u komt.... "

" Wacht. Op den sneeuwval gekomen, zie ik, dat de muilezel der jufvrouw er tot den buik inzinkt, en dat zij er niet uit zullen geraken, ter oorzake van den gids, die niets aan het mennen van een dier verstaat. Ik treed nader, duw den lummel op zijde, grijp den teugel en doe den ezel voortgaan, gij hadt moeten zien!... Maar de jufvrouw verschrikt, de vader wordt boos, de verloofde schreeuwt, zoodanig dat het ros kwintig wordt, en de gids er zich mede bemoeit, die mij wil beletten het eene vracht slagen toe te dienen. " Parbleu! " zeg ik hem, " neem hem terug, uwen muilezel, " en ik werp hem den teugel toe. " De lomperik mist den teugel, ik geef hem een' klap; het beest valt en de jufvrouw rolt in het diepste van den sneeuwval. »

» Maar neem niet kwalijk, » onderbrak ik nogmaals, » het is gewoonlijk de sneeuwval, die over de jufvrouw rolt...! »

» Wacht dan. Daar beginnen mijne twee bloodaards te tieren, de gids te vloeken, de jufvrouw om hulp te roepen. Ik wensch ze allen naar den drommel, en noch pater, noch honden ziende, spring ik in den sneeuwval, ik kom recht op hunne jufvrouw neder, en, geholpen door den gids, breng ik ze heelshuids op den weg terug. Dat is geheel de geschiedenis, » sprak onze reiziger ten slotte. Daarna beginnende te kuchen : » Dat maakt verkouden, de sneeuwval. Goeden nacht, heeren. Ik ga naar bed en iets warms drinken. »

Hij vertrok, zonder ons den tijd te hebben gelaten het zeer verkeerde denkbeeld te verbeteren, dat hij van eenen sneeuwval had opgevat.

Immers men weet, dat een sneeuwval een sneeuwbal is, die, zich van de hoogten losrukkende, door de sneeuw, waarover hij rolt, vergroot, in weinige stonden eene ontzaglijke massa wordt, en, in zijne snelle nedervaart alles op zijnen doortocht breekt, omverrewerpt, verplet. Toevallige omstandigheden kunnen eenen sneeuwval veroorzaken op elk punt, alwaar de sneeuw op steile hellingen rust; maar over het algemeen is het in dezelfde gangen en op dezelfde punten, dat zij ieder jaar plaats grijpen, krachtens gunstige en blijvende omstandigheden, welke hen dien weg doen nemen. In het midden van den zomer kan men, als men in de Alpen reist, die gangen zeer wel herkennen: het zijn uitgestrekte hellingen, teenemaal ontbloot van boomen, rotsen, en beneden welke eeuwenoude overblijfselen zijn opgehoopt, door de plantenwereld ingenomen en overdekt, naarmate deze, zich opstapelende, zich zelven tot bolwerken verstrekken. In de hooggelegen valleien, alwaar de warmte slechts van korten duur is, blijft de sneeuw, die zich des winters beneden die gangen heeft opgehoopt, bestendig liggen, vermits zij den tijd niet heeft te smelten, en het gebeurt, dat de lieden uit de streek die overschotten van ware sneeuwvallen ook *sneeuwvallen* noemen. Van daar de misvatting van onzen toerist, die, deze valleien voor de eerste maal bezoekende en het hoofd met begrippen uit reisboeken opgevuld, zich goedsheugig had ingebeeld, dat hij roemrijk met dien vreeselijken geesel der hooge Alpen had te doen gehad.

Ik zoude het beproefd hebben hem zijne dwaling te doen inzien, indien hij er ons den tijd toe gelaten had, ofschoon het eene moeilijke en lastige taak zij iemand zijne dwaling te doen inzien, wanneer hij vastelijk aan iets gelooft, dat zijne eigenliefde vleit. Toen mijn neef Ernest zijn tweegevecht had, hadden wij, als brave getuigen en rechtschapen bloedverwanten, met los kruid geladen: zijn tegenstrever mikte, Ernest schoot in de lucht; wij gingen ontbijten, en de eer was gered. Maar als hij de geschiedenis vertelt, beweert mijn neef Ernest, dat de kogel nevens zijn oor vloog, hij bootst het fluiten van het lood na; mijne tante Sara siddert, geheel het gezelschap siddert, en wij.., wij, brave getuigen en rechtschapen bloedverwanten, wij zijn gedwongen met het gezelschap en met mijne tante mede te sidderen. Zouden wij sidderen, indien het geene lastige en moeilijke taak ware mijnen neef zijne dwaling te doen inzien?

De reiziger had ons juist verlaten, toen twee heeren, die mij den vader en de verloofde schenen te zijn, in de zaal traden. Die heeren namen plaats aan de tafel en schenen zich te bereiden om wel te avondmalen. Hun eetlust stiet mij tegen de borst, en hunne gerustheid mishaagde mij. Die bejaarde heer scheen mij veel te kalm voor een' vader, wiens dochter, alreede borstziek, een half uur in de sneeuw had doorgebracht ; en wat den verloofde betreft, bij elken beet, dien hij zich toediende, verontwaardigde het mij als eene beleediging, der ongelukkige en lijdende schoonheid aangedaan. Ik herinner mij zelfs, dat ik, naar het voorbeeld van den toerist, uit dat schouwspel gevolgen trok, die der Zwitsersche teergevoeligheid teenemaal ongunstig waren.

Terwijl ik met mijne gevolgtrekkingen volop bezig was, kwam een knecht de zaal binnen. Hij bracht de thee op een schenkblad, en onmiddellijk verscheen de jufvrouw zelve. Zij was het voorzeker, want haar vader stond op, kuste haar op het voorhoofd en toonde eene groote vreugd, daar hij ze zoo spoedig hersteld zag, terwijl die lomperik van een' verloofde, in stede van verrukt te zijn of zich in diepgevoelde uitdrukkingen van innig geluk en teedere vreugd lucht te geven, voortging met eten en op den kalmsten en alledaagschten toon zegde: » Louisa, zit daar neder en drink uwe thee, terwijl zij warm is. » Gewis, dat was de hartstochtelijk toespraak van Saint-Preux niet, als hij Julia het woord toestuurde; ook maakte die bedaarde gemeenzaamheid op mij denzelfden indruk als eene ontheiliging.

Die jufvrouw was werkelijk zeer lief en het gevaar, dat zij daareven geloopen had, verhoogde in mijne oogen het behaaglijke harer wezenstrekken en de aanminnigheid haars gelaats... Alleenlijk vond ik in haar die maagdelijke verlegenheid niet van eene verloofde, welke twee heeren

aanblikken, noch dit voorkomen van roerende droefgeestigheid, welk men bij eene tengere en bedreigde jonge
juffer zoude meenen te ontmoeten. Maar wat mij nog veel
meer ontstelde, was, dat ik op dit gelaat, waarop ik neerslachtigheid en treurigheid zocht, de zichtbare teekens
verraste van een hartelijk gelach, hetwelk onze tegenwoordigheid ter nauwernood in bedwang hield. Dit hartelijk gelach deelde zich eerst aan den verloofde, daarna aan
den vader mede, die, het niet meer kunnende uithouden,
zich tot ons wendde en sprak :

„ Vergeeft mij, mijne heeren; dit lachen moet u mis-
plaatst schijnen; doch onmogelijk er aan te wederstaan :
gelieft ons te verschoonen. ”

En toen, zich niet langer bedwingende, schaterden zij
alle drie het uit, terwijl wij met de ernstigste bevreemding
hen aanstaarden.

Ik oordeelde het gevoeglijk mij te verwijderen, en reeds
bereidde ik mij het te doen, het betreurende mijn medelijden verspild te hebben aan lieden, die in den grond zoozeer
tevreden waren, als de vader mij aldus aansprak :

„ Ik wil u de oorzaak dier vroolijkheid verklaren,
die u zonderling moet schijnen : het geldt dien heer.. ”

„ Dien heer, welke daar straks hier was? ”

„ Juist; den dienstvaardigsten ter wereld, maar den
gevaarlijksten, dien ik ken. Wij hadden hem nooit gezien,
toen hij zich in het hoofd gestoken heeft, ginder, onder die
sneeuw, dat wij eenig groot gevaar van sneeuwval liepen.
Toen heeft hij uit loutere zelfopoffering en met de onver-
stoorbaarste koelbloedigheid onzen gids op zijde geschoven,
onzen muilezel afgeranseld en mijne dochter in den hollen
weg geworpen.... ”

Het gelach onderbrak dit verhaal. Inderdaad, hoe leven-

diger de schroom geweest was, hoe meer die omstandig·
heden, nu het gevaar voorbij was, zich van haren lach-
wekkenden kant voor den geest der reizigers vertoonden,
en bij hen de vroolijkheid wekte, waarvan ik de getuige
geweest was, waarvan ik weldra de medeplichtige wierd.
Ik voerde ze ten top met hun te zeggen, dat, voor den
toerist, de jonge jufvrouw borstziek was, en haar broeder een verloofde, wien hij eene prozaïsche koelheid te
last legde.

De dikke heer, altoos bij het vuur gezeten, had dit
gesprek gehoord, zonder er deel aan te nemen en zonder
mede te lachen. Eindelijk opgestaan zijnde, alsom zich naar
zijn kamer te begeven:

» Een zotskap, » zegde hij, » en een mijner landgenooten, weest er zeker van ! Slechts een mijner landgenooten
kan in dien hoogen graad de onbezonnenheid aan de koelbloedigheid paren, de verwaandheid aan de onwetendheid
en, liever dan aan zichzelven te twijfelen, eene frissche
jufvrouw, welke hij voor eene borstzieke neemt, in iets
werpen, dat hij voor eenen sneeuwval aanziet... Mijne
heeren, ik wensch u den goeden avond. »

Daarop nam de dikke heer een licht en vertrok. Weldra deden wij hetzelfde.

De kamers voor de reizigers bestemd, in het klooster
van den grooten Sint-Bernhart, zijn cellekens, door een
klein houten beschot van elkaar gescheiden. Toen ik mijn
licht had uitgedoofd, bemerkte ik een schijnsel, dat door de
spleten van dit beschot op mijn bed straalde. In zulk
geval gebeurt het zelden, dat eene zeer onbescheiden,
maar tevens zeer hevige nieuwsgierigheid u niet aanspoort,
om uw oog bij die der spleten te brengen, welke u de

11.

breedste toeschijnt. Ik liet niet na zulks te doen, doch nam de wijste voorzorgen, om door geen gerucht mijne onbescheidenheid te verraden. Toen zag ik, tot mijne groote verwondering en misschien ook met een luttel teleurstelling, onzen toerist op zijn bed gezeten, zijn bovenlijf en zijn hoofd warmpjes omwikkeld, en die, eene pen in de hand, in het schrijven van een opstel scheen verdiept. Nevens zijn bed, een dampende theepot en eene flesch krickenwater. Van tijd tot tijd hield hij op met schrijven, om te overlezen en te verbeteren, en al de schakeeringen der voldoening, van den eenvoudigen glimlach der tevredenheid tot de ernstigste bewondering, kwamen zich op zijn wezen teekenen. Een oogenblik konde hij niet aan den wensch wederstaan naar het vleiende gemurmel zijner periode te luisteren, en in het stuk, dat hij zichzelven voorlas, onderscheidde ik alleen dit, dat er spraak was van *bulhonden*, *viooltjes* en eene jonge juffer, genaamd *Emma*. Ik maakte er uit op, dat onze toerist een schrijver was, misschien zelfs een reiziger van de school van Alexandre Dumas, die zich voor het oogenblik onledig hield met de indrukken, herinneringen en ongevallen van zijne dagvaart op te stellen. Daarop liet ik hem aan zijnen arbeid en viel in slaap.

Des anderdaags, bij het ontbijt, vernam ik, dat de toerist sedert een uur vertrokken was ; van zijnen kant maakte de dikke heer zich gereed, om naar Martigny terug te keeren. Ik vereenigde mij dus, om naar de stad Aosta af te dalen, met de drie personen, wier kennis ik daags te voren op zoo vroolijke wijze gemaakt had. Die drie personen, in eenen van welke de toerist bij den eersten oogslag, eenen koudbloedigen Zwitser herkend had, waren eenvoudig van Chambéry. Zij begaven zich naar Ivrea, om er het huwelijk van het meisje te vieren, sedert lang door haren vader, herberghouder te Chambéry, aan den zoon eens Piemonteezen, herberghouder te Ivrea, beloofd. Met dezelfde gelegenheid, wilde de goede man zijnen voorraad van wijn en rijst opdoen, om, na zijne zaken te hebben geëindigd, langs den kleinen Sint-Bernhart naar Savoyen terug te keeren. Onderwege legde hij mij dat alles uit met die vroolijke en vriendelijke goedhartigheid den Savoyards eigen; en, nademaal ik er scheen belang in te stellen, noodigde hij mij, onderwege ook, op de bruiloft, en zijne dochter, met eene lieve eenvoudigheid, moedigde mij aan hun de eer te bewijzen ze bij te wonen. Zonder juist te weigeren, was ik het toch niet met mij zelven eens, te aanvaarden; want ziehier wat in mijn binnenste plaats greep:

Daags te voren reeds had het uiterlijke dier jonge juffer een levendig belang in mij gewekt; maar thans begon ik op haar te verlieven. Het was zeker ras genoeg; doch zonder te rekenen, dat het hart op reis, stouter en vrijer, spoediger ontvlamt, is het kwalijk bestand tegen zekere wezenstrekken van eene ongewone bekoorlijkheid en eene voor hem nieuwe aanminnigheid. Bij de zusters van het Heilig Hart opgevoed, had dit meisje slechts sedert eenige weken het klooster verlaten, zoodat zij, onnoozel, onervaren en nauwelijks in de wereld terug, betooverend was en door hare naïeve manieren en door ik weet niet welke bloemen van vreugde en hoop, waarvan nog niets de teedere en zachte kleuren had besmet. Zwierig op haren muilezel gezeten, die, met het instinkt dezer dieren, den buitenkant der baan volgde, helde zij over den afgrond, zonder ophouden dartelende met eene onbeschroomdheid, die, bij haar, geen moed was, maar een zorgeloos vertrouwen.

Intusschen, als het gesprek van de hoedanigheid der rijst-
soorten of den prijs der wijnen tot onderwerpen overging,
die meer in haren smaak vielen, nam zij er deel aan, nu
zich aan vroolijke invallen overgevende en dan weer met
den verstandigsten ernst toeluisterende. Twee, drie malen
was er spraak van haren verloofde; zij had hem maar eens
gezien, sprak van hem zonder verlegenheid en zonder
hartstochtelijkheid, zonder ook in het huwelijk iets anders
te zien dan een heerlijk en eindeloos feest. Beminnelijk
kind! terwijl ik mijne blikken op haar vestigde, bracht ik
mij haar toekomstig lot, hare zoo spoedige ont'toovering
voor den geest; en, na te hebben geraden welke misreke-
ningen haar waarschijnlijk te wachten stonden te midden
zelfs van een nog onzeker huiselijk geluk, hadde ik de
man willen zijn, die ze haar door zijne standvastige teederheid en de omzichtigheid, welke een fijngevoelig en
vurig verliefd hart ingeeft, moest sparen. Maar dewijl
ik die man niet wezen moest, had ik liever een gevoel niet
te koesteren, hetwelk al spoedig smartelijk wordt, als het
zonder hoop is. Ziedaar waarom ik het met mij zelven
nog niet eens was, of ik de bruiloft van den Piemontees
zoude bijwonen.

Na eenen tocht van vier uren, kwamen wij in de stad
Aosta aan. Het was jaarmarkt. Onder de schaduw der
puinen van het amphitheater en rond de aloude Romeinsche
poorten stalden de boeren, van de bergen gedaald, hunne
waren uit : hier verhieven zich stapels kaas, ginds loeiden
vaarzen, verder blaatten vreesachtige schapen rond de
kramen of zoogden hunne lammeren onder de beschutting
der karren. Nauwelijks aangekomen, hadden onze twee
heeren zich omringd gezien van de kooplieden, met wie zij
zaken hadden af te doen, en geheel bereid, om mij te

behandelen als eene oude kennis, hadden zij hunne jonge
juffer aan mijne bescherming overgelaten. Het hotel,
waarin wij waren afgestapt, was luidruchtig en met
bezoekers opgepropt. Om het haar te doen verlaten, sloeg
ik haar eene bedevaart naar den Toren van den Melaatsche
voor. Na er met blijde bereidwelligheid te hebben in
toegestemd, en terwijl wij reeds op weg waren, vroeg zij
mij wie de Melaatsche was. Ik versprak haar, dat zij het
weldra zoude weten, trad in eenen boekwinkel en kocht
haar het boek van M. de Maistre. Toen richtten wij onze
schreden naar het landelijke beluik, alwaar de oude
toren zich verheft, welken hij onsterfelijke maakte ; en,
nadat wij dezen bezocht hadden, gingen wij in de naburige
weide een beschaduwd plekje zoeken, om er neer te zitten
en te lezen. Het waren dichtgebladerde eiken, en niet
verre van daar eenige grafsteden, misschien die, waarbij
de Melaatsche, *nadat hij de jonge vrouw, het hoofd op
den boezem haars echtgenoots had zien vlijen*, zijn hart
voelde ineenkrimpen en zijne ziel op het punt door eene
schrikkelijke wanhoop verscheurd te worden.

Mijne jonge gezellin, bij de zusters van het Heilig Hart
opgevoed, had geene andere dan godvruchtige boeken gelezen. Voor de eerste maal hoorde zij een opstel ernstig en
boeiend tevens, waarvan de stijl, vol beweging en welsprekendheid, nu eens zachtjes het hart doordringt. en dan
weer het prangt en van medelijden doet kloppen. Eerst
kalm en bijna verstrooid, blikte zij beurtelings naar dien
toren, die bergen, dit dal, tot dat zij, meer en meer door
het belangwekkende verhaal getroffen, eene soort van
verrassing toonde, waarop ongevoelig in haar de verruk-
kelijkste ontroernis volgde van eene ziel, die zichzelve
nog niet bewust, voor de poëzij ontwaakt. Haar wezen

glansde van genoegen. Nogtans, bij die meer en meer sombere bladzijden, waarin het bittere lijden van den Melaatsche zich ontvouwt, kwamen er tranen in hare oogen;
en, toen ik den stond naderde, waarop de zuster van den
rampzalige hem gaat ontnomen worden, verried zich haar
medelijden door haar geween... Zij bad mij niet voort te
varen. Toen deed ik het boek toe, en, het haar aanbiedende,
opdat zij later die lezing zoude voleinden, verzocht ik haar
dit boekdeel als aandenken te bewaren. Zij beloofde het
mij met innigheid, doch al blozende. Inderdaad, wij hadden daareven samen gevoeld, ons samen ontroerd, onze
harten waren heimelijk elkaar genaderd, zoodat de arg-
looze welwillendheid van den dag te voren bij dit meisje
had plaats gemaakt voor de maagdelijke ontsteltenis van
het gevoel.

Wij keerden terug naar het hotel. De twee heeren, geheel in hunne zaken verslonden, waren bezig met ze af te
doen, om te vertrekken. Zij bemerkten nauwelijks, dat
hunne jonge juffer teenemaal veranderd was. Wat mij betreft, ik had zoodanig het bewustzijn van het kwaad, dat ik
haar onvoorzichtig berokkend had met de kalmte van haar
hart te verstoren en met dit hart voor de poëzij te openen,
juist op het oogenblik, dat zij het heiligste, maar het ondich-
terlijkste verbond ging sluiten, dat ik eene soort van medelijdend verdriet gevoelde. Dit kwaad konde ik alreede niet
meer herstellen, maar ik konde het misschien vergrooten
met in het gezelschap van dit meisje voort te reizen,
gelijk ik geneigd was het te doen door een vurig en reeds
om zijne levendigheid schier misdadig verlangen. Ook,
eene uiterste poging beproevende, om te wederstaan aan de
vriendelijke uitnoodigingen des vaders, des broeders, en
aan de schuchtere, doch dringende beden hunner gezel-

linne, scheidde ik van hen, na hen te hebben bedankt voor hunne bejegening. Eenige oogenblikken later vertrokken zij. Ik bleef te Aosta. Te midden van die menigte, had ik een diep gevoel van eenzaamheid; en mijn hart was vervuld met eene droefgeestigheid, welke ik ging voeden op diezelfde plaats, alwaar wij des morgens onder de eiken gezeten waren.

Des anderdaags en de volgende dagen, bleef ik ten prooi aan eene verstrooidheid, die mij weinig nieuwsgierigheid liet, om de streken of de steden te bezichtigen, welke ik was komen bezoeken. Te Ivrea, waar ik des morgens vroeg doortrok, moest ik op nieuws mij zelven geweld aandoen, om er niet ten minste eenige uren stil te houden. De straten waren eenzaam, de lucht koud, de Doire nauwelijks verlicht door het eerste schijnsel van den dageraad; en nogtans scheen mij die streek de liefelijkste van Italië, en die stad de eenigste, alwaar ik mijne dagen had willen slijten. Ik wilde ze te voet doorreizen. In het voorbijgaan zag ik verscheidene hotels, en voor elk hield ik stil, onzeker of het 't verblijf was van het meisje, dat waarschijnlijk op dit uur sliep, misschien ook wakker, aan hare ontroernissen van den vorigen dag peinsde en aan dien jonkman, die er, zoo niet het voorwerp, ten minste de gelegenheid van geweest was. Daar ik mij in die achtervolgende halten vergat, kwam de voerman van het wagentje, wien ik bevolen had mij buiten de stad af te wachten, op zijne stappen terug. om mij te roepen. Ik volgde hem, het wagentje rolde, en, op het oogenblik, dat de kasseien der laatste straat ophielden onder de wielen te weerklinken, voelde ik eene onuitsprekelijke treurigheid. Met den loop der weken verdween eventwel die verstrooidheid, en weldra was dit levendig gevoel, welk ik medevoerde, veranderd in een teeder aandenken. Ik bezocht Genua, Florencië, Rome, Napels, en, toen ik aan den terugkeer moest denken, nam ik, om door de Alpen te trekken, den doortocht van den Simplon, zoowel omdat mijn hart, weder vrij geworden, mij niet meer drong langs Ivrea te gaan, als omdat ik zoude gevreesd hebben, op mijnen doorgang, eene zoo teedere, zoo zuivere, zoo frissche herinnering te zien verwelken.

In den vorigen herfst te Geneve aangekomen, ging ik, naar ouder gewoonte, mijne tante Sara een bezoek brengen. Mijne tante Sara woont buiten : 't is, aan de stadspoort, een tuintje met muren van de naburige tuintjes gescheiden. Dit tuintje prijkt met eenen schommel; eene pomp, welker water slechts bij lange droogten verdwijnt, dient voor de begietingen; en in den Noord-Ooster hoek heeft mijn neef Ernest een lief bergsken doen opwerpen, waarop hij een Chineesch paviljoentje heeft getimmerd en groen geverwd, van waar men het kantoor van het oktrooi en de versterkingen der stad overschouwt.

Mijne tante Sara is eene uitmuntende dame, thans bejaard, die in haar leven maar een ongeluk heeft gehad, dat van haren echtgenoot te verliezen, over veertig jaar, na drie maanden huwelijksheil, door niets gestoord, gelijk zij zelve het naïevelijk zegt. Zes maanden na die ramp, bracht zij eenen naboorling ter wereld, op wien voortaan zich al hare liefde vestigde. Die zoon is mijn neef Ernest, dien zij heeft opgevoed, als eene teedere moeder, welke in hare jeugd onderwijzeres was, één' eenigen en, wat meer zegt, nageboortigen zoon opvoedt. Van kindsbeen af, methodes van orde, gewoonten van betamelijkheid, lessen van houding ; later om het hart te vormen, spreuken, vierlingen, de zedeleer in voorbeelden, de ondeugd gestraft, de deugd beloond; later, om den geest te vormen, regels van wellevendheid, van conversatie, en, van de eerste jaren der jongelingschap, handschoenen, een wandelstokje, een frak, de voeten buitenwaarts, en overeenstemmende manieren ; later... niets. Op zijn vijftiende jaar was mijn neef Ernest een volslagen man, volmaakt, een voorbeeldig man, de vreugde uitmakende zijner moeder, en ook de vreugd van eenige spotzieke en listige gezellen, welker toon mijne moei afschuwelijk vond. Heden ten dage is mijn neef Ernest, immer eenig en nageboortig, daarenboven een ordelijke, nette alleenlooper, die genoffels kweekt, tulpen begiet, en die alle dagen naar de stad gaat, des zomers om acht ure, des winters op den middag, om de gazet te halen, *nadat zij gelezen is*, en om, bij de boekverhuurster, het eerste deel van den roman, welken mijne tante leest, tegen het tweede uit te wisselen. Als de wegen nat zijn, draagt hij overschoenen; zijn ze zanderig, hij trekt zijne geellederen schoenen aan; valt de regen of is de barometer dreigend, hij neemt plaats in den omnibus. Zonder den omnibus zoude hij nooit een tweegevecht gehad hebben.

Zonderlinge zaak! ik ben krijgsman van beroep, tamelijk driftig van aard, zeer kittelig op het punt van eer en ik heb mijn tweegevecht nog niet gehad. Mijn neef Ernest brengt zijn leven door te midden van goede oude jufvrouwen ; hij bezoekt noch zalen, noch openbare plaatsen; hij is zachtmoedig, hij is eenig, hij is nageboortig.., en het noodlot heeft gewild, dat hij zijne zaak van eer hadde. Het komt hierbij, dat in den grond de gewoonten voor mijnen neef Ernest zijn, wat de driften zijn voor anderen, en het recht van acht ure op weg te wezen, als hij den omnibus van acht ure genomen heeft, wat voor andere

heethoofden het onverjaarbare recht is de *Marseillaise*
aan te heffen of onder den neus eener gravinne te rooken.
Zekeren dag nu, op 't oogenblik, dat mijn neef plaats
neemt in den omnïbus van acht ure, gebeurt het, dat de
conducteur, op verzoek van een' jongen vreemdeling,
er heeft in toegestemd het vertrek eenige minuten te
vertragen, om der dame, welke die vreemdeling verwacht, den tijd te geven aan te komen. Zulks bedroeft
mijnen neef, die van nu af eene groote stoornis vooruit-
ziet in de verdeeling van zijnen dag. Het kwaart slaat;
dit verbittert mijnen neef, die overweegt, dat die dame de
oorzaak gaat zijn van eene lange reeks onregelmatigheden,
de eene op de andere terugkaatsende en uitloopende op het
verzetten van het uur zijns noenmaals, het uur zijner
koffie, het uur zijns middagslaapjes... Als vijf en twintig
minuten voorbij zijn, houdt hij 't niet langer vol en begint
te knorren: » Naar den drommel de jufvrouw! » Seffens
geeft de jonge heer hem zijn adreskaartje en vraagt hem
het zijne, en alles is geregeld tegen des anderdaags, om
acht ure juist, voegt de vreemde er bij. Dien dag liet mijn
neef op zich wachten. Hij bracht verschooningen, men
weigerde ze aan te nemen. Toen, brave getuigen en rechtschapen bloedverwanten, deden wij het overige, en de
eer werd gered.

Ik kom terug tot het bezoek, dat ik, in den vorigen
herfst, bij mijne tante Sara aflegde. In het tuintje geleid,
vond ik haar in het Chineesche paviljoen gezeten, en eene
lezing doende voor eenige goede dames uit de buurt. Het
onderwerp dier lezing moest treffend zijn, want ik vond
geheel dit gezelschap ontroerd, ter uitzondering van
mijnen neef Ernest nogtans, die, altoos eenig en nageboortig, eene sigaar rookte, onbekommerd op eene tuin-

bank zittende, in de schaduwe van eenen acacia. Mijne moei las, net als eene teedere moeder leest, die in hare jeugd onderwijzeres was, met eenen didactischen nadruk, volgens beredeneerde grondregels en volgens al de voorschriften der strengst regelmatige spelkunst, zoodat het een lust was haar te hooren. Na haren bril terug op haren neus te hebben gezet, ging zij met hare lezing voort:

» ...... Dit meisje was eene van die blanke vrouwenfiguren, welke een blauwachtige stralenkrans van innerlijke droefheden als met een' schemerachtigen sluier omgeeft. Door het lot veroordeeld om onder het gezag eens vaders te bukken, onbekwaam om de geheimnisvolle verzuchtingen te begrijpen eener ziele, die de afgronden van haar hart poogt aan te vullen en de verwerkelijking van haar wezen te volledigen, verteerde zij zich in geheime smarten en gesmoorde snikken. Het is, dat die plant, geschapen om te bloeien op den glinsterenden afhang der Apennijnen, had moeten kiemen te midden van de koude hellingen Helvetië's, zoodat zij, op het punt te ontluiken als eene schitterende bloemenkroon, door den ijzigen wind der berghoogten gedwongen werd zich te kerkeren in het ondankbare hulsel van haren bleeken kelk. »

» Neef, welke plant is dat? » vroeg ik den nageboortigen alleenlooper, die aan mijne zijde rookte.

» Het is...., het is eene heerlijke vrouwelijke schepping. » (Mijn neef was er op geleerd de uitgekozen uitdrukkingen zijner moeder te herhalen).

» En dit boek, wat is het voor een? »

» Een reisindruk. »

» Niet vroolijk ? »

» Neen. »

» Treurig ? »

» Zeer sterk. »

En mijn neef, wiens zoete rust deze vragen veel meer stoorden, dan de blanke vrouwenfiguur, begon op nieuws te rooken op eene wijze, die beteekende, dat hij, zonder mij te willen aansporen toe te luisteren, mij nogtans den raad gaf hem ongemoeid te laten.

» .... Ook, terwijl zij te vergeefs tusschen de prozaïsche wezens, welke haar omringden, dengene zocht, die het onbewoonde paleis haars harten moest openen en met zijne liefde bevolken, had haar vader... (Neef, wie is die vader?— Het is de hare), alledaagsch wezen, waarvan het leven geheel aan kramershandelingen verslaafd is (Een koopman, niet waar? — Ja), had haar vader, in stede van harer teederheid eenen dier edele bannelingen aan te bieden, welke het Vulkaansche Italië, in de dagen harer uitberstingen, over de Alpen heeft geslingerd (Ciani? Mazzini? — Ik weet het niet), eene van die rijke en gloeiende naturen, gelijk Napels er nog voortbrengt of de stad met de gondels (Venetië... ...he? — Hum!) de oogen geworpen op eenen jongen Zwitser met logge vormen, volle en blozende wangen, blond haar, vaal symbool eener glanslooze en koudvochtige ziel. Aldus ging die bleeke bloem, onophoudelijk bewogen door de ijzige winden, in plaats van een' veerkrachtigen steun te vinden in de bloemen hare gezellinnen, met haar voorhoofd tegen de ruwe kanten dier beide granietblokken stooten, die haar doodden, terwijl zij haar wilden beschutten. »

Hier konde mijne tante, die in hare jeugd onderwijzeres was, zich niet onthouden aan te merken, hoe overheerlijk dit boek geschreven was. In dien stijl vond zij oneindige schakeeringen, welke aan de duizend harmonieën eener gevoelige ziel beantwoordden, en zij drukte bijzonder op dien onverwachten terugkeer eener vergelijking, die zooveel licht verspreidde over den ontkleurden toestand der heldinne. De oude dames, welke volkomen in haar gevoelen deelden, lieten daarbij de grootste minachting blijken voor die twee arme granietblokken, en eene van haar nam de smarten dier miskende vrouw met eene zoo levendige geestdrift ter harte, dat ik begon te vermoeden, dat zij zelve veel had moeten lijden van de domme onverschilligheid eener onverstandige kunne.

„ Is zij gehuwd, die dame? » vroeg ik zacht mijnen neef.

„ Neen. »

Wat mij aangaat, ofschoon ik er nog verre van verwijderd was te denken, dat die verkommerde plant mijne frissche gezellin van Aosta was, en die blok, de herberghouder van Chambéry, ik stelde veel belang in eene lezing, die, zonder in het minst de gemoedsrust mijns goeden neefs te verstoren, in zoo hoogen graad de gevoeligheid dier dames schokte, en van harentwege niet minder heerlijke aanmerkingen uitlokte, dan de stijl, die van deze het voorwerp was.

„ Toen ik ze ontmoette, » ging mijne tante voort hare lezing hernemende, » reisden zij naar den kant der pleinen van Italië, met de dwaze hoop, dat de zachtste ademingen van eene gebalsemde luchtstreek de verwoestingen dier teleurgestelde bestemming zouden tegenhouden. Maar ik, wiens ziel die ziel verstond, ik zag de maagd hare reeds gapende grafstede als langs eene cipressendreef toewandelen, en het gewicht eener reusachtige droefheid drukte op mijne verzwakte ziel. Nevens haar, voerde haar blonde verloofde onder het licht des hemels de logge breedheid zijner vormen rond, waarvan geen inwendig vuur de

flauwe frischheid kwam kleuren of de prozaïsche bewegingen wringen en snokken : eene grove lompheid des
harten bedekte dien man als met eene looden wapenrusting,
en zelfs de nadering van eenen schromelijken sneeuwval
(Hier luisterde ik met beide ooren,) was niet toereikend, om
hem de ikzuchtige angsten van den alledaagschten schrik in
te boezemen.

» Intusschen naderde de nacht, de zwarte uittandingen
der bergkruinen schenen aan de avondwolken te knabbelen,
en de engten des Sint-Bernharts, reusachtige muilen, de
laatste schijnsels van de ondergaande zon op te slokken.
De sneeuwval was daar, gapend, onpeilbaar, bleek als
een lijkkleed, gretig als een graf! Eensklaps springt eene
blanke verschijning vooruit, draait rond en stort in den
afgrond... Het is Emma! (Emma!... riep ik in mij zelven.)
Sneller dan de bliksem, stort ik er mij in op haar spoor,
ik rol, ik spring, ik duik van afgrond tot afgrond,
en poog den dood vóór te zijn, die op mijne hielen rolt, en
overwinnaar in die ijselijke worsteling, bereik ik de ver-
bleekende en ijskoude maagd... Zij had in dien kolk het
einde harer folteringen willen vinden! Alstoen liet ik haar
zien, dat ik, de vreemdeling, dat ik, de onbekende, hare
gedachte had geraden. Eindelijk verstaan, voor de eerste
maal misschien, sloeg zij de oogleden op, om de vlam der
verrukking te laten schitteren, en de stralende, onbeschrij-
felijke glimlach kwam op de viooltjes (!!) harer lippen aangesneld. Tenzelfden tijde kwamen de bulhonden (!!!)
van het klooster aangesneld, beladen met hartsterkingen,
ons de hulp en de verlossing tegenblaffende. Van boven
den weg reikte men ons eenen kabel toe, de paters kwamen ons te gemoet. Ik gaf de mannen des hemels het slacht-

offer der wereld over, en na het hun te hebben overgege-
ven, verwijderde ik mij met wanhopige schreden!... »

Ik schoot in eenen luiden schaterlach... Verontwaardigd
stonden de dames op, mijn neef bezag zijne moeder, mijne
tante bezag mij, ik bezag al die weenende lieden, en niet
in staat eenen lachlust te bedwingen, welken dit schouw-
snel zelf ten top voerde, verkoos ik het gezelschap te
groeten en afscheid te nemen, verschooning vragende,
dat ik eene zoo groote ergernis had verwekt.

Terwijl ik naar mijn hotel terugkeerde, herinnerde ik
mij den dikken heer, die zegde:

» Grafschrift! Alles is grafschrift! »

EINDE.

INHOUD.

—

DE TRIOMF DER PIRATEN.

DE TRIOMF DER PIRATE

DOOR

W. J. HOFDIJK.

> De boog der sterken is gebroken, en
> struikelden zijn met kracht omgord.
> 1 SAMUEL II:

DERDE DRUK.

AMSTERDAM,

G. L. FUNKE.

1872.

VOORBERICHT.

~~~~~~

Het feit van den eersten April 1572 is algemeen bekend — dat wil zeggen: men weet dat een stoutmoedige hoop schooiers, den naam van Watergeuzen dragende, de stad Brielle toen aan Alba afhandig maakte.

En veel méer weet men er meestal n i e t van: het twist- geschrijf dezer dagen, met woordvoerders zelfs op zéer hoo- gen toon, heeft daar het onweêrlegbaarst bewijs van geleverd.

Dat het nochtans niet slechts een merkwaardig, maar bovendien een hoogstbelangrijk feit moet worden geacht, wordt erkend ook door hen, die er overigens geenszins meê ingenomen zijn. Het verdient derhalve nog wel eens in herinnering te worden gebracht — en daarmede is de ver- schijning van dit boeksken ten volle gerechtvaardigd.

By de bestudeering der bronnen vond ik my eindelyk als geheel te midden der handeling verplaatst, en ontwik-

kelde zich voor my het gansche boeiende drama, als tegenwoordig onder mijn o o g.

Zóo heb ik het geschiedverhaal dan ook neêrgeschreven.

Ik betuig gaarne mijn openlyke erkentenis aan het Ste-
delyk Bestuur van Brielle, voor de hoogst welwillende wijze
waarop het my eene inzage van zijn archief vergemakkelykt
heeft, en tevens aan den Heer Mr. W. Goedkoop, Griffier
by het Provinciaal Gerechtshof alhier, voor zijne byzondere
voorkomendheid, my by eene nasporing in de Sententie-
boeken van Amsterdam bewezen.

Op den driehonderdsten jaardag van
„'t uytseylen" der „Geusen" naar Enge-   HOFDIJK.
land: 9 February 1872.

AAN MIJN VOLK.

Daar is een geslacht, dat zijn vader
vloekt, en zijne moeder niet zegent.

SPREUKEN VAN SALOMO XXX:11.

Ik vraag naar uw belijdnis niet;
Ik vraag u niet van waar ze u kome:
Van Augsburg, of Geneve, of Rome,
Of uit wat ander staatsgebied,
Of langs wat andre waereld-orden
— Gewijd in hoogere natuur
Door Sinaï- of Pinxtervuur —
Zy u en de uwen is geworden;

Ik vraag alleen in dezen tijd

— Waarin de blindgehitste driften

Gevoel en rede saâm vergiften! —

Of gy een Nederlander zijt?

'k Vraag: //Is er plaats nog in uw harte

//Voor de onvervalschte erinnering

//Aan daden van een Mannenkring,

//Die eens een halve wereld tartte,

//Om in Gods vrijen zonneschijn

//Het recht te hebben vrij te zijn;

Vrij, zóo als naar 't besef dier tijden,

//Wier worstelstrijd nooit weêrgâ had,

//'t Recht van gelooven en belijden

//Door weinigen — maar d'eêlsten schat

„Van gansch een Volk — werd opgevat.″

Ik vraag, of ge, ondanks schaduwstreepen,

    Ondanks zoo menig donkre plek,

    Zelfs hier en daar een roode vlek,

Een oog hebt — verre nog van d w e e p e n

    Met alles wat het Voorgeslacht,

    Steeds worstlend, u ten bate bracht —

Voor die zoo vruchtbre zegeningen

    Die, onder tapplend bloed gezaaid,

Ons, 't Nakroost, weeldrig thans omringen,

    Een hand slechts vergend, die ze maait.

'k Vraag, of ge uw aandeel in die schoven,

    By armen vol u aangeboòn,

Meé plukken wilt.... en dankbaar loven

De Zaaiers, 't zware werk ten loon.

Wilt gy dat niet: — wilt gy iets anders?
Het zij : 'k vorsch naar 't waarom noch 't hoe ;
Maar ik, met warm gemoed, wijd allen Nederlanders
Dees mijn Herinring aan de Watergeuzen toe.

DE VLOOT DER PIRATEN.

I.

Schuw en onrustig fladderen de grauwgevlekte meeuwen in woelende zwermen door elkander.

Het gedonder van vuurmonden rolt over de wateren der Noordzee, en weerkaatst langs de duinen van Vlaanderen. De schamele strandjutter — met zijn ben op den rug zijn heimelyken strooptocht doende langs den drassigen zoom van den mullen zandbodem, die gedurig door de rustelooze branding met een schuimenden grensrand geteekend wordt — er gretig rondglurende of de wegstervende golf hem hier of daar eenige buit aanspoelt, had op het wijde watervlak daar vóor hem, in het grauwe verschiet, een door-éen gewarde mengeling van zeilen kunnen ontwaren, waarboven donkere rookwolken in kronkelende vaart opwaart stijgen.

Zoo hij nog het oude geloof zijner vaderen belijdt, schudt hy het hoofd, en slaat een kruis over zulk een ontheiliging van den hoogen dag — want deze dertigste Maart 1572 laat sint Quirinus varen voor de gewijde herinnering aan hooger Heilig: het is heden Palmzondag.

Het kan echter ook wel zijn dat de schamele zoon des strands besmet is door een dier kettersche leeren die, ondanks bloedplakaten en inkwisitie, ondanks den geduchten Hertog te Brussel en diens spionnen alom, al gaande en heimelyk voortwoekeren en veld winnen. Mocht dat zoo zijn, dan mag zijn scherpturend oog wel een flikkerenden vonk hebben geschoten naar de verte; dan mag er wel een vroolyke hoop zijn borst hebben doen zwellen onder het ruige wambuis; dan heeft hij misschien geneuried met het liedeken des wakkeren Pastoors van de Lier:

»Prince, der princelyker Geuzen Prince!
»Prinslyk met uw geest, hen toch regeert:
»Prinslyk uw eer drijvend, aldus bemintze —
»Prinslyk Uw rijk wordt alsdan vermeerd!"

En dan heeft hij recht gehad, die schamele zoon van
het strand, hij, nu het levende beeld van zijn verarmd
vaderland, dat de hoofdbronnen der welvaart, die er heur
hoofdweg over de zee, met onwrikbare volharding gezocht,
gevonden, en gebaand, thans door de geharnaste vuist der
dwingelandij gestopt ziet.

Die razeilen, die vliebooten, die boeiers, die buizen, die
krapschuiten, die smakken, die jachten, en wat ge er
vérder nog van karveelen of smalschepen moogt aantreffen,
die, westwaart uit, eener andere vloot — koopvaarders,
meerendeels het Vlie binnen, — uit het zuiden opgedoemd,
in het kielzog zijn gevaren, en waarvan zij zullen trachten
te vermeesteren wat zy kunnen — hebben geen andere
benaming dan dien zonderlingen, dien zoo merkwaardigen
en éenigen hoop van menschen, die dan ook een éenigen
naam dragen, vóor, noch na hen, ooit aan anderen gegeven,
en gansch alleen staande in de waereldgeschiedenis — de
W a t e r g e u z e n.

Hun echte naam had moeten zijn: k i n d e r e n d e s o n -
h e i l s. Men weet het: de gluipende, maar daardoor ook
eindelyk zooveel te nijpender tyranny van Filips den Tweede
gaf hun de geboorte. Aanvankelyk ballingen om des geloofs en der staatkunde wille, niet groot genoeg in getale,
namen zy met open armen op wie hun versterking brengen kwam. Afgevallen voor het meerendeel van de moe-
derkerk, hielden zy dier voorbeeld op éen enkel punt toch
nog in eere: geen verloren schaap stieten zy uit; zy ver-
welkoomden iedere ziele die tot hen kwam; en zy vroegen
niet; „Is er een wilde wanhoop in uw harte!" — „Hebt
„ge een schuld-eischer?" — „Zijt ge om een misdaad uit-
„gestooten?" — „Draagt ge een brandmerk?" — Zy t e l d e n
slechts.

Het beteekent iets, wanneer men kan zeggen: „Wij —
„twee vijfden der bevolking!"

Wellicht hoopten zy dat óok, en zeker is het dat zy
vermenigvuldigden. Naar de roerselen van het hart niet

vorschende, zagen zy slechts hun man aan, en zoo kregen zy mannen in menigte. De hoeveelheid was zelfs een onontkoombare behoefte, om vervolgens de hoedanigheid te kunnen schuimen.

Pijnboomen van harstig hout, distelen en doornen, zelfs brandnetelen, alles onder-een — ge moogt uw gevoelige huid terug trekken uit vreeze voor kwetsing — het landschap is stout als schoon; wraak het zoo ge wilt — ik ben hardhuidig genoeg om my in die gezonde, kernige natuur gestemd te gevoelen.

Het schelden van „bouffen en piraten" mist volstrekt geen grond: „bouffen" in overvloed onder die moedige zeeschuimers, maar van het geheel zien hunne felste vijanden zich toch ter getuigenisse genoopt: „Men moet hun de eer geven, dat zy allen mannen waren van woeste geestkracht, gehard tot den strijd, onvertsaagd te midden van den donder des geschuts of het gebrul der baren, onverwrikbaar voor het aanschijn des doods, hetzij deze hen opving te midden der golven, hetzij in de hitte des strijds of aan de galg."

Met zulke mannen is een waereld te veroveren.

En het zijn dan ook niet de „bouffen" die de leiding hebben, al worden er — even als overal, geen enkele kaste, geen enkelen stand uitgezonderd — sommigen daarvan zelfs onder de Hoofden en bevelhebbers gevonden; dat booze element wordt door de meerderheid der beteren geneutraliseerd niet slechts, maar bovendien meest ten goede gericht, al kan zulks ook niet te aller ure en op iedere plaats geschieden.

Wat ze thans bedrijven op dezen heiligen dag, die ten eeuwigen dage voor Nederland den naam van „den ersten dag der Goede Weke" dragen moet?

Zy drijven zee-roof, heden by fortuin, en niet volgens plan.

De weifelende verhouding tusschen Spanje en Engeland had een vredelievender glimp bekomen, en Koningin Elizabeth begreep om harerzijds dien schijn te moeten versterken als ware hy zekerheid. Zoo geliet zy zich gehoor te geven aan Albaas klachte over hare vrije havens, den Watergeuzen verleend, en zy deed derhalve een plakkaat uitvaardigen waarby zy dien Piraten zoowel binnenloopen als verblijf ontzegde, en haren onderdanen verbood om hun niet alleen onderstand te verleenen, maar zelfs leeftocht te verkoopen. Ondershands, naar men wil, zal zy hun echter hebben gewezen op het wenschelyke om in hun vaderland een vaste plaats te bezitten, van waaruit zy hun wettig gezag, dat zich zelf onwettig heeft gemaakt, met goed gevolg zouden kunnen bestoken. Ten deele onder Duins, ten deele voor Dover liggende, heeft toen een vier-en-twigtigtal vaartuigen zich vereenigd onder den Vice-Admiraal Lumey, en de hun ongastvrij geworden kust verlaten.

't Was er nochtans verre van dat deze kleine vloot „beteutert en losberadigh" heeten mogt werwaart zy heur koers nemen zou: de wind blies gunstig noordwaart, en men voelde zich thans sterk genoeg tot het onderne-men van een koenen aanslag in het vaderland; alzoo den boeg naar Texel gericht, om de veertien of vijftien „Plac-caat-schepen", vanwege zijne Majesteit Don Filips der-waart geschikt, te nemen en te vernielen; daarna kan men Hollands Noorder-kwartier bezoeken, en, koopvaarders bui-tende, zien of er van Enkhuizen een Rochelle der Geuzen kan worden gemaakt.

Gunstig is de wind, lustig golven de baren, fier klopt het harte en de krijgsmoed tergt tot daad.... Voort dan naar het Vlie!

Maar zie nu, terwijl het nauw van Calais achter hen ligt, en de blauwe zeeruimte strandeloos is gaan worden voor hun blik, al zijn zy er rustig genoeg op, dat daar ginds aan het oosten onder den horizont, het geele duin de kust van Vlaanderen beschermt — wat doemt daar op uit het Zuiden?

Het gescherpte kapers-oog ontwaart koopvaarders, en het immer tochtige kapers-harte vindt daarin eene te groote verlokking, om niet ter wille van de buit een afwijking te nemen van den met zoo goed beraad gekozen weg.

Dàt was het gedonder van vuurmonden, rollende over de blauwe wateren der ruime zee, en een echo verwekkende langs het blanke geduinte aan het Vlaamsche strand — en het verkondigde een geuzen-overwinning.

Twee koopvaarders, komende uit Spanje, en geurende van specerijen en klinkende van gemunt geld, zijn hun nu prijs geworden. Maar durven zij zich verhoovaardigen op die buit? 't Is waar — het eene schip is uit Biscaye; maar het andere, die fraaie buis? Is Antwerpen een vreemde stad, en is schipper Claes Vaer van Brouwershaven niet zoo goed Nederlander als ieder Zeeuw op die Geuzenvloot?

Voorzeker. Maar het geweld eens vreemden heeft hun het vaderland tot vijand gemaakt. Zy waren uitgestooten geworden: anderen wonen in h u n n e huizen; anderen kleeden zich met h u n gewaad, eten h u n spijze, drinken h u n drank; anderen bezitten h u n n e goederen; anderen steken de spade in h u n grond en maaien wat z y hebben gezaaid. De vossen hebben holen, en de vogelen des hemels nesten — maar dezen kinderen der menschen heeft men zelfs op eigen bodem geen hoop aarde gelaten om er hun hoofd op neêr te leggen. Zóo heeft het dwangstelsel van den Spanjaard hen tegen eigen landgenooten in het harnas gejaagd; en, zelf van alles beroofd, berooven zy nu diegenen, die — zij 't dan ook maar slechts uit de gedweeheid der vreeze — de vrienden hunner vijanden, alzoo h u n n e vijanden zijn.

Gy hebt recht, Claes Vaer! om u te beklagen over het geweld dat u is geschied; doch ware h u n toestand de u w e — de nood zou u hebben geperst om niet anders te handelen dan z y.

II.

Zes-en-twintig zeilen thans sterk, rustig door de blauwe golven gedragen, lustig door den zuidelyken wind gestuwd, zet de vloot der piraten heur tocht over de wijde wateren voort. De raas zijn vierkant gebrast, de zeilen staan vol, de roeren liggen midscheeps, iedere bodem heeft „vaart!" Zóo gaat het noordwaart.

Hoe statig en cierlijk tafreel, dat bevolkte zee-land-
schap: dat naar alle zijden eindeloos uitgestrekte waterveld,
met zijn trillend vlak van krullende golven, gezellig geworden door die schaar van kielen, in allerlei grootte en
vorm, die daar vertrouwelyk op voortwiegelt, ieder met
een schuimspoor achter zich, als ware het een bonte zwerm
van reuzenvogels, gewonnen en geboren ter zee.

Hier zijn het razeilen van omstreeks tachtig of meer
last, wier verdek tot benioeielyking van enteren is ge-
borstweerd door boevenetten — bovennetten: traliewerk
van hout of geschoren touw, dat met ketenen gespannen
wordt — en in den omtrek van wier masten, gewoonlyk
twee in getal, eenige verschansingen zijn opgehaald, tot
dekking der busschieters.

Dáar zijn het boeiers of kromstevens, mede soms wel
van tachtig last, wier vlak, laag dek van voren tot achteren geheel door een boevenet wordt gezoomd; weêrzijds
van den boegspriet dreigt een lange, geladen kolverijn of
muurbreker, en aan den achtersteven en langs de zijden
ontwaart ge zes of acht of tien gotelingen of andere stukken geschut, op hunne rolpaarden rustende, terwijl de
mast een kof- of smakzeil voerende, van een gewapende
mars is voorzien. Er is onder die kromstevens ruim
genoeg om des noods een bemanning van honderd-vijf
en-twintig koppen te kunnen bergen.

Ginds zijn het buizen, bij wijlen almede niet minder dan
tachtig last metende, en met stevige gieken en gaffels een
stouten wind trots biedende.

Daartusschen krapschuiten van achttien last, waaronder
sommigen toegerust met een-en-twintig bassen, groot en
klein, tien of twaalf lange roeren, en nog eenige knevel-
staven; * gemeenlyk voeren zij ongeveer acht-en-twintig man.

Eindelijk moogt ge er by eenige jachten ook wel vliebooten of Vlissinger booten onderkennen van omstreeks

---

* Naar het my voorkomt éen met het Friesche „knevelspeet:"
een groot zwaard, met twee handen te zwaaien; misschien ook een
ijzeren staf, aan een koevoet gelijk, om den vijand by entering meê
te pletteren.

twintig last, en ten laatste wellicht nog een dubbel Engelsch katjen, met vijf beproefde gotelingen gewapend.

Boven en tusschen al die gespannen zeilen een kleurige wemeling van wapperende vlaggen en golvende wimpels. Het eerst en bovenal de Princevlag — oranje-blanje-bleu, soms van drie, soms van zes, zeven, of negen banen — en oranjevlaggen met de drie appelen, of met de leuzen „Vive le Gueux" of „Pro Patria" daarin geschilderd. Nevens dezen de vlaggen of banieren der Edelen, en de stedevlaggen der burgers, die als Kapiteinen bevel voeren; de roode vlag uit den Huize van Wassenaer, met drie halvemanen, die volkomen eener Turksche vlag gelijkt, en aanleiding kan hebben gegeven tot het gerucht, dat de Piraten zich met de Turken denken te verbinden; de door een geschakeerde lambel gebroken gulden kepers der Egmonds van Meresteyn; de zilveren violen op de roode baan der Swietens, en de zwarte op de witte der Houvens. Het rood en zwart met de drie witte kruisen wijst u een Amsterdamsch poorter als Geuzenhopman, de blauwe paal op het witte veld een Delftenaar, de witte burcht op rood een Alkmaarder, de zilveren maan en gouden sterren op blauwen grond een Dokkummer. Bovendien ziet *ge op meest alle schepen van den voorsten mast een breeden rooden wimpel golven, waarin tien penningen staan afgebeeld, om daarmede te kennen te geven dat die wimpelvoerders het land komen verlossen van den tienden penning.

En thans hier en daar een voetstap op het verdek, en eens meer van naby met de voornaamsten onder die geduchte zonen der zee, wrekers en beroovers hunner landgenoten te gelijk, kennis gemaakt.

Gy behoeft die kennismaking niet te vreezen, ze niet te schuwen, al zijn ze van wat menschelijker vleesch dan dat waaruit men legende-heiligen kneedt. Het is waarheid: „alleen de zee weet hoevele rampzaligen, door de Watergeuzen in hare afgronden, meêdogenloos als waren het ziellooze keisteenen, neergeploft, zy heeft verzwolgen:" Gewis — „wanneer eenmaal de oceaan naar zijne grondelooze diepten zal terug wijken en in zijn binnenste beroerd worden, sidderend voor het bazuingeschal, waarby de orkanen van de keerkringen, voor hem in vergelijking slechts zoele westewindjens zullen wezen, dan zal hy zijne prooi terug geven, die de Watergeuzen in zijnen muil geworpen hebben"; maar als die beenderen dan worden gewogen, zullen zy hoog zwevende blijven tegenover de schale, die, de door bloedplakaten en inkwisitie "onschuldig vermoorde" Nederlanders bevattende, tot een diepte zal dalen als die des afgronds — ad majorem dei gloriam!

Maar, de strengste waarheid bovenal — "party-drift en sekten-yver" mogen in schijnbare onpartijdigheid de "woede, haat, trouwloosheid, en onleschbaren dorst naar bloed en naar buit", die sommigen dier Vrijbuiters bezielen, met een listigen zwenk generalizeeren, ten einde de blaam, ontegenzeggelyk door eenigen hunner méer dan verdiend, te doen kleven op allen zonder onderscheid; langs zulken weg moge het dan gelukken om hen-allen te zamen te karakteriseeren als lieden, "wreeder, losbandiger en teugeloozer dan de Saraceenen;" om u dan eindelyk en ten laatste aldus bedriegelyk voor de oogen te goochelen het afzichtelyk beeld van den Watergeus, "die, bygestaan door een samenraapsel van geboefte uit alle landen, den schorpioenen-geesel in de hand nam om den Nederlander ten bloede te slaan, wijl die Nederlander, gekromd onder Albaas ijzeren hand, nochtans de gehoorzaamheid aan zijn Soeverein niet wilde verloochenen" — het beeld is met scheele oogen gezien, en met valsche verwen geschilderd.

"Die Watergeus, die roover, die plunderaar van zijne eigene landgenoten" blijft, ondanks zoo menige bloedvlek en slijkspat aan zijn vuist en op zijn harnas, ondanks zijn ten deele gezengden knevel en geschroeiden baard, nog waardigheid genoeg, ja edelheid bovendien bezitten, om in de onvervalschte geschiedenis der menschheid zijn voetstuk te behouden van "Vrijheidsheld." In volle toepassing, en met nadruk op ieder woord, geldt ook van hen: "Zij hebben veel verricht, dat thans onvergeeflijk zou zijn; maar houden wy de zedelyke begrippen van die dagen in het oog, en zien wij hoe geweteloos hunne tegenparty handelde — dan is het zeer gegrond, dat hunne namen nog altoos by hunne landgenoten in eere zijn."

Gelukkig, voor ons als voor hen, is dan ook niet alles chaos in dien wilden hoop: gestalte by gestalte ontwikkelt zich los genoeg, om by name te kunnen worden genoemd, en gekend. Woord gehouden alzoo — en ter nadere kennismaking hier en daar den voet aan boord gezet.

Ontwaart ge een groot razeil, door één boevenet gehoogd, met zestien gotelingen bewapend, en in de roode scheepsvlag twee witte gekanteelde baren voerende, waarvan de bovenste ter helft wordt afgebroken door een evenzeer rood vrij-kwartier, beladen met drie palen van vair onder het geele schildhoofd — dan het eerst aan dat boord.

Zie daar, in dien Edelman van ongeveer veertig jaren, met dat hoog en edel voorhoofd, een Genzenhopman, dien ge wellicht tien jaren ouder zoudt schatten. Maar ook reeds sedert zestien jaren is dat gelaat, waarin de oude Markgraaf van Vere bezwaarlyk meer zijn jongen Paadje van vóor 1556 zoude herkend hebben, zoowel door kruitdamp als door lucht en zon gebruind. In Keizerlyke dienst is hy met Karel den Vijfde naar Spanje, met diens Admiraal Boschuyzen naar Denemarken gevaren, en Turken zoo wel als Franschen heeft hy met het staal onder de oógen gezien. Nederlander is hy echter gebleven in 't harte; en toen het de onvermijdelyke keuze gold tusschen met Koning Filips tégen, of met Prins Willem vóor het waarachtig belang des Vaderlands op te treden, aarzelde hy zóo weinig, dat hy reeds te Heyligerlee mede de overwinning bekampte, en te Jemgum zijn bloed stortte voor de goede zaak. Ook persoonlyke vede mag men drijven met recht: het hoofd zijns broeders is te Brussel gevallen onder het zwaard van Albaas beul. Een beweeglyk en in menig opzicht nuttig leven wacht hem nog. Aan 's Prinsen zijde, en met dezen innig bevriend, zal hy den Lande nog menige dienst bewijzen; de Spaansche arglist zal hem te vergeefs tot verraad verzoeken; de laster der ondankbaarheid zal vruchteloos trachten zijn eerlyken naam te bezwalken. Een achtbaar en gestreng, een kundig en moedig, een standvastig en rechtschapen man, „een Hollandsch Edelman van den echten stempel" — ziedaar Jonker Willem Bloys van Treslong, uit het bloed der Fransche Graven van Blois.

Zulk een wapenbroeder waardig, Nederlander van ouden geslachte — moge dan het Hollandsche Adelhuis Wassenaer of het Friesche Dogema op hem als afstammeling roemen — wijst u een andere scheepsbodem aan, die herkenbaar kan zijn aan een breede gekwartierde vlag, op zwart veld drie witte, roodgetongde leeuwenkoppen voerende, gekwartileerd met een rood vak, beladen met een faas van geel. Herken daar in dien vijf-en-twintig jarigen Jonker Frederik van Dorp waarlyk een christen krijgsman. Het harnas voor de borst, draagt hy God in het hart. Eenmaal zal men zijn Bybel vinden, waarin hy, op ingebonden papier tusschen het Oude en Nieuwe Testament met eigen hand de korte herinneringen uit zijn veelbewogen leven schrijven zal, en waarvan het eerste feit luidt: „Anno 1568 sloegen wij die slagh bij Heijligerleen tegens „de Spanjaerden, daer wij de victorie hadden met Graef „Lodewijck. Daer bleef doot de Graef van Aerrenbergh, „als met de Spanjaerden houdende. Dit geschieden den „23 May. Dit was mijn eerste uytflucht, als jonge zijnde." Zie daar een Makkabeër onder deze Piraten.

En zulken Edelen waardig — is weder deze zoon der burgerklasse, Bevelhebber dezer vlieboot van zestig last, op wier roode vlag de witte leeuw een zijner voorklauwen verbergt achter een vrij-kwartier, beladen met een ruige haverschoof tusschen twee kogels. Of de Amsterdamsche vluchteling Pieter Dirksen Kater er nog zijn Luitenant, en de Emdenaar Willem van Lier, alias Willem voor de Windt, zijn schipper is, gelijk voor twee jaren, toen hy nog een veerschip bevoer van omstreeks twaalf last, met zes- of zeven-en-twintig koppen bemand, weet ik niet; maar hy is dezelfde als toen: even ondernemend, even onvertsaagd, een der „werksaamste, yverigste, en rechtschapenste Watergeuzen." Aan zijn voorkomen meent ge een Edelman voor u te zien, en werkelyk noemt een Engelsch Officier hem ook onder de „kloekmoedige en vrome Edellieden," die zoowel vrienden als volgers des Princen van Oranje en diens broeder Graaf Lodewijk zijn. In waarheid is hy ook van goeden huize; doch telt hy achtbare Magistraten onder zijne verwanten — dier deftigen stijl verloochent hy. „Ick Claes Ruychaver, Capiteyn van mijnen genadigen Heere

den Prince van Oranjen, enz. bekenne geransonneert te
hebben Jan Cornelisz. van der Veeré voor de somme van
drie honderd vijftich karolus guld., welcke hy moet betalen binnen den tijt van veertien daegen. Gedaen op onse
schip van oorloge voor die Maese, den xxiij Januarij xvc
71; ende dat opte verbeurte gehangen te zijn, gelijck zy
Capitein Troy gedaen hebben."* Zóo schrijft hy zyne rant-
soenbrieven. Of hy, met zijn open en innemend gelaat, by
de zijnen gezien en geschat is, zal nog lang blijken: want
wanneer hy weldra vasten voet aan wal zal hebben gezet,
om Spanjes benden rusteloos te land te bestooken, blijft
zijn vaartuig, met den naam van Ruychavers boot onderscheiden. Als hy valt — en vele jaren levens zijn hem helaas niet meer beschoren — verliest in hem „het Vaderland een zijner dapperste zonen, de vrijheid een harer
moedigste verdedigers."

Stapt ge nu over op gindsche bewapende visschers-
boot, waar de drie haringen van Enkhuizen uitwaaien, dan
treft u het scherpe kontrast: in dien man met een schee-
ven nek zoudt ge niet terstond den Kapitein herkennen.
Toch bekleedt Ellert Vliechop, al is hy slechts een poor-
terskind uit het Noorderkwartier, geen minderen rang, en
zijn stoute moed verdient dat. Het is hem een lust om
met eenigen, soms zelfs weinigen, zijner wapenbroeders zich
te vereenigen — of „admiralité te maecken" zooals zy dat
noemen — ten einde, den algemeenen vijand afbreuk
doende, hun scheepsmacht te vermeerderen, en hun kranken buidel te genezen. Zijn de schepen die zy nemen ten
oorloge geschikt, dan rusten zy ze daartoe uit; blijken ze
ontoereedelyk, dan kunnen ze na betaald rantsoen vrij gaan.
En hoe krom zijn hals ook zij — zijne oogen houdt hy
toch scherp en vast op één zaak gericht, en laat die niet
los: zijn vaderstad aan Duc d'Albaas macht ontwringen,
om er „een jonge Rotseel" — een Rochelle der Geuzen —
van te maken. „Wy zullen Enkhuizen hebben" — heeft hy
gezegd — „al zoude ik er voor op een rad moeten zitten!

---

* De Geuzen Hopman van Troyen was op uitdrukkelyken last van
Alba te Amsterdam opgehangen. Zijne wapengezellen namen daar
meermalen wraak over.

„Zy zullen daar niet veel weers doen: wy weten dat er „veel volks daar binnen is, ons gunstig gezind!" Hy mag heden — al houde ik hem — wellicht ten onrechte — voor op den duur ietwat kregel — hy mag heden wel in een vroolyke stemming zijn: hy is op den weg naar een nieuw Rochelle, en dat zal daar weldra Enkhuizen op den koop aan toe brengen.

Zie hier werkelyk ook een bodem die te Rochelle is uit-gerust, al zoudt ge hem op de vlag af ook voor een Delf-tenaar houden. 't Is de Delftsche balling Cornelis Geer-lofsen Roobol, die hier het bevel voert, terwijl zijn huis-vrouw te Emden hunne zaken behartigt, en er 's man aandeel in de buit te gelde maakt. Als „grand corsaire et redoubté au pays" staat hy by den vyand bekend, wien hy ook wel luttel gezind is zachtmoedigheid te bewijzen, wan-neer hy zich zijn luitenant Volckert Janssen Cattendijck herinnert, die, op Robles last, te Groningen „metter lan-ger hant geëxamineert" is. Die verontschuldiging is zeer zwak, doch ze kan er in nood nog eene zijn; maar dat zijn aard ruw en woest genoeg is, om ook by vreedzame inlegering den verwilderden zeesoldaat te spelen, en te rooven op den huisman, als bestond er geen ander voor-nemen dan om land en luiden te bederven — dat blaast zijn lauwerkrans dor, en wijst hem terug op zijn plaats te midden der „bouffen," wier onbandige stoutheid door hem getoomd, en ter tijd tot 's lands heil had moeten ge-leid zijn.

Ook heb ik u gelukkig terstond op edeler figuur te wijzen: hier is Frederik van Inthiema, geboren uit het gewest dat de eerste Watergeuzen heeft opgeleverd; lands-man van den President Viglius, en niet minder kundig, maar eerlyker rechtsgeleerde dan deze: van de daden der slechte Koningen spreekt hy geen goeds. Zijn vurige ken-nisdorst en zucht voor wetenschap kon door de harde hand zijns vaders, die hem naar ploeg en akker wilde heendrij-ven, niet worden uitgedelgd. De Leuvensche Akademie schonk den yverigen student na volbrachte studie den graad van doktor in de rechten, en Workum koos den jongen Advokaat, die zich daar gevestigd had, tot Burgemeester. Frieslands hoofdstad trok hem weldra echter nog meer aan;

hy vestigde er zich, huwde, en was er gelukkig — toen Albaas vuist hem nog feller dan die zijns vijands trof: hy werd uit huis en goed gestooten. Bij Lumey en Enteus, de zwerver by de zwervers, heeft hy een toevlucht gevonden, en alzoo is een geuzenschip thans zijn thuis.

En weet ge wat dit „vaautgen" op de steng van dat geuzenschip beteekent? Gy bevindt u aan boord van den Vice-Admiraal Graaf Willem van der Marck, Baron van Lumey. Wie hem den „ruigen zeeroover" noemt, doet dat volstrekt niet ten onrechte, al is zijn gelaat, ondanks een kennelyken trek van hooghartigheid, geenszins van manne-lyke schoonheid ontbloot. Zooals de rechtzinnige Christen-Franken, tegen de kettersche Christen-Gothen ten strijde trekkende, een gelofte van verdelging deden, en ter ge-tuigenis daarvan hair en baard ongeschoren lieten wassen — zóó komen ook dezen Nazireër der Geuzen schaar noch scheer-mes aan het hoofd: het wilde bloed van den Ever der Ardennen bruist door zijne aderen, en hy heeft gezworen den rechtsmoord der Graven van Egmond en Hoorne te wreken. Dat er onder de bemanning der vloot zijn, wier meest geliefkoosd visioen slechts wordt verlicht door de roode vlammen van brandstichting, die een afzichtelyk tafreel van priestermoord en kerk- en kloosterplundering bestralen — is helaas maar al te waar; en dat de wraak-zuchtige Graaf daar voet aan geeft, valt niet te miskennen. Dat hij in zijn toorn een woesteling is, betwijfel ik geen oogenblik. Dat er priesterbloed kleeft aan die wakkere hand, die zoo stout en volhardend het zwaard voor het vaderland voert — hoe jammerlyk vernielt het zijn krijgs-roem! Fel Kalvinist, en met veel gal in het Waalsche bloed, zegt hy van zich-zelf dat hy nog te weinig doet „om de „bloedvergieters, als Papen, Monnicken, en haren moord-„dadigen bloeddorstigen aenhang, gants en geheelyk om-„gebracht of ten minste ten lande uitgejaegt, ook haer „spelonken, moortkuilen' en afgodentempels, met alle haere „afgoderijen, ten gronde geraseerd te hebben!" Dat is Alba in het Geneefsch overgezet. Voor een waarachtig eerlyk gemoed blijft er geen keuze: of b e i d e n — of g e e n van beiden. Spijt de vereering door Jonker Inthiema, de vriend-schap door den Heer van Opdam, de liefde door Jonker

Vervou, u zoo van naby kennende, u als mensch toegedragen — wy wenden ons van u af, Graaf van der Marck! al zullen we ook nimmer de groote diensten vergeten, die gy aan het van smarte krimpend vaderland bewezen hebt.

En nu van boord wisselende, kunt ge een oogenblik verwijlen by den man, van wien sommigen zeggen dat hy vroeger onder de eerste watergeuzen, nog klein in getal, den rang bekleedde waarmeê Lumey thans begiftigd is. Niet onmooglyk: nadat zoowel Adel als onadel een toevlucht onder de Piraten heeft moeten zoeken, is het ongetwijfeld een voorzichtige maatregel van den Prins, om, sinds hy die koene strijdmacht organiseerde, er een Edelman aan het hoofd te stellen; en deze ondernemende Sluissche burger, wiens verdek gy over glipt, kon in de dagen vóor de troebelen op geen hooger titel aanspraak maken dan dien van zetschipper op Engeland. Of hy toen voer voor Guillaume de Raet, voor Heer Wierix, voor Juffrouw Maria van den Ham, of voor welk ander Amsterdamsch handelshuis ook, dat sterk met Engeland doet — ter beantwoording hiervan dient ge zelf u naar de Amstelstad te begeven, en ondervragen er naar Jacques Hennebert.

Vroegtijdig als die Vlaming, was ook deze Zuidhollander, wiens roode scheepsvlag met de drie witte violen reeds straks uw aandacht trok, onder 's Lands wrekers ter zêe. Hy is Jonker Adriaan van Swieten, een kundig, ervaren, stouthartig, onvermoeid, en toch evenzeer beminnelyk Edelman. Sinds 1566 lid van den Adelbond, heeft hy sedert niet opgehouden 's Lands zake te dienen met de volheid zijner kracht; en zoo Oranje, van den Dillenburg den tijd waarnemende waarop de ure der redding zou worden geboren, op de hoogte van der zaken gang moest blijven — Swieten was het, die, met den rechtschapen Leydschen zeemtouwer Pieter Adriaensen, de koorden bleef vlechten en samenhouden, die de boorden der Dille aan die van Rijn en Maze bleven vastsnoeren. Byna was hy in 1568 het slacht-offer van Albaas Vastenavond-verraad geworden, doch een trouwe vriend werd zijn schuts-engel. Straks naar Emden geweken, heeft hij met zoo menig anderen Nederlander, by wien de warmte des geloofs en de stoutheid des harten alle nevenbedenkingen overwogen, het be-

weeglyk element gekozen, dat thans in veiligheid ver-
kiesbaar blijkt boven den vasten bodem — de zee. Gy
moogt hem het tegenbeeld van Lumey heeten: zelf met
warmte der vernieuwde opvatting van het christendom toegedaan, is hy nochtans zóó weinig hatelyk tegenover de
verkondigers der oude leer, dat hy met den Bisschop van
Haarlem in vriendschappelyke verbintenis staat. Hy is een
schoone toekomst vol edele werkzaamheid waardig, en die
zal hem geworden.

Ik koester nog volstrekt geen vreeze u te vermoeien:
op het krachtig element, waar de koene Nederlander zich
zoo voortreffelijk te huis gevoelt, een wijle den krachtigen
mannen, die den hoeksteen der vrijheid van dat Nederland
hebben gelegd, als onder de oogen te zien, onvermomd,
met hun goed en hun kwaad, met hunne deugden en hunne
gebreken, welke laatsten met de eersten ten minste de
eigenschap van sterkte gemeen hebben — dat zal wel u
aantrekkelyk zijn gelijk het my is.

Overgestapt dan by dezen Frieschen Geus. Of gy er nog
den Reyderman Jan Gelis als hoogbootsman, Fermersums
Focke als bootsman, Jurriaan Holst als konstabel zult aantreffen, weet ik niet; wellicht herkent ge nog, aan het lid-
teeken in zijn gebruinde wang, den voormaligen schuiten-
voerder Claes, van Amsterdam; waarschijnlyk ontmoet ge
er Taem, den broeder des kapiteins — maar zeker dezen
zelf: Jan Abels, den stouten Dokkummer, reeds als uitmuntend zeeman bekend, toen hy nog Frieslands Spaanschen Gouverneur Robles diende, en nu reeds sedert vier
jaren een der trouwste trawanten van de zaak des Vaderlands; een onvertsaagd bestrijder der dwingelandij, een
hartelyk wapenbroeder, een onvermoeid en onwrikbaar
bestendiger van het gewapend verzet. Spijkert zijn zoon
Focke — de onedele wildzang! — op diens eigen bodem
een kostbare hostie-kast aan de hoogste steng van den
hoogsten mast, ten walgelyken schimp eener vrome vereering — de vader heeft zijn bodem edeler gewijd, door
tijdens den onheilsvollen slag bij Jemgum zich in de nabijheid op de Eems te houden, en tot tweemaal toe een groot
aantal vluchtelingen — ofschoon velen daarvan het niet
eens verdienden — op te visschen, en ze vervolgens te

Emden in veiligheid te brengen. Te recht is het woord over hem: „zijn naam prijkt met eere in de geschiedenis van het geredde Vaderland."

Datzelfde moogt ge zeggen van den bedaagden Gezagvoerder op dit razeil, dat op het eiland Wight is toegerust, en waarvan de gotelingen misschien op de werf des Towers zijn beproefd, hetgeen wel meer met dezer Piraten geschut het geval is geweest. Hy schrijft zich „Homme van Hittingh," en behoort tot het Friesche Edelhuis Hettinga. Als lid van het Verbond der Edelen door Alba gebannen, heeft hy zijne beide zonen Duco en Taco onder zijne vleugelen genomen. Voorzeker — toen hy, vijf jaren geleden, in de Geuzenherberg de Gulden Fontein te Emden op een zomeravond ophaalde, dat hy er niets byzonders in had gevonden om vijftien of zestien gasten ten zijnent op vastendagen vleesch voor te zetten, of in de herberg zijner grietenij Baarderadeel zulks zoo wel op Vrijdag of Saturdag als op andere dagen te laten doen, mocht men dat ydel gezwets heeten; doch zijn algeheele en manmoedige toewijding aan het Vaderland maakt hem eere waardig, en zulk een man is het een lauwer op zijn graf, wanneer men eenmaal van hem getuigen moet: „dat hy zijnen kinderen niet dan een eervollen naam en het erfdeel hunner moeder naliet."

„Alle man die benauwd was, en alle man die een schuld-eischer had, en wiens ziele bitterlyk bedroefd was" — met den schrijver der Boeken Samuëls gezegd — „vluchtte tot de schepen der Geuzen." Zie hier in dezen Gentschen Jonker een middelman der genoemde drie: juist nu een jaar geleden zat hy nog te Londen voor schuld in hechtenis, en ik betwijfel geenszins zijn eerlyken zin om te hebben betaald, maar nog veel minder zijn doortastenden moed om te zijn ontvlucht, want hy is van het onrustig en niet licht afgeschrikt bloed der Hembizes. Of hy een man van daden is, vraag dat Ellert Vliechop, die by hem, tijdens hy in 1570 onder den Admiraal Dolhain de dienst van Vice-Admiraal waarnam, als schipper gevaren heeft. Mannelyke stouthartigheid bezielt hem; en eer hy overwonnen wordt en een Spaanschen kluister om zijne polsen duldt, zal hy de zeegolven dwingen om hem een graf te geven. Langs het strand van Ostende zal de naam blijven ruischen van Willem van Hembyze.

En nu op dit nieuwe verdek wederom een vluchteling, maar thans een dergenen die ge hebt te rangschikken onder alle man die benauwd was, en die — gelijk de u bekende zwarte violen op zijn witte scheepsvlag aanwijzen — tot den Hollandschen Adel behoort. 't Is de Baliuw van Schiedam, Salomon van der Houve, den zoon van dien Frank, Stadhouder van Holland, Zeeland, Friesland, en Utrecht, die zich in Vlaanderen, Brabant, en Holland zoo zeer heeft afgesloofd, om aan Koning Filips vader geld te bezorgen tot het aanvangen van een oorlog, ten bate van 's Keizers schoonbroeder, waarvan Nederland niets dan schade ervaren heeft. Baliuw van der Houve vervolgde de Schiedamsche ketters niet, omdat zijn ernstig godsdienstige geest zich ten volle met hunne denkwijze vereenigde. Dat bracht hem in hechtenis op de voorpoort van het Graaflyk hof in den Haag, waar hy zeven jaren lang de ongeneuchten eener pijnlyke gevangenschap smaakte. „Daarna verlost zijnde," schudde hy het stof van zijne voeten, zocht zich een veiligend dak op de vlottende zee, waar hy zich Mars zoo goed als Themis gewassen gevoelt, en het zwaard der laatste met dat des eersten verwisseld heeft.

Zijt ge met dit al tot hiertoe teleurgesteld? Mangelt het uwer bevrediging nog altoos aan de gestalte, die u als type van een Watergeus is voorgespiegeld?.... Ik wil u gaarne dien eisch voldoen, al is het ook dat het vaarwater van zijn kalmte verliest, de golven meer beginnen te kuiven, de zeilen hun spanning verliezen, en nu en dan zelfs, als met een weêrbarstigen ruk, tegen den mast slaan.

„Kapitein Hans Onversaecht?".... hebt ge slechts luide te roepen — of.... „Hier aan boord!".... klinkt het u van naby toe — en als ge uit de schommelende boot weder vlakker verdek onder den voet hebt, staat de man voor u. Vijf-en-twintig jaar, den dunnen baard ros van kleur, een wambuis van buffelleder om het lijf, en niet slechts den degen aan, maar ook het pistool in den gordel — niet waar: deze Schalkwijker, die, zijn koenen naam zoo degelyk dragende, zich als dienstman van Brederode in 1570 den ban van Alba op den hals heeft gehaald, toen in het Munstersche een wijkplaats vond, maar weldra het kielzog zijner ondernemendste landgenooten instevende — deze is nu eigenlijk uw man?

Dien moedigen Stichtenaar, die den steen waaronder hy voor goed rusten zal, reeds méér nabij is dan hy-zelf vermoedt, zal ik geen enkel blad aan zijn met wakkerheid verworven lauwerkrans ontrooven; doch ik vraag u, of gy-zelf hem, om zijn u voldoend uiterlyk, in de voorste rij dezer Piraten plaatsen moogt?

In de voorste rij niet eens dezen wakkeren Amsterdammer, Jakob Symonsen de Rijck, vroeger graanhandelaar, wiens huis op het Damrak, een hulk in den gevelsteen dragende, sinds September 1568 ten profyte des Konings is aangeslagen, omdat hij geen lust had om verklikker van den ruwen volkshoop te spelen. Toch mag hy met eere de kruisen van Amsterdam in zijn scheepsvlag voeren, want beter dan de Amsterdamsche Magistraat houdt hy de eere zijner vaderstad op. Met vasten wil en opzettelijk, zijn gezin zelfs op een ongelegen oogenblik verlatende, heeft hij, van zijn wijkplaats Dantzig uit, op eigen kosten zijn schip uitgerust; vervolgens, zelf het zwaard aangordende, er het bevelhebberschap aanvaard, en zich aldus met voorliefde tot Piratenhoofdman gemaakt. De Spaanschen zullen zijn banvonnis te berouwen hebben: niet omdat hem het admiraalschap van Vere wacht, maar het zal niet lang meer duren, of men zal zijn manschap, die aan geen der vijanden kwartier geeft, maar ze voor goed „de voeten spoelt," den naam van Bloedvendel geven; ook vindt hij er volstrekt geen bezwaar in om de Spanjaarden by twintig te gelijk te doen ophangen. Zoo is hy waarlyk de man die strijd voert op leven en dood, en verlangt hy wèl onder de eerlijksten, geenszins onder de zachtmoedigen der Piraten te worden gesteld.

Even koen Amsterdammer mag zich deze Cornelis Loefsen heeten. Ook zijn huis, de Engelenberg, in de Warmoesstraat by de Sintjanstraat, is aan vreemden vervallen; ja verwonderlijk kan men het noemen, dat het nog den gevel ongeschonden opheft, en niet als Pallands Hof te Brussel tot op de fundamenten is neêrgehaald. Dáar toch gaf, een halve eeuw geleden, de boekdrukker Doen Pietersen een

Hollandsche vertaling van Luthers overzetting des Nieuwen Testaments uit; dáar was het, dat Loefsen, toen Brederode vóór vijf jaren binnen Amsterdam was, dien Grooten Geus herbergde, en er daaglyks zijn deur openstelde tot bijeenkomsten en vergaderingen van „verscheyde verbondene Sectarissen en oproerigen." De jonkman met het kleine baardjen en den lammen rechter duim, die in deze zelfde straat in de Bremer Schuit heeft thuis gelegen, den Geuzen getrouwe spiedienst leenende, zal hem kunnen hebben doen weten wie er thans den meester speelt; en mocht dat een koopman zijn — laat deze zich dan hoeden om schepen op zee te zenden!

En nu met warmte mijn groet aan gindsche zilveren burgt op het keelen veld, en ik druk den Alkmaarder Wouter Fransen met fiere dankbaarheid de gespierde hand, omdat hy de eere zijner vaderstad onder de Piraten ophoudt. Het moet den ouden Frans den Hollander — zooals deze in zijn tegenwoordige woonplaats Groningen wordt genoemd — goed aan het vaderharte hebben gedaan, toen hy vernam dat zijn wakkere jongen het zwaard aan de heup had gegespt, ter bestrijding van het fanatiek Gouvernement, en, eerst als Luitenant van Jan van Troyen, vervolgens zelf als Kapitein, een geuzenkiel kommandeert. Het Kennemer grensstedeken moet hem ook nimmer vergeten: het moet er immer trotsch op zijn, dat ook Alkmaars vlag heeft gewapperd onder de vlaggen der piratenvloot, die een grootsch feit heeft gewrocht. Tevens hierby nog iets: wanneer ge, mooglyk, aan zijn boord den in 1568 door Alba ingedaagden Adriaen Doedes of Adriaen Maet ontmoet, dan vermoed ik, dat ge in dezen den man hebt te waardeeren, die het Geslacht der Metiussen het allereerst zal beroemd maken, waartoe misschien wel de frissche zeelucht, die hem thans om de ooren waait, het hare bydraagt.

Wat grooten dank de goede stede dier manmoedige poorters weldra zal te brengen hebben aan een hunner dappere wapenbroeders, hier mede in de vaart, wordt nog weinig door hen vermoed. Toch zal de naam des Piratenkapiteins, die daar twee kabeljauwen in zijn vlag voert, reeds een volgend jaar op het nauwst met het roemrijkst tijdstip van Alkmaars geschiedenis voor immer verbonden blijven. Het is Jonker Jacob Cabeliau, Heer van Mulhem, in Vlaanderen, dien ge voor u ziet, een van die bezadigden en rechtschapenen onder deze zwalkende Vrijbuiters, die zelfs by de meest woeste verrichtingen des krijgs, God vreezen, hunne naasten lief hebben, en niets meer betreuren dan tot zulk eene levenswijze gedrongen te zijn. In hachlijke omstandigheden zegt hij: „God almachtig wille ons „zulken moed geven, dat wy den vijand vromelyk mogen „wederstaan;" na de overwinning erkent hy deemoedig: „Wy moeten God-alleen de eere toeschrijven." Nog slechts een korte doch eervolle toekomst wacht hem, en de onverwelkbare lauwer, het onsterfelyk Alcmaria victrix omkransende, zal ook ten eeuwigen dage groenen boven de grafzerk van Jonkheer Jacob Cabeliau, in de Groote Kerk te Alkmaar.

Inmiddels bespeurt ge allengs meer beweging op de schepen dan er tot hiertoe plaats vond. De vlaggen en wimpels zijn fladderender geworden, de zeilen staan niet meer zoo vol, de golfslag begint schuimender tegen de voorstevens te slaan. In plaats van vóór den wind, moet men aanvangen met op te loeven. Onder deze beweeglykheid van het aan lij brengen van het roer, van het losgooien van halzen en schooten der onderzeilen, van het omhalen der voorzeilen, en wat er meer van dien aard, ten minste op de groote schepen, wordt volbracht, dient ons bezoek nog vluchtiger gemaakt.

Toch zijn er nog eenigen, die wy niet voorby mogen zien, al is het ook een somber licht, waarin enkelen dier gestalten u uit de lijst hunner daden te gemoet treden.

Onder de laatsten tel ik geenszins dezen Luikenaar, die in geen enkel opzicht het volle licht behoeft te schromen. Met eere draagt hy den doopnaam, dien een zijner oudste voorvaderen reeds in de dertiende eeuw voerde, en waaraan de vrome christenheid der middeleeuwen ontwijfelbaar een heiligen schijn had verbonden, wanneer de mythe van een ongelukkige appelbeet daar niet als een veto ware tusschen gesprongen. Voorzeker — de Harens, reeds omstreeks 1240 bekend, behooren nu eenmaal te Aken te huis; doch sinds deze Adam van Haren, door zijn huwelyk nader aan Nederlandsche Adelhuizen verknocht, zich by het Verbond der Edelen aangesloten heeft, kan men gerust zeggen dat zijn bloed oranjekleurig geworden is, hetgeen zijne nazaten tot in den uitersten tak zullen bestendigen. * Wy zullen hem nog wel 'eens ontmoeten, al is het ook, dat wy · tot ons diep leedwezen geen oog mogen slaan in het dagregister, dat door dezen „Zee-roover" gehouden wordt.

Nevens dien edelen Luikenaar dezen edelen Kennemer, Albrecht van Egmond van Meresteyn, in wiens huwelyk met een Jonkvrouwe van Brederode de eeuwenlange vete van twee naijverige Adelhuizen tot een verzoening gekomen is. Wilt ge zijn karakter leeren kennen — werp dan een blik in het verbondschrift, dat hy, drie jaren geleden, heeft gesloten en geteekend met „L. de Brederode, Crispinus van Saltbrugge, Capitein Meynert Friesse, Bartolt Entens van Mentheda, en Jellius Elssma." Hy verklaart daarin flink en onbevangen, dat hy zich met genoemde Edelen heeft vereenigd „tot afbreck, vernielinghe, ende „anulacie van den Ducq de Alba met synen bloidighe „adherenten, om weder in te voeren het waeraftighe woirt „Goedes, ende dat over alle te doen predicken, ende alzoe „weder te mogen ghenieten onsen vaders landen ende „vryheden, daer wy altans ballinghe af zijn." Zulke mannen waardeer ik, omdat ze my toeschijnen te weten wat zy willen, en het stoute woord bezigen om dit onverholen aan anderen kenbaar te maken. Zijt ge het niet met hem eens, dat is uwe zaak, die gy nu op uwe beurt te verdedigen hebt; doch dit ontneemt niets aan zijn flinke kordaatheid, die zich stoutelyk doet kennen te midden der felle aanvechtingen van een bangen tijd. Dat hy zijn wijn nu uit een voormaligen nachtmaalskelk drinkt, zult ge — ieder standpunt eerbiedigende — van zijn standpunt uit wel geen heiligschennis meer kunnen noemen.

„De Fortune is op het oogenblik niet fortuinlyker dan de andere kielen: als een toornig wordend zeepaard begint het, te midden der wemeling van zooveel andere masten, mede te springen. Dat doet trouwens aan dit goede oor-

---

* Charles Frederic Sigismund van Haren, kleinzoon van den dichter der Geuzen, en zoon van den in 1793 by Meenen gesneuvelden Ritmeester Carel Willem, viel in den veldslag by Waterloo.

logschip — opzettelyk uitgerust „ten dienste van den Prince van Orangie, ende om deszelven Princen vianden te beschadigen," waartoe de ondernemende Kapitein van den stuurman Claes Hermansen te Rochelle twee honderd pond tornoois heeft opgenomen — gansch geen kwaad. Die Kapitein is my niet volkomen bekend, doch ik meen in hem den Middelburger Gelyn Bouwens te zien.

Met eenigen weerzin breng ik u op deze vlieboot van veertig last, want tegen haren Bevelhebber heb ik méer dan éene grief. Niet om zijn gedrongen, platte gelaats-trekken: niet om zijne door gespleten mouwen en flod-derbroek zich kenmerkende Duitsche dracht, die toch den Frieschen Adel over het geheel eigen is: maar wanneer ik u Bartholt Entens van Mentheda, Jonker tot Middelstum, Dornema, en Engelboort, noem, dien onrustigen zoon uit een onrustigen stam, dan herinnert ge u wat men van zijn aard en wezen alreeds naar waarheid heeft gezegd. Hy vooral is de verpersoonlyking van den Watergeus in diens uitersten. Zijn onversaagdheid heeft hy meerma-len getoond, maar zy gaat weinig met bedaardheid en overleg gepaard. Voor zijne vrienden getrouw en goed, is hy woest tot wreedheid toe tegen zijne vijanden, vooral tegen de Groningers. Trotsch, stout, roekeloos van ge-moed, voortvarend, doch zelden meester van zijne driften, vroolijk en losbandig, een held in den strijd als by de vreugde der maaltijden — aldus vindt ge in hem éen dier losse en luchtige karakters, die, onbezorgd voor ieder ge-vaar, ontvankelijk zijn voor elk genot, maar die het aan-trekkelijk licht, waarin zy zich meermalen vertoonen, ieder oogenblik met donkere schaduwen moedwillig bezwalken. In Augustus 1569 ziet ge hem het zoo even gemeld ver-bondschrift teekenen en bezegelen, tot gezamenlyken weêr-stand tegen „de adherenten van Ducq de Alba met synnen quaet bloedighen Raedt." Warme vaderlandsliefde, vrome godsdienstzin, fier adelbewustzijn, ademen u uit dat ge-schrift tegen. In het najaar van 1570 verneemt hy dat zijn wapenbroeder Jan van Troyen te Amsterdam ge-hangen is; vloekende en tierende doet hy daarop een aan zijn boord gevangen zittenden stuurman van Oost-huizen aan den boegspriet hijschen, en hem doodschieten! Een der gevaarlykste ondeugden bezit hy nochtans niet: hy is geen huichelaar, hy geeft zich-zelf voor niets beters dan hy is. „Ben ik geen christen, of houd ik my „niet gelijk een christen betaamt, zoo wil ik nochtans „Christus' zaak voorstaan, en mijn vaderland dienen met „mijn lijf en bloed" — zegt hy. Verwijt ge hem, bejammerend of bestraffend zijn ruwheid — hy antwoordt u: „Daar zijn in een kruidtuin verschillende kruiden en plan„ten, doch niet allen zijn even gunstig en dienstig tot „medicynen; ben ik geen dier kruiden, dan echter ben ik „de haagdoorn, en maak de hegge mede uit, die zooda„nigen kruidtuin bewaart: alzoo behoor ik derhalve nood„wendig tot den kruidtuin." Ziedaar geheel den man — en hy zal nog véel op zich laden, wat met regt b l o e d-s c h u l d te noemen is.

Wend ik mij dan met verachting van hem af? Dat nog geenszins: d a t alleen van d e z e n man, zijn Onderbevelhebber, den Saeftinger Marinus Brandt, wiens manhaftigheid het overigens verdient dat hy thans als Kapitein beveelt op een der in oorlogsbodems omgeschapen vaartuigen, heden morgen veroverd. Veracht ik hem dan, omdat ik reeds het bloed zie kleven op zijn vuist, waarmeê hij zich zal bezoedelen door de lage mishandeling en den schandelyken moord der ongelukkige geestelyken, die men de Gorcumsche martelaren zal heeten? Volstrekt niet: want dan zou ik de onwaarheid dienen, die te veel het oog sluit voor het feit, dat de op meer dan één hunner verbitterde Gorcummers-zelf de grootste oirzaak dezer schanddaad zijn, waarvan de grootste blaam bovendien Lumey en Entens treffen moet. Werp ik hem dan voor de voeten dat hy tot de Roomsche eeredienst, waarvan hy is afgevallen, zal terug keeren? Ik matig mij geen bovenmenschelijk, en daarom onnatuurlijk, recht aan om over gewetens te oordeelen. Neen — ik veracht hem om d i t feit, waarin hy — ter eere zelfs der woestelingen onder de Piraten zij het gezegd — gansch eenig en alleen staat: hy zal de heilige zake 's Lands, waaraan hy nauwlyks twee jaar geleden zijn eed heeft verpand, binnen weinig meer dan drie jaren tijds verloochenen, en zich onder de knoestkruisvaandels van Spanje scharen.... en zijn naam daarmeê voor immer onteeren. Het is het brandmerk van dat laag verraad, waarvan ik reeds de schaduwe op zijn voorhoofd zie, dat hem my verachtelijk maakt. Zijn deel zij met Judas.

En nu wendt ge zelf rillende het hoofd om, terwijl ik u op een ander verdek heb gebracht, en u heimelyk den Kapitein Gautier Herlin aanwijs? Ja — het is afzichtelyk, dat verminkt gelaat: die twee gapende gaten boven den knevel, door den weggesneden neus achtergelaten; die openingen weerszijds achter de slapen, tusschen vergroeide lidteekens in plaats van ooren. Wanneer in zijne oogen de woeste vonk niet dooft, uitschietende aan het vuur der wrake, dat onleschbaar in zijn borst gloeit — zult gy een steen op hem werpen? Gautier was de tweede der vier zonen van den even eerbiedwaardigen als aanzienlyken Michel Herlin, die, vijf jaren geleden, zijn vaderstad Valencijn met vurigen moed voor de Hervorming tegen de Landvoogdesse verdedigde. Eindelyk uitgeput, opende de vege stad hare poorten op de door Margaretha toegezegde voorwaarde van vergiffenis: overgave en inneming van Spaansche bezetting. Noircarmes — omtrent wien de wilde Watergeuzen wel mogen roemen dat zy zulk een smet ten minste niet in hun midden hebben —, valsch en bloedgierig als hy zich immer toont; Noircarmes — sinds bovendien nog berucht als de laaghartige verrader van Egmond, als een werkzaam lid van den bloedraad — kwam de stad binnen, en gaf er den beul terstond handen vol werks. De hoofden van Michel Herlin en diens oudsten zoon vielen op het schavot. Gautier en zijnen beiden nog overigen broeders gelukte het zich in veiligheid te stellen, en hun wilde wanhoop en vertwijfeling dreef hen naar de Boschgeuzen. Een paar jaar later, bij een nachtelijken overval door den Provoost Spelle, vielen zy alle drie in diens handen, en Gautier zag zijn beide broeders een strop om den hals slaan, en hen aan een boom ophangen. Voor hem werd zulk een dood te licht geacht; hem sneed men neus en ooren af, en sleepte hem dus mede, om hem te Valencijn levend te verbranden. Die voldoening gewerd den waardigen handlangers van het Albaansche gerichte echter niet: Gautier ontsnapte, en redde zich eindelijk op de wateren. Is het vreemd dat er van dat bloed zijns eigenen bloeds, zoo wreedelyk vergoten, in zijn oogen is gespat, zoodat hy blind is geworden voor het gevoel van menschelykheid? Hoe vreeselyk het zij — is het onverklaarbaar, dat hy, met zijn eigen geschonden gelaat, en de lijken dier vermoorden in zijn gekerfd harte omdragende, der wraakzucht nu bandeloos teugel viert, en aan iederen priester, moge het een Nederlander of Spanjaard zijn, het gruwelvonnis g e h e e l voltrekt, dat hy-zelf t e n d e e l e heeft ondergaan? Wanneer zijne zonden als scharlaken worden — zij zijn geverwd in de pers, door Noircarmes gétreden!

En middelerwijl ziet ge thans de gansche vloot in volle beweging. De wind is geheel uitgeschoten, en met den stroom nu vlak tegen; het blijkt onmooglyk om daar tegen op te werken. Overigens is het woelige schouwspel op zich-zelf belangwekkend genoeg. Het dansen der bodems, als wilden zy hunne ranke masten afwerpen, het strijken of veranderen der zeilen, met vieren en sjorren; het omwerpen der roeren, het wenden der stevens — alles op de luide bevelen der schippers, bij het geschreeuw van het bootsvolk, onder het ratelen en snorren van het touwwerk, aangeblazen door den steeds forscher wordenden adem des noordens, terwijl de krachtige golfslag daarby een stout lied zingt, en vlaggen en wimpels klapperend schijnen te willen instemmen — dat kernig en gespierd geheel acht ge zoo volkomen in eenheid met een Piratenvloot, dat ge iedere zwakker verwe thans als kleurloos verwerpen zoudt.

Allen hebben zij thans gewend; allen keeren zy thans het weerbarstige noorden, dat zij tot op het uiterste de spits der stevens hebben geboden, den spiegel toe. Uit de revolutie van straks is thans de volkomenste orde en eenheid geboren. De hooger gaande zee, als tevreden over hunne onderwerping, wiegelt hen met luste weder voorwaart; de wind, als over zijn overwinning voldaan, blaast hun de zeilen weder krachtig levend. De Egmonder dorpeling, die, van de hoogte zijner blanke duintoppen, hen moeizaam zag opdoemen, ziet hen zich in volle vaart weder als wegglijden, een raadsel voor zijn blik.

Zy verdwijnen aan de kim, gelijk hun spoor vervloeit in het schuim der golven, als droegen zy niet een zoo

krachtige bemanning, als gy, te korte wijle slechts, onder
de oogen hebt mogen zien. En deze bemanning — geenszins zóó ruim van voorraad voorzien, dat er niet reeds
gretige blikken door den horizont boorden naar de vik-
tualiekisten der plakaatschepen, ter paaiing eener onrustige
maag — deze bemanning, mort zy over teleurstelling? Ik
doe het als zy. Immers — ik had u gaarne op nog enkelen
dier stoute gestalten van naby willen wijzen: Jan van
Duvenvoirde, Heer van Warmond en Woude, den krachtigen jongen Edelman, uit het adeloude bloed der Wasse-
naren, den Roomschen Geus, wiens vaderlandsliefde, door
geen eenzijdig opgevat credo beduimeld, hem een rijken
naam in de geschiedenis van dat vaderland waarborgt;
Hendrik Thomassen Laers, den aanzienlyken Amsterdammer, wien zijne openlyke gemeenzaamheid met Brederode,
balling zijner stede, en met Princelyke bestellingsbrief
Geuzen-kapitein maakte, en op wien de Spaanschgezinde
Admiraal Boschuyzen dubbel mag wrokken, sinds de Eems
diens koningsschepen met vuur en staal uit heur monding
zag jagen door de geuzenschepen van Sonoy en Laers;
Maerten Merens, van Hoornsche regeeringsfamilie, thans
Hendriks rustige stadgenoot, die niets liever verlangt dan
in vrede weder tot den Amstel terug te keeren, maar
wiens nakomelingschap er prijs op zal blijven stellen, en
het in hun geslachtsregister met fierheid neêrschrijven, dat
hun voorvader als „Geux Kapitein" het zwaard tegen Spanje
heeft gevoerd; den Haarlemschen Jonker Dirck van der
Laen, al ware het alleen om hem samen te noemen met
zijn onverschrokken medeburger Jacob Antonissen, wien
het scheepsboord nu eenmaal lievelingsverblijf geworden
is, en die zijn snijdend lemmer, dat nog menigwerf van
Spaansch bloed druipen zal, niet dan door den dood in
de schede zal laten steken; de Brabanders Nicolaes Bernard
en Eloy Rudam, de David en Jonathan dezer Piraten,
wapenbroeders in den edelsten en innigsten zin van dat
woord, wier beider hoofd dezelfde lauweren omvlechten.
Scheidt nimmer die twee edele namen, op wier trouwe
vereeniging weldra het voor hunne wapenen bezweken
Rammekens, in een hachelyk oogenblik voor het vaderland,
een schitterend zegel drukken zal. Nog, eindelyk, had ik

u Jacob Martens willen noemen, den fieren jongeling, wien het strijd moet hebben gekost, om zich ter wille van het Vaderland los te rukken van zijn vader, en zich scherp te plaatsen tegenover dezen: de vader Voorzitter des Hofs van Vlaanderen· en Lid van den bloedraad — de zoon Watergeus! Kort slechts zal het pad van dezen dappere zijn, doch een ridderlyk einde zal er een schoone kroon boven vlechten: wanneer Lumeys benden, by een vergeefsche poging om Haarlem te ontzetten, voor de overmacht vlieden, zal de Vaandrig Jacob Martens die schande niet deelen, maar zijne bloedende wonden met zijn uitgerold vaandel omzwachtelen, en aldus sterven.

En nu — het wormstekige, dat aan dezen nervigen boom der vrijheidszucht wast, geenszins voorby ziende — ik gaf er u reeds genoeg de bewijzen van — zou ik het gelaat van den Luikschen Edelman en voormaligen geestelyke Johan van Aumale niet voor u verhullen met de kanunnikskap, die hy-zelf heeft weggesmeten, om zich met zijn landgenoot Michiel Crocq — baldadige wreedaart gelyk hy — onder de Watergeuzen te mengen.

Doopen nu de vrienden van het Spaansch absolutisme, door den klatergouden nimbus van het dei gratia omflikkerd, gaarne de vingeren in de bezoedeldheid der door dit onzalig tweetal verworven beruchte namen — ik wil er die van den wandadigen Niclaes Holbeek, van den tuchteloozen Wybe Sjoerds, van den roofgierigen Gilles Steltman nog byvoegen, opdat het zelfs niet van verre den schijn hebbe alsof ik Sems mantel denk te bezigen.

Maar dan herroep ik my ten laatste het beeld voor den geest van den Gendschen Edelman, wiens naam in zijn vaderstad zoo voortreffelyken klank bezit: Antonis van Utenhove, dien ge daar straks bij zijn schipper Schoon Michiel op het verdek hebt kunnen zien. Herinner u hem goed, dien braven Geuzenkapitein, opdat ge dan nimmer het jammervol einde vergeet, dat hem, nog eer hy een volgende lentezon ziet dagen, het nuttig leven vernielen zal. Tegenover den dood van dezen martelaar voor Neêrlands vrijheid, moet de dood der Gorcumsche martelaren, voor hunne Spaanschgezindheid, een nauwlyks stuiptrekkend inslapen op dons worden genoemd. Brussel zal ten volgenden jare rillen by een afgrijselyk schouwspel. Er wordt een man aan een paal gehecht met een keten, die lang genoeg is om hem eenige vrijheid van rondloopen te laten. Op kleinen afstand, in een cirkel rondom hem heen, zijn hoopen droog hout gestapeld. Een kring van Spaansche wachten sluit dat alles af. Nu steken de beul en diens handlangers de houtbossen in brand. Een cirkel van rook gaat op, die weldra een cirkel van vlammen wordt, een cirkel van laai en vonken spuwend vuur, waarvoor de wachters terug wijken. Maar uit het midden van dien helschen gloed wordt het gejammer gehoord, het gegil, weldra het gebrul, van den naamloos rampzalige, die daar, levend geblakerd en gebraden, in de razernij der woedendste pijne, als een dol geworden beest aan zijn keten rondspringt — tot eindelyk een Spaansch soldaat hem uit barmhartigheid een speerpunt door het harte drijft.

Dat is de uitvoering van het vonnis des Hertogen van Alba over den gevangen genomen Jonker van Utenhove.

In de verdierlykte folteringen, d e z e n Watergeus aangedaan, zijn vele en groote zonden d e r Watergeuzen geboet.

Maar zy zijn gegaan, zy zijn verdwenen uit uw oog, als had het zwalpend zeevlak, dat zich in al zijn grootsche verlatenheid daar nu voor u uitstrekt, hen met de eeuwig bewogen reuzensprei zijner vlottende baren overdekt. Toch — gy zult hen nogmaals aanschouwen in de volheid hunner ruwe, maar dan geadelde kracht. Want in dezen frisschen adem van het noorden, die hen terug en zuidwaart. blaast, waarover zij kortzichtig toornen en wrevelig zijn, zweeft, gelijk in de schoone Mozaïsche scheppingssage, de geest Gods over de wateren, de geest der overwinning des nieuweren tijds.

PALM-DINSDAG TE BRIELLE.

I.

Klapwiekend zweeft hier en daar een dartele duivenvlucht al zeilend en laveerend ginds en weder, hoog boven de groenende vlakte, waar de kieviet tusschen het jonge gras een nest heeft gezocht, en de goudgeele bloesem van knoten slietwilgen aan sloot- of wegzoom tot zilverachtig dons begint over te gaan.

„April zet zich maar matig in: mooi weêr — alleen wat „schraal!" zegt de Voornsche boer, wiens vette akkers aan 's eilands noorden liggen, door den breeden Heyndijk beschermd. Buitensdijks, langs de dikke rietzoomen der uiterwaarden, stroomt de geele Maas met versnelden golfslag naar heur monding, over het Brielsche diep.

De oirsprong van den laatsten naam vindt ge in het gindsche stedeken, werwaart deze bochtige havenvliet, tusschen twee met houten paalwerk geschoeide hoofden in de Maas geopend, heenvoert. Vriendelyk ligt het daar, te midden zijner boomgaarden, weivelden, en korenakkers, meestal vruchtbaren poldergrond, waar de knoppen en spruiten der jonge lente alom ontbottende en opschietende zijn. Nog altijd roemt het zich eéne vrije koopstad „dair yghelic Coopman ende Scipper vry ende onbelast komen mach, lossen ende laden, sonder tollen of desghelyken ongelt te geven" — doch het teert slechts op de herinnering aan zijn groote vaart, zijn koophandel, zijn haringvisscherij, zijn vijftig buizen, zijn veertig scheepstimmerwerven; zelfs de tien buizen, die het twintig jaren geleden nog in de visscherij had, zijn verminderd, zijne beide jaarmarkten in voor- en najaar zijn verloopen, en alleen zijn vischstapel, „de afslach binnen den Cruice" aan

de markt, vertoont in deze tijden van algemeenen terug-
gang, onder den 'neep der Spaansche vuist, nog eenig leven.

Nochtans kunt ge zijn voorkomen, zoo als het daar glanst
in den zonneschijn, en omruischt wordt van een frissche
koelte, geen fierheid ontzeggen. Zijn torens, vesten, poorten,
muren en grachten, in 1517 zoozeer vervallen, zijn sinds
vernieuwd, en als ge de „Bolwerken, Mescooyen, Wallen
en andere Sterkten" die toen nog daarenboven zijn aangebracht, opmerkt, verwondert het u niet, dat daar wel ruim
twintig duizend kroonen aan ten koste zijn gelegd. Voorzeker, met eenige uitzondering van het Noord-einde, het
Zuid-einde, en de Langestraat, valt er niet op breede straten
te roemen, en ik geef toe dat de huizen, méer houten spits-
dan steenen trapgevels in het front biedende, over het algemeen klein zijn. Dat er echter gansch geen gebouwen
van aanzien en cierlykheid ontbreken, bewijst u dit fraaie,
in 't oog loopend hooge kerkgebouw — de eerste parochie-
kerk der stede, aan sinte Catheryne toegewijd, met een
Kapittel van twaalf kanunniken — al is het ook niet in
zijn geprojekteerden kruisvorm afgebouwd. Draagt de door
zijn kloekheid de aandacht trekkende toren geen zijner
waardige spits — wat ge daar dan toch als een klein gespitst torenken in het midden boven zijn breeden trans
ziet oprijzen, is zooveel te beter nut: het dient op zijn
tijd den zeevarenden tot baken, terwijl het houten huisken
daarnevens, aan de voorzijde, by 'dag een paar wachters
verblijf geeft, om van daar, de gansche land- en water-
streek over, te kunnen rondspieden of èr ook eenig gevaar
dreigend of naderend is.

Wel nederiger, wel ranker, maar dan toch volkomen
gespitst, rijst daar links voor u, boven de daken der huizen
op het Maarland, een andere kerktoren omhoog, aan sint
Pieter gewijd, en daarom Sint-Pieter in Maarland geheeten: de tweede parochiekerk, door den bekenden Zeeuw-
schen Edelman Frank van Borssele gesticht. De Brielenaars
zeggen dat hy dit deed om een hem door de Kanunniken
gedreigde beschuldiging van ketterij te ontgaan, doch dat
is ons voor het oogenblik tamelyk onverschillig. Liever
wijs ik u hier, tegenover de Groote Kerk, op het Wees-
huis, door den voortreffelyken pastoor van Heenvliet, Engel
Willemsen Merula, van Brielle geboortig, gesticht. De nette

poort, in den onmiddellyk daaraan sluitenden muur, leidt u het klooster van Sinte Catheryne binnen, waar thans dienst wordt gedaan, want de dag is tot het uur der noen geklommen. Daarom, al kraait er hier of daar, ook op de tinne van een of ander pothuis, een schelstemmige haan — er is geen handwerker meer die zijn arbeid met een luid en vroolyk opgezongen lied begeleidt; de schoorsteenen, straks al zoo levende door hun adem van blauwen rook, staan nu als doode spionnen nevens de daken: de Brielenaars houden hun noenmaal.

Een goede gelegenheid tevens om rustig ook den Cloveniersdoelen te bezichtigen, en vervolgens vooral, hier aan 't einde van de Langestraat, den Voetboogsdoelen, waaraan in den laatsten tijd geen arbeid tot verbetering en verfraaiing is gespaard; dien cierlyken lindeboom op het doelenplein, hoe schraal nog knoppende, moogt ge ook de herstelling van zijn latwerk wel waardig rekenen.

Doch terwijl wy vervolgens verder zijn gegaan, en — zonder nog de veertig dagen aflaat te willen verdienen — het vrouwenhuis hebben bezocht, en daarna mede het Gasthuis, en het konvent van sinte Claren, en van sinte Brigitta, en van de Cellebroeders, en van de Cellezusters, allen van de beeldstorming weder eenigszins hersteld, heeft het door de galmgaten der Sinte-Catheryne twee gedreund. En naardien Jan Willemsen de klokkesteller een man is, die het uur op den tijd houdt, zoo wordt het dan nu onze tijd om naar de Voorstraat te wandelen, en een voet ten Stadhuize te zetten.

Mijmert gy middelerwijl dat er hier alzoo devotie in overvloed is, en dat de heilige week binnen deze rustige wallen wèl vromelyk met vasten en bidden wordt gevierd — ik weet niet of de pastoor van Sinte-Catheryne en de pastoor van Sint-Pieter — misschien nog wel de eerwaardige Johan de Meyer — daaromtrent zoo volkomen gerust zijn. Het onkruid, door den gewezen kapellaan Andries Cornelissen met zijne kettersche gevoelens onder de tarwe gezaaid, is ongetwijfeld met ongenadige hand, uitgewied. Geen lasterlijk baldadige rederijkers zullen nu, zooals op Aschdag vóór zes jaren is geschied, in hun kamer op het Stadhuis uit den kelk hunner kapelle wijn drinken, en, onder het zingen van psalmen op de wijze van volksdreunen, vonnis spreken tegen het missaal, den canon van de misse, en het beeld van sint Rochus, om ze daarna, met vier andere beelden van diens heiligen outer, daar ter plaatse in bewaring gebracht, op het vuur te werpen; Baliuw Nicolaes van Sandijck zal geene beeldbrekers en ander kerkschendend geuzengeboefte meer bescherming verleenen, en Burgemeester Cornelis Hendricks geen geuzenpredikant meer huisvesten; de rektor en schoolmeester Dirck Cock en zijn ondermeester de koster Jakob Jacobsen zullen de Brielsche jeugd niet meer besmetten door ze in den kathechismus van Calvijn en het zingen van psalmen te onderwijzen; Schout Ewout Cornelissen en aptheker Willem Thomassen zullen geene nieuwe beeldstormers aanvoeren, en zelf meê de handen aan het heilige slaan; by Jakob Willemsen, den waard in Sint-Jakob, zullen by volle kannen en glazen geen oproerige gesprekken meer worden vernomen; niemand zal het meer durven wagen om, zooals schipper Jan Smeert de Borst, een weggeloopen non uit het klooster van sinte Catheryne te huwen; al deze gevaarlyke menschen, en nog meer dan vijftig hunner aanhangers en medestanders, trouwens by 's Hertogen komst reeds uit eigen aandrift gevlucht, zijn voor eeuwig uit Brielles muren verbannen, en zwalken ten deele op de vloot der Piraten meê.

Toch blijft het de vraag: is hiermede alle kwaad volkomen geschuimd?

Dat huis daar tegenover het kerkhof zal gewis zijn deur niet meer zien openen voor een ketterschen kapellaan en andere sektarissen, zoo als toen de oude Jonkvrouwe Rentmeesters er nog woonde; maar verdient Jufvrouw Marytjen Fasols, uit de herberg naast den Kanunnik Berwout Janssen, met heur waereldschen zin en hare lichtvaardige dochter een beter betrouwen?

Wat bloed er in den ouden stadstimmerman zat, heeft men kunnen ervaren aan zijn zoon Jan Bastiaensen, die, uit de gevangenis gebroken, met de andere geusgezinden door zijn bezwaard geweten is voortgejaagd, en daarom mede gebannen; maar is men zoo ganschelyk verzekerd dat zijn opvolger Rochus Bartelmeeuwsen Conincx, die beraden, stevig gebouwde zeven-en-veertiger, nog al kort van stof, der geuzerije een werkelyk vijand is?

En de binnenvaarder en haringkooper Jan Pietersen Koppelstok, die ook het veer op Maaslandsluis heeft, en voor „een kregel en stout kaerel" gelden mag — draagt die geen hoofd op de schouders, juist geschikt om er zaken te broeien, wier smaak wel naar geuzerij zweemen mag?

Ja, heeft men geen reden om grootelyks te vreezen dat er ergens, in welken hoek dan ook, in waarheid alreeds iets ontzettends broeiende is? Hebben wy niet gezien „veel voorspooken van aanstaande ellende en ongevallen?" Waarlyk, het zijn „geen duistere teekenen" te noemen, die de hemel-zelf laat uitschijnen: die bloedregen, die gevallen is in het Oostfriesche, dat echte geuzenparadijs, waar zich de oude slange als heeft genesteld; die ongewone ster, die noch dwaalster, noch vaste ster te noemen was, wier klaarheid vele nachten achter-een aan het uitspansel stralende, scheen „te groeyen," totdat zy eindelyk weder verdween: geen gewoon verschijnsel, weshalven de Hertog daarover dan ook „de opinie" van den geleerden Cornelius Gemma heeft ingeroepen. Maar bovenal — heeft in Holland niet de voortreffelyke man Otto van Hilvarenbeeck den mond geopend, en zijn zijne woorden niet gehoord, en hebben zy zich niet alom verspreid? En heeft hy niet gesproken met den dichterlyken Ziener der zwaarmoedigheid, bezigende de vertaling der Vulgata: „Hic est „gladius occisiones magnae, qui obstupescere eos faciet." * Let nu slechts met een wijs man op de getalletteren — „en gy zult vinden het jaargetal 1572: M.CCCCC.L.VVV.IIIIII."

Dáartegen valt niets aan te voeren; zoo ge d i t niet gelooft, zal het uw einde zijn om te „gheraecken aen doolghelovigheydt, gelijck die mosselen aen de paelen." Bange dingen zijn alzoo aanstaande; en wanneer men niet vast stond in het éenig geloof dat kan zalig maken, zou men zich byna laten verleiden om, uit de „Veelderhande Liedekens" der zoo zondig afgedwaalde geuzen, meê te zingen op de wijze „Vader ons in Hemelrijcke:

„Ick bid u, Heer! met gantscher macht,
Wilt mij bewaren dach en nacht

---

* „Dit is het zwaard der groote slachting, dat hen zal doen verstommen." Zie den, overigens anders luidenden, text by Ezechiël, kap. XXI, vs. 14.

Voor dezen boosen viant quaet.
Die als een Leeu rondom my gaet
Behoet my voor alle valsche schijn
O Heere wilt doch mijn Leytsman zijn.

„Verbeyt niet lang, o Heere soet!
Om my te troosten u toch spoet!
Mijn vleesch is swack ende seer cranck:
O Heer! vordert toch mijnen ganck:
Dat ick u paden recht mag treên,
Daar heb ick, Heer! u om gebeên.‟

II.

Het is met dit al twee ure ruim voorby — thans naar
't Stadhuis. En nu verbaast gy u in de hoogste mate over
den plotselyken ommekeer, die daar op eens in het stille
stedeken heeft plaats gegrepen. Wie te midden eener sla-
pende eendenkooi een zwaren steen in den plas plompt,
ontwaart eensklaps z u l k een rumoer. Gansch Brielle, mag
men zeggen, is op de been. Nooit heeft Pieter Harmsen, der
stads waardige omroeper, met klinkend bekken en galmende
stemme zulk een oploop te weeg gebracht. Als had een booze
toovenaar zijn bezweringsstaf over de daken heengezwaaid,
zoo staan alle handwerken, iedere bezigheid, in een oogwenk
stil. Het spinrad en het weefgetouw zijn verlaten; in de
baktrog ligt het deeg onbeheerd; by de looikuil als by den
brouwketel is de arbeid gestaakt; hamer en zaag zijn ter zijde
geworpen, voor zoover deze of gene smid of timmerman ze
niet onwillekeurig bij zijn opspringen in de vuist bleef klem-
men, en menig-een vergeet zelfs zijn huisdeur achter zich toe
te slaan, zoo overhaastig als hy naar buiten stuift. In de
kloosters wordt het gebed vergeten, tenzij door de kranken
van geestkracht en de kranken van lichaam, waarvan de
benauwdsten reeds hun confiteor spreken. Schuwe nonnen
zoowel als stoutmoediger monniken zijn ter poorte hunner
konventen uitgekomen; grauwe Clarissen en zwarte Celle-
broêrs en Cellezusters, en grijze Brigittynen en Brigittynes-
sen hebben zich onder den woelenden volkshoop gemengd.
Samenscholingen en groepen in iedere straat, en uit alle

straten stroomen zy samen en vereenigen zy zich, en het ruischt en bruist door de kleine stad, als ware de Maas door hare dijken gebroken, en gonsde een stormvlaag daarover heen. Vragen, roepen, krijten — ja aan een vloek of een verwensching ontbreekt het niet, zoo min als aan een stillen glimlach van tevredenheid by een bedeesde, of wel een krachtigen uitroep van goedkeuring by een onvervaarde. Vrouwen heffen de handen ten hemel, en klagen, of dringen zich met meer dan bekommering aan de zijde harer mannen; verbaasde kinderen schreeuwen en schreien; verschrikte honden blaffen daar tusschen. Al de uitingen van angst en van vreeze worden in de warrende en door-een woelende menigte, velen met pak en zak beladen, vernomen: het is alles één heftig rumoer. Ja de arme Marytjen Jansen mag wel krijten dat dit nu erger is dan de nood in heur huis, twee maanden geleden — want toen was de groote schrikleuze nog maar „brand!" doch thans klinkt het gillend: „De Watergeuzen!"...

Ja — de Watergeuzen! Dáarom zijn de poorten gesloten; dáarom hebben de schutters naar hunne haakbussen en hellebaarden gegrepen, en zijn zy met andere gewapende Mannen naar de muren gespoed. Daar ginds op de Maas, ten deele zelfs naby het havenhoofd, wapperen dreigend hunne vlaggen en wimpels boven de gestreken zeilen: een gansche vloot, een... twee... zes-en-twintig kielen sterk — en hun bode is reeds in de stad!

Wat is er geschied, dat die „bouffen" thans de ruime zee hebben verlaten, en, tusschen de vier tonnen door, die, den waterweg veiligende, in den Maasmond dobberen, stoutmoedig den stroom zijn opgestevend, en hun anker hebben laten vallen in het gezicht der doodelyk verschrikte stad?

De aanvang ligt in het duister. Zij het, dat de steeds aanwakkerende wind hun het wijken uit de zee voor een oogenblik raadzamer heeft doen voorkomen; zij het, dat de koopvaarders, die zy op de rivier ontwaarden, hen weder verlokten; zij het, dat het zoo koene, meermalen vroeger, maar in September ten vorigen jare aan Kapitein Lancelot van Brederodes boord bepaald besproken plan om zich — nu niet maar slechts voor een winter, maar voor eens en voor goed — van den Briel meester te maken en er zich te vestigen, op nieuw met rijpen rade is overwogen.... dat valt niet meer te beslissen. Slechts dit éene is zeker: met Brandt en Haren — die geen lust schenen te hebben om by te draaien — in den voortocht, zijn zy met klein zeil de monding der rivier opgevaren.

Juist op dat oogenblik stak de binnenvaarder Koppelstok aan zijn veer hier tegenover, te Maaslandsluis, van wal, om eenige kooplieden over te voeren. Der laatsten aandacht werd door al die masten en vlaggen getrokken. „Wat zijn dat?" vroegen zy; en met een scherpen blik ten zuidwesten antwoordde de veerman, op een toon die blijkbaar zijn vroolyke stemming lucht gaf: „Watergeuzen!"

Toen sloeg de schrik dien armen penningmannen om het harte, en zy lieten zich ijlings terug roeien. Den „stouten en kregelen kaerel" daarentegen mag het wel warm zijn geworden onder zijn schippersbuis: hy vervaarde niet; integendeel — met vreugde bracht hy zijn koortsachtig rillende vracht aan den Maassluisschen wal, en roeide toen stoutelyk op de geuzenvloot toe. Die rustig aanstevenende boot, met een enkelen kop bemand, trok daar niet minder de aandacht; en toen de roeier onbevangen de vraag naar Jonker Bloys van Treslong uitte, wees men hem flux te recht, en lag hy onverwijld by het razeil van zestien gotelingen aan. De Jonker kende den vaderlandlievenden Brielenaar wel; en hem met vreugde ontvangende, bracht hy hem zonder vertoef by den Graaf van der Marck aan boord, zeggende „dat deze man bequaem was om hem t'employeren tot haer voornêmen."

Tijd van beraad was er niet te over, en al ware het, door de haast waarmeê men Engeland verlaten had, alleen maar om het gebrek aan leeftocht geweest — nu men Brielle voor zich heeft, en de gelegenheid zoo schoon is, moet het aangeklampt. Toen daar straks Brandt en Haren aan het hoofd hun anker hadden uitgeworpen, was de eerste by den laatste aan boord gekomen, met de vraag: „Hebt ge iets te eten?" — en Haren had hem daarop broederlyk zijn laatste kaas ter hand gesteld. Zoo is het op méer kielen gelegen. Bovendien kan de haringkooper verzekeren dat het huis van des Jonkers oom Sandijck, sedert diens uitwijking tot kazerne voor de Spaansche bezetting gebezigd, waartoe er acht-en-twintig bedden binnen waren gebracht, sinds half November weder ledig staat, alsmede dat Joost Cornelissen, die het Spaansch meester is, en daarom by de stad was aangenomen om tolk tusschen de burgerij en de Spanjolen te zijn, geheel van dat ambt verlaten is. Alzoo: — geuzenmoed, een hongerige maag, een noordwesten bries, en een gunstig oogenblik — alles spant te dezer stond tegen de stad samen. Koppelstok steekt, niet zonder een hooger gestegen gevoel van eigenwaarde, van des Admiraals boord af, en begeeft zich langs den dijk naar de stad, waar men natuurlyk reeds op het verschijnen der schepen opmerkzaam was geworden, en de poorten gesloten had. Hem herkennende, liet men hem spoedig in, en nooit was zijn weg door het Noord-einde naar de Voorstraat gerekter geweest dan thans. Men kwam hem te gemoet en men liep hem na, om van hem te vernemen wat hij toch wel brengen mocht. Dat het de gevreesde Watergeuzen waren, die daar ankerden, en hem tot hun bode hadden gekozen, verzweeg hij niet.

En ziedaar dan nu de stad in rep en roer, en alle hartstochten gaande. Daarover bekreunt de koene veerman zich niet. Dat sommigen hem wèl, anderen hem kwalijk aanspreken, is hem gansch onverschillig. Hij weet wat hy op dit oogenblik geldt: een man die goud waard is; en wanneer hy dit al niet met woorden zegt, doet hy het toch met de blikken, die hy op den rondom hem gonzenden hoop werpt.

Of Baliuw Duvenvoirde met het kollege van Schepenen heden morgen — zoo als gewoonlyk en naar costume en voorschrift — in rechtszitting vergaderd is geweest ter Dinsdagesban, durf ik niet verzekeren, veeleer zelfs betwijfelen, want wy zijn in de Stille Week, en wie zijn hoofd lief heeft en het op den hals houden wil, leeft sinds twee jaren strenger dan ooit de voorschriften der oude godsdienst na.

Dat thans echter, in dit gewichtig oogenblik, de gansche Wet vergaderd is, de geheele Vroedschap van den Ouden en Nieuwen Gerechte —- dat wil zeggen de Baliuw en de twee Burgemeesteren, de negen Schepenen en de twee Raden van dit, en die allen van het vorige jaar —- laat zich denken. Of zij zich nu, als gewoonlyk, recht op hun gemak bevinden in die zindelyke zaal, aan de wanden overvloedig voorzien van portretten en schilderijen, afgewisseld met goede, oude, wijze spreuken — dat is een andere zaak. Het kan zelfs wel zijn dat de oogen van Baliuw Duvenvoirde — als waarschijnlijk de eenige dier mannen die nog wat Latijn verstaat — met byzondere drukking der wenkbrauwen zijn gevestigd op die eene belangrijke spreuk: „Quidquid agis prudentur agas, et respice finem," en hy, 't zij stil of luide, voor zich of voor allen, al rijmende vertaalt:

> »Laat al uw doen voorzichtiglyk geschiên,
> En wil by 't werk altoos op 't einde zien."

Doch hoe dit wezen moge — beraadslaagd moet er worden, en zonder verwijl ook. Daar staat Jan Pietersen — en nu niet zooals met Oktober twee jaren geleden, toen hy zich hier hoorde vonnissen om te kiezen tusschen gijzeling of de betaling van drie pond Vlaamsch, voor een ton haring aan den Raad Willem Cornelissen Brouwer. Hy staat daar — en Willem Cornelissen, die thans onder de Schepenen zit, mag er zich wel te minder om op zijn gemak gevoelen — als krijgsbode van Graaf Lumey, eischende de stad Brielle op, in naam des Princen van Oranje, om haar te bewaren voor den Koning, tegen Alba en diens tienden penning; wat er verder geschieden moge, zij van later zorg.

En dat bodeschap heeft de haringkooper blijkbaar niet uit zijn ruwen duim gezogen: van hand tot hand gaat by de Vroedschap de zegelring rond, waarvan zij het wapen, aan de gekanteelde baren en het vrijkwartier met de palen, wel herkennen als dat van Jonker Willem, wiens vader, Jonkheer Jasper, reeds in 1543 het Baliuwschap van Voorne, en minstens van 1555 tot 1570 ook dat van den Briel heeft bekleed.

Ten volle geldt het hier thans: goede raad is duur! Hoe achtbaar de Magistraat ook moge zijn — tusschen twee tangen zit zy nu bekneld, zoo al niet tusschen twee vuren in de asch. Achter hen de grimmige Hertog, die met onverbiddelyk strengen blik al hunne handelingen gade slaat, en er even onverbiddelyk streng rekenschap meê houden zal; vóor hen de woeste Luiksche Graaf, met diens gansch niet in zachtheid uitstekende Piraten, en daaronder Jonker

Willem met zoo menigen anderen balling, die evenzeer ver-
antwoording zullen vragen van hun have en goed. Vóór
hen een geuzenbestorming, die zy niet by machte zijn af
te slaan, met de Hemel weet wat in heur gevolg; achter
hen de moord van Mechelen ten voorbeelde, hoe de Hertog
te werk gaat met steden die princenvolk hebben ingelaten...
is het wonder dat zy het hoofd op de schouderen voelen
waggelen!

De eerzame tinnegieter Jan Pietersen Nicker, oudste
Burgemeester, aan blinkende zaken gewoon, ziet nog een
straaltjen flikkeren in de mooglykheid dat de Piraten niet
veel koppen tellen, en hy vermant zich tot de vraag: „Hoe
„sterk zijn zy dan, dat zy dezen eisch doen?"

Dat heeft Koppelstok zelf niet onderzocht, maar dáar-
over bekommert hy zich niet, en zonder sammelen verklaart
hy rondweg: „Wel vijf duizend!"

Vijf duizend Geuzen!.... dat valt den eerlyken tinnegieter als lood, en zijn waardigen ambtgenoot Claes Jansen
den koekebakker als steen op het harte. En de beide oud-
Burgemeesteren Jan Cornelissen Jacobs en Jan Jorissen,
en Schepen Carel Gansen, en alle Schepenen en Raden,
huiveren met hen — en de donkerheid is voor allen erger
dan ooit. Doch zien zy elkander ook aan met schrik en
verslagenheid, de een hopeloos kracht zoekende in den
even hopeloozen blik des anderen — er moet een besluit
vallen: de krijgsbode dringt aan: zijn tijd is kort, de
Geuzen zijn naderend — er moet onderhandeld. Doch wie
zullen het zijn die den moed bezitten om die geduchten
te gemoet te treden, hen onder de oogen te zien, woorden
van bevrediging met hen te wisselen?

Eindelyk wringen tinnegieter en koekebakker zich een
hart onder den magistralen riem. Eere zij hun, en eere
zij hun nogmaals. Zy, die smeltkroes en deeg hanteéren,
durven zich voorstellen, dat zy ten beste hunner burgerij
ook nog wel een geuzengemoed zullen vermurwen, al wordt
dat dan ook overschaduwd door den ruigen baard van den
vreeselyken Lumey, den Ziska onder deze Hussiten der zee.

En zoo treden zy dan met Jan Pietersen ten raadhuize
uit, zoo goed gelaat van achtbaarheid als mooglyk is too-
nende aan de warrende menigte, die hen allerzijds omringt.

Waarlyk — Cornelis Pouwelsen en Lenert Claessen, de

beide stedeboden, met hunne pas op nieuw vergulde bussen op de borst, zijn hier wel noodig om ruimte te banen, zal het den achtbaren Heeren van buiten nog niet enger worden' dan het hun alreeds van binnen is. Toch stuwt men met hen voort, het gansche Noord-einde over, tot aan de poort, waar Pietertjen Baefs de poortierster snel opent, en even snel weer sluit, terwijl het achter blijvende volk, waar het kans ziet, hier en daar den wal bestijgt, om nog over de borstweer heen hen na te staren langs den Hoofddijk, vol bange verwachting omtrent de dingen die over hen komen zullen van die ontzachlyke, niet minder dan vijf duizend man uitgulpende piratenvloot!

III.

Waar Heyn- en Hoofddijk, op geringen afstand van het Hoofd, zich aan elkander sluiten, staan op de kruin dier waterweering een paar huizen, waaruit de bewoners zich waarschijnlyk wel tijdig zullen hebben weggemaakt. Zy hebben er spoedig genoeg plaatsvervangers gekregen, en plaatsvervangers van beteekenis ook. Of dezen nog in 't wambuis of reeds in 't harnas zijn — stoffe en snede van wambuis en bewerking van harnas by enkelen overtuigen u, dat ge Bevelhebbers voor u ziet. Zy zijn hier alvast by-een gekomen, terwijl de bemanning der vloot — voor zoo ver die, vooral by dezen krassen noordwester, ter noodwendige scheepsdienst niet binnensboords moet blijven — achtereenvolgens aan wal komt, niet zonder de noodige luidruchtigheid. Nochtans zoudt ge u vergissen, wanneer ge onder die by-een gegroepte Hoofden tevens enkele schooierige varensgezellen zoudt meenen te bespeuren: op sommige bodems is het verschot van gewaad niet ruim, en dat geldt hier en daar ook zelfs wel der kleêrkiste van den Bevelhebber. Aan zijn dikke krullende haren en zwaren baard herkent ge overigens terstond den Vice-Admiraal Lumey, en over het geheel merkt gy op, dat er een in 't oog vallende geest van ongeduld heerscht, wonderwel harmonieerende met het woelig tooneel der ontscheping en der vol-strooming van den dijk met gewapende Piraten. Men kan nu niet zeggen dat dezen het stof van hunne voeten — veeleer dat zy het zeeschuim uit hunne haren schudden.

Arm Brielle, werwaart aller gretige blik, meniger tartende vinger, ook veler dreigende vuist is heen gericht!

Het geruisch der branding, binnen dat stedeken tegen de muren slaande, en luid genoeg naar buiten galmende, wordt nog als een dof gegons binnen deze huizinge vernomen. Juist dat slijpt er het ongeduld. Een Waalsche vloek betert daar echter niet aan, zoo min als een Hollandsche of Friesche verwensching; maar de redelyken moeten toch erkennen dat de spanning van vrij langer duur had kunnen zijn: zie slechts — daar ginds komen drie mannen aangetreden. Koppelstok is onder hen, en wie daar van Brielsche ballingen naby het huis zijn, herkennen ook al spoedig de beide Burgemeesters.

En nu nog eenig meerder gewoel, eenige opschudding daar buiten als hier binnen — en het gewichtig oogenblik is gekomen: de beide Magistraten staan voor den Geuzen-Admiraal. Hun moed is niet gewassen, nu zy-zelf zoo van naby een blik hebben geworpen op dien zich nog immer vertalrijkenden piratenhoop, meest „sober in 't habijt" — wat niet veel goeds voorspelt —; waaronder bekende oogen zijn die gansch niet vriendelyk zien — dat weinig bemoedigends geeft —; en in wier midden ook „fraye en kloecke soldaten" zich bewegen, naar hun voorkomen blijkbaar de als „seer moetwillige boeven" bekende Luikerwalen — hetgeen alles vreezen doet. In zulke benarde oogenblikken houdt een wakker man zich echter zoo goed als hy 't vermag — en dus gedragen zich ook de beide Burgemeesters. Zy verklaren alzoo gekomen te zijn om 's Graven eisch te vernemen. Naardien Lumey nu eenmaal geen man is die langen omhaal van woorden bemint, luidt het zeer kort, en hooren zy nogmaals; „Hy eischte de stad op, uiten naem van den Prince van Orangiën, als Stadhouder des Coninks over Holland." Twee uren beraad. Daarmede kunnen zy gaan, en den hunnen 's Admiraals wille kenbaar maken.

Met bezwaard harte keeren zy. Rijst hun een oogenblik de moedige gedachte des Abten van Parck in het brein op: „Wy en willen den Staet des Landts niet over-

„geven in de handen van boeven en muytmaeckers:·beter „verheert als verboeft" — zy·smoren dat gezwind; en het komt hun in woorden niet over de·lippen. By hun terugkomst in de stad wordt dat niet beter. Het blijkt nu wel dat niet alle geusgezinden de wallen hebben ontruimd: daar zijn gezichten die stoutelyk een blijden glaus vertoonen. En dat deze slechts de zeer kleine minderheid uitmaken, beteekent niet veel, want de groote meerderheid bemoeit zich reeds met niets dan met zakken en pakken wat zy inderhaast kan, om een veiligen aftocht te zoeken. Gelijk straks naar de Voorstraat, is thans de stroom naar het Zuid-einde, doch van golving ginds en weder is nu geen sprake meer, al zijn de weeklachten niet minder, het stuwen, dringen, en al het rumoer, nog grooter. Gelukkig de rijken, die zich van wagens en paarden hebben kunnen voorzien! Gelukkig wie, al zij het ook maar een molenpaard op stal of een karrepaard in de schuur heeft, om er het voornaamste zijner have meê te kunnen vervoeren! Mindere burgers beladen zich-zelf, en ieder der hunnen die dragen kan, met wat draagbaar is. De armen knoopen hun bundelken aan een stok, en wandelen aldus heen. Zoo gaat het,·ouden en jongen, geestelyken en waereldlyken, door den angst gezweept en zweepende, onder stuwen en dringen en klagen en rumoer de poort uit, en daar zuidwaart den Ouden-dijk, of oostwaart den Hossebos op, al naar men te Hellevoetsluis of te Geervliet een schutse wil zoeken, die in Brielle niet meer gevonden wordt.

Laat doktor Adriaen van Teylingen zijne zieken, meester Adriaen van den Vondele zijne biervaten, meester Boudewijn van Kerckwerve zijn ontvangers-rekening in den loop, en moet ik vreezen dat Barber Jansen en Jacob Myne Cornelisdochter, de wijze vrouwen der stede, even zelfzuchtig handelen? Maar wie kan, te midden van dezen warhoop, uitmaken wie vliedt, of wie blijft? Zijn dat Ambrosius Pietersen de vuilnisman, Jan de Monick de turfdrager, Willem Lenertsen de baggerman, Gilles de Scha de doodgraver, samen in éen golvenden groep met schipper Aert den Grooten-Honger, Blanck Jan den turfkooper, ja met meester Anthonis Jacobsen, den kunstrijken goudsmid, en meester Willem Claessen Schaghen, den kennisrijken rektor? Zijn er onder deze te recht beangstigde geestely-ken, paters en zusters onder-een, ook van die Clarissen, ten wier behoeve de Delftsche gardiaan Hugard nog den last zal ontfangen om ze weder in de weggeworpen kloos-terpy te steken, en ze te dwingen om in eenig konvent te gaan, waaruit zy de verdrijving een verlossing roemen? Is het de slotenmaker uit het Dijkslop, die zich daar met het volle geweld zijner ellebogen zulk een door de zuchten en kreten zijner stadgenooten geplaveiden weg baant? Zijn zy het, of zijn het anderen?

Maar het is immers een dwarrelstroom, waarin geen enkel gelaat meer te herkennen valt!

Laat hen dan voortgolven in godsnaam, te midden van de donkerheid die hen beschermend opneemt, totdat zy een reddende arke mogen bereiken.

Doch wat besluit kan er worden genomen by een Ma-gistraat, die onder zulke omstandigheden vergadert! En indien zij al een besluit neemt — door welke middelen zal zy het ten uitvoer moeten doen brengen?

De Brielsche Vroedschap heeft, van oudsher, volgens voorschrift geleerd om tot hare vergadering te kiezen „alsulke Mannen van personen, als Jetro, Moises zweer, * riet Moisi aen te nemen om die kinderen van Isrel daer mede te regiren, als hy tot Moises seide, ghelijc gescreven staet in der Bibel, in den boek van Exodi, in den xviij. Capittel;“ doch in zulk een ontredderden toestand zou Mozes-zelf de tafelen zijner wet weder in gramstorigheid ter aarde hebben geworpen, even als ten dage van zijn verbolgen toorn. Hier echter is de bron der handeling verslagenheid, zooals zich door den mond van Nicker ten duidelijkste uitspreekt: hy raadt onderwerping aan. Claes Jansen, die daarop het recht van het eerste advies heeft, ziet de droeve noodzakelijkheid geheel van de zelfde zijde — en voor het overige blijken nu aller opiniën éen. De re-solutie valt: overgave. Maar de Sekretaris, meester Sérvaes van Alm, notuleert niet, en de Voorzitter doet bellen om deurwaarder Barent Vosch noch diens ambtsbroeder Jan Adriaensen; en er wordt niemand benoemd om den Piraten de toestemming huns eisches over te brengen. „Respice

---

* Schoonvader.

finem!".... ieder let op het einde voor zich-zelf, en binnen weinige oogenblikken staat de spreuk in zoo volslagen eenzaamheid aan den wand, als ware er nooit een menschelijk oog op gevestigd geweest. De gansche Magistraat is verdwenen, en menig lid reeds te huis bezig om, gelijk Baliuw van Duvenvoirde, en Burgemeester Claes Jansen, zijn kostbaarste by-een te rapen, en daarna, haastig met de andere honderden zijn heil buiten de Zuidpoort zoekende, het nog altoos voortwoelende gedrang te vermeerderen.

Op al die verwarring in zijn onmiddelyken omtrek staart de zware toren der Sinte-Catheryne onbewogen en ernstig neder. Doch de Watergeuzen zien op hun korten afstand gansch niet kalm, al is het ook even ernstig, naar hem op; en zulks te minder, naarmate het namiddaglicht allengs avondlicht wordt, en het nevelende verschiet begint te dreigen om het gansche stadsgezicht weldra in een algemeene donkerheid op te lossen — terwijl het antwoord des Magistraats maar altoos op zich laat wachten. Stoute onversaagde gasten onder de Piraten — Brielsche ballingen, naar ik vermoed — hebben reeds geen rust meer om den korten afstand, die hen nog van de stede scheidt, te bewaren, en, voortschrijdende langs den dijk, tot zy de keien van het plaveisel voor de Noorderpoort onder den voet hebben, vragen zij den burgers die ze daar op de wallen zien: „of mense soude inlaten, dan of sy haer selven inhelpen souden moeten."

Wat het wederwoord is, verneemt ge niet; doch wèl begrijpt ge, dat deze burgers niet zonder reden met verwarde hoofden staan, naardien by het sluiten der poorten de sleutels natuurlijk op het Stadhuis moeten zijn gebracht, en dáar thans geen enkele vinger wordt gevonden om de plaats aan te wijzen waar zy liggen.

Intusschen begint men elkanders gelaat op zekeren afstand reeds met minder duidelykheid te onderscheiden: er is wel geen koster of kostersknecht gebleven om de vesperklok te trekken, maar zon en uurwerk gaan ongestoord hun gang, en de wijzerplaat aan den torentrans, in den korten naglans van het gezonken licht nog blinkende, toont het uur van half zeven reeds voorby. Kan men nu met eenigen grond verwachten dat een man als Admiraal Lumey zich met een nachtkwartier in een schamel huis als dit, of zelfs in het afslagershuis van Pieter Jansen Steurboort by de palen aan 't Hoofd, zal vergenoegen, wanneer hy zoo menige gemakkelyke woning binnen een hem welbekende goede stede in zijn onmiddelyke nabyheid heeft?

Tegenover de wanorde buiten de Zuidpoort, mag men de wanorde buiten de Noordpoort gerustelyk orde heeten, want er vloeit ten minste een geregelde handeling uit voort. Nu die wallen daar ginds met stomheid schijnen geslagen, en de schemering dat lastig euvel met een ver-goêlykenden mantel schijnt te willen bedekken, verliezen de Geuzenhoofden hun geduld. Het gevolg daarvan is, dat de aan land gestapte manschap — ofschoon niet meer dan ten hoogste drie honderd koppen tellende — weldra in twee afdeelingen wordt gesplitst, waarvan de „Groote Zee-roover" Roobol de eene, en de bedaarde Brielsche Edelman Treslong de andere helft gaat aanvoeren.

De trompetten schetteren tusschen den Robbenhoek en den Nieuwenoord; het Wilhelmus van Nassouwe schalt in bezielende tonen Oostvoornes polders over: 't is de bazuin-stoot, waarmeê de Genius der Vrijheid het volk van Ne-derland nu voor goed ten heiligen strijd roept!

De afdeeling, onder Roobol geschaard, rukt met fris-schen moed naar de Noordpoort. Pietertjen Baefs moge er nu zijn of niet zijn — de poort blijft, zooals wy reeds hebben gezien, by de op-eisching gesloten. Roobol acht dat wel een zandbank, doch geenszins een klip. Is daar binnen de oude sleutel zoek — hier buiten zou men wel een nieuwe kunnen gieten, wanneer men byvoorbeeld een genoegzame massa droog hout, stroo, pek en teer, of iets dergelyks by-een verzamelt, tegen de poortdeuren samen-stapelt, en er dan kortheidshalve den brand in steekt.

Dat goede plan wordt oogenblikkelyk ten uitvoer ge-bracht. Rappe handen grijpen en rapen wat er van rijs naby is, en breken doode takken af, of sjouwen het bedde-stroo uit de buitenwoningen; anderen stuiven naar de schepen, en komen van daar aangezeuld met oud want, werk, of wat er meer van teer en pek doortrokken is — hetgeen flux een kleinen heuvel voor de poort doet groeien. Brandende lonten zijn er in overvloed voor de hand, en het duurt derhalve niet lang, of de vlammen slaan knetterend omhoog; en terwijl zy — met luttel ontzag voor de bassen die onlangs in de schietgaten zijn aangebracht — het hout der deuren verkoolen, werpen zy te midden der nu geheel ingevallen duisternis een eigenaardig licht op een geheel eigenaardig tafreel.

Een hel-rossche gloed, door dikke bruine rookwolken overgolfd, overstraalt het midden van den breeden woeligen kring die zich voor de poort heeft saamgedrongen en opeen gehoopt, kleurt er alle aangezichten hoog, en kaatst flitsend van allerlei wapenstaal terug. Hier en daar, tusschen de zwarte slagschaduwen of meer achterwaart doemt een gestalte, voor een deel, of alleen maar zelfs met gelaatstrekken, zichtbaar in gedempt half-licht, dat overigens nog langs een roer of over een speerpunt flikkert, en dan in schemerwaas weg vloeit. Verder wordt het nevel, en dan breidt zich het dichte donker uit, en neemt de nacht alles verder op in heur reusachtige zwarte lijst. Doch niet in stilte: er is een gejoel, een geroep, een wapengeratel, dat het geknetter der vlammen en het geknap van het barstend deurhout slechts nu en dan vernemen laat.

Een Rembrandtiek tooneel!

Plotselyk slaat er een luid gejuich omhoog. Een hoop stoere gezellen — k a e r e l s moogt ge wel zeggen — komt met een scheepsmast aansleepen: den nieuwen sleutel! Met gespierde vuisten heffen zy hem ten stormram op. „Een!.... twee!.... drie!...," — met een daverenden dreun trillen de reeds half verkoolde en uit de naden gebarsten poortdeuren, „een!.... twee!.... drie!" — met een knarsend gekraak beginnen zy te wijken; „een!.... twee!.... drie!...." met een donderenden knal springen zy open.

Joelend en juilend en jubelend stormen de Piraten naar binnen — en nu mogen wel hemel en aarde te zamen een triomfkreet aanheffen, want met dezen doorgang heeft de G e w e t e n s v r ij h e i d in Nederland den eersten vasten bodem gewonnen, waarop heur voet, zij het ook in nog zoo bekrompen ruimte zich vooreerst vestigen kan. Van hieruit zal zy, ondanks zoo menig nog op te ruimen struikelblok op heur weg, voort treden, verder gaan, en eindelyk binnen den tijd van drie eeuwen opwassen tot

Godsdienstvrijheid — in het kleine land een voorbeeld voor de gansche bewoonde aarde.

Zuidwaart intusschen is de tweede afdeeling voortgerukt, onder bevel van Kapitein Treslong, natuurlijk niet in den afgemeten pas der deftige Spaansche pavane, maar geheel in den stormloop van een wilden Geuzentroep.

Hebben zy reeds kondschappers, die hen op de hoogte van Brielles ware gesteldheid brachten, of achten zy de Langepoort en de Piermansche- en Cay-poorten minder gunstig ten aanval, dat zy zich juist ten wester cingel langs naar de Zuidpoort spoeden?

In elk geval blijkt het dat hier de breede weg en de wijde poort hun niet ten verderve hebben geleid. Vuurvlammen noch mastboom hebben zij noodig om zich een ingang te banen: de deuren staan als der stede geopende armen om hen te ontvangen. Blaast, trompetters — blaast! Laat uw schetterend Wilhelmus uwen wapenbroeders ten noorden seinen dat Brielle voor goed geus geworden is!

Maar wie is hy, die daar nog zoo schichtig van uit de stad meent weg te sluipen?

Arme, eerlyke Baliuw! Heeft het by-een zamelen der zes duizend gulden 's lands geld u aldus tot by negenen in uw „comptoir" opgehouden, dat ge de laatste der vluchtelingen moest zijn? Gelukkig nog dat het ook niet uw laatste ure is: gelukkig dat Treslong de trompen zijner manschappen weerhoudt, die u een kogel door het hart meenen te jagen! Uwe penningen moet gij den overwinnaars echter afstaan: dat is krijgsbuit naar oorlogsrecht, en de Hertog van Alba moet dan maar trachten om, voor dat harde gemis in zijn toch steeds ledige krijgskas, vergoeding te zoeken by den „penninck tien!"

Baliuw Johan van Duvenvoirde moet terug en mede met de binnenrukkende Piraten, wier gejuich en gejubel de straten van Brielle met een oorverdoovend gejuich en gejubel vervult, en hy wordt in vroolyken vrede naar zijn huis gebracht, waar hy wijders niet eenzaam zal zijn, want, welkom of onwelkom, aan gasten zal het hem niet ontbreken.

En ook geen enkelen huize ontbreekt het daaraan. Mag men rekenen dat er slechts ongeveer een vijftigtal der bewoners overgebleven zij — geen nood: Brielle heeft een nieuwe bevolking gekregen. Dat nu het Spaansch element gansch · en al is geschuimd, kan geen kwaad : het Neder-landsch element nestelt er zich zoo voortreffelyk goed, dat het er zich in den volsten zin des woords een broeinest maakt, waar menig heerlijk goed ding -- byvoorbeeld de onafhankelykheid van een ellendigen despoot · -- er als een nauwelyks gevederd kieken uit den dop zal springen, om allengs tot een sterk gevleugelden adelaar op te wassen, voor wiens klauw en snavel men zich zal hebben te hoeden !

IV.

Na den woeligen en rumoerigen namiddag en avond volgt eindelyk de stilte des nachts. De flonkerende starren van den grootschen Orion spiegelen zich zoo fonkelend in den golfslag der Maas, als deelden zy de heuglyke tijding, die de fiere stroom thans aan de vrije zee kan toeruischen.

Maar zooveel h o n d e r d rustige gezinnen, anders gewoon zich daar in vrede te slapen te leggen, zijn nu zwervende buiten, misschien nog zonder dak !

Helaas ja. Het felle onweder, dat de giftig verpeste lucht voor m i l l i o e n e n zielen moest zuiveren, heeft h e n in hunne bezittingen getroffen. Even als in Davids tijden, zijn de zonden eens Konings neêrgekomen op het hoofd van een deel zijner onderdanen. Overigens, zooals dat in oor-logstijden gaat, hebben de overwinnaars daar geen zwaar-moedige droomen over, en vragen zy, zich te bedde leg-gende, volstrekt niet of de peluw voor h e n is geschud en opgemaakt.

Entens heeft zijn intrek genomen in het huis van den gevluchten Schepen Gansen, en bevindt er zich volkomen wél. Aumale koos de herberg van jufvrouw Fasols, en ik vrees dat hy reeds blikken heeft gewisseld met hare lichtvaardige dochter, die tot een al te vrije gemeenzaam-heid kunnen leiden; voor de rest zal hy er niet slecht gelogeerd zijn, want ik weet niet dat de Edelman van Albaas Huis, die, uit Schotland gekeerd, er in Oktober laatstleden verblijf hield en van stadswege op wijn werd onthaald, aanmerking heeft gemaakt.

Treslong vergenoegt zich wel niet met het voor het oogenblik nog berooide huis van zijn oom, ofschoon hy er over mag denken om het zich beter te doen inrichten, en er weldra Jonkvrouwe Adriana van Egmond van Kenenburch — al heeft zy met Maria van Poelgeest te Rijnsburg den nonnensluier weggeworpen — als Vrouwe van Oudenhoorn, Grijsoort, en Peteghem* binnen te leiden. Kapitein Haren inzonderheid verheugt zich een vast dak boven zijn hoofd te zien, en niet lang zal hy het schrijven van den brief uitstellen, die hem zijn vurig verlangde echtgenote en hunne nog jeugdige kinderen hier in de armen voeren moet.

En zoo heeft — behoudens de uitgezette wachten, die het bezit der verovering hebben te veiligen — zich ieder eindelyk met zijn eigene droombeelden en voorspiegelingen ter ruste gelegd, ofschoon niemand hunner nog vermoedt aan welk een schoone toekomst hy gearbeid heeft. De gebleven Brielenaars kunnen hun hoofd op hun eigen kussen strekken, voor zooverre niet Pieter Pauwelsen Steurs, op de timmerwerf — wiens huis, benevens dat van een paar anderen, in brand was geraakt —, de gastvrijheid van eenigen vriend of bloedmaag heeft moeten inroepen. Ook zegt men dat sommige Regenten zich een wacht moeten getroosten, die hen onder streng toezicht houdt; laat dit hun evenwel geen nachtmerrie op het lijf halen: met dat lijf zal het zich wel schikken. Met de bezittingen? Ja — daarin zullen, naar ik ducht, de voormalige ballingen een woord meê spreken; en in geen geval moet de oudste Burgemeester er op rekenen dat hy niets meer zal moeten afgeven dan de by hem beheerde penningen van den wijnaccijns.

Zoo gaat voor het uiterlyk de nacht in rust voorbij, doch den volgenden dag blijft dat zoo niet. Met gezinden als Lumey en Entens, om geen anderen meer te noemen, aan het hoofd, kan geen geuzerij uitblijven, en moeten op hunne wijze de kerken gezuiverd, de kloosters nog bovendien ontledigd worden. Dat er het paersche hongerdoek de altaren, en beelden overdekt, heeft voor hen het symbool van rouwe en boetvaardigheid verloren: zy

---

* Aan Treslong behoorende Heerlykheden.

noemen dat superstitie, en het tergt slechts te meer hun
ergernis.

„Neder daarmede! naar den grond!"

Zooals de inkwisitie en de bloedplakaten te werk gaan
met vleesch en bloed, gaan zy met hout en steen te werk:
leer om leer — en deze leer is nu eenmaal de hunne.
Hard tegen hard: zy zijn geslagen en getrapt — en nu
zy zich in woede hebben opgericht, slaan en trappen zy
terug. 't Is verre van christelijk. Maar dat zijn inkwisitie en
plakaten, die zulke humeuren in het leven hebben geroepen, nog veel minder. 't Is ten minste menschelyk — en
d a t kan van plakaten en inkwisitie niet eens worden gezegd. Doch neem tijd en zeden in acht! Voortreffelyk:
maar dan voor b e i d e partijen — en gy ziet dat de zaak
dan volkomen in heur oud verband blijft. Er zijn nu eenmaal van die raadselachtige feiten die door den booze schijnen uitgedacht, en waarvan het in den grooten gang der
zaken vervolgens schijnt te moeten blijken dat de Hemel
ze toch heeft goedgekeurd Venite! adoramus.

Brielle beleeft alszoo zijn tweede beeldstorming, en deze
is beslissend.

Tooneelen als er nu volgen, in de Sinte-Catheryne en
in Sint-Pieter zoowel als in de kloosters, hebben echter
— hun vermoedelijke noodwendigheid daargelaten — te
veel afstuitends voor ons, dan dat wy ze, buiten dringende noodzaak, zouden wenschen by te wonen.

Laat het u alzoo genoeg zijn om vluchtig op te merken hoe de uitgelaten hoop, nadat het breken en splin-
teren is afgeloopen — voorzeker niet zonder in de kloos-
terkelders naar de vaten Israëls te hebben gezocht * —
weder te voorschijn komt, beladen met „Kerkelijke en
Geestelijke goederen, Cappen, Coorkleederen, Cassuiffelen en
misgewaet," en dat alles als goede buit naar de schepen
brengt.

Maar hoe.... naar de schepen? En stellen zy zich daar
niet aan, als denken zy metterhaast weder te vertrekken?

Erger nog: — het gerucht loopt, dat de Admiraal-zelf
geen andere meening koestert „dan om de Stad en 't Land
daeromtrent te plonderen en beroven, en daer mede we-

---

* »Ysrahel" een fijne biersoort.

derom te vertrecken, want hy achte de plaetse niet hou-
baar te zijn tegen de Spangiaerden."

Voorwaar — men moet Luikerwaal, en van Ardenner
everbloed zijn, om over d e z e zaak z u l k e denkbeelden te
voeden !

Zeeuwsche en Friesche en Hollandsche harten slaan
— Goddank — nog iets hooger, en de geest, die op Palmzondag over de Noordzee voer, is h u n niet zonder aan-
blazing gebleven. Zelfs een Entens verzet zich, laat staan
dan een Treslong en anderen, met name ten minste Kapitein de Rijck en Kapitein Dirk Duyvel. „Wat moed
„konden de verlangende landtzaaten, welker hoop op de
„beloofde en t'elkens gemiste verlossing ten eynde van
„aadem was, oover houden, indien men dus een sleutel
„des landts willends uit der handt worp?"

„Ik voor my" — spreekt de Rijck, den vromen zin
eens echten Hollandschen burgers waardig: „Ik voor my
„heb God menigmaal om een graf op het strand mijns
„vaderlands gebeden — thands zal er my wel een binnen
„de wallen gebeuren!"

Aldus wordt Lumeys woeste onberadenheid in de engte
gedrongen; hy neemt het doorzicht van anderen over, en
nu zal de toren van Sinte-Catheryne op gansch andere tooneelen neêrstaren, dan op die van roof en plundering.

Geen sprake meer van vertrek. Na korte beraadslaging
der Bevelhebbers volgen geheel andere bevelen. I n s c h e -
p i n g — geen woord daarvan meer: o n t s c h e p i n g, tot
zelfs van het geschut, en dat naar de wallen gesleept en
daar toegesteld. Zijn er zwakke plaatsen aan de muren
— haring- en andere vischtonnen worden er in overvloed,
en zand zelfs maar voor 't graven gevonden: middelen
genoeg voorshands, om een krank bolwerk te stevigen.

Alles is lustig in de weer, alles rept yverig de handen.
Geschut zeulen, tonnen rollen, aarde graven en kruien, en
dat alles onder toezicht der Bevelhebbers ter behoorlyke
plaatse aanbrengen — gansch Brielle rammelt en ratelt
en dreunt er van. Waar er gebrek is aan mannenhanden,
schieten vrouwen toe om te helpen, terwijl anderen harer,
in spijt der Hollandsche spaarzaamheid, zich het voorschoot
van het bouwen losknoopen, het in reepen scheuren, en
er lonten van draaien.

Nooit te voren, zelfs niet op de besten zijner jaarmarkt-dagen, beleefde het stedeken zooveel rusteloos bedrijvig gewoel!

Ziedaar nu zooals het komen moest. Ik heb het u gezegd, toen zy op het zwalpend zeevlak verdwenen uit uw oog: gy zoudt hen nogmaals aanschouwen in de volheid hunner ruwe, maar dan geadelde kracht.

Op dit oogenblik, nu het hun leuze en doelwit is om Brielle tot een Rochelle der Geuzen te maken, wisschen zy zich niet alleen menige bloedvlek en slijkspat van de handen, maar verwerven zy zich bovendien den adelbrief, die hun was weggelegd : thans hebben zy het piraten-kleed uitgeschud, en zich in de wapenen gegord tot verdediging van het vaderland; thans is de W a t e r g e u s waarlyk V r ij h e i d s h e l d geworden.

Daarom mogen ze nu onder hun nobelen arbeid, met gestroopte mouwen en het zweet op het gelaat, zingen by den opwekkenden klank der trompetten die het Wilhelmus schateren :

»Als David moeste vluchten
»Voor Saul den tyran,
»So heb ick moeten duchten,
»Met menich edelman;
»Maer Godt heeft hem verheven,
»Verlost uit allen noot,
»Een conincrijck gegeven
»In Israël seer groot."

Ja — een koninkrijk zal ook uit hun arbeid voortspruiten. Dat koninkrijk z a l komen. Wilhelmus van Nassouwe zal er de kroon van dragen en den scepter van voeren. De eerste trede van de trappen diens throons, die wortelt in de sympathie van een met Nassau vrij gevochten volk, hebben de Piraten gelegd, innemende den Briel.

PAASCH-AVOND OP VOORNE.

I.

De kraaien, azende in de zandpollen en molshoopen tusschen het ontspruitende gras aan de lage zoomen der Derryvliet, slaan krassend huinne snorrende vlerken uit, en zoeken, den Molendijk over, een wijkplaats in het hooge geboomte achter Zwartewaal. Een blanke eiber, gestoord in zijn jacht op de enkele kikvorschen, wier bruine kop hier en daar weder tusschen het dunne vlies van het heldergroene kroos te voorschijn duikt, roeit, op zijn zwartbonte wieken, eenige honderden roeden verder, om dan rustig neêr te strijken op het kerkdak nevens den hoogen toren, ginds aan het westen omhoog rijzende, den toren van Brielle.

Het is wederom ook die toren, hoe aanlokkelyk vredig hy zich daar in het dampig verschiet vertoonen moge — door een fijne rooskleur méer nog dan door een wazig geel onderscheiden — die de onrust tot zelfs onder het gevogelte van Voornes noordwestelyke polders brengt.

„De Geuzen hebben den Briel!".... dat is als een elektrische schok door het gansche land gevaren. Dat heeft opschudding verwekt in steden en in dorpen. Dat heeft hoofden en harten in spanning, gezinnen in duizend vreezen gebracht. Hoe velen, in bijna ieder gewest, die verwanten of innige betrekkingen hebben onder die waaghalzen, die tot zulk een ongehoord stouten stap zijn overgegaan! Hoe velen, die kermen gelijk de Rijcks echtgenoote te Amsterdam, toen zy heur doodelyken angst in den boezem heurs vaders al schreiende uitstortte: „Nu is mijn man „in den Briel, met een hand vol volks.... om eerstdaags „al te zamen opgehangen te worden!"

Mogen er velen ook zijn, die, zooals de oude Nicolaes

Hoóft, daarop bemoedigend antwoorden: „Spaar uwe tra-
„nen, dochter! zy hebben de koe by de horens! Zijn ze
„zoo wijs geweest om zich meester van den Briel te ma-
„ken — zy zullen zich voor de galg wel weten te wachten!"

Toch dreigt die galg nu reeds van naby — want de
ongehoorde mare heeft verbittering óok opgewekt, en
Hollands Gouverneur, Maximiliaan de Hennin, Graaf van
Boussu, nog in het tijdperk zijner Spaanschgezinde verblindheid verkeerende, is ijlings opgesprongen, om de vastge-
klemde horens ten spoedigste weder uit de verwaten knuis-
ten los te wringen.

Ziedaar, waarom het schuw gevogelte opvliegt aan de
lage zoomen der Derryvliet.

Op den morgen van den tweeden April gewerd Boussu
de tijding te 's Gravenhage. Oogenblikkelyk schreef hy den
Maëstro del campo Don Hernando de Toledo, te Utrecht,
om hem met de acht vendelen, aldaar in bezetting liggende, tot bystand te komen; trok zelf van krijgsvolk by
elkander wat hem in onmiddelyke nabyheid ter beschikking stond, en rukte daarmede terstond naar Maaslandsluis, vanwaar hy in het avonddonker het vuursein op den
Brielschen toren kon zien flikkeren. Op den avond van
den vierden April kwam Hernando met zijne vendels te
Schiedam en te Vlaardingen, en alleen de sterke wind be-
lettede hun voornemen om aanstonds scheep te gaan. In
dit oponthoud mag tevens de Baliuw van Vlaardingen,
Pieter Vrancken, als een „vermaard Piloot" bekend, en die
dan nu ook den tocht tot stuurman zou dienen, wel de
hand hebben gehad.

In den morgen van heden, den vijfden April, heeft de
overtocht nochtans plaats gehad — veertien honderd man
ongeveer —, en vandaar die schepen aan de monding der
Bernisse, die de Spaansche vlag voeren, en vandaar dit
soldatengewoel in de Heenvlietsche polders, langs den langen Meeldijk, den weg naar Zwartewaal op.

Koel vaart de wind over het net van dijken en kaden,
dat de vlakke polders, die zich hier zoo eindeloos voor het
oog uitstrekken, overdekt en aan elkander snoert. Zoowel
de naakte twijgen der kloeke olmen en wilgen, die ginds
en elders op een boeren-erf het huisdak verbergen, als het
knoppende takgewemel van deze of gene schrompelige vlier-

struik aan den opgang van een houten bruggetjen, huiveren nu en dan by het verheffen van een killere vlag,
terwijl de hooge dorre riethalmen aan de breede slooten
hunne verbleekte vederpluimen, schimmen van hun glan-
zigen herfsttooi, buigen en schudden.

Redenen te meer voor strijdlustige krijgers tot een versnelden pas, waartoe de groote trommen, aan de linker
heup der voortschrijdende tamboers, dan ook lustig manen.
Krijgshaftige mannen, die soudeniers van het tercia di Lom-
bardia, in hunne wambuizen en troesbroeken van verschillende kleur, met gepluimde hoeden, en het blinkend musket
over den schouder; of, in het borstharnas gegespt, den
punthelm met den opgespitsten rand op de kortgesneden
haren, de flikkerende speer in de vuist: allen aan den
rooden bandelier over den schouder gestrikt, even als aan
de geele met het roode Bourgondische kruis beladen vaandels, die hun boven het hoofd wapperen, als Spaansche
krijgsknechten kenbaar.

Ook zijn zy zoo' goed als op bekenden bodem: ten
vorigen jare hadden zy tot over de helft van November te
Brielle in bezetting gelegen en nu hun plan om in den
nacht van Witten Donderdag te Utrecht in opstand te komen wegens achterstallige soldy, is voorkomen, en 'zy er
hunnen Electo geworgd voor het stadhuis hebben zien liggen, hunkeren zy te meer om spoedig binnen die allengs
zichtbaarder wordende muren aan het westen te geraken,
die dan voor zich en voor Utrecht samen zullen betalen."

En naar zorgelooze geuzenwijze houdt men daarbinnen
inmiddels huis?

Dat hier van Spaansche zijde eenigszins op gebouwd is,
mag wel waar zijn. En heeft die zijde misschien ook reeds
kondschap bekomen van de vroolyke maaltijden, die er door
de Bevelhebbers der Piraten worden gehouden in het kwartier van Entens, waarby Lumey gaarne Mayken en Aecht-
jen, de dochters van wijlen Schepen Willem Heermansen,
tegenwoordig ziet; en hoe de minnekozerij met Marytjen
Fasols dochter den woesten Aumale ten nieuwen Simson
aan de voeten dier nieuwe doch trouwens niet verrader-
lyke Delila maakte — dan schijnt het dat bouwen ook aan
geen geheiden grondslag te ontbreken.

Doch er hebben middelerwijl tevens andere feiten plaats

gegrepen, die getuigenis afleggen dat ook de geest van Treslong, van Dorp, van Cabeliau en dier zinverwanten er werkzaam blijft. Den dag na de inneming is De Rijck met den onafscheidelyken Bernard en Rudam naar Engeland gestevend; niet maar alleen om er den inhoud der twee gevrijbuite vaartuigen te gelde te maken, maar vooral om er onder de aldaar in grooten getale aanwezige Nederlanders de heuglyke nieuwmare der overwinning te brengen; en er tevens bystand te werven; en ongetwijfeld ook om Piraten, die men op zee mocht ontmoeten, aan te manen om ijlings de Maas binnen te loopen, waartoe het bakenvuur op den toren het sein geeft.

Ook is er een stoer gebouwd man ter poorte uit gewandeld, naar zijn grauwe py en overig gewaad te oordeelen een boer. Met zijn stoppeligen zwarten baard en zijn stevige gestalte, ziet hy er wel uit om iets niet alledaags te durven ondernemen; en zoo is het ook. Den vasten wal bereikt hebbende, zal hy zijn voetreis voortzetten naar Utrecht, om vervolgens verder langs de molens by Arnhem heen zijn koers naar het Kleefsche te nemen. Eenmaal de grenzen over, by voorbeeld in de herberg te Mariënbaum, kan hy gerust verhalen dat hy des Graven van Lumeys bode naar den Dillenburg is, en dat de zaken in den Briel goed staan.

En waarlyk — de zaken in den Briel s t a a n goed, dank zij ook der medehulp van Baliuw Vrancken daartoe, wiens overleg Boussu heeft bewogen om de schepen aan den mond der Bernisse te doen ankeren, niet zonder tevens de kennis daarvan te doen geworden aan de Watergeuzen, die er nu hun voordeel meê mogen doen.

Lumey heeft het niet raadzaam geacht om de Spaanschen reeds by hun landing te bemoeilyken: de stad is vol gevlucht landvolk, welks geest hy niet kent, en hy begrijpt dat een te verre verwijdering misschien aanleiding zou kunnen geven tot eenig feit van verraad. Koelbloedig heeft men reeds vernield, wat den vijand nutten kan. Die buurt daar buiten de zuidpoort zou in aanvallers-handen een gevaarlyke bestookplaats kunnen worden. „Dat er dan „de roode haan kraaie!" En de huizen zijn verbrand. Die boomgaarden in het Nieuwland zouden aanrukkenden een veiligende schuts kunnen bieden. „Dat er dan de bijl aan

„den wortel worde gelegd!".... En de boomen zijn geveld. Men trekke zich nu in-een als een egel, en zorge met uitgestoken pennen voor naby.

Dit laat zich trouwens niet lang wachten. Van den toren, ja zelfs van den molen op den wal naby de Cay-poort heeft men overtocht en landing kunnen waarnemen — thans kan men hen reeds van den dijk zien naderen, met slaande trommen en vliegende vaandels; hunne speeren en mus-ketten flikkeren aan den Riethoek: zy hebben den Vecht-hoekschen dijk betreden.... met eenige minuten zijn zy het Seggeland en den Avondhoek voorby, en het Nieuw-land in.

Maar ook de Geuzen zijn op hun post.

In de boomgaarden, onmiddelyk onder de stad, hebben zy hunne roeren geladen en de lonten aangeblazen; en het schaadt niet dat de looverkruinen zich nog in dorheid schudden: de stammen alleen volstaan om heden vruchten af te werpen, kostelyker zelfs dan appelen van louter goud: elk dier stammen dekt zijn man, en ieder dier mannen kiest zijn mikpunt op een vyandelijke borst die daar nadert.

Koen — misschien ook wel een weinig verwaten, naar-dien er tot op dit oogenblik, en den muren der stede zoo naby, nog zelfs geen schijn van weêrstand heeft plaats ge-vonden — rukt de wakkere vaandrig Diëgo Felices aan het hoofd der Spaansche voorhoede op de stad aan, die in den rook en de vlammen, opstijgende uit dat gindsche huis van Lenaert Thonnissen, de profecie mag lezen van wat lot haar-zelf te wachten staat.

Niet te voorbarig, dappere Diëgo!

Plotselyk knalt en knettert het van onder die dorre looverkruinen — en nog eer de blauwe rookwolken, daar onder opdoemende, er over zijn heengevaren, stort er menige Spanjaard neder, en stuiptrekt in zijn bloed.

Goed zoo: dan zal het ten minste strijd worden — en geen lauweren zonder strijd. „Voorwaart, soldaten des „Konings! onversaagd: vuur tegen vuur!"

Wie kleinmoedig zijn in de stad, mogen nu wel samen-krimpen van angst, en rillende de saâmgenepen handen tegen het bonzende harte drukken: want thans knalt en knettert het van weerszijden, en kruisen zich de guivende kogels onophoudelyk en in woedende vaart.

Vuur tegen vuur!

Boussu fronst het voorhoofd. In getal niet slechts — ook in gehalte valt hem die vijand tegen: „bouffen en piraten," flux uit-een te jagen, had hy zich gedacht — en hij ontmoet onvervaard standhoudende krijgers, waarvan hy wel bespeurt dat hy, zonder talrijker macht en voorzien van zwaar geschut, ze niet verdrijven zal.

Maar wat is dit!... mengt zich nu ook het water in den strijd? Wordt de vaste bodem van het Nieuwland eensklaps drassig onder onzen voet? En als wy tegen die vermaledyde Geuzen op nieuw onze roëren hebben geladen, trekken wy dan de kolven slijknat in onze hand terug, zoodat de lonten vochtig worden als wy ze in den haan spannen?

Santiago! — begint het ons reeds kil langs de enkels te plasschen?

Madre de Dio! - wie voor een kogel duikt, ziet een zwellenden vloed beneden zich! Voort van hier — voort! Ziet daar ginds de golven door den dijk bruischen:.... de Geuzen hebben hunne wateren tegen ons los gelaten!

Niet zoozeer de Geuzen. Voor wie goed heeft kunnen toezien, is het slechts een enkel man geweest, die dat koene feit heeft gewrocht: een enkel man, die daar al die stoute en voor staal en lood onvervaarde Spaansche krijgers met water gaat wegspoelen. Het is de stadstimmerman Rochus Bartelmeeuwsen Conincx, die by deze gelegenheid heeft getoond dat hy werkelyk kort van stof, en der geuzerije gansch geen vijand, maar een onvervaarde vriend moet worden genoemd.

Even als de anderen, had hy wel evengoed een roer kunnen laden, en zich — verstandiglyk — achter een boom posteeren, ten einde, zelf minder trefbaar, zooveel te meer vijanden te kunnen treffen — doch hy begreep dat hy het in zijn macht had, hy-alleen, om hun-allen de volle laag te geven, hun-allen te gelijk. En zoo heeft hy zich dan, te midden van den weêrszijdschen kogelregen, met zijn hem eigen wapen, een bijl in de hand, beneden den Maasdijk in de rivier begeven, daar de deuren der schutsluis van het Brielsche Nieuwland gekloofd, en er den hooggaanden riviergolven een vrijen toegang gebaand.

„Uw roem, o Held! zal nimmer vallen:
Gy hebt verdiend der Vrijheid gunst!
Schoon uw geslacht niet was verheven —
Uw hart, uw moed zal 't luister geven,
Meer dan geboorte geven kan.
Wien 't eerst de glans der deugd bekoorde,
En de eer tot ware grootheid spoorde —
Ziedaar den eersten Edelman!" *

En thans wordt het waarlyk een heroïesch-komisch tooneel: een troep wilde eenden, lam geschoten in den vleugel, en nu spartelende in den vloed, en zich trachtende te redden op het drooge. Een strijdtafreel is het niet langer te noemen. Van uit de boomgaarden guiven en sissen kogels genoeg, maar aan weêrstand valt niet meer te denken: het Eerste Wegjen, het Tweede Wegjen, de Kerkweg — alles staat blank, en raakt gedurig dieper onder, want het binnenschuimende Maaswater poost niet. In plasschen en plompen en krioelen, in glippen van de kaden en strompelen in kleverig slijk, met het klotsende water tot aan de heupen, gaat alle krijgstucht verlören. Ziedende van gramschap, en toch huiverende van natte koude, die door het gansche lichaam vaart, plonsen en flodderen die kloeke soldaten, redding zoekend naar den dijk, waar zy vloekend de beslijkte voeten stampen, en nu gaarne den roep des Bevelhebbers volgen, die ten storm op de Zuidpoort maant.

Maar juist hier heeft ook Lumey het zwakste punt erkend, juist hier heeft hy daarom zijn meeste versterking aangebracht, en het zwaarste geschut geplant. Een donderend kanonvuur begroet hen — kanonvuur, dat den heeten toorn, in het water ontstoken, spoedig weêr te land weet te blusschen.

Zy tuimelen onder-een en terug. Het deinzen der voorsten, terwijl de achtersten nog opstuwen, brengt een botsende verwarring in het midden, die van daar weder naar beide zijden voortgolft, en er de hoofden doet duizelen. Zy wijken — hetgeen hun na zulk een Aprilbad, met druipend, beslijkt gewaad, met een half nat lichaam, en nu door den mond der kanonnen zoo ruw begroet, bezwaarlyk als lafheid valt aan te tijgen. Het moge Boussu verdrieten, Hernando vertoornen, Felices verbitte-

---

* VAN HAREN, ed. Bilderdijk.

ren — hier blijft geen andere weg over, dan die der stede den rug keert.

Terug op Zwartewaal! Terug naar de schepen!

De Hossebos wemelt nu van nog grooter, ook van vrij kledderiger gedrang dan voor vier dagen geleden.

Maar wat zijn dat voor vale rookwolken, die daar ginds, naar het oosten, achter den Bernisse-dijk als uit de Maas opslaan? Ziet — zy verdikken en verdichten zich, en kronkelen in al breeder omvang omhoog!.... Dat is niet de wolkkolom die den kinderen Israëls by dage den weg wees door de woestijn — en toch is zij het eenigszins. By den Hemel..... die Geuzen hebben den duivel in! Zy willen ons allen doen verzuipen — zy steken onze schepen in brand!

Ja, verslagen krijgers van het roemruchtig tercio! zóo is het! Baliuw Vranckens woord is niet te vergeefs dier Geuzen ooren ingegaan. Terwijl de strijd nog den polder met blauwen kruitdamp omnevelde, zijn Treslong en Roobol met eenigen der hunnen scheep gegaan, de rivier opgestevend, en uwen platbodems en andere vaartuigen lijnrecht in den boeg gevaren. Zich met overleg haastende, hebben zy in een deel het vuur geworpen, anderen in den grond geboord, anderen los gebonden en den stroom prijs gegeven. Die rookwolken waarschuwen u, dat ge geen keuze meer hebt, dan tusschen snelle, ijlings snelle vlucht of verdrinken.

Maar by den aanblik van zulk een dood, in dit drassige kikvorschenland des Noordens, kan het dien bruinen zonen der hooge bergstreken van het Zuiden wel geen twijfel meer baren wat zy zullen kiezen. Wanneer men op een winderigen dag, reeds met natte broek, schoenen, en kousen, en bemodderd tot over de knie, voortsukkelt over een dijk, wordt het vooruitzicht van een wanhopige zwemparty dubbel afschrikkend: de aftocht verandert alzoo in dollen loop. Voorhoede, middentocht, achterhoede — alles dringt zich onder-een, in volslagen wanorde: ieder voor zich, wie naast en rondom hem ook vergaan moge, zorgt voor eigen veiligheid. Wie glibbert of glitst of struikelt, klemt zich wanhopig aan zijn voorman vast; maar wie valt, moet niet rekenen om op te staan: men trappelt en draaft over hem heen. In stormende vlucht gaat het dwarlend en zwindelend voort: een tafreel dat in muziekschrift moet worden gesteld, om door een woeste warling van snijdende en snerpende wangeluiden het radeloos gewoel en gejoel naar waarheid te kunnen schilderen!

Boussu-zelf, in den wilden stroom natuurlijk meêgesleept, houdt stand te Zwartewaal, vanwaar hy morgen een zeer droog relaas naar den Hertog zal afvaardigen, dat, hoe kort en droog ook, dezen toch den triomf der Piraten melden moet. Het meerendeel der manschap stuift verder, als zit hun sint Veits dans nu eenmaal in de beenen. De Bernisse, die vloed huns onheils, stuit hen niet: zwemmende, spartelende, flodderende, aan schuiten hangende, ieder naar hy het best vermag of gelegenheid vindt, helpen zy zich over, waarby enkelen te gronde gaan. Zelfs in het land van Putten achten zy zich nog niet veilig; en zoo slobberen zy dan door dik en dun, en zelfs het stroomvlak van het Spui door, waarachter zy zich eerst op Beierland ruste durven gunnen, en het bemodderde pak van de dampende leden trekken.

Buiten van den dijk, binnen van Brielles wallen, heeft men den aftocht met gejuich waargenomen en hem vroolyk nagestaard, totdat de laatste schim zich in volslagen nevel oploste, en achter den verst zichtbaren dijk voor immer verdween.

Uit de boomgaarden en van den dijk zijn de overwinnende Geuzen weder de poort binnen getrokken, fier op hun zegepraal, en door de schaterende triomfkreten hunner wapengenooten begroet. Al te zamen mogen zy nu vroolyk en naar waarheid het echte geuzenliedeken opzingen:

»Ghij hoenderen, eenden, en duyven!
»Wilt u verblijden al:
»De Vos die op u plach te kluyven,
»Die leyt nu in een dal.
»Opten wech derf hij 't niet houwen;
»Dat heeft de Gans gedaan,
»Die brengt hem in benauwen
»Met haer jongen, zonder waen,
»Die nu dapper broeden aen." *

De vijand is verdwenen en Brielle is vrij! Alles juicht en jubelt..... behalve de achttien arme Spanjaarden —

---

* Geus, gees, gans, in éénerlei beteekenis: vandaar ook dat het Goesche stedewapen een gans voert.

twee Hoplieden en zestien soldaten — die de nederlaag der hunnen met den strop hebben moeten bekoopen, en nu in den avondwind aan een molen bungelen, zonder iemands meêwarigheid op te wekken.

„Oorlogsmanier: vergelding en wrake!" verdedigt de overwinnaar: „Waren zij binnen gekomen — wy waren gehangen. „Vive le Geus! Vivat Oranje! De vijand is „verdwenen — Brielle is vrij!"

II.

De vyand verdwenen, en Brielle vrij!.... hoe moet dat bewustzijn als een adem van kracht door de gemoederen der Geuzen zijn gevaren! Hoe moeten hun de spieren hebben getrild om nu ook niet stille te staan achter den ploeg, maar het scherpe kouter kloekelyk verder te drijven door den ontvankelyken grond!

„Libertatis primitiae" moge de kleine stede nu voortaan met fierheid als wapenspreuk gaan voeren — de Bevrijders-zelf mogen het by deze Eerstelingen der Vrijheid niet laten blijven.

De geschiedenis is daar, om te bewijzen dat zy ook aan geen traagheid hebben gedacht ··· doch dit ligt buiten het perk waarop wy ons hebben willen bewegen. Brielle gewonnen en Brielle behouden, méér hebben wy niet getracht te aanschouwen. Dat de Princelyke kleuren wapperen van Brielles toren, terwijl de Spaansche vlaggen, met slijk beklonterd en bespat, een spot zijn geworden van den Voornschen boer; dat het Wilhelmus van Nassouwe er schettert op de wallen, terwijl de Spaansche trompet en de Spaansche schalmei er voor goed zijn verstomd; dat de Geuzen er schimpend zingen, wat het gantsche land ten eeuwigen dage niet vergeten zal:

»Op den eersten April,
»Verloor Alba zijn bril."

terwijl de Spaansche soldaten werkelyk als in blinde vreeze, voortjagen naar een oord van veilige toevlucht — dat volstaat om ons te bevredigen.

Brielle gewonnen en Brielle behouden — dat is ons thans genoeg.

En waarlyk, het is ook genoeg.

Naar den mensch geoordeeld — zonder de inneming en het behoud van den Briel, waren de Nederlanden verloren geweest. Zonder de inneming en het behoud van den Briel, zouden galgstroppen en martelvuren de energie van het Nederlandsche Volk hebben uitgedoofd. Zonder de inneming en het behoud van den Briel zouden de Nederlanders, even als later de rampzalige Aragonezen, de gekromde slaven van een ellendigen Filips den Tweede en diens armzalige opvolgers zijn geweest.

Door die inneming en dat behoud zijn de Nederlanden van versnipperde leden een samengegroeid lichaam geworden. Door die inneming en dat behoud heeft het Nederlandsche Volk allengs al zijne krachten leeren ontwikkelen, al zijn energie toepassen. Door die inneming en dat behoud hebbben de Nederlanders zich die zelfstandigheid verworven, waarop een eigen taal, eigen zeden, eigen gewoonten een volkomen rechtmatige aanspraak geven.

De inneming van den Briel is het schitterend keerpunt in onze geschiedenis. Voorzeker — van toen af eerst reusachtige barensweën, ontzettend en naamloos pijnlyk... maar die ook de geboorte moesten schenken aan een geheele Natie!

De inneming en het behoud van den Briel, den grondslag tot de vestiging van den Nederlandschen Staat leggende, strooide het zand in de voren, waaruit in schutse van den Oranjeboom, die vrijheid van onderzoek, van denken, van spreken is opgewassen, die ons te recht zoo onschendbaar, zoo heilig, zoo dierbaar is: het kostelyk kleinood, dat alleen de waarachtige vrijheid, en in haar thans de eere en glorie van Nederland en Oranje uitmaakt.

INHOUD.

SPREEKWOORDEN.

—

EEN BOEK

VOOR HET VOLK,

DOOR

P. Bogaert,

Kandidaet in de Wysbegeerte en Letteren.

GENT,

BOEK- EN STEENDRUKKERY VAN I. S. VAN DOOSSELAERE,

KLEINE BOTERMERKT, 4.

—

1852.

VOORWOORD.

Meestal de schryvers beginnen hun werk met een voorwoord, en wy vinden ons byzonderlyk verpligt het onze wat uitgebreid voor te dragen, om onze lezers het doel dezer uitgaef, en het voordeel dat wy hierdoor trachten te bekomen, behoorlyk te doen kennen. Indien wy eenige bladzyden tot ons voorwoord bestemd hebben, zullen wy niettemin, zoo veel mogelyk, by ons oogwit blyven, en de spreekwoorden aenhalen, welke op de krachtigste wyze onze gevoelens uitdrukken; zoo doende, mogen wy overtuigd zyn dat deze wydloopige inleiding gunstig aengenomen, en aendachtelyk zal gelezen worden.

. *Een Boek voor 't Volk*, is de titel van ons werk; wy verstaen hier door 't volk, de midden- en werkende

standen : den koopman, den landbouwer, den kunst-
werker en den ambachtsman; wy schryven dan niet
voor natuer- wis- staet- of letterkundigen, want dezen
hebben hunne boeken, en zekerlyk zoude ons werk
hun te gering voorkomen, hun niet bevallen; laet aen
deze geleerde mannen hunne menigvuldige en verdienstelyke schryvers, en maken wy kennis met de
toepassing der nederlandsche spreekwoorden.

Wat wy door spreekwoorden verstaen, en wat voordeel wy aen het volk door de toepassing derzelve willen
bezorgen, dit zyn de voornaemste punten waermede
wy ons in dit voorwoord moeten en zullen bezig houden.

Spreekwoorden zyn nadrukkelyke overtuigingen,
eenvoudige en lichtbevattelyke voorschriften van wysheid en deugd, onwederlegbare redenen of waerheden
door de ondervinding der volkeren bekrachtigd; zy
zyn de kern van de redenen en gaen door hunne scherp-
zinnige kortheid dikwyls alle uitgebreide redeneringen
te boven; zy zyn bekwamer tot leering dan geheele en
groote boeken; want gelyk de zon met een klein
straeltje dikmaels een duister hol verlicht, zoo kunnen
ook de spreekwoorden de duisternis der onwetendheid
uit het verstand verdryven, en de ware deugd daerin
vestigen.

Sailer noemt de spreekwoorden de wysheid op de
straet. « Onder de nederduitsche spreekwoorden, »
zegt de geleerde en verdienstelyke schryver, J. F.
Willems, « vindt men er zeer veel, die het karakter
» onzer natie en de volkswysheid onzer vaderen van de
» voordeeligste zyde doen kennen, en het ware wel de

» moeite weerd, dat iemand van onze nederlandsche
» tael- en oudheidkenners dezen nationalen schat van
» menschenverstand eens opzettelyk onderzocht en
» uiteenzette; hy zou zynen landgenooten eenen we-
» zenlyken dienst bewyzen, en een werk leveren dat
» nog aen onze tael ontbreekt. »

De verzameling der spreekwoorden geeft ons lessen
in de zedeleer, toegepast op al de omstandigheden van
's menschen leven. Deze lessen zyn de vruchten van
de ondervinding der volkeren en als het gezond oordeel
van alle eeuwen in voorschriften gesteld; deze leering
is zoo krachtdadig, zoo nuttig, dat wy met eenen he-
dendaegschen schryver mogen bekennen dat een arm
en ongeleerd werkman in zyne spreekwoorden meer
wysheid bezit, wat zedeleer aengaet, dan de zeven
wyzen van Griekenland te samen.

Evenwel hebben velen de spreekwoorden in den
mond zonder te weten wat zy zeggen, alleen omdat zy
ze dus in het dagelyksch gebruik hebben gehoord, en dan
gebeurt het dat zy *een klokje hebben hooren luiden; maer
dat zy niet weten waer de klepel hangt; zy slaen er naer
als de blinde naer 't ei,* zy spreken van zaken zonder
het regte bescheid te weten, en zulken maken zich
dikwyls belachelyk.

Ook ontelbare spreekwoorden zyn weinig in gebruik
en zouden mogelyks teenemael vergeten blyven, indien
men ze niet op nieuw by het volk verspreide; daerom
hebben wy voorgenomen de nederlandsche spreekwoorden in orde te schikken en toe te passen, om aen
het volk eene zedeleer te bezorgen, waertoe het in alle

omstandigheden van zyn leven toevlugt kan nemen, en waerin het eenen goedwilligen en wyzen raedsman zal vinden die al zyn vertrouwen verdient.

Wy vermeenen *hierdoor geenen stoel in den hemel te verdienen,* groote verdiensten te hebben : neen, zekerlyk neen, wy weten te wel dat *hy die zich zelven kittelt geern lacht,* maer wy weten ook *dat eigen lof stinkt.* Indien wy willen medewerken tot de beschaving van onze vlaemsche broeders om hun tot huishoudelyke en christelyke burgerdeugden op te wekken, moeten wy bekennen dat *het werk uit onzen koker niet komt,* dat *wy pronken met vreemde pluimen,* dat wy *ploegen met eens anders kalf;* wy eigenen ons het werk, de verdiensten, de ondervinding en de raedgeving *van anderen,* 't is te zeggen van onze voorouders toe, om tot ons doel te komen.

Alwêer wat nieuws en zelden wat goeds, zullen zeggen zy die altyd een *ditje* met een *datje* hebben, altyd weten wat af te wyzen; maer dat verschrikt ons niet, en *wy beven gelyk het oud stadhuis,* want :

Het is immers moeijelyk aen de straet te werken.
't Valt moeijelyk veel hoofden onder éene kap te brengen.
Hy moet veel brys hebben die elk den mond kan stoppen.

Het is ook zeer moeijelyk, om niet te zeggen onmoge-lyk, dat een schryver iedereen voldoe.

Wat zullen wy antwoorden aen degenen die met verbaesdheid zullen uitroepen : *de wereld springt op krukken,* zy willen zedelessen aen het volk voorstellen, *zy die zelve eenen balk in hunne oogen hebben, zyn met den splinter van een ander bekommerd!* Vooreerst zullen wy bekennen dat wy met *vele ziekten besmet zyn*, en *dat wy een glazen huis hebben, en dus geene steenen op eens anders dak moeten werpen,* geen ander moeten berispen over de gebreken waer wy zelf aen onderworpen zyn, en eindelyk zullen wy antwoorden met het spreekwoord: *De monnik preekte dat men niet stelen mogt, en hy zelf had den gans in zyn schapulier,* 't welk beteekent : *doe naer myn woorden maer niet naer myn werken,* en peinst dat het de spreekwoorden zyn die aen de lezers de zedeles geven, want om over de gebreken der menschen te handelen, zonder eenige tegenspraek te moeten vreezen, zou men de volmaektste der menschen, om beter te zeggen, meer dan een mensch moeten zyn, immers *alle menschen hebben hunne gebreken.* Anderen zullen zeggen *dat het eene litanie van alle heiligen is* die wy schryven; dat onze inleiding *zoo lang is als een bierwagen,* en dat het beter zou zyn *er wat eijeren in te slaen,* het wat korter te trekken ; maer wy antwoorden hun met de volgende spreuken :

'␣t Valt ligter te berispen dan te verbeteren.

Laet de hen eerst op hare eijeren komen.

Onder in den kuil vangt men den visch.

Wacht het einde af, en dan zult gy 't regt hebben, het boekdeel af te keuren of goed te vinden, dat wy tot de beschaving en regten handel van het volk in 't licht geven. *Men moet geene zotten half werk laten zien,* omdat zy daervan slecht oordeelen eer het gemaekt is. Wat meer is, wy betrouwen ons meer op de goedjonstigheid van onze lezers dan op onze bekwaemheid.

Zoo wy gezegd hebben, zullen wy de spreekwoorden in orde stellen en toepassen: *een man een woord*; wy zullen onze belofte houden; wy zullen dan de spreekwoorden aenhalen die op elke omstandigheid van het leven toegepast zyn; beginnende met de huishoudelyke zaken, zullen wy de wederzydsche pligten aen de gehuwden leeren kennen; wy zullen, over de opvoeding der kinderen sprekende, de pligten der ouders en der kinders aentoonen; deze gewigtige stof zullen wy byzonderlyk uitbreiden en door ontelbare spreuken bewyzen van welk groot belang het is, de middelen te kennen om de kinderen in een ryp onderwys en in eene treffelyke burgery te doen opwassen.

Verder zullen handel en ambachten, vriendschap en vyandschap, grootmoedigheid, ydele verwaendheid, goede en slechte hoedanigheden, domheid en onkunde, dronkenschap, verkwisting en gierigheid, rykdom, geluk en ongeluk hunne toegepaste spreuken vinden, en door onze bydragen aenbevolen of beknibbeld worden, zonder nogtans *den pot met roozen te ontdekken*, iets vuils en schandelyks te openbaren, *en met iemands slippen in d'asch te zitten*, van iemand achter te klappen of *iemand door de goot te slepen*.

Indien wy verpligt zyn, *den bril op den neus te zetten, iets onder den neus te wryven, iemand iets op zyn brood te geven, op zyne schotel te leggen*, wy zullen dat in 't algemeen doen; *niemand genommeerd is niemand geblameerd*, en dan: hy, *die niet schurft is, krauwt zich niet, die niet besnot is moet zynen neus niet vagen; wy zullen er geen doekskens aen doen*, regtuit spreken;

wy zullen met opene kaert spelen, openhertig en regt voor de vuist zyn, en ondanks degenen die wat *op den lever hebben*, zullen wy alles wat behoorlyk en noodig is zeggen zonder vrees, want wy kennen de spreek-woorden :

Een schurft hoofd vreest den kam.

Die een hoofd van boter heeft wil by geen oven komen.

Kwade oogen willen geen licht verdragen.

Die kwaed doet haet het licht.

Een schurft peerd vreest den roskam.

Slecht goud wil niet getast worden.

In geval wy *somtyds eenen bok maken, eenen kemel schieten*, dat wy eenen misslag begaen, *dat wy het boeksken kwyt zyn, uit onze reden vallen, koekkoek eenen zang zingen*, 't zelfde herhalen of *van den os op den ezel vallen*, dan wel eens van 't een op 't ander vallen; ver-schoont ons, lieve lezers, verschoont ons, en denkt op het spreekwoord der Latynen : *errare humanum*, en op de spreuk onzer vaderen : *missen is menschelyk;* want alle menschen kunnen zich misgrypen, niemand is volmaekt.

Nu wat de styl of manier van schryven aengaet, wy zullen niet vergeten dat wy schryven voor het volk, en hierom zal onze styl klaer, gemeenzaem, effenaf zyn, zonder duisterzinnige stopwoorden, die onze le-zers niet zouden verstaen; en daerom beminnen wy de klaerheid en de waerheid.

Mogt deze toepassing van spreekwoorden *voor de ganzen niet gemaekt zyn;* mogten de zedelessen die zy behelst *niet kloppen aen doove mannen deuren*, maer aengehoord en werkstellig gemaekt worden; dat onze lezers *luisteren met ooren en mond*, wy zullen hun geen *evangelie van den spinrok, oude-wyvenpraet*, of *praetjes tegen den vaek* doen lezen, maer iets nuttigs en vermakelyks voorbrengen, dan zullen onze wenschen vervuld zyn, *en wy zullen loon naer werken bekomen hebben*.

TOEGEPASTE
SPREEKWOORDEN.

~~~~~~~~~

1° Huishoudelyke Zaken.

Indien alle mannen doof waren, alle
vrouwen stom, de een en de andere blind,
dan zou er volkomene overeenkomst in de
huwelyken bestaen.

Wy moeten ons eenigen tyd met deze gewigtige stof bezig houden, te meer, omdat de huishoudelyke zaken te zeer in verband
staen met de opvoeding der kinderen; om beter te zeggen, omdat
de goede overeenkomst tusschen vader en moeder, de wyze en
deugdzame regeltucht des huishoudens, den besten indruk op het
gemoed en het gedrag der kinderen hebben.

Wy zullen trachten toe te passen de spreekwoorden, die ons de
goede gevolgen van een ware overeenkomst in het huishouden
doen kennen, ons de schrikkelyke uitwerking van de oneenigheden
in den huwelyken staet aentoonen, en ons de wederzydsche pligten
van man en van vrouw voorschryven.

Nu moeten wy onze lezers van het vrouwelyk geslacht verwittigen, dat wy door de toepassing van de spreekwoorden geene de
minste beleediging aen hun geslacht hebben willen toebrengen, en
indien wy verpligt zyn in 't algemeen eenige slechte hoedanigheden
der vrouwen te doen kennen, die de eendragt in den huwelyken
staet beletten, hebben wy integendeel ook getracht te doen zien
door welke goede hoedanigheden de vrouwen den vrede en het
geluk aen het huishouden kunnen bezorgen.

Het huwelyk is eene maetschappelyke overeenkomst, door welke twee persoonen van verschillend geslacht de vreugde, 't geluk, 't verdriet en 't ongeluk van hun bestaen gemeen maken. Zy vereenigen zich om de ongemaken en lotgevallen van hunnen levensloop beter te kunnen wederstaen: hiertoe wordt byzonderlyk vereischt dat hunne goederen, hunne gepeinzen, hunne wenschen, hunne hoop vereenigd en gemeen zyn; in deze gewigtige verbindtenis is 't noodig dat hunne harten voor altyd verbonden zyn, dat hunne belangen dezelfde zyn, dat de dood alleen hun kan scheiden.

Men moet dan het huwelyk aenzien als eene instelling door dewelke twee persoonen onder hetzelfde dak komen woonen, dezelfde lucht inademen, dezelfde spys nutten, en dit alles om kinderen tot Gods eer op te brengen.

Het geluk der gehuwden moet van God komen; 't is hy die deze heilige vertrouwdheid wettigt; hierom is het noodig dat 't verbond des huwelyks onscheidbaer, en de belofte van eene strenge getrouwheid verpligtend zyn, indien men wil dat er een duerzame vrede besta tusschen twee persoonen die zich verbinden, somwylen door overeenkomst der fortuin, soms door 't geval, en ook door de oorzaken die den omgang der gezelschappen voortbrengen.

Het huwelyk is een band die door de hoop aengenomen wordt, dien het geluk in stand houdt, en die door het ongeluk versterkt wordt. De gehuwden die deugdelyk verbonden zyn, geven wederzydsche bewyzen van verdraegzaemheid en toegevendheid; zy vereenigen zich door de medegevoelens, en verkleven zich door den eerbied; 't is eene vreedzame liefde welker indruk zich in eene gelukkige toekomst voortzet; zy heeft voor gevolg de vriendschap, den eerbied, de verkleefdheid, de opoffering van zich zelven, en duizend andere deugden.

De man moet in het huwelyk uitschynen door de kracht zyner zielsvermogens en door de uitgebreidheid van zyn verstand. De vrouw moet deze goede·hoedanigheden beantwoorden door al de beminnelyke gevoelens waermede de natuer haer begaefd heeft.

De vaderlyke liefde is ten zelfden tyde het waerdigste gevoel van een edelmoedig hart, en de grootste vreugd van den teederen mensch; zy troost ons in het ongeluk van oud te worden, zy stelt ons eene soort van onsterfelykheid voor, want een vader meent te herleven in zyne kinderen; hy aenziet hen min als zyne erfgenamen dan als de vervolgers van zyn bestaen.

Uit de vaderlyke liefde ontstaet een zeker gezag, dat het geluk van degenen tot steun en oogwit heeft, die er zich aen onderwerpen. De mensch die deze waerheid niet gevoelt, zal nooit waerdig zyn, deze meesterschap, die door de natuer bevolen is, te bezitten. By dit gezag is hy, die gebiedt, niet gelukkig, dan door het welvaren van hen die gehoorzamen; in het huishoudelyk gezag is de overtollige verdraegzaemheid altyd meer te vreezen dan de strengheid; want de vader vindt altyd in het hart eene kracht die hem belet van de strengheid misbruik te maken.

Het vaderlyk gezag is het eerste dat de mensch van de natuer verkrygt; hy bewaert door hetzelve de zeden van zyn huisgezin; hy toomt de slechte neigingen in, bewaekt de handelwyzen, regelt de poogingen, veredelt de gedachten, schikt de gewoonten. Beschouw dus de werking van een vaderlyk hart: niets in de maetschappy vervult het leven als dergelyke bezorgdheden. De moederlyke liefde is het teederste gevoel van de bezielde natuer; 't is de aengenaemste en de milddadigste neiging.

Het vaderlyk gezag en de moederlyke teederheid trachten hun huishouden te versieren met het vertrouwen hunner kinderen te winnen, door den eerbied aen hunne kinderen te bevelen en door de enge vriendschap van broeders en zusters te doen onderhouden.

> Broeders gekyf
> Komt om ziel en lyf.

> Van den zoetsten wyn beste azyn.

Zoo is de vyandschap wanneer zy tusschen broeders en zusters bestaet, veel grooter dan die er heerscht tusschen andere persoonen.

De kinderlyke liefde wordt niet geleerd, 't is eene genegenheid van ons natuergevoel; zy wordt met ons geboren; zy maekt deel van ons bestaen, en vloeit, om zoo te zeggen, in onze aderen. De kinderlyke verkleefdheid is eene soort van godsdienst: zy vindt hare vergelding voor de opofferingen die zy zich oplegt, in de onuitsprekelyke vreugd die zy in het hert laet, en die het aengenaemste loon der deugd is.

De kinderlyke liefde is de genegenheid die de meeste deugden noodig heeft om lang in den levensloop te kunnen bestaen.

Wee hem, die zich der achting zyner ouders onweerdig maekt. *Wanneer er een ondeugend kind in een huis is, komt er de vloek in langs alle deuren.*

't Is de zedeloosheid, 't is de verdorvenheid van het karakter, het zyn de ondeugden van alle slag die de kinderen aensporen om hunne ouders te verlaten, zoo haest zy hunnen bystand niet meer noodig hebben; *velen vliegen uit den nest vóor dat zy slagpluimen hebben*, zy beleedigen alzoo het bestaen van degenen die hun zoo genegen waren; zy verkwisten als ondankbaren al de vruchten der teedere zorgen die zy hun gegeven hebben. De stem der natuer is dan niet voldoende om de kinderen in alle omstandigheden weder te roepen tot dit aengenaem en godsdienstig gevoel, dat zoo veel aendeel in ons persoonlyk geluk heeft; overigens moet men vader geworden zyn, om de grootheid te gevoelen der misdryven die men als kind begaen heeft. Ongelukkiglyk is men ondankbaer zoo lang men jong is, en wanneer het dwarlen der hartstogten ons medesleept. 't Is zeer laet dat wy ons zelven verwyt doen over de onregtveerdigheid jegens onze ouders, byna altyd onredelyk beschuldigd van eene onverbiddelyke strengheid. Dan zoude men het leven willen herbeginnen om alles te herstellen; maer het is te laet.

Is een kind aengelokt tot ondankbaerheid, dat het aen den tyd denke, waerin zyne moeder zorg droeg voor zyne jonge jaren, wanneer zy hem in hare armen hield om hem eenige oogenblikken de aengenaemheid der rust te doen genieten, hem wiegde om hem de ongemakken der kindschheid ongevoelig te maken, wanneer zy zyne eerste tranen afdroogde, wanneer zy hem met omhelzingen aenmoedigde om te leven, wanneer zy zelve voedsel nam alleen om het aen hem te geven. Het aendenken van al de teedere genegenheden die zyne moeder hem betoond heeft, zullen alleen vergenoegen om het kind aen de ondankbaerheid te ontrukken.

Een huwelyk aengaen is eene zaek van groot belang.

Het heeft veel snaps aen, om van tien zinnen er vyf te maken.

De huwelyken zouden altyd gelukkig zyn, indien God aen iederen man de vrouw had bestemd die met zyne natuerlyke begaefdheden, met zyn karakter zoude voldaen zyn, en indien deze schepselen zich in het leven ontmoeten. Maer, helaes! 't is zoo niet: deze verbindtenis wordt dikwyls met de grootste onbedachtheid aengegaen.

Elk potje vindt zyn schyfje.
Daer is geen potteken of daer past een schyfken op.
De liefde is blind.
Kent eer gy mint.

Men moet wel neerstig van te voren *in den wind zien*, om den aerd en de genegenheid van de wederhelft te kennen; want hadde men hedendaegs *Argusoogen*, nog kan men bedrogen worden; men weet het zoo wel voor te doen !

Men weet het geksken in de mouw te houden.

Op een verbrande vlae strooit men suiker.

Eene vuile bruid heeft veel parerens aen.

Die zyn huis verkoopen wil, schildert dikwyls den gevel.

Voor een slecht laken stelt men dikwyls een schoon monster.

Men weet zoo wel al de slechte hoedanigheden en neigingen heimelyk te bedekken vóór het huwelyk,

Vryen is een leugenachtig ambacht.

Minnebrieven zyn met boter verzegeld.

en

Als de bruid is in de schuit,
Dan zyn de beloften uit.

en dan

Komt de aep uit de mouw.

Toont men zynen wezenlyken aerd.

Men moet daerom geen hair in dry zoeken te klieven,

om niet tot het werk te komen, want

Die elke pluim wil zien en raken
En zal niet ligt een bedde maken.

Huwelykszaken wel te overwegen, is goed en raedzaem, maer niet eer willen trouwen vóór dat men dit aen alle kanten *door* en *door* heeft gezien, dunkt ons meer nieuwsgierigheid dan wysheid te wezen. Men moet elkanders aerd leeren kennen.

Die ten dans wil gaen, moet zien wie hy by de hand heeft.

Als men eene klip boven water ziet, zoo kan men ze myden in 't zeilen.

Anders leidt men dikwyls schipbreuk.

Als men weet wat vleesch men in de kuip heeft, kan men er pekel naer maken.

Anders zoude het vleesch niet van pas gezouten zyn.

Kent eer gy mint.

Verre van te onderzoeken of de aerd van het schepsel dat met ons deel in deze vereeniging moet nemen, met den onzen overeenkomt, geven wy dikwyls den voorrang aen de fortuin, *'t geld lokt ons aen.*

De hennen leggen geerne waer zy een ei zien.

Zoo trouwen er velen geerne met iemand die *klinkende redens* heeft, en dan trouwt men

Om het geldeken

maer niet

Om het velleken.

De huwelyke staet wordt nooit verbeeld door twee beurzen, maer wel door twee herten die op elkanderen passen; wil men hierdoor niet beteekenen dat het 't geld niet is wat men zoeken moet, maer wel de gelykheid van zeden en van gedachten, wil men den huwelyken staet in vrede beleven?

Aen zulke trouwers gebeurt het maer al te dikwyls dat zy 't geen zy betracht hebben verliezen, en integendeel blyven behouden 't geen zy geenszins wilden bekomen.

Want

Die trouwt om 't geldeken
Verliest het geldeken
En houdt het velleken.

Die om 't geld trouwt een oud wyf,
Verliest het geld en houdt het wyf.

Die een zot trouwt om zyn kot
Verliest het kot en houdt den zot.

Zoo meenden zy met het geld alles bekomen te hebben.

Deze huwelyken worden meest altyd aengegaen zonder genegenheid, en zelfs tegen den dank van beide gedwongenen; de ouders hebben *dit geschoteld*; zy hebben *den pot overgehangen,* en het gebeurt maer al te dikwyls dat zy naderhand het bitter kooksel hetwelk zy aen hunne kinderen voorgesteld hebben, niet kunnen verzoeten. Welk hertzeer voor regtzinnige ouders die om een pootje geld het welzyn hunner kinderen verkocht hebben!

Het is beter en aengenamer voor de gehuwden, dat zy zich geneeren met hun eigen gewin en hunne spaerzaemheid, dan met het geld en goed dat ouders en vrienden ten huwelyke geven, want de spreekwoorden

Dat niet kost deugt niet.

Zoo gewonnen zoo verteerd.

bewyzen ons, dat onze voorouders in hunnen tyd huwelyken gevonden hebben die niet gelukkig noch eendragtig waren, alhoewel
de gehuwden eene schoone huwelyksgift hadden bekomen, en dat
het geld hetwelk hun zoo weinig moeite gekost had om te krygen,
hun nog min moeite gegeven heeft om het te versnoepen. 't Geen
toen gebeurde, kan nog gebeuren en geschiedt nog alle dagen.

Mans gewin brengt vriendschap in.

Als de man wel wint,
't Wyf dan wèl spint.

Dan gaet het goed; in zulke huishoudens hoort men deze ver-
wytingen niet: *wie heeft er u een man gemaekt? wie heeft er u*
eene vrouw gemaekt? zonder my waert gy eene arme luis op den
kam; is dit niet een zure appel om op te eten? Moet de vriendschap voor zoo een onthael niet verhuizen, en plaets maken voor
twist en tweedragt?

Wy willen niet zeggen dat de vriendschap niet opregt kan zyn,
niet kan behouden worden by persoonen van ongelyken staet;
zekerlyk kan dat zyn, wanneer de weldaden, van de hoogste zyde
komende, door bescheidenheid en door wys beleid van de andere
zyde worden vergolden; wat meer is, de ongelykheid van staet
(rykdom) aen de eene zyde bestaende, kan door kunde en geleerdheid van de andere zyde gelyk gemaekt worden; deze gelykmaking
is dan niet alleen aengenaem, maer ook een groot geluk.

Anderen verkiezen de schoonheid, en laten de goede deugden
en begaefdheden varen; ziet hier wat hun kan gebeuren :

Die een wyf trouwt om haer lyf,
Verliest 't lyf en houdt het wyf.

Welk huwelyk is er zwakker en veranderlyker dan dat hetwelk
uit lichamelyke schoonheid zyn begin genomen heeft? Kan de
liefde wel staende blyven als de schoonheid, die daertoe oorzaek
geeft, komt te vervallen?

Het velleken is wys, het weet wanneer het rimpelen moet.
De beste schoen wordt een slof (slets).

Wy willen hier niet besluiten dat de schoonheid met de inwendige gaven niet kan gepaerd gaen, maer dan *is het een ander paer*
mouwen, en de trouwers *die dit geluk vangen*, mogen zeggen,
dat *zy twee vliegen in eenen slag gevangen hebben:* maer wy zeggen dat

Een ongeschikt en vuil bedryf
Maekt van een schoon een leelyk wyf.

Integendeel, wanneer de genegenheid tot iemand uit inwendige gaven gesproten is, kan de liefde niet vergaen, maer wel dagelyks vermeerderen, omdat de goede gaven met de jaren toenemen, daer de lichamelyke dingen door den tyd vergaen, en met regt den roof des tyds mogen genoemd worden.

> Vriend woont en trouwt met uws gelyk,
> Dat is byna een hemelryk.

> Zoo gy geen wand hebt voor uw schip,
> Gy moet ten gronde of op een klip.

> Daerom is het best,
> Gelyke by gelyke.

Ongelyke huwelyken worden tegengesproken, omdat er maer al te dikwyls uit de ongelykheid twist en tweedragt voortkomt; nogtans is er geen zoo algemeene regel zonder uitzondering; want het spreekwoord zegt

> Een vette hen en een mager haen,
> Dat wordt geoordeeld wel te staen.

't Is te zeggen eene vrouw die geld heeft en een man die niets bezit, komen zeer wel overeen, maer daer *is een maer by*. 't Is te zeggen dat de magere en de vette samen hun best moeten doen om de overeenkomst in het huishouden te doen voortduren, want anders is het *spel verbrod*.

Hoewel men denkt dat de beste huwelyken diegene zyn waer de meeste gelykheid van aerd en genegenheid tusschen de getrouwden bestaet, is Erasmus van gevoelen dat die huwelyken, waerin de gebreken van den eene door de geregeldheid en verdraégzaemheid van den andere kunnen geholpen of verzacht worden, niet te mispryzen zyn. Dat wanneer de man te open van hand, of te kwistig is, hem dan eene vrouw dient die wat vasthoudt en karig is. Als de man te haestig en oploopend is, dat hem dan eene vrouw behoort toegevoegd te worden die zacht, koel en langmoedig is. Wanneer de man genegen is tot het zwieren, als de man wat dom, van weinig begryp of te *slapgezouten is*, dat hem in dit geval eene gauwe, felle, verstandige vrouw dienst kan doen; en nu oordeelen wy dat zoo een huishouden niet wel is zonder deze goede vermenging, want

> Twee zotten in een huis,
> Maken een groot gedruis.

> Pastor en koster zyn zelden wel eens.

Het is dan best in 't geval van ongelykheid van aerd eene goede bescheidenheid en zorg te gebruiken, opdat ieder zyn deel toebrenge tot het welzyn van het huisgezin.

Het is de meening niet van de verstandige en regtzinnige beoordeelaers der huwelykszaken, te beweren, dat de beste vereenigingen zulke zyn waer man en vrouw in alles aen elkander gelyken, integendeel zeggen zy, dat er gevallen zyn waerin het best is, dat de gehuwde elkander niet gelyken.

Veronderstellen wy om hunne goede meening te bekrachtigen dat: de man een *slapgezoute*, een *Jan-treedt zacht*, een *lanterfant*, *een sul is*; zoude het een goed huwelyk zyn, zoo het *wyf eene slepende*, *eene slappegans*, *eene ligtvoet ware*, zoude het wel gaen indien het wyf eene *smeerpeer*, eene *slampampster* of *eene zelden t'huis* ware, en de man *een opsnapper, smeert de borst, een nachtraef* ware? Neen, wy zeggen het ronduit, in deze en meer andere gevallen, is de gelykheid gansch schadelyk voor 't huwelyk, en de ongelykheid zou beter haer werk doen, want:

Daer de man te veel van koeken houdt, behoeft het wyf niet altyd de pan
 by den steel te houden.

De gelykheid mag bestaen wanneer het goede gaven zyn; maer wat de gebreken aengaet, is het best dat er geene gelykheid is; want dan is het geen huishouden, maer een nesthouden.

Eijeren met beijeren is de huwelyke staet.

Want *gelyk het water de kracht van den wyn wegneemt, zoo kan ook de goede inborst van den eenen gehuwde de hartstogten van den andere matigen en in goede hoedanigheden doen verkeeren.*

In allen gevalle, en wel byzonderlyk wanneer er ongelykheid van aerd tusschen man en vrouw is, zoude het behooren dat de gehuwden elkanders gebreken met geduld verdroegen en zoo, elkeen van zynen kant, wat vierden, wat water in den wyn deden:

Beeren, leeuwen, felle dieren
 Kunnen huns gelyken vieren.

Geen beest is er ooit zoo fel
Dat niet en viert zyn medegezel.

Twee kwade honden byten malkander niet.

Waerom zouden de menschen erger zyn dan de dieren, die, zoo het te zien is, huns gelyken wel weten in te volgen?

Het is niet onverschillig in welke jaren men het huwelyk

aengael: deze verbindtenis moet in den bevoegden jongen ouderdom plaets hebben, wil men zich niet *verdrinken eer men het water kent;* ook wanneer men tot eenen hoogen ouderdom gekomen is, zoude het zottigheid zyn voor de eerste mael een huwelyk aen te gaen ;

> Wie trouwt omtrent zyne oude jaren,
> Die laet zyn goede dagen varen.

> 't Is geen oud mans doen harde noten te kraken.

> Van ouderdom laet het vogelken zynen zang.

Zoo ook wordt de man door den hoogen ouderdom beroofd van de bevalligheden, die in het huwelyk vereischt worden, en dan komt het volgende spreekwoord te pas ;

> Een oud man met een jong wyf
> Is niets dan eeuwig huisgekyf.

> Die een jong wyf en een oud huis heeft, vindt werk genoeg.

Mannen, die reeds eenige kerkhofsbloemekens op het hoofd draegt, overdenkt eens wel hoe onbedacht gy te werk gaet, gy die, *om een midde koren die gy te malen hebt, een ganschen molen wilt oprigten.*

Wy zouden hier nog meer kunnen zeggen ; maer de zedigheid belet het ons.

Het is een zeer groot geluk, de overtuiging te hebben bekomen, dat wy door een goed huwelyk vereenigd zyn; maer aengezien dit geluk zeer zelden aen denzelfden persoon tweemael voorvalt, moet men, wanneer ons het ongeluk overkomt van de wederhelft door den dood te verliezen, zich wel wachten van een tweede, nog veel meer van een derde huwelyk aentegaen.

Eens trouwen is noodwendigheid, tweemael is zotheid, driemael is dolheid.

> Die een wyf heeft gehad verdient eene kroon van lydzaemheid, die er twee heeft gehad verdient er eene van dwaesheid.

En dit voor de wyven:

> De eerste man is een vriend, de tweede man een man, en de derde man een meester.

Heeft men dan geen groot gelyk te zeggen, dat:

> De kortste malligheden de beste zyn?

Om rustig en vreedzaem in het huishouden te leven, moet de man trachten dat zyne jaren, zyne zeden en zyne manieren met degene der vrouw wat overeenkomen; wel is waer dat het in het begin te doen is, en dat, wanneer men dan eenige bedaerdheid en verduldigheid gebruikt, men zal ondervinden dat de verkleefdheid van man en vrouw dagelyks vergroot en dat de lange gemeenzaemheid een vast bindmiddel van overeenkomst wordt.

Daer er veel smeden, moet men slag houden.

Hoewel men alle middelen aenwendt om tot eene ware overeenstemming te geraken, komt er in elk huwelyk wel eens een verschil.

't Is stil daer 't nooit waeit.

Waer ryst er ooit zoo schoone dag,
Of daer komt wel een donderslag.

Daer 't stil is, is 't goed haver te zaeijen.

't Is te zeggen : te zorgen dat de rust blyft duren.
Maer

Elk huis heeft zyn kruis.

En ieder meent dat zyn kruis het zwaerste is, omdat

Hy gevoelt waer hem de schoen wringt.

Niemand hinkt van eens anders zeer.

Maer in een slecht huwelyk zyn de gehuwden elkander tot *een zwaer huiskruis.*

Is er een klein verschil, slaet dat in eene goede vouw, zegt wat er te zeggen is en daermede uit.

Ja, vrienden mogen kyven,
Maer moeten vrienden blyven.

't Is hetgeen, helaes ! niet altyd gebeurt, want door de onbedachtheid van den eene, en de koppigheid van den andere,

Neemt men het huis op de horens,

Brengt men alles in beweging.

Dan komt de kat op de koord.

en

Het is hol over bol.

't Onderste boven, 't spel komt op den wagen.

Een enkel verschil, ja éen woord kan den grootsten twist veroorzaken, omdat het dikwyls geschiedt dat de eene voor den andere niet wil zwygen en dat

> Elk haen wil koning kraeijen,

Iedereen gelyk wil hebben, en zich niet wil onderwerpen. Wel is waer dat de vrouwen in 't algemeen wat mondig zyn, wel *van den spanader gesneden*, dat zy dikwyls het laetste woord willen hebben, maer ook gebeurt het dat de man vergeet, dat

> Wysheid en mans geduld in 't trouwen
> Het huis kan in rust houên.

En dat de vrouw niet wil weten, dat

> Het beste stuk van 't huisbedryf
> Is een goed en handzaem wyf.

En zoo geschiedt het, dat zy

> Om een haverstroo het huis over einde zetten.

Het is zeker dat eene gewillige en wyze vrouw, met stilzwygen en zoet spreken veel krakeel kan vermyden, maer veel wyven, om dit te kunnen doen, zouden met water in den mond moeten loopen, dan zouden zy kunnen zwygen.

Het stilzwygen is altyd zeer noodig, want als het wyf in het kyven met den man wil koor houden, zullen zy elkanderen uitmaken *voor vuile boter en stinkenden visch; als kok en bottelier samen kyven, hoort men waer de boter gebleven is.*

Dan komt alles uit en zy vallen elkander met dusdanige scheldwoorden aen, *dat de vrede zal geëindigd zyn en de oorlog zal beginnen, dan zal er wel een batalje geslagen worden, waerin men bombardeert met potten en pannen, tangen en schuppen.* Zoude het niet beter zyn dat

> De een zonder ooren, en de andere zonder tong ware.

Het misstaet ook veel dat de vrouw wyzer wil zyn dan de man, en overal haer *slabaris* wil inslaen, dat zy de man wil overkraeijen, en zoo van hem eene hen maken.

> Het is gewis een groot verdriet,
> Waer 't hennetje kraeit en 't haentje niet.
> 't Is in het huis geheel verdraeid
> Daer 't haentje zwygt en 't henneke kraeit.

Zoo wil de vrouw door hare hoofdigheid de meesterschap bekomen, zonder wel eens te overdenken dat de spreekwoorden zeggen :

> Vrouw zyt gy schoon, of ryk,
> En brengt geen hoofd ten huwelyk.

> Alwaer de spinrok dwingt het zweerd,
> Dan staet het kwalyk met den weerd.

En dit gaet dikwyls zoo verre, dat men ziet dat

> 't Wyf de broek draegt.

Voor man en baes speelt. Hoeverre dit in sommige huishoudens noodig is, zullen wy hier niet onderzoeken; maer wy zyn overtuigd dat het getal der mannen, die voor het welzyn der huishoudelyke zaken best zouden doen een vrywillig engagement by *de schotsche rokmannen* te nemen, en de vrouw de broek te laten, zoo groot is, dat men er meer dan een regement zou kunnen van maken.

Indien het waer is dat men ongelukkig te veel mans vindt die door hunne verkwisting, buitensporigheid en onachtzaemheid het ongeluk van hun huishouden veroorzaken, is het ook waer, dat er veel vrouwen gevonden worden die met regt de schuld zyn, dat het kleinste verschil tot den grootsten twist gebragt wordt, en die wanneer hun man 's middags of 's avonds t' huis komt

> De lippen laten hangen

en

> Zitten als geiten die palmen eten

en hem dan

> Een preutelpastytje met een zuer sausken voorzetten,

om zich te verzaden.

Indien het wyf redenen heeft om haren man iets *ongezouten te zeggen*, ware het te wenschen dat zy het geduld had den geschiksten tyd af te wachten om hem over zyne verkwistingen en buitensporigheden te berispen, dat zy dit nooit deed wanneer de man *met een vol zeil t'huis komt, of terwyl hy in 't nat zit;* dan is er niet aen te komen, want :

> Als de wyn is in den man
> Is de wysheid in de kan.

Dat zy hem gerust in *zyne doeken tracht te doen leggen, hem buikske vol hertjensrust laet spelen*, en als de *kelderkoorts is uitgeslapen*, dat zy dan op eene fatsoenlyke manier *zyn boeksken openlegt, om zyne les te spellen*, dat zy hem een behoorlyk *huissermoen* doe.

Een woordeken op zynen tyd is geld weerd.

Het zoude wel een zeer harde kop moeten zyn, indien hy zich op deze wyze niet wilde laten belezen en de ooren stopte.

Ieder dient zyn korzel hoofd te breken, en zich tot een vergenoegend en vriendelyk accoord te schikken, de krankheden met bedaerdheid en geduld zonder verwyt te verdragen; dan zal

Het buigen van de eene het breken van den andere worden.

Dan zal men:

De hardste keijen allerbest op een zacht kussen morzelen.

want

Op kwade woorden, goede reden
Stelt menig korzel hoofd tevreden.

En zoo zal de stuersche en norsche hoofdigheid door zoet onthael en vriendelyke gedienstigheid kunnen overwonnen worden, de zware lasten van den huwelyken staet verligten, en man en vrouw zullen zich in alle voorvallen en zwarigheden bystaen, versterken en troosten.

Indien wy de bekwaemheid bezaten van sommige fransche schryvers, die de leefwyze van de gemeene bevolking van Parys zoo nauwkeurig in haer echt daglicht hebben afgeschetst, om er dus te beter de gevolgen van te leeren kennen, zouden wy ook eenige straten doorloopen waerin de wooningen onzer werkende medebroeders gelegen zyn, om hier of daer eenige huishoudens te vinden die ons stof geven, om onze lezers de tafereelen van een goed en van een slecht huwelyk voor te stellen; zoo zouden wy ook best de gevolgen van het eene en van het andere kunnen aentoonen.

By gebrek aen bekwaemheid ontbreekt er ons geen goede wil, en daerom zullen wy van ons voornemen niet afzien, *het in 't dak niet steken*, want wy kennen het spreekwoord:

Die doet wat hy kan
Is een eerlyk man.

Maer vooraleer wy ons op den loop begeven, moeten wy doen

opmerken dat wy niet willen besluiten dat in de huishoudens van onze werkende en noodlydende medeburgers alleen onrust en tweedragt bestaet; dat daer alleen de wederzydsche pligten van vader en van moeder verzuimd worden; zekerlyk willen wy dit niet zeggen, want:

Een klein vogeltje in een klein nestje rustig leeft,
Daer menig groote vogel in zynen grooten nest van onrust beeft.

In de hutten der armen vindt men doorgaens meer rust en tevredenheid dan in de paleizen der grooten.

Waerom moeten wy dan onze stof tot toepassing der spreekwoorden by onze geringe broeders zoeken? zal er ons mogelyks gevraegd worden:

Elk waerom heeft zyn daerom.

Hierom en daerom gaen de ganzen barvoets.

Wy zullen op den gevraegden *waerom*, door het volgende spreekwoord onzen *daerom* te kennen geven.

De misslagen der geneesheeren worden met aerde bedekt, en de misdryven der ryken met goud.

Bewyst het laetste deel van die spreuk niet klaer genoeg, dat de ongeregeldheden, de twisten en de krakeelen der ryken niet openbaerlyk gekend worden, omdat zy achter 't slot gebeuren, en door hunne bedienden om het geld verzwegen worden?

Zoo zal er geen haen naer kraeijen.

't Gebeurt heel anders in de gemeene huishoudens.

Ryke menschens ziekte en arme menschens koekenbak weet men verre.

Zoo is het dat men niet weten kan wat in de hotels der ryken omgaet, dan alleen wanneer er iemand van hen ziek is, dan maken zy van hunne ziekte eene straetmaer. Zy doen de straet voor het huis met schorsen of met mest bedekken. De geneesheeren en de mestrapers verliezen er niet by.

Maer slaet het wyf van eenen ambachtsman eenen koekenbak, dit is seffens geweten, en zoo ook alles wat er by haer in huis omgaet, omdat zy volgens het volgende spreekwoord niet handelt:

Wanneer het rookt, zorgt dat de rook binnen huis blyft.

Zoo worden de krakeelen die in het huis gebeuren zoo openbaerlyk op de straet gehoord, dat men geen luistervink zyn moet
om die oneenigheden van *naelde tot den draed* te kunnen vertellen. Hebben wy dan niet wel gedaen van ons te schikken naer
het spreekwoord :

Die het in 't vuer verloren heeft, moet het in d'assche zoeken ?

Dat wy het gezocht hebben, waer het te vinden was?

Die zoekt die vindt.

't Was redelyk vroeg wanneer wy ons uitstapje begonnen :

De morgenstond
Heeft goud in den mond.

Ook zweefden wy niet lang,

Liepen niet lang de myl op zeven

om stof tot ons verhael te bekomen. Wy bemerkten vooreerst een
huisje, welks deur en venster *wagenwyd* open stonden; wy hadden dus alle gemak om er het oog in te slaen, te meer omdat daer
noch kat noch hond t'huis te vinden was. Op de tafel stond de
koffy, troost der wyven, daerby eenige ledige pottekens en schotelkens, maer geen brood of boter; het uitzicht van het huisgerief
was smeerig en ongeschikt, zoodat *de duivel zich daer wel zou
kunnen dood dansen;* wy vonden er geen spinnewiel, geen spelde-
werk-kussen, geen naeigerief, noch iets dat ons kon doen vermoeden dat het wyf zich met eenig handwerk bezig hield, en wy
zeiden :

De man wint,
De vrouw niet spint.

't Moet hier zeker al van den man komen; het wyf doet niets.

't Huishouden is goedertier, 't laet zich hier doen op haer manier.

Maer wacht den eind af,

't Hemd zal 't roksken wyzen.

Zy hebben zekerlyk noch kind noch kraei,

want

De kat muist best wanneer zy jongens heeft,

en hier is geene werkzaemheid.

Wie, en hoeveel zyn de bewooners van dit huisje, dat veeleer aen eenen hondsnest dan aen een menschenwooning gelykt? Dit zouden wy wel willen weten om onzer nasporing den lezers al het nut te kunnen bezorgen. Yverig om aen ons verlangen te voldoen, gingen wy eenige stappen verder, en bleven eenige oogenblikken staen, hopende dat 't een of 't ander gentsch geluk ons op het spoor van 't geen wy zochten zoude brengen.

Welhaest *waeide het in ons zeil:* eene vrouw der gebuerte stak langs de straet het hoofd in het venster, en riep: « Trien, zyt gy daer?» maer dewyl Trien niet t'huis was, *klopte zy aen eens dooven mans deur,* en kreeg dus geen antwoord. Wy hadden dan al iets gewonnen, wy kenden den naem van de nesthoudster, en *alhoewel er veel koeijen zyn die blaer heeten,* waren wy verzekerd onze Trien *uit den hoek te halen.*

Het wyf dat aen de venster Trien was komen roepen, begaf zich in een burenhuis, alwaer zy zeker was Trien te vinden, en waer deze ook was. Wy naderden dit huis, en bleven stil op den passenden afstand, om alles wat er zou gezegd worden, te kunnen hooren.

Alhoewel het ons onmogelyk was een overzicht van het binnenste van dit huis te kunnen doen, wisten wy welhaest wat voor een huis het was, het was een *smokkelhuis;* 't was daer groote byeenkomst, en op eenige oogenblikken tyds telden wy dertien verschillende namen die er genoemd werden. Ongelukkige vrouwen, zeiden wy, zy zyn dertien: eene van haer moet, volgens de volksvooroordeelen, dit jaer sterven, en mogelyk zal het de beste zyn, indien er een goede onder haer is.

Ongetwyfeld stond de zwarte kan hier ook op tafel, want wy hoorden Trien aen Nelle vragen: Hoeveel hebt gy er op gedaen?— Wat eene vraeg is dat? antwoordde Nel; dry vierendeelen, als naer gewoonte; maer daer is geen suikery op. — Suikery is prutsery, zeide Trien, wy drinken suikery genoeg t'huis; myn man weet daer geen verschil in, vindt daer *geen graten in ; niet en weet niet en deert, niet en heeft niet en smeert.*

Wil ik de boerkens boteren, Nel?— Ja, Trien, maer gy moet ons boter wat sparen, want wy zullen niet toekomen tot vrydag, wy zyn immers maer maendag. — Ba, ba, zeide Trien, wier spraek wy reeds kenden, *laet de boeren maer dorschen,*

Laet ze zorgen
Die ons borgen.

Eens weelde is niet altyd armoede.

De boter slacht onze lieve vrouw, zy verbetert alles.

Wat meer is, wy hebben nog een half pond te goed van Siska de zwarte, zy heeft zoo veel te kort gegeven by haren wekelyk- schen inleg. De boerkens zyn zoo bleek van daeg,

Zy zien er uit gelyk de dood van Yperen.

Jan de bakker heeft zekerlyk vergeten zynen oven te heeten ; als hy zoo voortgaet, kan hy gemakkelyk

De pael door den oven steken.

Jan heeft zyn vyf zinnen niet.

Hy heeft er vier en eenen corenthekoek.

Hy heeft nogtans verstand genoeg om zyn brood te nypen, zeide Nel.

Sa, vrienden, zet by, de koffy is gereed, en de boerkens zyn geboterd; pak melk, Trien, pak suiker, Doka.

By het drinken van haren koffy, lieten deze snoepende wyven ons tyd om de volgende opmerking te maken, en aenteteekenen. In dit huis

Hangt de blauwe voorschoot uit.

Gaet smeeren voor affairen.

't Is daer alle dagen kermis, 't zyn *smeerpeeren*, die in dit huis verkeeren, *zy spelen er gaudeamus*, als ware het altyd vasten- avond; *maer op vastenavond volgt de vasten, dan zullen zy zich zonder vleesch met hongersbrokken moeten genezen, en met de ganzen drinken*. Dan is het

In den buik en in 't keelgat vacantie.

Daer is niet te bikken. De buik meent dat de keel opgehangen is ; want

Men kan wel eens tegen den borgemeester teeren, maer niet altyd.

en dan is

Een kermis wel een geeseling weerd.

Hier wordt dagelyks een groot gedeelte van het wekelyksche loon, door 't zweet van den man bekomen, *door de kaken geslagen*.

De keel, al is zy klein, kost veel.

Eene vrouw draegt meer uit met eenen lepel
Dan een man inbrengt met een schepel.

Hebben deze wyven eenen goeden en werkzamen man, wat ongeluk is het voor hem niet, een van deze wyven te hebben. Maer

Hy heeft dat aen zyn been gelyk de boer zynen jubilé.

Hebben die moeders kinderen, hoe kunnen deze den noodigen oppas bekomen, en eene goede opvoeding ontvangen? 't Ware nog maer een half ongeluk, indien deze wyven geene andere gebreken hadden ; maer God weet hoe dit alles zal afloopen.

Het geraes der vreugdige wyven belette ons in de aenmerkingen voort te gaen, en deed ons wederom de ooren openen.

't Is maendag, zeide Trien, aen wie is het van daeg?

Elk zyn toer is niet te veel.

Ik heb verleden maendag zes dobbele maetjes gegeven. Een der wyven antwoordde : 't Is Seuze die van daeg moet geven.— Om my niet gelaten, zei Seuze, maer wie zal er om gaen, want ik sta in de groote maet aen den balk geschreven; hier is geld ; wie gaet er om ? Trien liet dit geen tweemael vragen, nam de flesch, verborg die onder haren smeerigen rok en snelde naer de cantien.

Wy hadden zoo de gelegenheid om dat wyf eens wel van het *hoofd tot de voeten af te meten.* God, wat smeerig wyf, *zoo zwart als de schouw, zy blinkt gelyk een hesp,* zy was stinkende, vuil, ongewasschen en ongekamd; *men zou ze met geen tang vastnemen.*

Men zou er op verlieven als de kat op den mosterdpot.

Alhoewel zy nog jong was, is zy zoo smeerig, dat zy den naem van vuile Trien zeer wel verdient.

Wy waren in onze gissingen niet bedrogen, wanneer wy oordeelden dat Trien geen huishoudend, maer wel een nesthoudend wyf zyn moest.

Wy kenden reeds eenige van hare slechte hoedanigheden, die meer dan genoeg waren, om niet éenen maer tien mannen ongelukkig te maken. Zy was

Vuil, vies, lekker en leêg.
Lui, lekker en veel te meugen,
Zyn drie dingen die niet en deugen.

Voegt by deze vier nog

Trien is geern op den zwier;
Zy slacht Pypers peerd en is nergens nooder dan t' huis.
Zy is geen huisvrouw maer een straetvrouw.

Zy is een vuil engeltje op straet, en een zwarten duivel t' huis.

Haer mond is van geen schaepleêr.

Zy mag wel wat lekkers, zy heeft haer smaek wel.

Zy mag haer natje en droogje wel, maer niet boven den neus.

Zoude zy dan geene lading genoeg hebben om met de slechte wyven te mogen medezeilen naer het *luije lekkerland,* waervan wy in het vervolg een woordje zullen zeggen?

Verlaten wy onze Trien nog niet, die wy in de cantien gelaten hebben. — Zy blyft lang weg, zeide Seuze, wat doet zy ?

Trien moet haer praetje hebben.

Zy roert geern haren bek,

Zy kan iemand zyn zaligheid geven,

Zy windt er geen doekskens om.

Zeide Nelle. — Ja, 't is waer, hernam een ander wyf, maer

Trien is een vuile muil,

Zy hangt alles aen den klokreep.

Zy kan iemand leelyk uitmaken.

Er kan geen vogeltje voorby vliegen, of het moet er van zyne pluimen laten.

Waer er nog vuiler roch in de zee, ze zou den steert opsteken.

Dit zeggen wy hier wel *tusschen vier oogen, onder ons,* maer dat moet men niet voortvertellen.

Zulke wyven doen dat, want

Zoo lang zy menschen vinden, zullen zy het aen geene boomen vertellen.

Is het hier ook het geval niet dat

De pot den ketel verwyt dat hy zwart is ?

Nelle deed dit wyf zwygen, en zeide haer : gy weet altyd wat te vertellen.

Gy zyt overal met uw byltje by.

Volgens uw zeggen

Heeft een ander altyd de schuld,

En gy ziet niet uwen eigen bult.

Men wordt nooit begrymd als van een vuilen pot.

De koe, als zy vuil is, slaet geerne haren steert rondom, om de andere te maken zoo als zy is.

Als elk voor zyn huis vaegt, zoo worden alle straten schoon.

Die wel zyn eigen hert doorziet
En spot met zynen buerman niet.

Wie zal het blaffen aen de honden beletten?

Wat baet tegenbassen tegen de honden?

Wie kan de kwaedsprekers den mond stoppen?

, Distelen, doornen steken zeer,
Maer kwade tongen nog veel meer.

Waren alle menschen volmaekt, wat hadden wy dan om Gods-wil van elkander te lyden? God heeft het zoo geschikt, dat wy de zwakheden van onzen evenmensch hebben te dragen, want nie-mand is zonder gebrek, en niemand leeft zonder lyden.

Daer is geen koren zonder kaf.

Daer is geen kroon of daer staet een kruisken op.

Fien, ga eens zien waer Trien blyft, zeide Nel, 't is meer dan een half uer dat zy weg is; er moet iets voorgevallen zyn, wy zul-len dat wel weten.

Fien liep seffens het huis uit, en, voor zooveel wy haer konden bezien, was zy niet min smeerig, vuil en ongekamd dan Trien, en hieruit mogen wy besluiten dat die dertien wyven

Al vliegen van eenen winkel,
Koeken van denzelfden deeg zyn.

Trien en Fien bleven nog een merkelyken tyd weg, zoo *had men den steel naer den borstel gesmeten;* eindelyk zagen wy deze wyvekens neerstig aen 't klappen wederkomen, en wy verwachtten wat nieuws by hare aenkomst.

Trien liet aen hare gezellinnen den tyd niet om haer te vragen waerom zy zoo lang afwezig geweest was, of wat er ge-beurd was; zy stelde met haest de volle flesch met anys op de tafel, en riep buiten adem: Schenk, Nel, dat ik drinke, ik moet u iets vertellen. Aenstonds werden de glazen gevold, men hoorde die klinken.

Trien voerde het woord: Weet gy wie ik by de dikke, in het cantientje, gezien heb? — Wie was het? vroeg Seuze. — De rosse. — Welke rosse? — Wel, rosse Wanne, de *kaertekykerigge.* Zy was geheel beleefd, wilde my doen drinken; maer om te doen zien dat ik met haer geen gemeens wilde hebben, keerde ik mynen rug en vroeg een druppel anys.

Zy meende hier haer eitje neêr te leggen.

3

Maer ik, die weet dat zy

Hier zoo welkom zou zyn, als een dief by den kramer,
Als de eerste dag van den Vasten,
Als een hond in het vleeschhuis,

heb haer

't Stuk in de hand gegeven,

en gezeid :

Gy kunt ons niet dienen.

Gy hebt wel gedaen, zeide een der wyven, want

Zy mag in hemel noch in hel.
Zy mag in 't bakhuis noch in 't kakhuis.
Zy is overal gezien als een hesp op de joden-bruiloft.

Zwyg wat, Seuze, hernam Trien, laet my voortvertellen,

't Is om geen peerlen te snoeren dat ik zoo lang weg geweest ben.

Ik heb het haer geboterd.

Hoor, Wanne, zei ik, *uw haring braedt by ons niet*, wy hebben zulke wyven niet van doen, die van 's morgens tot 's avonds niets anders doen als zich met het huishouden van anderen bemoeijen, en zoeken

Den worm uit den neus te halen ;

die wyven die

Naer alle winden draeijen

om iets te weten,

Water in de eene hand en vuer in de andere dragen,

valschelyk te werk gaen en dan, wanneer

Het vuerken gestookt is, er olie in gieten,

verre van rust te laten waer rust is; de wyven van uwe soort missen niet er iets van 't hare by te voegen, en dan verheugen zy zich over de groote vlam van het vuer dat zy aengestoken hebben, en den geweldigen stank er van te rieken.

't Is de eerste mael niet dat gy myn huishouden, dat van Seuze, van Doka, en van nog vele anderen in *roer* hebt gesteld,

Den beer hebt los gemaekt.·

en dit door uwe *venynige serpentstong*.
Wie zegt dat? zeide zy.

Ik, hernam ik, hebt gy vergeten wat gy aen mynen man hebt gezeid op den eersten zondagmorgen van de groote kermis? weet gy niet meer dat gy hem zeide, dat 't niet te verwonderen was dat hy zulke slechte kermis had, dat hy verpligt was van de *boomkens te tellen*, tot zyn vermaek, aengezien hy een wyf had die een *lekkertand was, eene snoepster, eene die geerne iets lekkers sneukelt, dat zy maer goed was voor haren eigen bek, en de andere op de krib liet byten.* Dat om rust en geluk in zyn huishouden te bekomen, het zeer noodig was

Van my te kortvleugelen.

Van my den nyper op den neus te zetten.

Wat weet ik wat gy al hebt geraesd ; maer ik heb niet vergeten dat Lieven t'huis gekomen is als een *gestampte duivel*, als een *brullende leeuw* en, zonder een woord te zeggen,

Op my heeft geslagen gelyk de duivel op Geeraerd.

En wie is hiervan de schuld geweest? Niemand als gy, rosse deugeniete.

Wat heeft zy aen mynen man niet gezeid, riep Seuze. — Zwyg, Seuze, hernam Trien, laet my voortgaen.

Nu alles, zoo zy zei, was niet waer,

Ik loog als een tandentrekker.

Alles was valsch, zy had tot mynen man niet gesproken, zy had hem zelfs niet gezien; gelukkig, dikke Bello, 't wyf uit de cantien, die alles gehoord had, overtuigde haer, en voegde er by, dat zy nog veel meer gezeid had, dat hier niet noodig was te zeggen en zoo

Viel zy door de mande,

en

Praette zich zelven in den zak.

't Is wel besteed, zeide Wanne,

Die wat verdient, mag wel wat hebben.

Dat zal u op eenen anderen keer leeren van met eens anders zaken te koop te loopen ; gy *raest altyd de ooren van mynen Dok vol.*

Gy zit altyd met een anders wyfs slippen in de assche,

gy kunt niets anders dan achterklappen, en

Daer onder stoken,

den man tegen de vrouw ophitsen en zoo

             Haer een papje koken.

Maer nu

           Poets, wederpoets.

      Nu hebt gy van 't zelfde laken eenen rok.

    Nu hebben de vos en de kraei malkanderen te gast.

     Nu zyt gy op dezelfde wyze weder vergeld.

Dat zal u leeren uw *smoel te roeren.*

— Gy zyt bekwaem *om iemand de kroon van 't hoofd te spreken,* hem door uwe tong zyne eer te benemen.

Ik antwoordde daerop :

       Wel, dood, hebt gy geenen honger !

Wat er spreekt van eer, gy, die over een jaer nog *voor de honden liept,* met den bedelzak op den rug, gy, die zoo dikwyls hebt moeten hooren : *God help u,* 't is wel gezegd, maer dit klonk in uwe ooren niet, dat *vulde uwen bedelzak niet.*

     Nu meent gy dat 's keizers kat uwe nicht is,

omdat gy een *sul* voor man hebt, die voor u werkt en slaeft;

      Nu zyt gy van 't hondje gebeten,

Zeer trotsch;

      Gy wilt ook al een vogel zyn;

gy meent dat gy ook onder de wyven moogt geteld worden.

      Maer 't zal wel koelen zonder blazen.

Wacht maer.

't Zal langer duren by my dan by u, *smeerpeer,* zeide de rosse, gy hebt in de wereld niets.

      Gy weet niet van wat hout pylen maken;

  Gy maekt iedereen uit dat de honden van hun geen brood willen eten.

't Is de eerste mael niet dat men u *het gat van den timmerman* heeft doen kiezen, dat gy buiten vloogt om uwen *slabaris te slaen* in de huishoudens.

     Leg de hand op uw hoofd en zie wie er onder is,

gy lafhertige *vadde* die gy zyt.

Dat ging te verre, niet waer, Nel? en op dat laetste woord, sprong ik *uit myn vel,* nam de rosse by den kop, gaf haer eenige *haberdazen, muilpeeren* en eenige *krabbelingen,* scheurde haer de muts van het hoofd, en zoo liet zy haren rossen kop zien.

Rossen baerd duivels aerd,

riepen al de wyven die in de cantien waren.

My dunkt dat zy genoeg gehad heeft, want zy liep seffens de deur uit al *rommelende* en al *mompelende*, en zy *liet hare hielen zien*; ik ben zeker dat zy morgen met een bekrabbelde muil, twee blauwe *kykers* en een dikken neus zal loopen.

Schenk eens, Nel, dat wy op myne victorie drinken.

Gy hebt wel gedaen, zeide Seuze, ware ik by u geweest, *ik zou het haer ook laten wekkeren hebben, zy had geen stokvisch moeten koopen.*

Ik had haer door de tanden gesleept.
Had zy het met my te doen gehad,
Daer zou een ander haen gekraeid hebben.
Ik had haer in den kam gebeten.

Die oude *tooverheks*, zy heeft my al dikwyls *den duivel aengedaen*, en het geld uit mynen zak *geklopt* met haer kaertleggen en haer koffykyken; en aen ons allen, zeiden de andere wyven.

Is er nog in, schenk, zeide Trien. — 't Is *uitvaert*, zeide Nel. Kom, kom, hernam Trien.

Laet ze zorgen, die na ons komen.
't Zal onzen tyd duren.
Als wy dood zyn, kakt de hond op ons graf.

Laet ons van daeg eenen goeden *verloren maendag houden.*

't Is een slecht dorp waer 't niet eens in 't jaer kermis is.

Ik geef nog een pintje, zeide Trien; wie wilt er omgaen in het zwygerke of in 't half maentje? daer *heb ik kryt.* — Ik zal gaen, zeide Seuze, en als ik de rosse zie, zal ik haer wel *aframmelen.*

Zoo gezeid, zoo gedaen.

Seuze liep spoedig het huisje uit, en daer zy waerschynlyk de rosse niet gevonden had, kwam zy eenige oogenblikken daerna met het gevolde *zwart zusterken* (fleschje) weder.

Het scheen ons niet vreemd, nadat deze wyvekens nog een zoet teugje genomen hadden, een deuntje te hooren met een kloefdansje; het wyvekoor hief luidkeels aen:

Wy zyn hier al by een
Al kadullekens, al kadullekens,
Wy zyn hier al by een,
Al kadullekens ondereen.

Laet ze maer klappen, laet ze maer praten,
Daer en stooren wy ons niet in,
Dat wy beminnen zullen wy niet nalaten,
Want 't is te wel naer onzen zin.

Ja trouwen, is houên,
Waer is ons vreugd
Als wy overdenken
Ons schoone jonge jeugd.

God gave dat deze vrolykheid kon gebeuren zonder nadeel aen het huishouden toe te brengen, en ook dat zy kon blyven duren, maer

Het gaet buiten schreef.

't Is een verkskensleven kort en goed.

Deze wyven hebben een hand met een gat.

Zy laten het door de vingers druipen.

Haer zakken zyn van duivelsleer, zy kunnen geen kruis behouden (geen geld bewaren).

Als 't op is zal 't koken gedaen zyn.

Want, helaes !

Hoe hooger berg, hoe leeger dal.

Na groote blydschap komt getreur.

Vreugd in huis, druk aen de deur.

En nogtans blyven *zy dansen op een papieren zolderken*. Zy stellen zich met vermaek in gevaer van groote onlusten. Zal dat niet aen al deze wyven van daeg gebeuren? Eene van haer kan mogelyks de ware voorzegging van deze spreekwoorden ondervinden, en wy voegen er by, dat *wanneer zy dien voet houden, zy wel zullen leeren dansen*, 't is te zeggen, dat op zulk begin geen goed einde kan komen.

Wy waren verwonderd dat deze wyven zoo wel overeenkwamen; of dit alle dagen zoo gebeurde, zullen wy niet zeggen, maer wy oordeelden dat

Kwade honden malkanderen niet byten.

Bokken en beesten een volk waren.

want

Als de zon ondergaet zyn er veel beesten in de schaduw.

Nu, dat zy vrolyk aen het ledigen van het fleschje waren, dat zy haer deuntje gegeven, haren menuët gedanst hadden, en van rosse Wanne niet meer spraken, moest er iets anders *te berde* komen.

Verandering van spys is nieuwen appetyt,
Altyd het zelfde is geene aerdigheid.

En gelyk men op alle bruiloftfeesten het lekkerste *beetje laetst op tafel zet*, deden deze wyven het ook zoo ; zy hadden het beste beetje bewaerd voor het einde van hun praetpartytje.

Nu kregen de mannen hunnen keer.
Nu reden zy op de tong.
Nu werden zy op den rooster gelegd,
En zeer dikwyls gekeerd en gewend.

Geen van deze vrouwen, indien wy haer willen gelooven, 't geen wy niet geern doen, omdat zulke wyven in leugentael en uitvlugtsels te zeer behendig zyn,

Zy zouden ons wel willen doen gelooven dat de kiekens hooi eten op een havertas.

Nu, geen van haer had een slechten man, maer daer *was meer dan een maer by*, en éen van die was genoeg om van den besten man wel den slechtsten te maken.

Elkeen wilde de goede hoedanigheden van haren echtgenoot in het openbaer doen kennen.

Zy staken het onder geen stoelen of banken.

Nel's man is een *goede sul*, maer 't is een *oude putter*, die *veel van een slokje houdt*, 't is

Ligthert en treurt niet.

Trien heeft voor man eenen werkzamen Lieven, maer 't is een *haen met kam en sporen, een vechter, een twistdryver* en dikwyls had zy ondervonden, *dat hy seffens op zyn peerd was.*

Seuze heeft den besten man van de wereld, 't is een blinde Sies, maer hy is een *hairkliever, hy kan niet zien dat de zon in 't water schynt ;* dat willen wy gelooven, dewyl de man blind is.

Fien's man is jong, goed en kloek, goede gaven voor een man, die daer de werkzaemheid by voegt; maer Lode is *een grove diamantslyper, een straetverken, een leegganger*, die, zooals de Capucienen, meent dat het *leeggaen heilig is,* en dus vurig zynen heiligdom betracht.

Doka heeft het beter getroffen,

Haer man heeft al menige paescheijeren gegeten.
Hy heeft al menig winter achter den rug.

Hy is al oud, het is *Jan wel te vreden*, maer hy wil altyd *medelekken*, en dus om my van hem te ontmaken, moet ik hem dikwyls naer het half maentje, in plaets van naer den duivel, zenden, 't geen nog al gemakkelyk om doen is, want als

Er zaed in 't baksken is kan de vogel pikken.

Bello heeft 't geen zy gezocht had, haer man is een man met *twee regte handen*, buitengewoon handig en werkzaem, maer ik moet, zeide zy, meermaels ondervinden hoe handig hy is, en daerby slacht hy nog den boer :

Hy slaet altyd op dezelfde plaets,

dat is : op myn lyf.

God heeft Siska eenen Lieven verleend, God wat goeden Lieven, *hy is in alles zoo gerust als een zalm, maer 't verschilt hem weinig wat de boter geldt*, wanneer hy maer eenige duiten kan bekomen om de *nachtraef* te spelen.

Mietje is ook gelukkig in hare keus geweest, haer Jantje is een goede *broodwinner*, 't is een *blokker*, aerbeidzaem en neerstig, maer 't is een *wandelende ziel*, hy is veel *op de beenen* en dat alleen, daerby is hy een *moeiäl*, die zoude willen weten waer de laetste cent verbleven is; men zoude het hem wel op *een briefken moeten schryven*; maer ik ben te weinig geleerd om dit te kunnen doen, ik kan maer *titjes en haentjes* zetten, zoo zal hy dat nooit weten, al *stond hy op zynen kop gelyk op zyne beenen.*

Babe prees haren Sies, hy was *zoo goed als brood*, zeide nooit iets; maer bragt ook niets in huis om het schouwken te doen rooken, *daer kwam van hem niets in den pot.* Hy speelde altyd *primo mihi.* Zoo zegt hy altyd, *myn vrouw vare wel, maer liever ik zelf.*

Bette heeft in de huwelyksche lotery een gelukkig lot getrokken; haer man is een wael, zy kan hem niet verstaen, wanneer hy aen *'t parlasanten* is, daerom gaet zy altyd voort en *speelt de doove*, maer dikwils kan zy *haren bek niet houden*, en wil eens haren man met eene lieflyke aenspraek groeten, zooals : gy lompe wael, zwyg, gy stinkt naer den look; dan krygt zy wel eenige *voleën*, die zoo hard vallen *als waelsche kasseijen;* maer daerom wil zy haer niet ten onderen geven, en dien waelschen *titoeta* leeren, die volgens haer een geraes is, dat onder de aerde, zooals in de kool- steen- en yzermynen, maer niet op de aerde, moet gekend worden.

Lien heeft wel uit hare oogen gezien : zy heeft *eenen man naer haer hand*, die 's maendags morgens *vroeg*, met het krieken van den dag, 't gat uitgaet, 's zaterdags avonds eerst 't huis komt met de noodige speciën, *met klinkende reden*. Zy heeft dan van hem in de week niet te klagen; maer 's zondags morgens vooraleer de *haen gekraeid* heeft, is *Lode op 't dek*, op de beenen, wil alles in gereedheid hebben, 't geen haer onmogelyk is, zy heeft immers *maer twee handen*, hy loopt en zoekt het huis rond. Waer is dit? waer is dat? Hy zoekt het droog en vindt het nat, zyn hemd zit nog in de kuip, *alles moet zynen tyd hebben*, dan schynt de zon niet meer in huis, alhoewel het *zondag* is; het is veeleer *donderdag*, want de donderende Lode laet zich welhaest hooren, en dan gaet het tempeest niet over gedurende den geheelen dag; er vallen meer slagen dan zy wil hebben; zoo krygt zy in eens, 't geen andere wyven dagelyks krygen; maer 't kan haer weinig schelen; zy heeft Lodes *duiten beet*, en hy vertrekt morgen vroeg en dan *heeft zy het kot alleen*.

Threes heeft een man *by de beenen*, die haer toelaet in alles hare goesting te doen; maer hy doet de zyne ook.

Elk zyn goeste, zeî de man, en hy at zyns kinds pap uit.

Dit doet haer Jelleke ook, en doet het dikwyls zoo wel om den pap van zyne vrouw en dien van zyne kinderen op te eten, dat hy zyne week 's zaterdags op den *rooster telt*.

Waer gaet zy naertoe met dat blind peerd.

Griet heeft een zeer schoon frisch welriekend kruidje geplukt, 't is *kruidje en roer my niet*; in 't begin was 't al wel, maer nu de steenen zyn *te koud waer zy overgaet*, *hy zoude er haer over schuppen*, en 't geen haer nog de meeste pyn doet, is dat zy niet mag spreken of 't is er op, haer man is altyd van denzelfden aerd; *als hy lacht sneeuwt het roozen*, 't geen by haer nooit gebeurt.

Nu hebben deze wyvekens, elk op hare beurt, ons haren man leeren kennen, zonder eens te denken op het spreekwoord:

Schendt gy uwen neus, gy schendt uw aenzicht.

Maer, goede God! zy hebben wel gedaen, wat is er te schenden aen iets dat reeds geschonden is? Deze wyven zyn *pissebeddens*, zoo onbeschaemd *als kinderen die in hun bed gepist hebben*. Wat meer is, zy hebben ons gerust gesteld, want indien hare verklaring regtzinnig is, mogen wy zeggen dat het een groot ongeluk zoude zyn

Indien er twee stallen met zulke beestjes besmet waren.

Daerom beter in dit geval,

Soort by soort op éenen stal.

Want by zulke menschen, kan noch eendragt noch verdraegzaemheid bestaen; met hen

Is er geen haven te bezeilen (geen huis te houden).

Het zyn zieltjes van potaerde.

weinig nadenkende menschen,

Kiekens zonder hoofd.

Onnoozele menschen zonder omzicht.

Hun huishouden is zooals dit van *Jan Steen*, zonder overleg
en zonder spaerzaemheid.

Zy trekken aen een lyn, maer ieder aen een einde.

Zy zyn het niet eens, 't is water en vuer, kat en muis. 't Ware
beter *dat zy Rochus met zynen hond, vriend waren*, en alzoo
worden zy

Zoo ryk als de keizer die van armoede in 't gasthuis stierf (zoo arm als
Job). 't Is van armoê sta by.

Smalhans is daer keukenmeester,

hy kookt daer

Mager moesje zonder spek.

Men zuigt daer aen eenen sneeuwbal.

Men leeft daer van den wind.

Armtierig by gebrek. Daer is *geene zalf meer aen te stryken*,
om het van deze doodelyke plagen te genezen.

De bot is vergald, 't is te laet.

Zoo was de geheele voormiddag, die zy zoo wel konden besteed
hebben, nutteloos voorby geloopen.

Nauwelyks was de litanie van de dertien apostelen afgelezen,
of het geroep en het geschreeuw van eenige kinderen, die waerschynlyk van eene der stadsscholen kwamen, deden Trien opmerken dat het reeds laet geworden was. God, zeide zy, 't is
half twaelf,

Daer is teer aen uwen vloer.

Wy blyven hier aen de pan hangen.

Wy kunnen hier niet weg geraken, 't is ook ongelukkig dat wy
hier niet weten van *uer noch van tyd. De zotten vragen naer de
uer, de wyzen weten hunnen tyd.* Ik zal nooit met myn eten klaer
zyn; op, op, 't is tyd. Tot morgen, Nel, Seuze, Mietje, Doka.—
Ja, tot morgen, Trien.

Hierop liep Trien de deur uit en begaf zich naer haren nest, die nog altyd in dezelfde ongeschiktheid was. Zy begon met de vuile kommen, schotelkens en koffypot op het schouwboord te plaetsen, sloeg de oogen op haren koolbak. Goed, er zyn geen kolen in huis; waer blyven die bliksemsche jongens zoo lang? Zy koterde de stoof uit. Toen zy neerstig bezig was, kwamen er twee jongens, waervan de oudste tien jaren scheen te zyn, in huis; zy waren niet min smeerig dan hunne moeder, *zoo mager als eene graet en zoo geel als was;* wy aenzagen hun voor de kinderen van het huisgezin, alhoewel geen hunner by het binnentreden den goeden dag aen zyne moeder had gezegd.

Trien had de jongens nauwelyks gezien, of zy riep: Waer zyt gy zoo lang gebleven, *straetverkens?* 't Is al eene halve uer dat de school gedaen is. Jan, pak den korf en loop om kolen. — Waer moet ik gaen? — In het ganksken, en zeg dat ik morgen zal betalen. — Ik durf niet, zeide Jan, zy zullen my geene kolen zonder geld geven; de baes heeft het my gezeid. — Ga maer, de baes is niet t'huis, en de vrouw kent my goed. Jan ging al kruipend en knorrend om kolen *gelyk naer den dood.* — Pier, neem het boeksken. — Waer is het? — Waer hebt gy 't dezen morgen geleid? — In het schof. — Dan moet het er nog liggen. — Het is er niet in. Pier en Trien gingen op den zoek en vonden het boeksken niet.

Eindelyk, nadat Trien langen tyd gezocht had, gelyk de man *naer het peerd waer hy op zat,* vond zy het boeksken in haren zak: Neem en loop spoedig naer den winkel om eenen steen pataten, een vierendeel boter, dry cents ajuin, peper en zout, gelyk wy gewoon zyn en een brood; vraeg of Wanne niet wat porei heeft voor de soep. — Wie kan dat al onthouden? zeide Pieter. — Leer het,

Gy zyt zoo dom als 't achterend van een verken,

Gy slacht uwen vader. Toen Pier uitging, kwam Jan met den gevolden korf kolen binnen, en zeide: 't Is de laetste keer dat gy iets krygt zonder geld, *krediet is voor u dood,* zegt de vrouw, uw *kerselaer is al groot genoeg,* en gy staet nog *aen den balk* geschreven. — 't Is wel, 't is wel. Zoo het schynt was Trien: *aen duitschen en aen walen schuldig,* en moest dikwyls

Met hangende pootjens zitten.

Zich met een hondje gelyk stellen om iets uit de winkels te krygen. Loop gauw by Nel om een brandenden solferstek, er is niet een phosphorken in huis, zeide Trien. Seffens was Jan weder. — Loop nu met den ketel om water by Doka. — Ik kan geen ketel water dragen. — Hy moet maer half vol zyn, zeide Trien, die nu bezig was met de stove aentestoken.

Daer zy alleen t'huis was, *mompelde zy tusschen de tanden.* De stove *rookt als de duivel*, 't zal hier *van daeg stinken*, dat Lieve my niet *te veel op den teen trapt*, of *'t zal scheef zyn; myne muts staet er naer.* Waer blyft Pier? — Zy stak het hoofd buiten het venster en riep luidkeels : Pier, Pier. Maer die niet kwam was Pier. Jan kwam aen met het water; Trien stelde het op de stoof, die zeer weinig brandde en zeer veel rookte. Zy zond Jan naer den winkel, om Pier te roepen.

God, wat rookt de stove, zoude die rosse tooverheks my van daeg verwenscht hebben? 'k Zal het wel weten, en dan zal ik haer *braef aframmelen.*

> Zoo liet Trien een duivel in haren buik wassen,
> Kweekte haet en wraek in haer hert.

Pier en Jan kwamen geladen gelyk twee jonge muilezels, en kregen elk eene *oorveeg* tot belooning. — Gauw aen 't pataten schellen, luiaerds, ik zal de groenten schoonmaken. Dit was seffens gedaen en zy werden zonder spoelen in den ketel geworpen. Trien hielp de jongens aen 't schellen, wierp de pataters in den ketel, waer de groenten in waren; maer het vleesch was by den vleeschhouwer gebleven.

> 't Was geen spek voor hunnen bek.

Daer kon Trien niets bekomen, zy was er bekend als een *kwade penning.* Trien bestrooide de soep met peper en zout, liet die zoo koken en zette de schotel op tafel.

Alhoewel de soep nu stil kookte, was het zoo veel mogelyk aen Trien van die ten twaelf uren wel gereed op tafel te brengen, als dat het haer mogelyk was met *hare handen aen den hemel te reiken.*

Ondertusschen was alles stil in het huisje. Trien die op eenen stoel by de stoof gezeten was, lag met het hoofd op de tafel; mogelyks was zy bezig met het een of het andere te verzinnen om haren man *blauwe bloemekens* wys te maken, *om het van haren rug te schudden,* hier in kwam zy niet te kort, want

> Weet haer Lieven eenen nagel, Trien weet een gat.

Maer Lieven was een van die *ongeloovige Thomassen, die geen heiligen willen gelooven of zy moeten mirakelen doen*, en Trien kende dit ambacht niet, daerom was het al *boter aen de galg gesmeerd*, iets te willen uitzoeken om haer te verschoonen.

De stads-werkklok luidde; 't werkvolk verliet zynen arbeid, Lieven zal ook welhaest t'huis komen.

't Is te zien *hoe hy de soep zal vinden.*

Hier draeit het op die spil.

Daer is de grond van de zack, daervan hangt alles af, *daer ligt de knoop*, en hoe zal die los gedaen worden?

Lieven kwam binnen zonder dat Trien hem gewaer werd.

Hy was zoo welkom als een hond in een kegelspel.

Men achtte hem als een hond.

Hy, was tevreden gelyk een oud wyf die haer koe verloren heeft.

Is het eten gereed? was zyn eerste woord. Trien verschoot, stak het hoofd op, zag er uit gelyk *eene versmoorde kat*, stond op en ging den ketel met soep op tafel zetten.

God, wat soep, zoo dun *als kernemelk*, als pompwater, pataten zoo *hard als kasseijen*, is dat nu kost om aen eenen mensch te geven?

Men zou daer katten en honden meê vergeven.

Geef dat aen de verkens, zeide Lieven.

Wie kan het altyd passen?

Meugt gy 't niet leg er uw hoofd by.

Ik heb geheel den morgen de losse hoofdpyn gehad, ik zie nog uit myne oogen niet; wat meer is, de stove heeft niet willen branden, vraeg het aen Jan en aen Pier.

Gy liegt dat gy zwart wordt.

Gy zyt van de eerste leugen niet geborsten,

gy liegt altyd.

Had gy geen hoofdpyn by Nel, waer gy geheel den voormiddag met al de vuile vaddige commeren gelyk gy zyt, hebt gezeten? Had gy geen hoofdpyn wanneer gy in 't cantientje met de rosse aen 't kyven en aen 't vechten waert? 'k Weet immers alles.— Ha, ha, zeide Trien, de rosse tooverheks, die kaertekykerigge heeft u dat gezeid; wel, wel, zy heeft nog niet gedaen, zy zal er nog meer van krygen.

Geborgen is niet kwytgescholden.

En gy, pas op, hernam Lieven, wat gy doet; want den eersten keer dat gy nog uwen voet in de cantien of by Nelle stelt, zal ik weten wat er my te doen staet, gy zult van eene *slechte reis t'huis komen.* — Wat gy zegt, riep Trien. Meent gy eene vrouw die *hair op haer tanden* heeft voor uwe *zottin te houden? Meent gy haer te doen dansen gelyk gy schuifelen wilt?* dat zal niet gebeuren. Wat meent gy dat gy zyt, gy hebt hier niets meer te zeggen dan ik. Staet de soep u niet aen, *leg er uw hoofd by.* Verstaet gy dat vlaemsch, gy *kribbenbyter,* gy *twistzoeker?*

Trien laet geen spinnewebben voor den mond wassen.

Zy wordt zoo kwaed als eene spin.

Zy schreeuwt als een snoek op zolder.

Zy tiert als een mager verken.

De man zwelt op als eene pad.

Hy wordt zoo kwaed als een gestampten duivel.

Hy vloekt gelyk een ketter.

Lieven neemt de soep en giet ze in het aengezicht van zyn wyf. — Daer, *vuil dier, gy lege vadde,* eet uwe soep, en als gy niet genoeg hebt, zal ik er u nog iets by geven.

Trien neemt de tang, Lieven pakt de schup en elk slaet waei het vallen wil.

Zy vechten om hair en pluimen.

Zy vechten om den roozenkrans.

Zy vechten en plukhairen als of er een krans van roozen te verdienen was.

De tafel wordt omgekeerd, potten en pannen, alles ligt aen stukken op den vloer, alles is in *gruis* geslagen,

Men kan alles dood zwygen,

Maer niet dood kyven.

en nog min dood vechten, want van vechten kan men vermoeid worden, 't is 't geen hier gebeurde. Trien viel magteloos en blauw geslagen op haren stoel, waer zy met meer gemak haren man op nieuw begon uit te schelden, en

· Het hem ongewasschen te zeggen.

Gy nagel van myne doodkist,

Gy verdriet van myn leven.

Lieve, die ook niet zwygen kon, hernam de schendende samen-spraek met zyn wyf en zeide:

Beklaeg u aen 't zothuis.

Loop naer de maen, naer de hel, naer den duivel, gy hondsvot,
tierde Trien.

Lieven liet hem dit geen tweemael zeggen, maer in plaets van
naer den duivel of naer de hel te loopen, liep hy *gelyk een duivel
over een kerkhof* naer het *half maentje*, mogelyk om er ook, zoo
als Trien 's morgens gedaen had, een slokje op zyne behaelde
victorie te drinken. Schoone victorie, waerlyk!

Zou men zich kunnen inbeelden, indien men 't niet ondervond,
welke schrikkelyke gevolgen het verzuim der pligten, de boos-
aerdigheid der gehuwden, in het huishouden voortbrengen?

De twee jonge kinderen, die zekerlyk dien dans meermaels
bygewoond hadden, *hielden zich zoo stil als muizekens;* de geburen die gewoon waren aen dit dagelyksch krakeel, staken het
hoofd noch aen de deur noch aen het venster.

't Was oud nieuws.
't Gebeurt maer eens alle dagen.

maer

't Lot valt altyd op Jonas.

Ongelukkige schepselen, wat rampzalig lot wordt er u, door
de buitenspoorigheden van uwen vader en uwer moeder, bereid?
Hoe dikwyls zyt gy niet verpligt geweest, en zult gy niet gedwongen zyn eenen strengeren vasten dan degene die u door de H. Kerk
geboden is, te onderhouden?

Over den pot te springen.
Verkensdorst te lyden.

helaes! in zulke huishoudens

Liggen de muizen dikwyls dood in de schapraei,

is er geen brood in huis.

Welke slechte voorbeelden worden er u gegeven, lieve kinderen? 't Is nog tyd zoo lang gy jong zyt, verdraegt met geduld het
ongeluk dat u overkomt; 't is Gods wil, maer tracht dat de voorbeelden die uwe ouders u geven, u een afschrik van het slecht
gedrag inboezemen, en dat zy u tot de deugd toevlugt doen nemen,
dan zult gy door deze voorbeelden veel gewonnen hebben en uw
geluk bezorgen.

Wat er nu in de huishoudens van de twaelf gezellinnen van Trien,
op denzelfden middag was voorgevallen, weten wy niet, nogtans is
het zeer te vreezen of het heeft daer ook wel *gerookt en gestonken,*

Wy hadden, zoo het ons scheen, by ons eerste uitstapje stof genoeg bekomen om onze lezers eenige oogenblikken met de gevolgen van een slecht huwelyk bezig te houden. Wy besloten 's anderendaegs nog eens op onzen loop te gaen, om ergens een goed huwelyk te ontdekken.

De zon scheen helder, toen wy ons op weg begaven. -

Het was een hemelsch weêr;
Het weêr was zoo schoon dat men het land zou uitgaen.

Wy doorkruisten eenige straten, zonder de minste gelegenheid te vinden om tot ons oogwit te komen. Er verliep een merkelyke tyd in het rondzwerven. De zon verduisterde, donkere wolken overdekten haer licht; een hevige wind woedde en aenstonds begon het te regenen *dat het goot.*

Men zou noch kat noch hond buiten jagen.

Daer wy geen regenscherm (parapluie) met ons hadden, waren wy genoodzaekt ons in het deurgat van een huisje eene schuilplaets te bezorgen; wy traden eenige voetstappen in het portael; nauwelyks waren wy in 't droog, of de binnendeur van het huisje werd geopend; eene zeer beminnelyke vrouw verzocht ons binnen te komen. Wy voldeden geerne aen haer vriendelyk aenzoek. De vrouw gaf ons stoelen en noodigde ons uit, te zitten.

De regen bleef voortduren, en dit was volgens onzen wensch; 't was aen dit toeval dat wy het geluk te danken hadden van te vinden wat wy zochten.

God, wat netheid en geschiktheid is er in dit huisje! de vloer zoo *rood als bloed,* de tafels en stoelen zoo *wit als kryt,* alles *blonk hier als een spiegel,* geen stofje was er in 't huisje te vinden; 't bed was met een deken van zuivere wol, en met lakens zoo *wit als sneeuw* gedekt, niets ontbrak hier; alles was op zyne plaets, en hoe nauwkeurig wy alles overzagen, vonden wy geen enkel potje of panneke dat gebroken of gescheurd was. De overeenkomst scheen in dit huisje hare woon te hebben; kat en hond lagen by elkanderen onder de stoof te rusten; eenige vogeltjes zongen hier lustig hunnen zang; alles had hier het voorkomen van waer geluk en tevredenheid.

De moeder zat met haer dochterken neerstig bezig aen het naeiwerk.

God, wat verschil tusschen het huishouden onzer Trien, en dat van deze goede vrouw! Zeggen wy 't beter; wat verschil tusschen een slecht en een goed huishouden, want wy hadden hier een goed huwelyk gevonden. Hier, alhoewel het maer eenige minuten elf uren geslagen is, staet de soep op de welbrandende stoof stil aen 't koken; daer was om elf uren en half alles wat moest dienen om de soep te maken nog in den winkel en in de pomp; hier ruikt men eenen aengenamen geur.

Men zou hier by den reuk der keuken leven.

Daer rookte en stonk het als de pest.

Men zoude er versmacht hebben.

Hier zit de moeder en de dochter te werken, zy *krielen van zuiverheid*; vreugde en tevredenheid staen op haer gelaet te lezen. Daer was het smeerig vuil wyf in de gebuert gulzig bezig aen 't snoepen.

Hier wordt den naed genaeid,

wordt de tyd met neerstigheid doorgebragt, ginds werd hy verkwist ten nadeele van het huishouden. Hier zullen de man, de vrouw en de kinderen een versterkend en gezond noenmael met rust nemen; daer was er 's middags niet te vinden dan krakeel en gevecht om de kinderen den buik te vullen.

Dewyl de stortregen naer onzen wensch bleef voortduren, vroeg het vrouwtje, of zy ons eenen parapluie wilde bezorgen; wy bedankten deze goede vrouw, en verzochten haer, ons toe te laten nog eenigen tyd in haer huisje te vertoeven, indien ons verblyf haer niet onaengenaem was; wy voegden er by, dat wy vreemdelingen waren, en binnen twee uren de stad gingen verlaten; dat wy niets meer te doen hadden, en wy zelven niet wisten hoe den tyd aengenamer door te brengen dan in haer huis.—Blyft, heeren, blyft, zoo lang het u lust, hernam de vrouw, gaet nader de stoof zitten : de regen heeft het weêr grootelyks verkoeld. Wy bedankten het wyfken, en gaven haer te kennen dat het huis behoorlyk verwarmd was.

Omtrent elf ure en een kwart, kwamen er dry kinderen, twee jongens en een meisje, binnen; zy waren

Zoo frisch als vischjes in 't water ;

zy zeiden goeden dag aen hunne moeder en aen hunne zuster; de moeder omhelsde hare kinderen, die zich tot ons keerden en ons ook den goeden dag wenschten.

Hier vinden wy zedigheid en gemanierdheid, daer vonden wy niets dan bottigheid en onzedigheid.

4

De twee jongens gingen aen een klein tafelken zitten, namen een boek en hielden zich met lezen en schryven bezig.

Het kleinste dochterken, nauwelyks tien jaren oud, vroeg aen hare moeder of zy de tafel mogt dekken. — Ja, myn kind, was het antwoord. Seffens was het bevallige meisje aen 't werk; zy legde een zuiver gedamd hammelaken, zette zes schoone tellooren, zoo veel glazen en eene volle flesch met zuiver water op de tafel, lepels, messen, forketten, brood, peper, zout en mosterd, niets ontbrak; hier was alles in gereedheid en op tyd bezorgd.

Nadat het dochterken zeven stoelen rond de tafel geplaetst had, nam zy haer breiwerk en stelde zich aen 't werken; geen oogenblik werd hier verzuimd. Het uerwerk, dat in het huisje hangt, zal welhaest twaelf uren slagen. Wy wilden van den tyd, dien ons de aenkomst van den man nog overliet, ook gebruik maken. Wy vroegen aen de moeder hoeveel kinderen zy had, en welk ambacht haer man uitoefende? — Wy hebben vyf kinderen, heeren, antwoordde het wyfken, twee dochters en dry jongens, waervan de oudste zoon vyftien en het jongste meisje tien jaren is, myn man en onze oudste zoon werken op de fabriek.

—Ons huisgezin, zoo gy ziet, heeren, is groot; maer, God dank, door vlyt en spaerzaemheid ontbreekt er ons niets; wy trachten

Teer naer neer te stellen,

en indien God ons geene ziekten overzendt, zullen wy onze kinderen wel kunnen opvoeden, om eensdaegs nuttige en deugdzame burgers te zyn. Dit is het vurigste van ons verlangen en ook het grootste geluk dat wy hun kunnen bezorgen.

—Wy hebben in 't begin van ons huwelyk veel tegenspoed gehad: *By den broode valt veel te lyden.* Den kost te winnen valt menigen zuer; maer, God dank, wy hebben dat met verduldigheid verdragen, en verre van moed te verliezen, hebben wy met meer vlyt

Voet by stek gezet,

en in korten tyd de schaden en verliezen hersteld, die wy door ziekten en gebrek aen werk hebben moeten onderstaen.

Wy deden de moeder opmerken dat zy gelyk had, dat het wys en grootmoedig was, te vergeten wat men verloren heeft, en te gedenken wat men gewonnen heeft.

— Wy bezitten niet veel, hernam de vrouw; maer wy zyn gerust en wel vergenoegd met hetgeen wy hebben;

Geen ryker man in alle steden,
Als die met 't zyne is tevreden.

Hooge boomen geven meer schaduw dan vruchten.

My dunkt hy is in goeden staet
Die zonder schulden te bed gaet.

De leeuwerik zingt vrolyk omdat hy op meidag geen huishuer moet betalen

God lof, wy hebben geene schulden,

Geven iedereen 't zyne,

en zoo bekomen wy ook 't geen wy tot ons bestaen noodig hebben.

Daer het nu reeds eenige minuten twaelf uren geslagen was, kwam de vader, een man *gelyk een boom*, en zyn zoon, een jongen gelyk *een wolk*, het huis binnen; hun gelaet was vriendelyk, en hunne kleeding deftig en zuiver.

De man groette ons en zyne vrouw, die hem den welkomgroet gaf; zyne kinderen omringden hem, en verzochten hem, zich aen tafel te gaen plaetsen; het jongste dochterken sprak : Vader, gy zyt zekerlyk nat? — Ja, kind. — Geef my dan uwe vest en kiel, vader, en gy ook, broeder, den uwe, ik zal ze by het vuer hangen, zy zullen droogen terwyl gy eet.

Indien het waer is dat

Uit het trekken van den mond
Men dikwyls kent 's herten grond ;

dat de reden van den mensch de spiegel van zyn hert zyn, mogten wy verzekerd zyn dat deze mensch niet alleen een goed man, maer ook een regte vader was.

Terwyl de vrouw de soep uit den ketel in eenen kom schepte, zeide zy tot haren man : Vriend, deze heeren zyn hier aen de deur eene schuilplaets komen zoeken, en ik heb hen verzocht om binnen te komen. — Gy hebt zeer wel gehandeld, vrouw. Het regent nog altyd geweldig; ik en myn zoon hebben maer eenige straten moeten doorgaen, en wy zyn nat gelyk *waterhonden*. Wy moeten het weder nemen gelyk God het ons overzendt, en de soep gelyk zy gekookt is, niet waer, moeder? — Ja, vader.

Na regen komt zonneschyn.

De soepkom stond op de tafel; de man noodigde ons, het middagmael met hem te nemen; wy bedankten hem vriendelyk.

Toen lazen zy het noengebed; de vader bediende zyne vrouw en kinderen, die met grooten lust begonnen te eten. — Wat goede soep, moeder. — Is 't waer, vader? — Ja, moeder, zy zal aen de *ribben houden*. — Te beter, vader. — Wilt gy nog wat soep, moeder, en gy kinderen? — Iedereen antwoordde: Ik dank u, vader. — Zet ze dan weg, moeder, ik eet ook geene meer. — Neem nog eenen lepel, vader? — Gy zyt bedankt, moeder, ik zoude niet anders meer kunnen eten. Welk een groote vriendschap bestond er niet tusschen dezen man en deze vroúw, *zy komen overeen gelyk twee mosselschelpen;* hunne goede overeenkomst en wederzydsche bevalligheid deed ons het volgende spreekwoord gedenken:

Als man en vrouw 't malkander brengen, dan lachen de engeltjes in den hemel.

Hier was het spreekwoord wel toegepast, want door de goede overeenkomst en zorgvuldigheid van vader en moeder, waren de kinderen gelukkig en gezond, en door hunne erkentenis en deugdzaemheid waren zy engelen, en het huishouden was hun hemel.

Nu werd een volle pot met jeugdig vleesch en aerdappelen op tafel gezet; de vader bediende zyne vrouw en kinderen; de oudste dochter schonk de glazen vol water, *zoo klaer als kristal,* en elk at zyn buiksken vol. Hier was het geen gedwongen vastendag.

Het noenmael geëindigd zynde, zeide de vader: Lieve kinderen, laet ons God danken voor de weldaden die wy dagelyks van hem ontvangen. Na de dankzegging, sprak de vader deze menschlievende woorden: Dat de almogende God aen al onze medebroeders zoo veel als aen ons verleene!

Toen verliet het goede huisgezin de tafel, de twee jongens keerden weder tot hunne boeken, het jongste dochterken nam haer breiwerk, en terwyl hare oudste zuster de tafel afdiende en de schotels waschte, schonk de moeder den koffy op.

De jongste zoon bezorgde de vogelen, den hond en de kat. De vader naderde ons en sprak: Heeren, 't is vervelend zoo te moeten wachten, te meer omdat gy zekerlyk eenen kostelyken tyd, dien gy nuttiger en aengenamer had kunnen gebruiken, hebt moeten verzuimen; maer uwe verveling zal welhaest eindigen, het weder schynt zich te herstellen.— Goede man, hernamen wy, de tyd dien wy in uw huis doorbragten, is voor ons snel en zeer aengenaem verloopen, onze zaken zyn niet verwaerloosd. Alles wat wy in de stad te doen hadden, is verrigt, wy bedanken u, vader, over uwe genegenheid, en indien wy u in 't vervolg van eenig nut kunnen zyn, zullen wy niet nalaten u te verpligten. — Ik dank u, heeren, zeide de man.

De koffy was gereed, de vrouw noodde ons om met haer huisgezin eene tas te drinken, wy stemden in haer verzoek toe, en gingen by de tafel zitten; nooit hebben wy met meer genuchten koffy gedronken.

't Was kwaert voor éen uer; de man sprak : Heeren, 't is tyd ont naer myn werk weder te keeren; verschoont my, indien ik uw aengenaem gezelschap zoo spoedig moet verlaten. — Ga, goede man, volbreng uwe pligten, en God zal u zegenen. — Dat verhoop ik ook, zeide de man, en hierop ging hy de deur uit met zynen zoon die een vol keteltje met warm drinken en een zaksken met boterhammen droeg. Wy bedankten de beminnelyke vrouw, en wenschten haer vrede en voorspoed in haer huishouden. Wy wilden aen de kinderen eenige centen geven, maer geen hunner aenvaerdde onze gift. — Lieve kinderen, zeiden wy hun, weest in alles gehoorzaem aen uwe ouders, bidt God dagelyks opdat hy hun een lang leven schenke; volgt hunne goede voorbeelden, zyt dankbaer over de weldaden die zy u bezorgen, dan zult gy in het vervolg nuttige burgers der maetschappy worden, en de voldoening die uwe ouders nu in uwe kinderlyke liefde vinden, zult gy ook eens genieten.

— Wy zullen ons best doen om uwen goeden raed te volgen, heeren, zeiden deze goede kinderen.

Wy verlieten dit huisje met spyt, wy zouden er dagen lang hebben willen verblyven; maer onze bezigheden verhinderden zulks.

't Geen wy by Trien en by deze goede menschen gezien en gehoord hadden, stelde ons in de mogelykheid om nog eenige algemeene aenmerkingen over de huishoudelyke zaken aen onze lezers te doen kennen, en hun de voornaemste oorzaken die een goed of een slecht huwelyk tot gevolg moeten hebben, voor oogen te stellen.

Alle dingen hebben hunne handhaven, en die ze wel wil behandelen, dient ze dan wel te begrypen.

Slaet de hand daer 't niet brandt.

't Regt gebruik der dingen wel te verstaen, is de nuttigste wetenschap van het burgerlyk leven.

Noch het roer aen het schip, noch de toom aen het peerd baten, zoo er niemand is die het kan besturen.

Wy hebben reeds gezeid dat het veel *snaps heeft om van tien zinnen er vyf te maken*; twee persoonen in alles overeen te doen komen; nu zyn wy verpligt hier by te voegen, dat het den mensch ook veel moeite kost, om zich met zich zelven, dat is, met zyn gemoed en zinlykheid, in overeenkomst te stellen.

Zoo komt het dat alle dingen niet alle man ter hand staen,

dat ieder maer zooveel voordeel uit zyne zaken trekt als hy wysheid heeft.

Wyze lieden zuigen zoet uit bitter, dwaze bitter uit zoet; de eene is goedsmoeds zelfs in het midden der zwarigheden, de ander klaegt en knaegt zich zelven, ook dan als 't wel gaet.

> Een egel draegt het lyf vol stekels; 't is geen wonder, hy brengt ze zelf voort.

Velen worden er gekweld, alleenlyk omdat zy een kwellende geest hebben; 't is moeijelyk met iemand om te gaen die alle zwarigheden inkropt en ter herte neemt, alle vermakelyke dingen daerentegen ongevoelig laet voorby gaen.

> Wy egels
> Wy ezels,

't Is te zeggen: wy weten dat wy gebreken hebben, *egels zyn*, en wy gebruiken de middelen niet om die te helpen, *wy zyn ezels*.

Alles hangt dus af van de zaken wel te grypen, en ze dan met eene kloeke hand vast te houden. 't Is in 't begin dat men moet bezorgd zyn om te weten hoe men zich in het vervolg moet gedragen.

Wat doet een goed en voorzichtig ruiter die eene reis te peerd wil beginnen? wat doet een ervaren schipper, die met zyn schip eenen togt op zee wil doen?

De eerste beproeft het peerd, tracht de gebreken, indien het er heeft, te kennen; hy zadelt en toomt het, om het in weêrwil zyner gebreken, gemakkelyk en goed te kunnen besturen; geeft het toom wanneer het gewillig voortgaet, wederhoudt het door aensporing, wanneer het 't gebit in de tanden wil nemen; en in beide deze gevallen doet hy het met zachtheid en voorzichtigheid, niet met geweldige zweep- en spoorslagen, die hem *wel ruiter in 't zand* zouden maken; want

> Die met een peerd uitgaet, is met zyn meester uit.

De tweede overziet het schip, ziet hoe het met mast, zeilen, touwen, roer en anker bestaet, of hy by het schip alles heeft om het wel te kunnen besturen; dan is hy verzekerd en onderneemt hy de reis. Zeilt het schip te traeg, hy zet *eenige zeilen by*; zeilt het te snel, hy laet *eenige zeilen af*; vreest hy een afgelegene klip, hy *draeit het roer*, om het schip eene andere rigting te doen nemen; is de klip zoo naby dat het onmogelyk is deze te vermyden, indien het schip voortzeilt, en naer het roer niet meer luistert, *hy laet zyn anker vallen*, en houdt het schip stil; is de wind 't schip tegen, hy vaert niet, en wacht *eenen voordeeligen wind af*. In al deze verschillende omstandigheden waerin hy zich op 't schip bevindt, handelt hy met bedaerdheid en met 't vooruitzicht van zyne reis gelukkig te eindigen.

·Een kundig schipper kan een slecht schip wel *over zee brengen*, terwyl de onkundige of onbedachte stuerman 't bestzeilende schip *in den grond kan helpen*.

Indien de ruiter en de schipper voor een klein reisje al de noodige voorzorgen nemen, indien zy, op de reis zynde, alle middelen inspannen om die gelukkig te voltrekken ; wat moet de mensch niet doen, hy die op 't peerd of 't schip des huwelyks eene reis rond de wereld moet afleggen !

Kent eer gy mint,

herhalen wy hier nog eens.

Is uwe vrouw of uw man zachtmoedig en deugdzaem, wees zachtmoedig en deugdzaem, en laet het schip zeilen zonder *zeilen af of by te zetten*.

Is uwe vrouw of uw man hoofdig en ondeugend, wees zachtmoedig·en deugdzaem, en laet het schip *wat laveren :* mogelyk zal het eens goed zeilen.

Wil uwe vrouw of uw man niet voort, wees zachtmoedig, deugdzaem en vlytig, en zet *het schip wat zeilen by*.

Verlaet uw man of uwe vrouw den goeden weg, zyt zachtmoedig en verdraegzaem: en keer met voorzichtigheid het roer, want keert gy het met groot geweld, zoo kan het roer breken. *Wat is een schip zonder roer ?*

Is uwe vrouw of uw man zoo oploopend, zoo boos dat 't onmogelyk is met haer of met hem huis te houden, wees zachtmoedig en verdraegzaem: *laet uw anker zinken en wacht eenen voordeeligen wind af*, 't is te zeggen, tracht door de stilzwygendheid haer of hem tot bedaerdheid te brengen; zeïl nooit terwyl het *stormt*, berisp uwe vrouw of uwen man niet wanneer zy woedend zyn.

't Meest geschil en krakeel,
Is om te weinig of te veel.

Zonder myn en dyn,
Zou de wereld, hemel zyn.

Deze spreekwoorden bevatten veel ; vooreerst, de man aen wien de wet de meesterschap in het huwelyk toestaet, kan hiervan misbruik maken, met die op eene onbehoorlyke wyze aen zyne vrouw te doen gevoelen, *en haer op hairen en snaren te stellen,* te doen dansen zoo hy fluit.

> Trek het touwje niet te styf, of gy krygt het eind in de hand.

Want dan wordt de vrouw tot het gehoorzamen gedwongen, en dat deugt niet.

Ook kan de man door eene te groote zwakheid oorzaek zyn dat zyne vrouw over hem heen ziet. Want

> Die zich zelven een schaep maekt, de honden byten hem.

> Veel te goed is half zot.

> Alle mannen moeten eenen kam hebben,

moeten zich wyselyk mannen toonen; gebieden met weerdigheid, wanneer het past; dan zullen zy eene gehoorzame vrouw hebben; zy moeten zich wel wachten van

> Dan te zot, dan te bot te zyn,

want dan weet de vrouw niet aen wien zy moet onderdanig zyn, of het aen den te strengen of aen den te zachtmoedigen man is dat zy moet gehoorzamen, en dan is er van haer niets te bekomen;

> Dat staet op zyne beenen,

dat is vast en wel gegrond.

Zie hier een bundelken spreekwoorden die wy opgeven opdat men die in sommige omstandigheden zoude kunnen raedplegen en volgen,

> Rook, stank en een kwaed wyf dryven den man uit zyn huis.

Daerom zorgt, mannen, dat het niet rooke of stinke, en is uwe vrouw kwaed, tracht ze goed te maken.

> Een dak dat leekt en kwade wyven,
> Die kunnen goede mans verdryven.

Doet dan van tyd tot tyd de pannen van uw huis bestryken.

> Elk kleedt zyn pop naer zyn fatsoen.

Elkeen mag met zyne vrouw naer zyn beliefte handelen; maer 't moet regtvaerdig en fatsoenlyk zyn.

> Wanneer het wyf begint te dwazen,
> Verdraeg 't, of anders moet zy razen.

Wanneer uwe vrouw hare pligten verzuimt, handel met oordeel, en tracht met goedheid haer op den goeden weg te brengen.

En straft of streelt uw vrouwe niet,
Daer 't iemand hoort of iemand ziet.

Straft gy haer in het openbaer, gy schendt hare eer; streelt gy haer waer men het ziet, gy hebt uw gezag verloren.

Zyn peerd, zyn zweerd, zyn wyn, zyn vrouw,
En pryst nooit man, zonder berouw.

Is uw vrouw goed en uw been kwaed,
Vriend, houdt ze beide van de straet.

Een kwaed been en eene goede vrouw moeten t'huis bewaren.

Het beste stuk van t'huisbedryf,
Dat is een goed en handzaem wyf.

Daerom tracht het in weerde te houden.

Het oog van de vrouw maekt de kamer schoon,
Geen beter loog als der vrouwen oog.

De vrouw kan door hare zorgvuldigheid zeer veel in het huishouden toebrengen.

Daer de meester uit is, is 't huis dood,
Daer de meester dood is, verroest de klopper.

De man moet op zyne zaken passen.

2° Opvoeding der Kinderen.

Wilt gy dat het volk gelukkig en magtig zy, tracht dat het eene goede opvoeding ontvange.

HELVETIUS.

Er is geene zaek van hooger belang, zoo wel voor de ouders en kinderen, als voor het welzyn van de algemeene samenleving, dan de opvoeding der kinderen, aengezien van deze elks geluk of ongeluk afhangt. De weldaden eener goede opkweeking versprei-den zich als heilbronnen in de maetschappy, daer integendeel de slechte en verzuimde kweeking der kinderen hare schadelyke en zedelooze gevolgen in het algemeen doet gevoelen.

De ouders zyn door eenen natuerlyken pligt, en de onderwyzers door de verhevenheid hunner zending gehouden, onder de kinderen de grondstellingen van deugd en wetenschap te verspreiden, den geest der jeugd te versterken in de gewoonten van de waerheid, regtvaerdigheid en liefdadigheid, in éen woord, hen op den weg eener goede opvoeding te stellen; want zy alleen leidt tot de deugd, en bezorgt het geluk, dat het grootste erfdeel, de overvloe-digste rykdommen en de uitstekendste gunsten niet kunnen bezorgen.

De kinderen zyn de kweekelingen bestemd tot de toekomende maetschappy; 't zyn de jonge spruiten der menschlievendheid en de hoop des vaderlands.

De jaren der kindschheid zyn de gewigtigste, de toekomst hangt

van de rigting af, die men aen de jongelingen in de eerste jaren
van hun bestaen geeft (1), en, evenals de boomen en bloemen die
met luister opwassen eenen overvloedigen oogst beloven, zoo
beloven ook de kinderen die met goede hoedanigheden begaefd
zyn, burgers te worden die verkleefd zullen zyn aen het vaderland,
en het tot lof zullen strekken.

Vraeg aen eenen hovenier of hy aen de krachtige natuer overlaet
eene wilde plant, die in haren omstuimigen wasdom de aerde
overdekt met hare ranken; of hy dezer wilden groei niet wederhoudt? Indien de boomkwecker het snoei- en entmes niet gebruikt
om haer te snoeijen en te vormen, zou deze wilde plant ongetwyfeld een groote en kloeke boom worden, welks bladeren eene
groote oppervlakte zullen belommeren, maer op dezens ontelbare takken zal men geene vruchten zien, en dan zou de hovenier
verpligt zyn, zonder medelyden, deze nuttelooze plant aen het
hakmes van den houtkapper over te leveren.

Zoo moet de mensch ook door de opvoeding gevormd worden;
naer den eisch der samenleving zich volmaken, opdat hy in staet
zy ten beste mogelyk den staet, waertoe zyn lot hem bestemd, te
bekleeden, want — *een mensch zonder opvoeding is een boom
zonder vruchten*, en met regt mag men zeggen :

Kinderen kweeken is geen ganzen wachten.

Ongelukkig zyn degenen die de opvoeding der kinderen verzuimen; kenden zy de nadeelen die zy door dit verzuim aen zich
zelven, aen hunne kinderen en aen de maetschappy toebrengen,
zy zouden ongetwyfeld de pligten die hun opgelegd zyn met vlyt
behartigen, en het getal van zulken tot wie het spreekwoord zegt:
— *Kweekt gy kinderen ! Kweekt liever braedverkens, dan hebt gy
alle zes weken geld*, zou dan zeker grootelyks verminderen.

Laet ons deze zaek ter harte nemen, en indachtig zyn *dat de
jonge zinnen zoo buigzaem zyn als het was, waervan men zoo
wel een duiveltje als een engeltje kan maken*, en dat men behoort
de kinderen te fatsoeneren gelyk de keersmaker zyne keersen,
al soppende en doppende van langer hand, totdat zy vroom
worden en in deugden opwassen.

---

(1) De aenhangers van alle denkwyzen hebben ten allen tyde om hunne
meening te verspreiden, zich tot de kinderen gewend, omdat zy die de
geschiktste oordeelden om hunne nieuwe leer te doen aennemen; zy hebben
de kinderen volgens hunnen wensch en naer den eisch der eeuwen bereid
en gevormd.

De eerste zorg der ouders moet zyn, aen de kinderen geleerdheid en voornamelyk goede zeden en manieren in te planten, willen zy hun geluk voor het toekomende bezorgen.

De voorzichtigheid van den vader, de teederheid der moeder, zie daer de twee engelen-bewaerders van de kindschheid; onder de bescherming dezer twee leidsmannen groeit de jonge plant beveiligd tegen den invloed der zedeloosheid.

Zyt verduldig, ouders, voor uwe kinderen; toont meêdoogenheid voor hunne zwakheden, zonder nogtans te vergeten dat om het kwaed te beletten, men hunne grillen niet moet voldoen.

Men mag, men moet zelfs zyne kinderen liefhebben; maer kinderen beminnen bestaet in de betrachting van hun geluk en geenszins in vleijeryen en toegevingen, die dikwyls by sommige ouders zoo verre gaen, dat zy, ja, de gebreken van hunne kinderen liefhebben; en, aengezien zy in hunne teedere jeugd nog geene groote misdryven kunnen begaen, beelden de ouders zich in, dat zy verdraegzaem voor deze kleine gebreken moeten zyn. 't Is wel waer, het zyn maer kleine misdryven die kleine kinderen doen, maer het is eene groote zaek de gewoonte te hebben die te begaen.

Lieve kinderen krygen lieve naemtjes, 't is myn kindje, myn hertje, myn engeltje, myn lammeke; maer ook *myn hondje, myn schelmtje;* en hoe menigmael is het laetste niet de waerheid? *'t Is hertje wat lust u? mondje wat begeert gy?* daer het 's nachts van droomt, heeft het op den dag, *'t is een wittebrood-kind, een bedorven kind van moeder,* en door deze toegevendheid der moeders gebeurt het maer al te dikwyls dat de *bedorven brokken* hun *wittebrood vooraf op hebben,* en dat *moeders keuken niet altyd volgen wil;* want, *Duren is eene schoone stad, en blyven duren nog eene schoonere.*

Zegt men dit aen sommige vaders en aen sommige moeders, die eene te groote teederheid voor hunne kinderen hebben, zy antwoorden :

Lieve kinderen mogen wel een potje breken, en 't is *al goed wat hy doet dien men bemint, 't verstand komt vóor de jaren niet,* en zoo gebeurt het dat men de kinderen te dikwyls den allerkinderendag (28 December) heeft laten vieren, hun de meesterschap heeft gelaten om hunnen kleinen wil te voldoen, en dan *wordt gewoonte tweede natuer.*

De minste en ongevoeligste aendoeningen die wy van onze jongheid aennemen, hebben groote en langdurige gevolgen, een klein gebrek in schyn, een verwaerloosd gebrek kan de oorsprong worden eener schadelyke ongebondenheid.

Een nagel doet wel een hoefyzer verliezen,
Een hoefyzer het peerd, 't welk dan wel den ruiter doet sneuvelen.
Van 't klein komt men tot 't groot.
Van den boot raekt men in 't schip.
Van een' vonk brandt het huis.
Het kleinste misdryf is een middel om tot het grooter te komen,

omdat

Waer de slang het hoofd kan indringen daer wringt zy het gansch lyf in.
't Kwaed neemt toe, men weet niet hoe.
Een kleine vonk ontsteekt wel eenen grooten brand.
Daer komt veel water, daer water geweest is.

Dus baent een misdryf den weg voor andere.

Eens gebrand haest gevlamd.
Te lang en te dikwyls kwaed doen moet eens kwalyk uitvallen,

en dan

Betaelt éens het al,

en eindelyk

Loont het werk zyn meester.
Na lang loopen moet men 't bekoopen.

Indien gy uwe kinderen bemint, zult gy de oogen niet sluiten op de kleine misdryven, want door overdrevene toegevendheid bederft men in de kinderen het gevoel der natuer en maekt men hun ondeugend en koppig.

Laet het kind nooit volgens zyn *kopken* voortgaen, laet het niet toe dat het iets 't welk hem verboden is doe, wacht u wel aen zyne tranen gevoelig te zyn, aen zyn geschreeuw en nog min aen zyne hardnekkige wederspannigheid, aen zyne grillen te voldoen.

Wel is waer dat het spreekwoord zegt :

Men vangt meer vliegen met siroop dan met azyn,

't geen beteekent dat men meer wint met zachtmoedigheid dan met strengheid. *Men kan de hardste keijen allerbest op een zacht kussen morselen, men mag wel iets door de vingers zien,* maer *men kan een kind wel te veel wiegen,* en indien de toegevendheid der moeders te groot is, blyft het kind in zyne hoofdigheid en in andere gebreken volharden.

Gelyk een peerd dat men niet beteugelt fier wordt, zoo ook wordt een kind dat men zynen wil laet doen, koppig, en dan is he somtyds te laet om *den wil met den bessem achter de deur te zetten*, en men is gedwongen het te zeggen :

Uw willeke staet in den bosch, met het roedje gaet hy los.

De roede in de pis te leggen, en het kind wat suiker onder zyn hemd te geven.

't Is in 't begin om doen.

Met kleine lapjes leert men den hond leêr eten.

Een zeer oud spreekwoord zegt :

Schreijende kinderen maken zingende moeders.

hetwelk beteekent dat de moeders om hunne kinderen te paeijen en te sussen dikwyls zingen, het zoo bekende liedeke :

Do do, myn kindje, slaep en doe uw oogskens toe, gy zult pappeken eten van de bonte koe.

Tot hiertoe gaet het wel, maer

Zingende kinderen, maken schreijende moeders.

Zoo trappen zy de moeder wel jong op den schoot en later op het hert. — Is het dan niet beter dat het kind schreit dan vader en moeder, en omdat het zoo zoude gebeuren moet men het *over den hekel halen*, scherp berispen, en strenge maetregelen gebruiken om hem 't *hoofd in den schoot te doen leggen.*

Moedige peerden straf gebit,
Stugge peerden scherpe sporen.

Op grypende wolfsklauwen passen hondstanden.
Tot vleesch van honden tanden van doggen.

Tot een harden kwast behoort een scherpe bytel.

en dan moet men *hard tegen hard spelen* en *hun bidden gelyk men de ezels bidt,* dat is met slagen dwingen.

Men moet de kinderen van jongs af onder de gehoorzaemheid brengen, wil men dat zy, wanneer zy uit hunne kindschheid gekomen zyn, aen onzen wil onderdanig zyn; doe hun het vaderlyk gezag gevoelen zoo gauw zy kunnen begrypen van wie zy afhangen; indien gy wilt dat zy eerbied voor u hebben, doet hun den eerbied gevoelen terwyl zy kinderen zyn, en naermate zy groot worden, handel met hen wat gemeenzaem; door dit middel zullen zy u teenemael onderdanig zyn in hunne jongheid, en zy zullen uwe vrienden worden wanneer zy volwassen mannen zullen wezen.

De ouders kunnen de volgende spreuken raedplegen en volgen, eer dat *hunne kinderen de roede ontwassen zyn:*

Terwyl het rysje zwak is, moet men het buigen.

Jong rys is te buigen, maer geen oude boomen.

't Moet vroeg buigen dat eenen goeden reep worden zal.

't Is moeijelyk om krom hout te regten.

die hun bevelen het kwaed in de beginselen te beletten, dat is, *wanneer de kinderen van onder en van boven nog niet uit hunne broek komen*, om dan voor de gevolgen niet te vreezen te hebben, want

De rups dient in de pop gedood.

Het schaep dient voor den dam geschut.

Van 't onkruid dient het loof niet alléen, maer de wortel uit getrokken.

geven voor raed aen de vaders en moeders van vroegtydig de kwade gewoonten en gebreken hunner kinderen af te wenden; immers het spreekwoord:

Sla de eijeren in de pan, dan komen er geen slechte kiekens van,

beduidt dat het veel beter is, geene kinderen dan slechte te kweeken, omdat het te laet is *als kamelot plooi genomen heeft.*

Gewoonte maekt wet.

De ekster kan haer huppelen niet laten.

't Is moeijelyk oude honden aen den band te leeren gaen.

't Is moeijelyk honden te leeren bassen,

en ook zeer moeijelyk de kwade gewoonten der kinderen, die men in hunne teedere jaren niet afgewend heeft, in hunnen gevorderden ouderdom af te breken, want dan

Steken zy hunne oorkens naer omhoog.

Nemen zy het op hunne hoorens,

spelen den baes, en

Beteren zich als de oude wolven,

of

Als zuer bier op den tap,

hoe langer hoe erger, omdat *zy, die boven 't hoofd zyn gewassen, buiten bedwang zyn.* Zoo gebeurt het maer al te dikwyls dat de onbuigzame kinderen, die naer hunne ouders niet hebben willen luisteren, moeten gehoorzamen en onderdanig zyn aen het *kalfsvel, trommelvel,* en dan *is er geene zalf meer aen te stryken.*

Wilt gy door uw voorbeeld eenen heilzamen invloed op uwe kinderen hebben, zoo moet gy veel zorg dragen en veel voorzichtigheid gebruiken; daerom kunnen wy niet genoeg zeggen dat het gedrag der ouders onberispelyk moet zyn. *Het kwaed zaed, het zaed van bederf dat door hunne schuld in de herten van hunne kinderen valt, groeit, helaes, maer als ten vloek van hunne gryze hairen, als ter schande van hunne oude jaren.*

Wanneer vader en moeder verstand gebruiken, hunne ongeregelde lusten bedaren, en hunne wilde manieren wat besnyden, dan zullen de kinderen, die van hen voortkomen, ligtelyk deugdzaem worden; maer zoolang de ouders daer niet toe komen, zullen alle onderwyzingen, vermaningen, ja ook alle kastydingen vruchteloos zyn, want de spreekwoorden:

Kinders zyn apen, volgen alles na;

De takken aerden naer den stam;

Het appeltje smaekt naer den boom;

Zoo de ouden zongen,

Zoo piepen de jongen;

Slecht ei, slecht kieken;

Wat van katten komt wilt muizen,

bewyzen klaerlyk dat de geaerdheid en handelwyze der ouderen dikwyls tot de kinderen overgaen, en hieruit volgt, dat

Apenjongens willen luizen;

Kattejongens willen muizen;

Zoo de klok is zoo de klepel;

Zoo de pot is zoo de lepel;

Zoo de moeder zoo het kind.

Elk heeft een aerken

Van zyn vaêrken.

Gelukkig dan de kinderen die voor eerste leidsmannen goedhertige en deugdzame ouders hebben; geen twyfel kan er immers bestaen of zy zullen als apenjongens deze goede begaefdheden navolgen; maer integendeel, ongelukkig die kinderen, welker opvoeding toevertrouwd is aen onbedachte en zedelooze vaders en moeders,

Als de herder doolt, dolen de schapen,

wanneer de ouders misdoen, doen het de kinderen gemeenlyk ook, en het schynt *dat het hun met den paplepel is ingegeven;* dat

Zy het uit hun moeders borsten hebben gezogen,

en zoo gaen de slechte manieren, gewoonten en zeden van de onbeschaefde ouders en ondeugende meesters tot de kinderen over.

<blockquote>
Kwaed voedsel,
Kwaed broedsel.
</blockquote>

<blockquote>
De vrucht is gelyk de zucht.
</blockquote>

<blockquote>
Zoo voorgepepen, zoo nagedanst.
</blockquote>

Een goed boek, eene zedelyke aenspraek kunnen veel goeds doen; maer goede voorbeelden spreken met meerder kracht en welsprekendheid aen het hert der kinderen. Zeg in het byzyn van uwe kinderen geen enkel woord dat strydig is met de waerheid of met de eerlykheid.

<blockquote>
Laet geen kinderen vuile reden hooren,
Want kleine potten hebben ooren.
</blockquote>

<blockquote>
Er zyn latten en pannen op 't dak.
</blockquote>

<blockquote>
Zwygende luipers van kinderen zyn het minste te vertrouwen.
</blockquote>

Het minste zedeloos woord dat aen de ouders ontsnapt, dringt diep in 't hert van de kinderen; het veroorzaekt vroeg of laet zekere gedachten die de ouders moeten zoeken te verwyderen; het geeft ophitsingen, hartstogten, die zy moeten bestryden.

. Hoe zeer moet men niet de ouders mispryzen die, wanneer hunne kinderen zich tegen eenen stoel of tafel gestooten hebben, over eenen steen gevallen zyn, dezen stoel, deze tafel of dezen steen, onnoozele schuld van het klein ongemak, dat aen hunne kinderen is overgekomen, met eene geveinsde kwaedaerdigheid dreigen te slaen, om de tranen van hunne kinderen te doen ophouden, uitroepende : *O stoute stoel! leelyke tafel! kwade steen, wat! gy doet myn kindje zeer! gy doet myn kindje vallen! wacht, kindje, ik zal hem slagen geven! geef de steen schuppen, myn kindje.* Aen zulke ouders mag men vragen wie 't kindje hier speelt.....

Indien wy wilden onderzoeken waerom duizenden bedriegende dwalingen, vooroordeelen en belachelyke bygeloovigheden, die, alhoewel zy zeer gemakkelyk kunnen vernietigd worden, zich voortzetten van geslacht tot geslacht, zouden wy dit mogen toeschryven aen de domme onbedachtheid van menigvuldige ouders en meesters, die verre van uit den geest hunner kinderen en leerlingen de dwaling der vooroordeelen en bygeloovigheden te verdryven, de waerheid met de dwaling, de godsdienst met de bygeloovigheid niet te verwarren; integendeel de bedriegelyke verblindheid die in hen bestaet, in de kinderen voortzetten; en omdat het hun niet mogelyk is eene voldoende rede by te brengen, waerom zy aen deze dwaling geloof geven, zeggen : *de oude liedjes zyn de beste*; ja, de oude deuntjes zyn de beste, wanneer zy goed en nuttig zyn, maer als 't geen vader of moeder ons voorhoudt met de waerheid strydig is, alwaer *het zoo oud als de straet, zyn die oude liedjes de beste niet.*

Handelen de ouders en meesters niet met de grootste onbedachtheid, wanneer zy, om de kinderen te doen zwygen of te doen gehoorzamen, hen bedreigen met *perebabou, tooveressen, spooken, weerwolven,* ja, *met den duivel,* en zeggen, dat een van deze wreede bloedzuipers hun zal komen *wegslepen, opeten* of *in de hel smyten.* Welk eene zedeleer !!! meer geschikt om de kinderen schrik aen te jagen, en hun eindelyk naer het zothuis te Brugge te zenden, dan hen te verbeteren; want eenmael zullen de kinderen overtuigd zyn dat hunne ouders hen bedrogen hebben met hun die prullen te willen doen gelooven. Zy zullen ondervinden dat *de donder geene straf van God is,* dat *'t zout storten de vriendschap niet breekt,* dat *stoelen draeijen of kruisen met messen maken, geen twist in 't huishouden brengt,* dat *de koppen 's morgens geen druk en 's noens geen geluk voorspellen,* dat *uit een gezelschap van dertien persoonen er in 't jaer geen van de dertien moet opgehangen worden,* dat *de droomen niet uitvallen,* en bedrog zyn,

Droomen is bedrog, maer k... in uw bed dan vindt gy 't nog,

dat wanneer by geval het eens gebeurt, zoo als het aen Judas den dertienden apostel gebeurd is, en een droom uitvalt, een *Sterre-* of *Kaertkyker* de waerheid geraden heeft, dit niet onmogelyk is; dit gebeurt immers ook aen Snoeck, onzen gentschen Mathieu Lansberg, die by zyne ontelbare leugens wel eens de waerheid zegt, zonder het zelf te weten. Wy zullen ons niet langer bezig houden met het aenhalen der menigvuldige vooroordeelen die onder 't volk bestaen, en hunne schadelyke gevolgen onder de menschen verspreiden; wy hebben hiervan alleenlyk een woord willen zeggen, om de ouders en meesters aen te moedigen tot het gebruik van een beter middel om de kinderen van 't kwaed te wederhouden en tot hunnen pligt te brengen, en hun *secundum Lucam,* dat is, volgens waerheid, iets wys te maken.

Met regt kan men de ondeugende gevolgen van het slecht gezelschap na degene, welke de kinderen van den aerd hunner ouderen en meesters opnemen, plaetsen ; *het kwaed gezelschap is een onkruid dat nimmer vergaet;* de kinderen nemen gemeenlyk de gebreken van hunne speelgenooten aen ; de gevolgen van kwade gezelschappen zyn allergevaerlykst, want *indien het vuer van 't kwaed gezelschap u niet brandt, de rook van hetzelve zal u ten minste zwart maken.* Zoo algemeen gaen de slechte neigingen en handelwyzen van diegenen met wie men omgaet tot ons over, dat men als waerheid moet aennemen :

Zeg my met wie gy verkeert,
Dan heb ik uwen aerd geleerd.

Waer men meê verkeert,
Wordt men meê geëerd.

Alles hangt dus af van de keus der persoonen met wie men verkeeren wil, want :

Wie zich onder den draf mengt wordt van de varkens gegeten.

Die met honden omgaet krygt vlooijen.

Handelt gy pek,
Gy krygt een vlek.

By wolven en uilen,
Daer leert men huilen.

Vuile gronden bederven den kabel.

Laet ons dan byzonderlyk letten, persoonen van goeden aerd tot vrienden en gezelschap te nemen, en ons de volgende spreekwoorden in de gedachte brengen :

Gelyken by gelyken.

Soort by soort.

Een schaep by een schaep,
Een aep by een aep.

Valk by valk en uil by uil.

Apen by apen en meerkatten by meerkatten,

die ons leeren dat menschen van ongelyken aerd moeijelyk overeenkomen, want :

Vogelen van eener pluimen vliegen geerne samen.

De eene kraei zit geerne by de andere,

ook

Daer vliegen geen uilen met bonte kraeijen.

Beter alleen dan in een kwaed gezelschap ;

dus doende, zullen wy de onheilen en kwade gevolgen van een slecht gezelschap niet te vreezen hebben ; immers

Een schurftig schaep maekt er veel.

Een zot maekt er veel.

Een rotte appel bederft de geheele mande.

Een geeuwer helpt ook anderen aen 't gapen.

Als eene koe biest dan steken de andere ook den steert op.

De omgang met ondeugende persoonen is daerom te gevaerlyker aen de goede opvoeding, omdat hy ook zeer aenlokkelyk is door de vermaken en genoegens die hy schynt te geven; terwyl men zegt dat men wel eens in tyds zich van dit gezelschap zal verwyderen, deze ondeugende persoonen vlugten, gebeurt het ook, dat:

De kanne zoo lang te water gaet tot dat ze eens breekt.

Dat de mug zoo lang om de keers vliegt tot dat zy zich verbrandt.

immers

De mug die om de keerse zweeft,
't Is wonder zoo die lange leeft.

Wie veel wil mallen,
Moet eenmael vallen.

Voorzeker kan men zich wel door onwetendheid en zelfs tegen dank in gezelschappen bevinden, die gelegenheid tot het kwaed geven; in dit geval moet men zich deze voorzichtige waerschuwing voor den geest brengen:

Gebrande kinderen schroomen 't vuer.

Gebrande honden vreezen ook 't koud water,

en zoo wys zyn, dat men niet meer tot het gezelschap waer men slecht gevaren is, weêrkeert, of anders zoude men dwazer zyn dan de ezel:

Een ezel stoot zich geen tweemael aen éenen steen.

Hy die in tyds de gevaerlyke gezelschappen schuwt, doet zeer wel, dewyl men zegt:

Die ten halven keert dwaelt niet geheel;

Beter laet dan nooit.

Een spreekwoord van onwederlegbare waerheid zegt:

Vreemde oogen dwingen,

want de kinderen aen goede leermeesters toevertrouwd, veranderen welhaest, indien het nog tyd is, de slechte en kwaedaerdige gewoonten die zy door de toegevendheid hunner ouders aengenomen hebben; maer om hier in te gelukken, moet men de spreuken dier gewillige moedertjes :

Wasch my den pels, maer maek hem niet nat, —

meester, leer myn kind maer straf het niet, niet aenhooren of volgen, want :

Wat help keers en bril,
Als de uil niet zien en wil ?

dat

Is zoo veel mogelyk als met de handen aen de lucht te komen.

Dan kan het onderwys, hoe goed ook ingerigt, niet slagen.

By de voorgaende middelen, om aen de kinderen eene goede opvoeding te bezorgen, moeten wy nog aenraden de gedurige waekzaemheid die de ouders en meesters over het gedrag hunner kinderen en leerlingen dienen te hebben, zoo dat zy altyd

Het oog in 't zeil hebben.

De kinderen gelyken aen de uerwerken die stil staen wanneer men die vergeet op te winden; de kinderen aen zich zelven overge- laten doen niets; zoo dan, indien gy uwe kinderen vlytig en bekwaem tot hunne pligten wilt maken, moet gy ze hunne eigene- ingevingen en neigingen niet laten voldoen; 't is aen u, ouders, van hun behoorlyk te geleiden, van hun zonder ophouden de waek- zaemheid te doen gevoelen die op hunne minste handelwyzen bestaet, hen aen te sporen wanneer zy vertragen en hun op den goeden weg te houden, wanneer zy schynen er zich van te verwyderen.

Als de kat van huis is hebben de muizen vry loopen.

Vader en moeder zyn van huis, de meester is uit de school, dan loopen de kinderen en leerlingen zonder bedwang in 't wilde, en dan zyn zy :

Baes van het kiekenskot als de haen niet t'huis is;

Waer het hekken open is, loopen de varkens in het koren,

en dan is het een verwarde boel.

De ledigheid is eene neiging zeer gemeen by de kinderen, en hare gevolgen zyn zeer nadeelig in hoogeren ouderdom; hierom is het zeer geraedzaem dat de ouders en meesters hunne kinderen door eene gestadige bezigheid in gang houden; nogtans willen wy niet besluiten, dat de kinderen altyd moeten leeren, en zich nooit door eenig spel of eenige uitspanningen vermaken, neen, zekerlyk neen, want :

De boog kan niet altyd gespannen staen
Tyd van leeren en tyd van spelen,

en

Altyd spelen,
Zou vervelen,
Maer die blyken geeft van vlyt,
Mag ook spelen op zyn tyd.

doch

Niets doen, leert kwaed doen.

Wy verstaen door ledigheid het verzuim der pligten die de kinderen opgelegd worden. In welke jaren zy ook zyn, moeten zy zich yverig toonen om deze volkomen wel te volbrengen, en den kostelyken tyd hunner jongheid, zoo geschikt tot het aenleeren der schoone kunsten en wetenschappen, niet verwaerloozen :

De tyd vliegt snel :
Gebruik hem wel.

Men kan gewis geen beter middel vinden om de kinderen aen de neiging der ledigheid, die luiheid voortbrengt, te onttrekken, dan hun de schrikkelyke gevolgen hier van te doen kennen door de volgende spreekwoorden, welke men zou dienen in groote letteren altyd en in alle plaetsen, byzonderlyk in de scholen, voor het oog der kinderen te stellen :

Ledigheid is 's duivels oorkussen,
Ledigheid is hongers moeder,
En van diefte volle broeder.
Armoede is luiheidsloon,

en

De naerstigheid is de moeder van 't geluk.

Zyn dit geene schrikkelyke gevolgen van de ledigheid en de luiheid ? Zou men ze niet dienen voor te komen en de kinderen die aen deze maer al te gemeene neiging onderworpen zyn, by de hand te nemen en hen by eenen mierennest te leiden, hun zeggende :

Gaet tot de mier, gy, luijaerds.

Daer zullen zy de werkzaemheid dezer diertjes zien, en deze ook trachten natevolgen. Men kan hun ook de fabelleer van de krekel en de mier in het geheugen printen, en hun behoorlyk het groot onderscheid dat tusschen de werkzaemheid der mier en de ledigheid der krekel bestaet, doen kennen.

Zouden wy niet genoeg bewezen hebben

Dat kinders kweeken geen ganzen wachten is,

en dat men alle zorg moet aenwenden om de kinderen eene goede opvoeding te bezorgen, hen in alle eerbaerheid, deugdzaemheid en gehoorzaemheid te doen opwassen; dan zullen zy een troost, een vermaek voor vader en moeder zyn ; maer integendeel wanneer de kinderen slecht en ondeugend opgekweekt worden, doen de gevolgen dezer verzuimde opvoeding zich eerst op de ouders gevoelen; 't gebeurt maer al te dikwyls dat de spreuken :

> Kleine kinderen zyn hoofdzweren,
> Groote kinderen zyn hertzweren,

waer zyn; dat gevolgelyk :

> Zy broeden eene slang in hun boezem die hun 't hert zal afsteken,

toegepast moet worden, en dat zoo de ouders door de ondankbaerheid hunner kinderen

> Van hunne eigen luizen gebeten worden,

dat is van hunne eigen kinderen gekweld worden; ook somtyds

> Wanneer zy van de luizen verlost zyn nog van de neten geplaegd worden,

sprekende van de kindskinderen die ook de ondankbaerheid van hunne ouders geleerd hebben.

Wy eindigen onze spreekwoorden, die wy op de opvoeding der kinderen kunnen toepassen, met deze laetste vermaning aen de ouders te geven :

> Ontkleedt u niet voor dat gy slapen gaet.

Ontbloot u niet van uwe noodige goederen, opdat gy van uwe kinderen niet moet onderhouden worden, want :

> Een vader kan beter zeven kinderen onderhouden, dan zeven kinderen éenen vader.

3° Ambachten, Neringen, Koophandel, Staten, Beroepen en Ambten.

> Het belangrykste bedryf in het leven van den mensch, is niet algemeenlyk hetgene van zyne verheffing tot het hoogste ambt dat hy bekleedt, maer wel datgene welk hem uit eenen onbekenden staet op het wereldtooneel brengt, alwaer hy niet anders meer te doen heeft dan voort te gaen.

Wanneer nu de kinderen eene behoorlyke opvoeding ontvangen hebben, zyn zy verpligt eenen staet te kiezen, om eens als deugdzame en nuttige burgers deel te kunnen maken van de maetschappy; in éen woord, zy moeten voor hun eigen bestaen zorgen; want,

Help u zelven, zoo helpt u God.

God geeft de ganzen den kost wel, maer zy moeten dien plukken.

God spyst de vogelen, maer zy moeten er om vliegen.

beteekent: dat men de middelen, die ons gegeven zyn om tot ons bestaen te komen, moet gebruiken.

Er zyn menigvuldige redenen om deze stof eenigzins wydloopig te behandelen; wy zullen hier de twee voornaemste aenhalen, de andere zullen wy in het vervolg doen kennen.

By de noodzakelykheid waerin eenieder zich bevindt om een ambacht (1) te verkiezen, om voor zich zelven te zorgen, bestaet

---

(1) Wy zullen in het vervolg het woord ambacht alleenlyk gebruiken, en hierdoor verstaen neringen, koophandel, staten, beroepen en ambten, hoe nederig en hoe verheven zy ook zyn mogen.

er voor elk mensch een groote pligt, die hem gebiedt, al zyne middelen in te spannen, om het welzyn van zyne medeburgers te helpen bevorderen. Deze verpligting wordt hem aenbevolen door de liefde tot het vaderland, die zoo sterk, zoo opregt moet zyn, dat zy de kinderlyke liefde zelfs moet overtreffen; want ware het zoo niet, hoe zou men een middel vinden om de ondeugd te beteugelen en de deugd te ondersteunen?

Men kent den boom aen de vruchten.

Men kent een goed peerd aen zyn draven.

Zoo kent men ook den deugdzamen en bekwamen mensch uit zyne werken of daden.

De deugdzame burger wordt gekend door het verlangen dat hy toont om zyne medebroeders zoo gelukkig mogelyk te maken; de volmaektste mensch is hy die het meeste nut aen zyne medeburgers bezorgt, en het gelukkigste volk is dat, waervan elk lid werkzaem is om het algemeen welzyn der maetschappy voort te brengen.

De werkzaemheid is de vriendin der deugd,

dus is het werkzaemste volk ook het deugdzaemste.

't Is dan niet genoeg om eerlyk en regtveerdig man te zyn, van vlytig voor eigen belang te zorgen, men moet ook met menschlievendheid trachten elkeen te verpligten, geheel onze handelwyze moet tot het algemeen welzyn strekken; wy moeten het voor een groot vermaek achten onze medeburgers dienst te kunnen bewyzen. Hoe gelukkig is hy niet die gevoelt hoe aengenaem het is eenen anderen goed te doen.

Goede naem is goud weerd.

Eene welverdiende achting is het eerste geluk van den mensch; zy leidt hem tot de waerdigheden, tot de bedieningen, welke hy met voordeel kan bekleeden; zy is voor hem beter dan de roem, want indien de vermaerdheid de vergelding der natuerlyke bekwaemheden is, mag men zeggen dat de achting de vergelding is der byzondere verdiensten. De achtbaerheid geeft te kennen dat hy, die haer verdient, al de hoedanigheden eens eerlyken en nuttigen burgers bezit.

De achting kan zoo wel door den geringsten ambachtsman als door den verhevensten ambtenaer bekomen worden; want men verkrygt haer door de burgerlyke deugdzaemheid, door het aenhoudend en eerlyk volbrengen zyner pligten. Deze achting is niet wyd verspreid of ook niet befaemd, maer zy is zeer noodzakelyk tot het geluk van den mensch.

Wee den wolf die een kwaed gerucht is!

Wie eenen kwaden naem heeft, is half gehangen.

Wee den mensch die geenen goeden naem heeft, en die de verachting van zyne broeders verdient! zy vervolgt hem zoo geweldig, dat hy genoodzaekt is zich van de samenleving te verwyderen; het aenzien van eenen geachten persoon is voor hem onverdragelyk, elkeen vlugt hem; de schande, die hy moet lyden, brengt hem zoo verre, dat hy in 't verborgen hol, waerin hy gedwongen is te leven, eindelyk door de verachting van zich zelven ongelukkig het leven eindigt.

De verachting in de maetschappy is gelyk het brandend yzer dat men gebruikt om den grooten booswicht te schandvlekken; hare indruksels zyn byna altyd onuitwischbaer.

De verachting is zoo noodzakelyk in de maetschappy als de achting; want hoe zou men zonder haer de ondankbaren, de bedriegers, de trouwloozen, de vrekken straffen? De verachting is een byvoegsel tot de onvolledigheid der strafwetten.

Wy zullen hier een woord zeggen van de baetzuchtigheid en begeerlykheid, die maer al te veel in de maetschappelyke betrekkingen bestaen.

Hy wil al de boter op zynen koek hebben,

Dit zegt men van nydige, onvergenoegbare en eigenbaetzoekende menschen, die uit hebzucht alles naer zich schrappen en anderen niets gunnen.

De baetzuchtige is eene soort van volkverarmer, die zyn bestaen zoekt ten nadeele van het bestaen eens anderen.

Hy slaet zyne zeissen in eens anderen oogst,

Hy leeft voor zich zelven; kent geene andere wetten, noch belangen dan die, welke zyn bestaen bevorderen; hy is slaef van zyne begeerten, hy schynt met de samenleving geen het minste gemeens te hebben, hy heeft het maetschappelyk verbond verbroken.

De begeerlykheid leeft in het midden der menschen als een verslindende worm in de bloem die hy bewoont, doorknaegt en doet vergaen. De begeerlykheid slagtoffert alles aen haer eigen belang: vrienden, weldoeners, vaderland, niets is voor haer geheiligd; nooit is zy verzadigd; want nauwelyks heeft zy éenen roof harer vurige begeerten bekomen, of zy wordt aenstonds tot eenen anderen aengelokt, en dan ziet men haer wederom de *tanden van begeerlykheid wetten.*

De baetzuchtigheid is gelyk de gierigheid; zy begint met een kleintje, groeit dagelyks meer en meer aen, tot dat zy eindelyk onverzadelyk met het grootste zelfs niet vergenoegd is.

Duivels zak is nooit vol.

Te lang waer het hier, al de baetzuchtigen te doen kennen die *van alles haring of kuit, pluimen of hair willen hebben*, die wat *te veel aen de maet en den strykstok laten hangen*, die verre *van vyf vierendeelen voor een pond*, er dry geven, die eene *blanken-bergsche rekening maken*, die wel eenige schreefkens meer op het winkelboeksken van den ongelukkigen werkman durven stellen, *met dubbel kryt schryven*, om hun wekelyksch en onregtveerdig inkomen te vermeerderen. Zyn wy verpligt op te noemen de ontelbare winkeliers, waer *het schaerken uitsteekt*, alhoewel zy geen kleêrmakers zyn, alles zeer duer verkoopen, die van hunnen winkel een berghuis maken, die hunne kamers opstapelen met alle soorten van kleederen, van huisgerief enz., enz., die zy als borg van hunne geringe levering aen den werkman afeischen, en dan nog, alhoewel *zy den duim in de hand hebben*, van hunne betaling verzekerd zyn, zy het ongelukkig huishouden zoo geweldig *pluimen*, dat *zy onder zyne duiven schieten*, zich meester maken van zynen eigendom.

Hoe groot is het getal der baetzuchtigen op onze dagen niet; op welke schrikkelyke, ja onmenschelyke wyze wordt hunne hebzucht niet gepleegd; ja, wy vreezen niet te zeggen dat sedert eenige jaren, voornamelyk sedert de schrikbarende duerte der levensmiddelen, de baetzuchtigheid dagelyks nog vergroot, zonder eens gevoelig te zyn aen de klagende ármoede onzer medebroeders.

Wanneer zal de baetzoekende eens den natuerpligt indachtig zyn, die hem in het hert is geprent?

En doet aen eenen anderen niet,
Dat gy niet wilt dat u geschiedt.

Wanneer zal hy eens begrypen, dat hy niet onregtveerdig, niet onmenschelyk zyn kan jegens zyne broeders, zonder aen zich zelven groot nadeel te doen? want

Wie tegen wind spuwt, maekt zynen baerd vuil.
Hy loopt met den kop tegen den muer.

Om met vrucht deze spreekwoorden toe te passen, en er de waerheid van te doen kennen, moeten wy nog eenige regelen over de baetzucht laten volgen.

De grootste, de onmenschelykste, zeggen wy de wraekroependste baetzuchtigheid is die, welke hedendaegs met eene zoo schrikkelyke, zoo aenhoudende arglist en hardnekkigheid bestaet in het opkoopen der geringste levensmiddelen, die de noodzaeklykste zyn voor onze werkende medeburgers, ten einde die aen eenen onmatigen prys te verkoopen.

Onmenschelyke opkoopers, volksverarmers, luistert, onze spreekwoorden zullen u overtuigen dat *gy zonder den weerd gerekend hebt*, indien gy denkt veel voordeel gedaen te hebben; zy zullen u grondig bewyzen dat gy, door uwe *slinksche streken* en listige bedriegeryen, *u zelven in 't licht zit, dat gy ze medebrengt die 't omstooten*, 't is te zeggen, dat gy aen u zelven door uw wangedrag en baetzucht meer nadeel dan voordeel hebt toegebragt, en eindelyk zullen zy u voorzeggen dat *gy aen uw eigen hals een strop doet*, dat gy uwe zaken zoo slecht hebt aengelegd, dat er geene hoop meer is om die nog op eene voordeelige wyze te kunnen voortzetten.

Het is eene onbetwistbare waerheid, zoo het de volgende spreekwoorden getuigen, dat

> Kleine visschen de groote goed maken.
> De spiering de kabeljauw doet afslaen.

Dat overvloed van mindere koopwaren de kostelykere goedkooper doet geven, en hieruit volgt, dat de hooge prys der geringste en noodzakelykste levensmiddelen, niet alleen de andere levensmiddelen, maer in 't algemeen alles doet opslaen.

Gy, landbouwers, die nog een regtzinnig en menschlievend gevoel bezit, doet ons kennen waerom de pachtgelden van uwe landen sedert eenige jaren verhoogd, ja, verdubbeld zyn; ongetwyfeld zult gy ons zeggen, ten eerste: dat uwe landen van pacht verhoogd zyn, in evenredigheid met den grooten opbrengst van uwen oogst, dien gy door den onmatigen verkoopprys uwer waren van de opkoopers bekomt; gy zult er ten tweede byvoegen, dat de opslag van uwen landpacht ook nog voortkomt uit de begeerlykheid die er nu bestaet onder de landgebruikers, begeerlykheid waerdoor zy trachten zoo veel land te beploegen, als het hun mogelyk is, en die om hunne hebzucht te voldoen, dan wel *de een den andere onderkruipen, het gras voor de voeten wegmaeijen;* zoo sprekende, zult gy ons bevestigen dat zy

> Eene roede om zich zelven te geeselen gemaekt hebben.

Wy voegen er by dat zy niet alleenlyk voor zich eene roede gemaekt hebben, maer ook voor hunne kinderen. Laet ons trachten dit te bewyzen.

Wy nemen eenen landbouwer die eene hofstede van vyftig bunderen als eigenaer bezaeit; die man bezit bovendien nog eene som geld, welke 't dubbel is van de waerde van zyne hofstede, peerden, vee, landbouwershalm, meubelen, enz. Voorzeker is die landbouwer ryk, en heeft *voor geen kwaden winter te vreezen*.

Deze man heeft vyf kinderen die, gelyk hun vader, landbouwers willen worden. Vader en moeder kunnen niet eeuwig blyven leven, en na hunne dood erven de kinderen het goed; zy blyven eenigen tyd in gemeenschap de hofstede gebruiken; maer eindelyk, twee dezer kinderen willen den huwelyken staet aengaen, en hierdoor is de overeenkomst geëindigd. Om tot de verdeeling van het erfdeel te komen, is men verpligt de hofstede te verkoopen, en daer geen van de vyf kinderen den koopprys aen zyne broeders kan opleggen, wordt de hofstede de eigendom van eenen vreemdeling. Nu wil elk der kinderen de vaderlyke hofstede als pachter gebruiken, en hierom wordt zy aen den meestbiedenden hunner in pacht gegeven. Wat zyn nu de andere kinderen verpligt te doen? Ook het een of het ander klein hofstedeken te huren, en zoo in plaets van eigenaer, gelyk hun vader was, worden zy pachters, en zyn gedwongen eene zeer hooge pachtsom te betalen willen zy iets bekomen. Nu ondervinden zy eerst wat nadeel de baetzuchtigheid hun heeft toegebragt. Wat zal er verder aen de kinderen van deze pachters gebeuren? Indien wy Vlaenderen doorloopen, zullen wy er maer te veel pachters vinden die eindelyk door de hebzucht tot den bedelzak zyn gebragt.

Wat zal er nu aen de onbarmhartige opkoopers gebeuren? Zy hebben, wel is waer, een hoopken geld verzameld; maer eens zullen zy van *dien tas* geld moeten afnemen, zonder er iets by te kunnen doen; dan *zal het hekken verhangen, het blaedje omgekeerd*, de zaek veranderd zyn, dan zullen zy eerst ondervinden *welken koek zy voor zich zelven geboterd hebben;* want dan zullen zy ook alles wat zy tot hun onderhoud noodig hebben vry duer moeten koopen, en *als de tas op is, zal 't koken gedaen zyn;* zy zullen nood lyden, bovendien van hunne kinderen en medebroeders veracht worden, en van niemand troost kunnen bekomen.

Indien de opkoopers der levensmiddelen de nadeelen kenden, die zy zoo wel aen zich zelven, als aen hunne kinderen en aen hunne medemenschen door de geldzucht toebrengen, indien zy overwogen dat er niets eerlyker is, dan verblyd te zyn in eens anders blydschap, dat er niets beleefder is, dan dat een mensch zich verheuge wanneer het met eenen anderen wel gaet; dat er niets menschelyker is, dan deel te nemen in het verdriet van eenen anderen, maer ook dat er niets onmenschelyker is, dan uit eens anders kwaed goed te verhopen, en uit eens anders droefheid blydschap te scheppen; indien zy dit alles wel indachtig waren, zouden zy zekerlyk van hunne baetzucht afzien.

Indien de baetzucht schadelyk is aen het algemeen geluk, is de nyd de grootste hinderpael dien men aen het menschelyk welvaren kan toebrengen. De nyd is het spytig gevoel dat men ontwaert door het geluk en het welvaren van anderen.

> Nyd kryt
> Van spyt.

Nyd en haet zyn twee hartstogten die gemeenlyk samen bestaen, want nyd brengt haet voort.

Wy mogen ons niet ophouden met de schrikkelyke gevolgen van nyd en haet te doen kennen; iedereen kent de euveldaden, moorden en branden, die zy nog dagelyks begaen; alleenlyk zullen wy hier van den nyd tusschen menschen van hetzelfde ambacht een woord zeggen.

In den algemeenen handel wordt de nyd door de begeerlykheid, door den hoogmoed, door de verwaendheid voortgebragt.

> Twee honden aen één been
> Komen zelden overeen.

> Het is den eenen hond leed dat de ander in de keuken loopt.

> Het is den eenen bedelaer leed dat de ander aen de deur staet.

Nu vragen wy of het de hond alleen is die eenen anderen hond een stukje vleesch van een been benydt; of het de bedelaer alleen is, die benydt dat een ander bedelaer eene korst droog brood aen de deur vraegt; en wy durven openhertig zeggen: Neen, de nydigheid bestaet niet alleenlyk tusschen persoonen van denzelfden stiel; maer zy is tegenwoordig zoo algemeen, dat niemand, hoe nederig 't bedryf is dat hy uitoefent, hoe gering 't ambt is welk hy bekleedt, niet ondervindt dat zy hunne benyders hebben. Eertyds zeide men met het spreekwoord:

> Gunst baert nyd.

't Is te zeggen dat de nyd en de haet degenen vervolgden, die in eenen gunstigen of gelukkigen toestand leefden; maer nu is het zoo niet meer: zoo wel hy die met den bedelzak op den rug loopt, als hy die de kroon op het hoofd draegt, wordt door den nydigen haet vervolgd.

De nyd is onregtveerdig, hy tast onophoudelyk de verdiensten en de deugd aen. Wy zouden nooit nydig zyn indien wy onze begeerten bedaerden en die naer ons vermogen schikten. God heeft ons eene plaets in de wereld aengewezen; waerom willen wy hooger komen? Omdat wy door den hoogmoed aengedreven worden om degenen die van ons ambacht zyn te overtreffen, en hierom

Wil iedereen een vogel zyn.

Iedereen wil zich verheffen,

Muizekeutels willen rogge of peper zyn.

Zy willen groot zyn en zyn klein.

Komt de duivel in de kerk, dan wil hy op den hoogen altaer zitten.

Wy willen in ons ambacht de eerste zyn.

Wy zyn groot in onze wapens.

Wy zyn van den grootschen duivel bezeten.

Zoo gebeurt het dat wanneer

Wy dry duimen in weerdigheid wassen, wy dry ellen in hooveerdigheid opschieten,

en dan, zoo opgeschoten zynde, verre van anderen te kennen, kennen wy ons zelven niet.

Als niet
Komt tot iet,
Dan kent iet
Zyn zelven niet.

God weet wanneer de nyd en de haet onder de menschen zal eindigen; nogtans gelooven wy dat de goede opvoeding der kinderen, de beschaving der ouders, eens dit groot onheil uit de samenleving zal bannen. In afwachting van dit geluk, troosten wy ons met het overdenken der volgende spreekwoorden:

't Is beter benyd dan beklaegd.

Benyd brood wordt meest gegeten.

Die my benyden en niet geven,
Moeten my lyden en laten leven.

Gedreigde lieden leven langst;

en zeggen wy

Spyt •
Wie 't benydt.

Alhoewel baetzucht, nyd en haet hunnen schadelyken indruk op de vriendelyke overeenkomst der maetschappy doen gevoelen, zyn wy somtyds wel zoo gelukkig, hier en daer de gedienstigheid te gemoet te komen, die hare weldaden in de samenleving verspreidt. De gedienstigheid is eene munt, met welke elkeen, by gebrek aen andere wezenlyke middelen, zyn aendeel in het welzyn van zyn vaderland kan toebrengen.

De gedienstigheid is by sommigen eene natuerlyke begaefdheid, by anderen is zy door de opvoeding ingeboezemd. De gedienstigheid bestaet niet uitzonderlyk in de gevoegzaemheid, noch in de goedmoedigheid van het hart, maer de gedienstigheid voorziet 't geen men van haer kan verwachten, en biedt het aen; en 't geen hare verdiensten vermeerdert, is dat zy altyd zorgvuldig is om hare dienst ten allen tyde, en in alle omstandigheden aen elkeen te bewyzen, en dat zy op goed oordeel en voorzichtigheid gegrond is.

De gedienstigheid is gelyk het ertveil, klimop dat zich zelven om de boomen vlecht en slingert, niet alleen terwyl zy vruchten dragen, maer ook in den winter, en zelfs wanneer de boomen verdroogen en sterven. Zoo verlaet zy ook niet degenen die verdienen door haer ondersteund en geholpen te worden, wanneer zy in nood zyn, integendeel dan verdubbelt de gedienstigheid hare zorg. De gedienstigheid is geen broodvriendin, maer een noodvriendin.

De tweede reden die ons tot de uitbreiding onzer stof verpligt, is, dat de keus van eenen staet of ambacht gewoonlyk geschiedt in eenen ouderdom waerin de kinderen nog niet genoegzaem kunnen begrypen van welke aengelegenheid deze keus voor hen is, en dus dikwyls met de grootste onbedachtheid een ambacht aennemen, waertoe zy noch kracht noch geschiktheid hebben.

Wy zullen dan door de toepassing der spreekwoorden hier de goede raedgevingen en ondervindingen onzer voorouders voorstellen, opdat de jongelingen in de belangrykste omstandigheid van hun leven, hiertoe hunne toevlugt zouden kunnen nemen.

Wy zullen noch het een noch het ander ambacht aenraden; elkeen moet hieromtrent zyne kracht en geschiktheid aenzien, in de keus de raedgeving van ouders, vrienden en weldoeners volgen, en dan

Heeft een ambacht eenen gouden bodem.

't Is te zeggen, dat men door een wel uitgeoefend ambacht altyd zyn bestaen kan bekomen : immers geld en goed kan men verliezen, maer kunde en wetenschap nooit.

Maer, zooals wy zeggen, moet het ambacht wel uitgeoefend worden, dat is, verstandig, want :

> Nering zonder verstand,
> Is verlies voor de hand.

Onbedacht, ja, onverstandig zyn degenen, die zich willen steunen op het spreekwoord : *een ambacht heeft eenen gouden bodem ;* en meenen om hnn geluk te vermeerderen, wel te doen, vele ambachten ter hand te nemen, en telkens van het eene tot het andere over te gaen, zoo kennen zy op het einde niet éen grondig, om er zich mede te behelpen. Weten zy niet dat

> Die veel ambachten doet, zelden éen wel doet,

en dat

> Twaelf ambachten dertien ongelukken zyn ;

zoo zyn *deze zoekers van kunsten, vinders van den bedelzak,* en vallen meest altyd

> Tusschen twee stoelen in d'assche,

gaen te niet, zyn op den weg om naer *Vianen* of om *peper te gaen,* verstaenbaerder nog : *gaen om zeep.* Wy zullen in het vervolg breeder handelen van *Vianen, peper* en *zeep.*

Ieder ambacht vereischt de noodige bekwaemheden; zie hier de spreekwoorden die het bevestigen :

> Die 't ambacht niet kan moet geenen winkel opzetten.
> Hy die niet braden kan, blyve buiten de keuken.
> Die 't spel niet kent, moet niet spelen.

Maer

> Die 't ambacht kan, krygt de nering.

Hieruit volgt noodzakelyk dat men moet trachten te kennen welke bekwaemheden tot het uitoefenen van zyn ambacht noodig zyn, en dat men deze bekwaemheden moet bezitten eer men het ambacht begint; want :

> Die geen kan heeft moet de leer gebruiken.

Die niet kan moet leeren; *al doende leert men,* dat is waer; maer men moet niets ondernemen wat men niet kent, hiertoe zyn de leerjaren om behoorlyk het ambacht te leeren : men *moet immers leeren met schade of met schande.* Wil men in het bedryven

6

van zyn ambacht *geen leergeld geven*, 't welk dikwyls zeer kostelyk valt, zoo moet men, eer men iets aenvangt, zeker zyn dat men de noodige kennis bezit om te kunnen gelukken in 't geen men onderneemt.

Alhoewel wy in het verkiezen van een ambacht eenieder vry laten, moeten wy nogtans doen opmerken dat men tot deze keus met de grootste voorzichtigheid en bedaerdheid moet overgaen.

De dwaesheid loopt, de wysheid gaet.

De wysheid is bedacht en let op alles eer zy voortgaet, en

De dwaesheid heeft arendsvleugelen, maer uilsoogen,

zy loopt gauw, maer zonder overleg of vooruitzicht.

Stil gaen en verre zien,
Dat is de daed van wyze liên.

Het is zekerlyk eene zeer belangryke zaek, de keus van eene broodwinning, want het tydelyk geluk van den mensch hangt er van af; 't is eene groote zaek die men met geene haestigheid moet beginnen, omdat

Groote en goede dingen tyd willen hebben.

Niets met haest als vlooijen vangen.

Langzaem gaet zeker.

Vecht koel en een half uer langer.

Een goed weg om, is geen krom.

Snelle raed, zelden baet.

De slek komt er ook zoo wel met kruipen, als een haes met loopen.

Zoo komt men ook beter met bedaerdheid en overleg tot zyn doel dan met haestigheid.

Haestige spoed, zelden goed.

Al te ras breekt den hals.

De naeijer die geenen knoop legt, verliest eene steek.

Men kan geen peerd al loopende beslaen.

Om een werk wel te doen, heeft men den behoorlyken tyd noodig:

Niets met haest
Alles met tyd,
Met tyd wordt het kind een man.
Met tyd byt de muis een kabel in stukken.
Gent en Brugge zyn op éénen dag niet gebouwd.

In allen handel vindt men menschen, die door onbedachtheid of wel door baetzuchtigheid iets ondernemen, waertoe zy noch kracht noch bekwaemheid hebben; aen zulken mag men de volgende volksraden voorschryven :

Schoenmaker ga niet buiten uwen leest.

Steek uwen voet niet verder dan uw bed lang is.

Wil niet verder springen dan uw stok lang is.

Hael uw zeil niet te hoog.

Neem niet te veel hooi op uwen vork.

Want op zulke onbedachten en baetzoekenden moeten meest altyd de volgende spreekwoorden toegepast worden :

Een groot zeil op een klein schip,
Moet in den grond of op een klip.

Als apen hoog klimmen willen,
Dan ziet men straks hun kale billen.

Hooge klimmers en diepe zwemmers staen meest kwalyk.

Als een ezel speelt den vos,
Straks gaen al zyn banden los.

Kan men door eene eenvoudigere en begrypelykere uitdrukking doen kennen, welke de gevolgen zyn van een ambacht, dat men zonder behoorlyke kennis begint? Vooreerst men bevordert zyne zaken niet; verre van winst te doen, *gaet men voorwaerts gelyk de zeeldraeijers,* en bovendien doet men zich als onverstandige kennen.

Die meer bestaen wil dan hy kan,
Dat is een loshoofd van een man.

Zoude men niet wyselyker doen, indien men zich het volgende herinnerde:

Kleine vogeltjes maken kleine nestjes.

Klein kramer, klein kraem.

Elk roeije met de roeijen die hy heeft.

Wil naer uw laken
Uwe kleêren maken.

Dat u te zwaer om heffen is, dat laet ge liggen.

Naer den drager maekt den zak.
't Pak naer 't peerd en 't peerd naer 't pak.

't Is te zeggen, dat elk ambacht naer de kracht en kennis van dengene die het aenneemt moet geschikt zyn; dan zal het wel gaen.

Want veel te poogen zonder raed,
Ver te springen zonder maet,
En zaken aengaen zonder magt,
Dat brengt er menig in den gracht.

Wanneer men het overleg en het vooruitzicht zoo verre brengt om overtuigd te zyn, dat men door 't inspannen van kracht en vlyt in het uitoefenen van een gering ambacht zyn eerlyk bestaen zal vinden, zou het groote dwaesheid zyn dit geringe ambacht te verachten, om uit grootmoedigheid een verhevener aen te nemen, waerin men dikwyls veel tegenspoed ontmoet. Passen wy hier de volgende spreekwoorden toe:

De bliksem en de nyd gaen de kleine huiskens voorby en slaen op de groote torens.

Hooge muren hebben veel uit te staen.

Hooge boomen vangen veel wind.

Een vogel vloog nooit zoo hoog of hy moest zynen kost op de aerde zoeken.

De volle korenairen hangen leegst.

Korte takken, lange wynoogst.

De vroomste eikenboomen ziet men scheuren, een nederig rietje ontgaet het met buigen.

Beter van een ezel wel gedragen,
Als van een peerd in 't zand geslagen.

Daerom is het best niet te veel noch te weinig te ondernemen; maer

Ons schip midden water te houden,

want

By den wal langs zeilt men zekerst,

dan heeft men de klippen van hoogmoed en baetzucht niet te vreezen.

Alhoewel wy gezegd hebben dat men de grootste voorzichtigheid in zyn ondernemingen moet gebruiken, hebben wy hierom niet willen besluiten, dat dit vooruitzicht zoo verre moet gaen, dat men zich *mannetjes in de maen maekt*, zwarigheden die niet bestaen voorstelt, om dan eindelyk zonder eenige redenen dan enkele vrees, van ons ontwerp af te zien; neen, zekerlyk neen, wy weten immers te wel dàt men zegt:

Ydele vrees is zekere ellende.

Jan durft niet, doet zelden eene goede markt.

't Mag waeijen, stil zyn of ebben,
Die niet en waegt en zal niet hebben.

Zonder wagen niet vergaren.

Die zoekt die vindt.

Wie waegt die wint.

De vreesachtigheid bederft het oordeel; de inbeelding ontzet ons gemeenlyk meer dan de zaek zelve.

Het gebeurt maer al te dikwyls dat het geluk komt waer men er in 't geheel niet op rekent.

Wie weet hoe de koe eenen haes vangt?

Niemand weet hoe een dobbeltje rollen kan.

Daer men 't minst verwacht, springt de haes uit den gracht.

Een blind man schiet somtyds wel eene kraei.

't Geluk kan dienen; en beter eene once geluk dan een pond verstand.

't Geluk vliegt, die het vangt heeft het.

Nogtans mag men niet te veel op het geluk rekenen, wil men zich niet bedrogen vinden; laten wy in alle geval naer de volgende spreekwoorden luisteren:

Wikt, eer gy waegt.

Verzint, eer gy begint.

Houd vast en beleg.

Meet drymael, eer gy éens snydt.

Eer gy voortrydt, ziet naer de linze.

Rydt voort, maer ziet om.

Die wyselyk zyn bedryf wil oefenen, neemt den tyd en de gelegenheid waer, zoo zeggen de spreekwoorden:

Trek, als het noopt, visscher.

Hael op, als 't vischje noopt.

Gryp, als het tyd is.

Men moet de gelegenheid by het hair grypen.

Die de gelegenheid van voren niet aengrypt, heeft daeraen van achteren geen vat.

Het laetste spreekwoord toont zeer wel dat, wanneer men de gelegenheid niet waerneemt als zy zich aenbiedt, het te laet is wanneer zy voorby is; want, zoo het schynt, heeft de gelegenheid van achteren geen hair, en dus kan men ze niet meer grypen.

Is men zoo gelukkig, eene goede gelegenheid te hebben, zoo moet men uit dezelve alle voordeel trachten te trekken; want

Het schaep dat in de weide is, zoekt de beste kruiden.

Die het kruis heeft, zegent zich zelven eerst.

Die in 't riet zit maekt pypkens,

en

Zoo zal het in ons zeil waeijen.

Daer is water op onzen molen,

en zoo

Zitten wy op eenen gouden berg.

Gaet ons wagentje op eenen zandberg;

wy hebben alles naer ons gemak en lust,

Goed voeder en warmen stal,

kost en wooning.

Laet ons hier nog byvoegen :

Men moet zyne kuipen uitzetten terwyl het regent,

wil men regenwater vangen.

Men moet gapen als er pap geboden wordt,

want 't is te laet wanneer de paplepel ingetrokken is.

Men moet het yzer smeden terwyl het heet is,

koud yzer kan immers niet gesmeed worden.

Men moet zeilen terwyl de wind dient,

anders zou men verpligt zyn tegen wind, of zonder wind te zeilen,
en dus niet voortvaren, zoo

Moet men den goeden wind niet over 't hoofd laten waeijen.

Het geluk staet niet stil voor iemands deur.

Men moet van de goede gelegenheid die ons voorkomt vlytig en
voorzichtig gebruik maken, *daer niet op slapen*, die niet verzuimen noch uitstellen, zooals de lompe traegaerds, die zeggen :

Kom ik er van daeg niet, zoo kom ik er morgen.

Morgen komt er nog een dag.

Daer komen meer dagen in de week.

Die laet komt, komt er ook.

Ja, 't is waer, *die laet komt, komt er ook*, maer wanneer komt
hy er ? Als 't te laet is.

Van pas komen is 't al,

Tyds genoeg komt te laet.

Die altyd vroeg genoeg komt, komt veeltyds te laet, en dan vindt hy
den hond in den pot,

't is te zeggen, hy komt om uit den pot te eten, wanneer die uit-
geschept, en aen den hond tot uitlekken overgelaten is, en *dan is*

er niet meer te schrabben. Zoo gebeurt het ook met degenen die eene goede gelegenheid verzuimen: dikwyls zyn zy verpligt hun nabeklag te vergeefs over hun verzuim te doen hooren, zeggende :

Had ik dit of dat geweten !

Weten die onbedachten niet dat :

Haddekens kinderen nooit ryk waren,

en dat integendeel

Had ik, die alles van te voren wist, vroeg ryk was.

Ook vindt men er velen die zich zoo weinig met hunne zaken bemoeijen, dat het schynt dat zy er geene hebben; zy laten alles loopen gelyk het wil, zien naer niets om.

Zy laten Gods water over Gods akker loopen.

God schept den dag en zy gaen er door.

't Zyn hertjes zonder zorg.

't Verschilt hun weinig wat de boter geldt.

Zy laten de zotten om de wereld vechten.

Zy trekken zich niets aen.

En dan

Wil de koe niet over de brug,

Ontmoeten zy in hunne zaken den grootsten tegenspoed, dien zy niet hebben willen voorzien, en eindelyk

Is de bot vergald.

't Werk is verbrod.

Zoo zoeken zy hun eigen verderf.

Zy draeijen een strop voor hunnen eigen hals.

Wat zullen wy van die vadzige luiaerds zeggen, die van geen werken houden; *daer is weinig zalf aen hen te stryken; zy zyn het werken niet gewoon.*

De werkader is in hen geborsten.

Zy schieten den luiaerdsboog af.

't Werk valt hen te lastig, zy zyn seffens bezweet,

Ledig zweet is gauw gereed.

Maer

Zy kunnen hun zweet niet rieken,

het zyn gewoonlyk dezen die,

Eten dat zy zweeten, en werken dat zy koude krygen.

Het beste middel om deze vadzige luiaerds en ledige doeniets te

genezen, is, van hen een hongerplaester op den buik te leggen
met zalf van het spreekwoord :

Die niet werkt zal niet eten.

De naerstigheid moet zoo wel bestaen in het leeren van een
ambacht, als in het bedryven van hetzelve ; wat meer is, men
mag goede en groote gevolgen verwachten van eenen jongeling,
die in zyne leerjaren met vlyt en yver bezield is; er is geen twyfel
of hy zal, wanneer hy voor zich zelven zorgen moet, dezelfde
neerstigheid, ja, nog eene grootere toonen.

Men moet poot aen spelen.
Men moet de hand uit de mouw steken.
Men moet werken, wil men iets bekomen.
Roeit aen, gy zult meêvaren.

De roeijer zit ook in de schuit; maer moet arbeiden om die
voort te krygen; zoo gaen zy ook meê die aen 't lyntje liggen, de
schuit trekken.

Het werken is zalig, zeî de beggyn.

Het lediggaen is heilig, zeî de capucyn.

Wat verkiest gy nu, de zaligheid of de heiligheid? Wie van
beide neemt gy tot raedsman? Indien gy den raed van de beggyn
volgt, zult gy zekerlyk iets bekomen, maer indien gy naer den
capucyn luistert, is het zeer te vreezen of gy zult den overschot
van niets hebben, en zoo gevaer loopen van eene hongerplaester
op den buik te krygen.

Hoeveel menschen vindt men niet, die wel de voordeelen, de
winst van een ambacht willen genieten, maer zich de minste
moeite niet willen geven om het voordeel te bekomen ; dezen zyn
zeer bedrogen in hunne verwachting, want :

Zonder moeite komt men er niet.

Die noten wil smaken,
Die moet ze kraken.

Men komt met geene kousen en schoenen in den hemel.

Gebraden duiven vliegen niet in de lucht.

Men zegt dat het laetste spreekwoord geschiedt in het luilekkerland, maer niemand weet tot nu hoe en waer dit gelukkig land
gelegen is; indien een aerdrykskundige reizer dit land ontdekte,
zou hy een groot geluk aen zyn vaderland bezorgen; want om
verlost te zyn van al de lafhartige luiaerds, zou men hen naer
het luilekkerland zenden, om daer hunnen buik te vullen. In

afwachting van deze gelukkige ontdekking, moeten de luiaerds zich troosten met arbeidzaemheid; mogelyk zullen zy dan het gelukkig land dáer vinden, waer zy het minst peinsden dat het gelegen was.

Ook vindt men zulken die wel dit of dat ambacht zouden willen leeren en bedryven, omdat het veel winst bybrengt; maer 't is te moeijelyk, 't is te vuil, te stinkend; men moest slaef zyn van dit ambacht. Zulke liefhebbers van het nut, dat zy zonder moeite willen bekomen, gelyken wel aen de kat en aen de spreeuw, waervan het spreekwoord zegt :

De kat wil wel visch eten maer geen poot nat maken.

De spreeuw wil wel kersen eten, maer geene boomen planten.

De anderen die om het onaengename van een ambacht hetzelve verwerpen, moeten bedenken dat nu het onaengename het aengename, dat is de winst, volgt.

Die roozen wil plukken moet de doornen niet ontzien;

want

Geene roozen zonder doornen.

Die bezoeten wil, moet bezuren.

Die den honig wil uithalen, moet het steken der biën ondergaen.

Die 't vuer begeert, moet den rook lyden.

Die de eijeren wil hebben, moet het kakelen der hennen verdragen.

Die 't varken kelen wil, moet het tieren verdragen.

Zekerlyk moet hy, die het gewin eener zaek wil genieten, de moeijelykheid en de onaengenaemheid ervan verdragen, zich troosten, en zeggen met den leertouwer, wiens ambacht zekerlyk zeer stinkend is:

Stinkende vellekens
Maken klinkende geldekens.

De winst volgt het werk; 't is voor de winst dat men werkt; maer evenwel, indien men het gewin van een ambacht, van eenen handel mag en moet betrachten, mag men in deze betrachting niet te geweldig voortgaen, om die in baetzucht te doen veranderen, men moet zich met een klein gewin tevreden houden, en zeggen :

Klein gewin,
Brengt rykdom in.

Veel kleintjes maken een grootje.

Veel hairkens maken eenen borstel.

Veel rysjes maken eenen bezem.

Veel pluimkens maken een bed.

Alle dagen één draedje is eene hemdsmouw in 't jaer.

Ligt gewin maekt zware beurzen.

Doet dikwyls by een kleintje wat,
Dan wordt het wel een groote schat.

Die eene gouden poort wil maken, brengt er elken dag eenen nagel toe.

Men mag zelfs het kleinste gewin niet verzuimen omdat het te gering is; want:

Die 't klein niet begeert,
Is het groot niet weerd.

Die eenen penning niet acht en wordt nooit een gulden heer.

Wie geene eijeren heeft, broeije den nest.

Ook zou men niet wyselyk handelen indien men altyd de groote winst betrachtte, want, zoo het spreekwoord zegt:

De rivieren die op korten tyd opzwellen en hoogwassen, hebben altyd veel troebel water.

Zoo hebben ook degenen die op korten tyd willen ryk zyn, veel tegenheden te vreezen.

Veel koeijen,
Veel moeijen.

Groot schip, grof water.

Groote visschen, groote netten.

Groote visschen scheuren 't net.

Groote visschen springen uit den ketel.

Groote ratten byten door de val.

Hoe meer visch, hoe droever water.

Maet houdt staet,
Te veel is kwaed.

Indien men door zyn ambacht zich zyne bestaenmiddelen mag bezorgen, moet men met de grootste regtvaerdigheid te werk gaen; men moet op de menschlievendheid denken, *iedereen het zyne geven*, dat zal langst duren; want het gebeurt maer al te dikwyls dat zy, die te veel willen winnen, zich op 't laetst bedrogen vinden, *niets meer in den zak krygen*. Ware het dan niet beter geweest dat zy zich met vele kleintjes hadden vergenoegd? Dan zouden zy meer winst gedaen hebben; want eerlyke en kleine winst blyft duren, daer integendeel onregtveerdige handel de schrikkelykste gevolgen kan hebben. Ziet hier de spreekwoorden die het bevestigen :

Men moet niet te veel willen hebben.
Wie de keers te diep snujt,
Bluscht welligt haer luister uit.
Men mag de koe wel melken, maer de spenen niet aftrekken.
Een goed scheerder, moet de schapen wel scheren, maer niet villen,
('t vel niet afdoen).
Snydt zóo het kruid dat het kan blyven bloeijen.
Men moet zoo groote brokken niet inzwelgen dat men er aen wurgt.

Beter is het,

Regt door zee.
Regte handel is regte wandel,

want anders gebeurt het dat men zegt :

Hy heeft den laetsten druppel uit den pot willen hebben, en de schedel
is op zynen neus gevallen.

En zoo wordt de onregtvaerdige welhaest gekend door zynen dikken blauwen neus, en *dan draeit zynen winkel niet meer.*

Eene snoepende kat wordt ligt gevat.

Zoo ook kan de onregtveerdigheid niet lang verborgen blyven, en eindelyk

Loont het bedrog zynen meester.
Die zich dood werkt, wordt onder de galg begraven.
Wat den raven niet toebehoort verdrinkt niet.
Wie aen de galg zyne misdaed moet boeten, zal de straf niet ontgaen ;

want

Bedrog zal nooit gebenedyden.

Alhoewel men ondervindt dat ons ambacht wél gaet, dat men door kennis, iever en regtvaerdigheid de nering bekomen heeft, moet men niet te min de grootste voorzichtigheid in alle onderneming gebruiken, want :

De voorzichtigheid is de moeder van den porceleinwinkel,

en ook

De moeder des geluks.
Men moet eerst den vogel goed onder den steert zien,

eerst de zaek nauwkeurig onderzoeken, het mogelyke van het

onmogelyke, het zekere van het onzekere trachten te voorzien en te onderscheiden,

<blockquote>Wel nazien gelyk Naeyer,</blockquote>

dan

<blockquote>Spant men de peerden niet achter den wagen.</blockquote>

<blockquote>Toomt men het peerd aen den steert niet.</blockquote>

<blockquote>Men moet alle zaken met een graentje zout opnemen,</blockquote>

dat is, met wysheid en oordeel aenvangen.

<blockquote>Steek u in geen gat of zie er door,</blockquote>

onderneem niets waervan gy den uitval niet kent.

<blockquote>Tast geen rood yzer aen of spuw er op.</blockquote>

Laet u niet bedriegen door waerschynlykheid, want

<blockquote>Schyn en is geen zyn,</blockquote>

men mag niet spelen :

<blockquote>Romp slomp, twaelf eijeren, dertien kiekenen.</blockquote>

Dat is zonder overleg verrigten; noch ook

<blockquote>Iets met vuile voeten doorgaen.</blockquote>

<blockquote>Schieten en slaen.</blockquote>

of anders

<blockquote>Wendt men het spit in d'assche.</blockquote>

<blockquote>Men verbrodt het werk.</blockquote>

Overleg wel de zaek die gy gaet beginnen, doe niet gelyk *Broder,* **die zei :**

<blockquote>Het overleg maekt het werk, en hy zette den lap nevens het gat.</blockquote>

Doet wyselyker

<blockquote>Steek den vinger in de aerde en riek in wat land gy zyt.</blockquote>

Ziet met welke persoonen gy te doen hebt, en in welke tyds-omstandigheid gy uw voornemen gaet uitwerken; het is immers niet gelyk met welke persoonen men handelt, noch ook niet onverschillig in welken tyd men iets onderneemt.

<blockquote>Betrouw de liên, maer ziet wel wien.</blockquote>

<blockquote>Iedereen is niet te betrouwen,</blockquote>

en

<blockquote>Als het diep verloopt, verzet men de bakens.</blockquote>

Men moet zyne zaken schikken naer de gelegenheid van den tyd en der omstandigheden.

By het overleg en het vooruitzicht moet men nog de voorzichtigheid in het spreken voegen.

Mondeken toe, beurzeken toe.

Zyt zoo bescheiden in het spreken als spaerzaem in uw geld,

Zwyg dat gy zweet.

Zwygen kan niet verbeterd worden.

Tacitus is een goed historieschryver,

want

Een geworpen steen, een geschoten pyl en een gesproken woord, zyn niet te herroepen.

Gedane dingen hebben geenen keer.

De wyzen wegen hunne woorden met een goud-gewigt.

Wilt gy bedachtzaem en verstandig handelen, maek van uwe zaken geene straetmaren.

Men behoeft dat niemand aen den neus te hangen.

Men moet de boeren niet wys maken hoe de soldaten aen den kost komen.

Zoo zult gy in uwe onderneming door anderen niet gehinderd worden.

Hoort, ziet, zwygt, verdraegt,
Zoo weet niemand wat gy jaegt,

en zoo

Zal men geenen stok in uw wiel steken,

want

't Is moeijelyk hazen met trommels te vangen.

Alle vogels schuwen de openbare netten.

Die een hoen vat, maek dat zy niet kryt.

Hoort, zwygt en ziet;
Muist, maer miauwt niet,

en

Dan zult gy uwen naed naeijen,

uwe zaken voortzetten; want door veel gerucht te maken mist men zeer dikwyls zyn doel. Indien het gebeurde dat er iets in uwe onderneming zou schillen of niet wel uitvallen, handel niet zoo als die menschen wie niets zou mogen tegengaen, omdat zy te kleinmoedig zyn om den minsten tegenspoed te kunnen verdragen, en te onbedacht om dien door eene groote oplettendheid in het vervolg te voorkomen; zulken beschuldigen den Hemel van den tegenspoed die hun overkomt, loopen als uitzinnigen, klagende : *God peinst op my niet; dat er een steen uit de lucht viel, hy zou op mynen kop vallen; dat het varkens regende ik zou er geenen borstel van krygen.* Handel met meer bedaerdheid en wysheid, wanneer er iets is dat u tegenslaet of naer uwen zin niet uitvalt:

Vaeg uwen mond af en houd u stil.

't Is te zeggen : zwyg en troost u met te bedenken, dat

De ervarenste en voorzichtigste wel eens kan missen.

Een goed stuerman wel eens over 't boord valt.

Een goed schipper wel eens tegen eene pael zeilt.

Een goed schutter wel eens mist.

Het een goed schutter is, die altyd het wild raekt.

De beste smid wel eens op zynen duim slaet.

Een peerd met vier pooten wel eens sukkelt.

Aen een knap man wel eens iets kan mislukken.

Dat niemand zoo wys is of dat hy kan falen.

Zoo zal men den moed niet verliezen; men kan op eenen anderen keer gelukkiger zyn en alles naer wensch bekomen; want

Eénen enkele bonte kraei maekt geen kouden winter.

Eéne zwaluw maekt geenen zomer.

Zoo moet men ook uit een enkel ongeval niet besluiten dat men altyd ongelukkig zyn zal:

Die nu onderligt, kan wel eens boven komen.

Hoeveel onbedachte ondernemers vindt men niet die zoo ingenomen zyn door eigene kracht, dat zy zich inbeelden dat alles naer hunnen wensch moet geschieden, en die dan wel iets onmogelyks betrachten; zulke menschen handelen zeer onverstandig:

Zy willen de maen met de tanden pakken.

Zy willen den kei het vel afdoen.

Zy willen yzer met handen breken.

Zy willen eene naeld in een voer hooi zoeken.

Zy willen spek zoeken in den hondsnest.

Zy willen visch vangen voor eene visschersdeur.

Zy willen eenen knoop in eene bies zoeken.

Zy willen een ei scheeren.

En zoo doen zy verloren arbeid en verslyten den kostelyken tyd nutteloos, aengezien zy veel overeenkomst trachten te verkrygen met de volgende spreekwoorden :

’t Is hooi gedorschen.

’t Is den moor gewasschen.

’t Is op eene rots geploegd.

’t Is tegen den dood gevochten.

’t Is tegen de maen gepist.

’t Is remedie na de dood.

Zy die zoo willen dorschen, wasschen, ploegen, vechten enz., doen verlorene moeite; zy moeten overdenken dat:

Eer de wolf en het schaep vrienden zullen worden, eer zy zullen verkrygen ’t geen zy zoeken,

want

Met verloopen water maelt geen molen.

’t Is moeijelyk kammen waer geen hair is.

’t Is moeijelyk bry maken met water alleen.

’t Is moeijelyk koeken bakken zonder vuer of vet.

Men kan van eene verkensoor geene fluweelen beurs maken.

Men kan van eenen vossensteert geen trompet maken,

Nooit maekt men eenen goeden pyl van eenen verkenssteert.

Nogtans zou dit alles kunnen gebeuren in

’t Jaer één als de uilen preêken.

Te zomer als de kalveren op het ys dansen,

en

Als Paschen en Sinxen op éenen dag komen.

Wacht daer naer, maer vast daer niet naer.

Het gaet heel anders met degeneu die, naer de zaek wel over-wogen te hebben, al de middelen, die wy door de spreekwoorden hebben doen kennen, in ’t werk stellen om tot den goeden uitslag van hunne onderneming te komen, zy zullen gelukken; want

Wel ingespannen is half gereden.

Sterk gesproken is half gevochten.

Goede moed is half teergeld.

Wel begonnen is half gedaen,

en dan

Zullen zy nagels met hoofden slaen,

zaken verrigten die vastheid en steun hebben.

Zy moeten dan het roer in ’t water houden,

de zaken aen den gang houden.

> Hunne beentjes styf houden,

op hun stuk staen,

> Voet by stek zetten,

stand houden en niet deinzen, en

> Is de brok groot, moeten zy er den mond naer zetten,

zich schikken naer de gelegenheid der zaek, en zoo

> Zitten zy aen 't roer,

zyn zy meester van de zaek.

> Zy slagen den nagel op het hoofd.

Alhoewel men in zyne ondernemingen veelmaels gelukt, en de noodige behendigheid tot het bedryven van zyn ambacht bezit, is het nogtans eene groote onvoorzichtigheid, ja, eene dwaesheid te veel zaken te gelykertyd te ondernemen, want het spreekwoord:

> Die twee hazen jaegt, vangt er dikwyls geen,

overtuigt ons dat degene die te begeerlyk is, dikwyls niets verkrygt, en dat het beter is, zich met eene zaek beurtelings bezig te houden.

> Men kan niet luiden en de processie gaen.
>
> Te willen samen zingen en blazen,
> Dat is de daed van regte dwazen.

Wat meer is, aen deze zoo begeerlyke menschen gebeurt het maer al te dikwyls dat, in plaets van eene groote winst te doen, zy zich met eene zeer geringe moeten tevreden houden.

> Hy joeg een valk en ving een uil.

Ook geschiedt het wel dat verre van winst te bekomen, zy het eene met het andere verzuimen en verliezen, en zoo zich in het geval bevinden van den hond der fabel:

> Hy grypt naer de schaduw en laet zich het stuk vleesch ontvallen.

Alzoo verkiezen zy het onzekere voor het zekere, en dan bedriegt hunne begeerlykheid, hunne wysheid; zy krygen *eenen slieper*, zyn alles kwyt, zy hebben *twee nieten in eene bodemlooze mande*, zy hebben *de knoopen van niets*. Zou men niet wel doen van hen toe te roepen *sliep, sliep, sliep*, opdat zy in het vervolg wat verstandiger zouden te werk gaen?

Men kan wel is waer door hetzelfde middel twee verschillende oogmerken bereiken; dit geschiedt meermaels aen den kok, die eene groote en wel brandende keukenstoof heeft, waerop hy tot het bereiden van het noenmael menige potten en pannen met toebereide spyzen zet, en zoo

Terwyl de visch kookt, smelt de boter,

Zoo kan het ook eens wel gebeuren dat:

Men twee vliegen in éenen slag vangt.

Twee pylen voor zynen boog heeft.

In alle gevallen, laten wy verstandig handelen, laten wy het zekere, alhoewel het zeer gering is, voor het onzekere, dat meer voordeel schynt te beloven, verkiezen.

Beter een vogel in de hand dan tien die vliegen.

Beter een half ei dan een leêge dop.

Beter een luis in den pot dan geen vet.

Beter iets dan niets, zei de wolf, en hy hapte naer de mug,

't Is beter eene vink geplukt dan ledig gezeten.

Eén houd daer, is beter dan tien gy zult hebben.

Ten ware men ons wat oorvegen beloofde, dan zou tien *gy zult hebben* beter zyn dan éen *houd daer;* want:

Die dreigt slaet niet.

Daer het onmogelyk is in zynen handel altyd voorspoed te hebben, *is er somtyds een hair in de boter, komt er wel eens eene zwarte kat tusschen,* ondervindt men dikwyls zulken tegenspoed, dat men, in plaets van winst, verlies doet; in dit geval moet men zeer verdraegzaem zyn, en zich troosten met het spreekwoord:

Geen koopman is er die altyd wint,

want

Die weinig besteden wil, koopt zelden goed vleesch,

Die al te wys wil zyn, doet zelden eene goede markt,

en daerom

Tusschen zot en bot wint men het meest.

't Is te zeggen dat men dikwyls best zyne zaken voortzet met van tyd tot tyd een verlies te doen, en dan

Moet men den bluts tegen de buil slaen.

Het nadeel tegen het voordeel vergelyken, en dan is het effen, want de boer zegt:

Bederft myn hooi, zoo wast myn kool.

7

Wanneer de langdurige regen nadeel aen myn hooi doet, integendeel doet hy goed aen myne koolen.

Men moet ook niet, zoo als velen doen, het groote voorbyzien en het kleine betrachten, zoo

Ziet men naer een hennenei, en men laet het ganzenei varen.

Indien er geringe kosten te doen zyn om iets zekers te kunnen bekomen, mag men die niet sparen.

Men moet geene struif voor een ei bederven.

Die over den hond komt, komt ook wel over den steert.

Die mest mist niet, maer die niet mest, mist.

Goed voer, goed mest.

Die winnen wil moet byzetten,

men moet er wat in steken om er wat uit te halen.

Koken moet kosten.

't Is moeijelyk slypen zonder water.

Met visch wordt visch gelokt.

Met vinken vangt men vinken.

Maer men bekomt weinig, wanneer men de noodige onkosten ontziet.

Die jaegt met katten,
Vangt maer ratten.

Zoo is het somtyds beter eenen appel gegeven als gegeten;

men moet de kosten niet ontzien om winst te doen.

Dat gy de muis geven zoudt, geeft dat aen de kat, en maek van den nood eene deugd.

Zoo handelende, gebeurt het dat de spreekwoorden :

Hy werpt eenen spiering uit om eenen kabeljauw te vangen;

Hy werpt een blieksken uit om eenen snoek te vangen;

Hy geeft een ei om een kieken weer te krygen,

hier waer zyn : dat men weinige onkosten doet om groote winst te hebben; dat men geringe diensten bewyst om aenzienlyke vergeldingen te ontvangen; maer nogtans

Moet men geen goed geld naer kwaed geld werpen,

want dan

Werpt men geld in 't water.

Somtyds gebeurt het dat een zeer klein middel ons in eene groote zaek kan doen gelukken; daerom moet men het niet verachten omdat het te gering is; laet ons doen gelyk de beggyn en de muis.

Alle baten helpen , zeî de beggyn , en zy roerde haren pap met eene naelde.

Alle baten helpen, zeî de muis, en zy piste in de zee.

Ook wanneer men door een klein middel niet kan klaer komen, moet men wel eens een groot gebruiken; zoo leert ons het volgende spreekwoord :

By gebrek van brood eet men korsten van pastyën.

Het beste is dan goed genoeg; *nogtans is het niet raedzaem zakken met zyde te naeijen*, want dat houdt niet; eindelyk *kunt gy niet wat gy wilt, wil wat gy kunt.*

Niets is er kostelyker dan de tyd, die onwederroepelyk is. Hoe menig uer, hoe menig schoone dag wordt er niet verkwist in vadzigheid, aen nietigheden verbeuzeld. Indien de tydverkwisters overdachten, dat

De tyd niet stil staet.

Een jaer aen geenen staek gebonden is ;

Een jaer ras om is ;

indien zy eens berekenden hoeveel jaren van hun leven zy verkwisten met niets te doen, en hoeveel jaren zy doorbrengen met onnoodige beuzelingen, zy zouden versteld staen, te ondervinden dat zy meer dan de helft van hunnen levensloop verwaerloosd hebben; dan zouden zy zekerlyk den kostelyken tyd die hun verleend wordt, nuttig gebruiken, neerstig besteden, en dus de volgende spreekwoorden werkstellig maken :

Een arend vangt geen vliegen.

Eene oude kat speelt met geene ballekens.

Een werkzaem mensch houdt zich met geene beuzelingen bezig.

De nyverige spin heeft een groot weefsel.

De naerstigheid werkt veel uit; *de naerstigheid is de moeder van 't geluk.*

Eene vliegende kraei vangt altyd wat.

Den slapenden vos valt niets in den muil.

Dit laetste spreekwoord leert ons dat de vos, hoe slim hy zy, niets kan bekomen ten zy hy waekzaem loert op zynen roof. Zou de mensch dan slimmer zyn dan de vos, om zonder werken *de kroet te winnen?* Neen, zekerlyk neen; want

Met werken wint men.

Hand aen de ploeg, zoo zal 't God zegenen.

De ploeg die werkt blinkt.

Stil water stinkt.

Rust maekt roest.

Zoo bezorgt de werkzaemheid geluk en tevredenheid, daer de lafhartigheid ongeluk en verdriet voortbrengt.

De gestadige jager vangt het wild.

Aenhouden doet verkrygen.

Die aenhoudt wint.

Roept zoo lang mosselen tot dat zy aenkomen.

Met arbeid krygt men vuer uit den steen.

Geen boom valt ten eersten slag,

maer

Met veel slagen valt de boom.

Veel slagen maken den stokvisch zacht.

Zouden de tydverkwisters niet wél doen, op te merken wat de hanen doen om hunnen kost te krygen? want

Met pooten en bekken,
Ziet men de hanen tot hun trekken,

en zoo zouden zy mogelyk ook *met handen en tanden vasthoudende*, zeer moedig hunne zaken voortzetten.

Het is zeer raedzaem zelf op zyne zaken te passen; 't is niet altyd goed die aen anderen te vertrouwen; indien uwe bezigheden eenig behulp van bedienden vereischen, *houd dan 't oog in 't zeil*, want

't Werk wil zyn meester zien;

en

Het oog van den meester maekt de peerden vet.

Vreemde zorgen dooden den ezel.

Het beste mest op den akker, is 's meesters oog en voet.

Het oog van de vrouw maekt de kamer net.

Geen beter loog als 't vrouwenoog.

Daer de meester uit is, is 't huis dood.

Daer de meester dood is, verroest de klopper.

Geen boodschap is zoo goed als die men zelf doet.

Elk kan best zyne eigene zaken verrigten.

Wat gy alleen kunt, roept daer geen ander toe.

Zoo gy uw papken blazen kont,
Gebruik toch nooit een vreemden mond;

want

Veel koks verzouten den bry.

Veel sleutels verwarren het slot.

Elk voor zich zelven en God voor allen.

Hierdoor willen wy nogtans niet besluiten dat men geenen vriend mag hebben, die ons in onze zaken ondersteunt en raed geeft; integendeel, wy keuren dit goed; 't valt immers ligter om doen wanneer men door iemands raed of steun geholpen wordt.

Nevens 't schip is 't goed zwemmen.

Nevens den wagen is 't goed gaen;

zelfs is hy zeer gelukkig, die

Eenen Christoffel heeft die hem draegt.

En die op den kruiwagen zit.

't Is te zeggen die vrienden heeft, die *aen den wagen steken; hem aen den dans en op het peerd helpen.* Maer onder de vriendschap schuilt veel kwaed werk van eigenbaetzoekende liefde, zoodat *men den nagel op het hoofd getroffen heeft*, wanneer men zegt, dat de gemeene man hedendaegs zoo veel vriendschap onderhoudt, als dezelve strekt tot zyn profyt. Zoo gebeurt het dat men somtyds veel *broodvrienden* maer geene *noodvrienden* heeft.

Gelyk men handelt met den meloen,
Zoo moet men ook met vrienden doen.

Die wel trachten te kennen.

Aleer dat gy een vriend betrouwt,
Zoo eet met hem een mudde zout.

't Is te zeggen beproef uwen vriend wanneer gy in nood zyt; de tegenspoed is de beste toetssteen der ware vrienden, zy zyn zeer raer te vinden, want

Vrienden in den nood
Vier-en-twintig in een lood.

En

't Zyn niet al iemands vrienden die hem toelachen.

Goede trouw is goed, maer men moet zien wien men vertrouwt.

Goeden dag u allen, zeî de vos, en hy kwam in het ganzenkot.

Zoo doet ook de geveinsde vriendschap; zy weet uit te schynen

door schoone minzame groetenis te geven aen hen wier ondergang zy verraderlyk zoekt.

> Met troetelen wordt het verken den kop ingeslagen.
> Geen mensch die ligter valt en die men eer bedriegt,
> Als die met zoeten schyn wordt in den slaep gewiegd.

Immers

> Velen hebben honig in den mond en 't scheermes aen den riem.

Zoo laten wy ons dikwyls bedriegelyk gerust stellen en zorgeloos
maken. Laten ons dus doen gelyk de wolf.

> De woorden zyn goed, zeî de wolf, maer ik kom in 't dorp niet.

Laten wy ons door geene schoone praetjes bedriegen, want

> Goede trouw is de brug van de ezels.

't Is te zeggen, dat ondankbare menschen van de goede trouw
gebruik maken tot nadeel van hem die ze in hun stelt.

Indien men genoodzaekt is met slimme en doortrapte menschen
te doen te hebben, moet men wel op zyne hoede zyn.

> Die met vossen te doen heeft, moet op zyn hoenderkot letten.
> Wanneer de vos de passie preekt, boeren wacht uwe ganzen.
> Ziet gy een vos omtrent uw slot,
> Sluit dan vry uw hoenderkot.
> 't Is slecht den duivel een handschrift te geven, want men moet
> de kwittantie in de hel halen;

daerom

> Moet men vossen met vossen vangen,

Slimheid tegen slimheid gebruiken.

Zonder te wantrouwig te zyn, moet men bedenken, dat

> Er dikwyls eene slang onder 't loof schuilt;
> Er wolven op den weg zyn;
> 't Bedrog 's lands meester is;

dat er velen zyn die zoeken iemand te *blinddoeken, iemand op
den hond te helpen.* Dat is iemand zoeken te bedriegen.

In alle geval moet men bekennen dat,

> 't Beste geloof 't gereed geld is,

want

> Voor geld koopt men de boter.
> 't Geld doet geweld.
> Pennings reden klinken best.

Boter by den visch.

Een goed betaelder weigert geen pand.

Gereed geld lydt geen gebrek,

of 't moet een groote vrek zyn.

Gereed geld dingt nauw.

By den ontvang is geen verlies,

en

Die heeft dat er klinkt,
Krygt dat er springt.

Voor klinkende geld kan men wyn krygen; want toont men dat aen den weerd, 't zal zyn : *vrienden komt binnen, knecht, meid, loopt en tapt van nummer zoo veel.*

Men mag ook wel met voorzichtigheid trachten te onderzoeken of de persoonen met wie men handelt van die klinkende redenen bezitten, want hedendaegs zyn er veel *koopmans* en veel *loopmans.*

Heden koopman,
Morgen loopman.

Als er wat te gelden is, zyn 't koopmans,
Maer als het te betalen is, zyn 't loopmans.

Op 't scheiden van de merkt leert men de kooplieden kennen.

Onder in den zak vindt men de rekening.

Als de merkt eindigt, komen de verkoopers om geld, en dan kent men de koopmans die *'t huis zyn, die betalen,* en die welke met *een windei betalen : veel beloven en weinig geven.*

Zulke koopmans spelen wel somtyds *schuivagie, steken schuit van kant,* maken wel *eenen franschen salut,* die men noemt *fransquillonnerie,* en daer meê *votre serviteur,* en gy, verkooper, *knoop uwe winst in eenen wetsteen,* neem den yzeren weg en beklaeg u aen *'t zothuis van Brugge ;* in éen woord, *schryf uwen goedvind aen den balk.*

Al onze zorgen moeten strekken om onze eigene zaken, en niet die van anderen voort te zetten ; want niet zelden geschiedt het dat, wanneer men zich bemoeit met eens anders zaken, men de zyne verzuimt, zoo dan :

Dat u niet brandt, blusch 't niet.

Wie brengt er water tot zyns buermans huis als zyn eigen huis brandt?

De koe lekt geen vreemd kalf.

Elk heeft genoeg in zynen hof te wieden.

De eerste winst die men in het uitoefenen van een ambacht kan bekomen, wordt ons door de spaerzaemheid bezorgd.

Men heeft niet meer goeds als wat men spaert,

zegt het spreekwoord, en daerom vindt men menschen die om veel goeds te hebben te spaerzaem zyn. Het vlaemsch woordeken *te* is een aerdig woordje, want van eene deugd maekt het eene ondeugd.

Wys is goed, te wys deugt niet,

zoo ook spaerzaem is goed, te spaerzaem deugt niet, en hierom zegt het spreekwoord :

't Is goed, maer daer is *te* by.

Men moet byzonderlyk wel op zyne hoede zyn, want van de spaerzaemheid tot de gierigheid is er maer een klein stapje te doen, en dit doet men dikwyls zonder weten, want

Sparen, zorgen, klagen,
Wassen alle dagen.

Ja, zoo wast ook de spaerzaemheid, dat hy die te spaerzaem is over zyne boter, eindelyk te spaerzaem over zyn brood worden zal, en dus niet meer zal durven eten.

Het verschil tusschen de spaerzaemheid en de gierigheid is groot, de eerste is eene deugd en de andere eene ondeugd, ja zoo eene groote ondeugd dat zy stinkt; zie hier het spreekwoord dat het bevestigt :

Zoo afgryselyk stinkt de gierigaerd dat de kinderen hem op straet kunnen rieken.

En de kinderen laten niet na, hem, wanneer zy hem met zynen stank te gemoet komen, den goeden dag te wenschen, hem stillekens, nogtans niet aen het oor, zeggende :

Gy giergaerd,
Die 't al bespaert,
Die met uw geld naer d'helle vaert.
Kinders, zyn kinders, en doen maer kinderwerken.

't Is waer zy doen veel kinderwerken omdat zy kinderen zyn; maer wy oordeelen dat 't geen zy hier met den gierigaerd doen, geen kinderwerk, maer wel eene zedelyke waerschuwing is die zy hem geven.

Laet de gierigheid met haren stank gerust gaen, tot dat wy ze eens behoorlyk en zonder medelyden op den hekel zullen zetten, en laet ons nog eenige woordekens over de spaerzaemheid zeggen.

In het sparen moet men wel opletten, want men kan te veel sparen, en ook te weinig sparen; die te veel spaert is een ondeugend, en die te weinig spaert is een onbedacht mensch; die te veel spaert is gierig, en maekt geen gebruik van 't geen hy spaert, die te weinig spaert, heeft niets om te gebruiken; daerom spaer niet te veel noch te weinig, maer genoeg.

> Kalfje spaer uw hooi, de winter is lang.

Laet ons dit spreekwoord wat ontwikkelen; want *kalfje, hooi* en *winter* hebben hier eene schrandere beteekenis; *kalfje* beteekent hier een mensch die nog jong is, *hooi* is genomen voor 't geld, 't goed, de winst, en *winter* voor den leeftyd van den mensch, waerin hy het hoofd met *sneeuw* bedekt heeft, gryze hairen op het hoofd draegt, *kerkhofbloemkens*, kortom, de ouderdom die zekerlyk lang en ongelukkig is, wanneer men niet gespaerd heeft om te kunnen bestaen. Ons spreekwoord wil dan zeggen: Mensch, wanneer gy nog jong zyt en werken kunt, spaer uwe winst, tot dat gy oud zyt, en niet meer werken kunt, geene winst meer kunt doen. De ouderdom wordt hier gezegd lang te zyn, omdat, wanneer men van eenen grooten hoop dagelyks iets afneemt, zonder er iets by te brengen, men welhaest het laetste handvol zal nemen.

Met welbedachte spaerzaemheid kan en moet men

> Een appeltje voor den dorst besparen.

> Die spaert vindt wat.

Men moet spaerzaem zyn, wanneer het nog tyd is, en niet als het te laet is.

> Als 't hammetje gekloven is, is 't sparen gedaen.
>
> 't Is te laet gespaerd als de boter op den bodem is.
>
> 't Schrappen en geldt niet meer als de pot uit is.
>
> 't Is te laet den put gevuld als het kalf verdronken is.
>
> Men sluit den stal te laet als het peerd gestolen is.
>
> 't Is te laet, zeî de ekster, en had den bout in 't lyf.
>
> Eer het gras gewassen is, is het peerd dood.

Niet sparen is, volgens ons, verkwisten, en hierom moeten wy nu iets over de verkwisting zeggen.

Hoe onverstandig handelen zy niet, die eenen stuiver verdienen en voor eenen braspenning dorst hebben; deze

Slachten Koben, hebben zy veel eijeren zy maken veel doppen, want

Een zot en zyn geld zyn haest gescheiden.

Als de kinderen ter markt komen, dan krygen de kramers geld.

Zy kunnen hun geld niet bewaren, *het byt hun in de billen;*

Zy hebben een hand met een gat.

Zy laten het door de vingers druipen.

Niet min onverstandig handelen de verkwisters, die, tot den drank genegen zynde, denken dat wanneer zy door het drinken wat verkwisten, zy integendeel door weinig te eten wat sparen, en zeggen :

Mout spaert meel.

Waer de brouwer binnen is, moet geen bakker komen ;

't Is waer, dronkaerds drinken veel, maer eten weinig, schoone spaerzaemheid waerlyk ! Zy die door het zuipen 't meel willen sparen, hebben zelden meelzakken tegen den honger gespaerd, en dikwyls maekt een volle kelder eenen ledigen zolder.

Men mag wel een glaesje drinken, maer men moet niet eer wyn drinken dan *wanneer de ratten op zolder loopen.* Dat wil zeggen, 's avonds na volbragten arbeid, mag men zich door eene teug verzetten, maer men moet wel opletten van de lont aen wedereinde niet aen te steken.

Wyntje met Trientje,

want zoo

Verteert men haestig zyn goed.

Lapt men zyn goed door de billen.

Maekt men vette keukens, mager erf.

Verbrast men zyn goed.

Leeft men 't verkskens leven, kort en goed.

Werpt men het voor de honden ;

verkwist men alles.

Is het baetzucht of onverstand dat sommige menschen zoo dikwyls doet verhuizen? Zou het niet de eene en de andere van deze slechte hoedanigheden zyn? Wy gelooven het; want, het spreekwoord :

Die een ambacht heeft geleerd,

Krygt den kost waer hy verkeert,

ondersteunt onze meening, en bevestigt dat men overal zyn

brood kan winnen, als men de noodige middelen gebruikt. Wat meer is, niets is er schadelyker dan meermaels te verhuizen.

> De steen die veel verlegd wordt, bewast door geen groen.

> Veel verhuizen kost veel bedstrooi.

> Daer wast geen mos aen eenen draeijenden meulekam.

> Boomen die veel verplant worden, groeijen niet.

Zulke baetzoekenden en onbedachten handelen gelyk de mosselman, die zeî :

> By het volk is de nering en kwam met zyne mosselen in de kerk,

en zoo

> Werpen zy dikwyls hunne oude schoenen weg eer zy nieuwe hebben.

De papegaei doet het beter,

> Hy lost nooit zynen voet, of maekt eerst zynen bek vast.

Wat meer is:

> Alle veranderingen
> Zyn geene verbeteringen,

en

> Blyven doet verkrygen.

> Men kan van alle vlas geen goed garen spinnen.

Dat is waer, men kan in alles niet even wel gelukken, maer hoe dikwyls gebeurt het niet, dat

> 't Vlas wel goed is, maer dat de spinster niet deugt.

Dat de broodwinning wel goed is, maer dat men die verzuimt; 't is dan al aen het spinnen, aen den arbeid en het vooruitzicht gelegen.

> Die wel spint, draegt een breed hemd.

Die wel werkt doet winst.

Men ontmoet somwylen wel eene moeijelyke onderneming; dan is het

> Geen kat om zonder handschoenen aen te tasten.

> Het is een heet yzer om aen te vatten.

> 't Is een zure appel om in te byten.

In zulke gevallen moet men zynen arbeid en voorzichtigheid verdubbelen, dan zal het wederom gaen, maer

> Heet yzer en molensteenen moet men laten liggen.

't Geen nadeel doet of 't geen boven onze krachten is, moet men laten varen.

Elk vischt op zyn gety.

Iedereen moet zynen tyd en de gelegenheid tot gewin waernemen.

't Is kunst in tyd ja zeggen.

't Is kunst, van de goede gelegenheid gebruik te maken, en als er gevaer in de zaek is

Zet uwe muts vast, 't zal waeijen,

pas dan op.

De vos neemt zyne kans waer, wanneer de hond slaept,

en eindelyk :

Moet men geen slapenden hond wakker maken.

Wat nadeel doen kan, moet men laten rusten.

Men zal wel eens zaken moeten ondernemen waervan

't Roomtje af is,
't Vet van den pot is.

Dat men de broek lapt en het naeijen toegeeft.

Dat men zynen arbeid om niet doet en bovendien de kosten draegt.

Laet dit wel eens gebeuren; maer niet te dikwyls, want dat zou geene goede rekening maken; *daer van zou niets in den pot komen.*

Beter deed s. Krispyn, want hy stal het leer en gaf de schoenen om Gods wil. Zoo meenen ook beter beraden te zyn degenen

Die iemand een koeksken bakken van zynen eigen deeg.

Die breede riemen snyden uit eens anders leer.

Maer dit mag niet geschieden, want 't is onregtveerdig. Is het begin der zaek goed, zoo mag men zich niet altyd laten voorstaen dat het einde ook goed zal afloopen, neen, want

Hy heeft het nestjen niet die het weet, maer die het rooft.

De een klopt op de haeg, maer de ander krygt den vogel.

Menig brengt den zadel op de merrie en een ander rydt er op.

Zoo heeft somwylen een ander voordeel van 't geen wy ondernemen, en zoo

Halen zy de kastaniën uit het vuer met eens anders hand.

Roep dan geen haring eer hy in 't net is.

Roep geen mosselen eer zy aen land zyn.

Men moet het vel niet willen verdeelen voor dat de beer dood is.

Beschik over niets dat gy nog niet bezit. Zoo zyn **zy** ook niet min onbedacht die veel van wenschen houden,

Wenschen om eene ton gouds vult de beurs al zoo weinig en doet de schouw niet meer rooken dan wenschen om eene duit.

Wenschers en willers zyn arme huishouders.

Woorden vullen geen zakken.

Klappen zyn geen oorden.

Hebben is hebben, en krygen is de kunst.

Wy hebben reeds gezegd dat men in de keuze van zyn ambacht den raed van vrienden en weldoeners moet aenhooren en volgen ; nu voegen wy hierby dat men in het uitoefenen van zyn bedryf ook moet luisteren, wanneer menschen van ondervinding u waerschuwen.

Als oude honden bassen is het tyd dat men uitziet.

Nogtans mag men niet te gewillig zyn om ieders raed te volgen, want

De beste stuerlieden zyn aen land.

De beste schippers zyn aen den wal.

Men vindt veel van die raedgevers die het zoo wel kunnen zeggen, omdat zy in het geval niet zyn, waerin wy ons bevinden ; zoo

Is het aengenaem te zien regenen als men in 't droog is.

En

Hoe ligt geeft iemand goeden raed,
Wanneer hy is in goeden staet.

Voor zoo veel wy willen opletten hoe het met anderen gebeurt die den regten weg niet volgen, zullen wy gemakkelyk weten wat er ons te doen staet.

Een schip op 't zand, is een baken in zee.

De ramp van den eene is eene waerschuwing voor den andere.

Hy spiegelt zich zacht die zich aen eenen anderen spiegelt.

Als uws buermans huis brandt is het tyd uit te zien.

Dat de ongelukken en tegenspoeden die aen eenen anderen overkomen u tot eene nuttige waerschuwing dienen, om uwe zaken voorzichtig en regtveerdig voort te zetten. Maer men vindt veel koppige menschen die alles naer hunnen zin willen doen, naer niemand willen luisteren, in alles den bovenzang willen hebben, en voor niemand buigen. Weten zy niet dat men hun deze spreekwoorden kan toepassen :

De heer gebiedt zynen knecht, de knecht de kat, en de kat haren steert.

Dat men altyd

> Meesters boven meesters vindt,

en dan

> Als meerderman komt moet minderman wyken.
>
> Als hoogerman komt moet leegerman buigen.

Wy hebben ook gezegd dat men somtyds leergeld moet geven, zoo kan men ook wel eenige zottigheden begaen; luister wat het spreekwoord hiervan zegt:

> Men moet een paer zotte schoenen versleten hebben, eer men wys wordt.

Wy voegen er by dat de zolen dezer schoenen niet dienen van stael te zyn, want dan zouden de zotte schoenen te lang duren, en de zottigheid ook.

> Niet te kotten waer best,
> Maer vry beter eer dan lest.

Alhoewel wy meenen van door de toepassing der spreekwooren nu genoegzaem aengetoond te hebben, welk het gevolg is van een ambacht dat wel uitgeoefend wordt, van den anderen kant te hebben doen kennen welke onheilen baetzuchtigheid, nyd, haet, bedrog, luiheid, onkunde enz. voortbrengen, willen wy hier nog aentoonen welken weg.zy ingaen, degenen

> Die het hemd over den rok trekken.

De zaek verkeerd behandelen.

Zy vallen niet door eenen stoot, maer allengskens maken zy den put waer zy invallen. Zy beginnen *met katten in zakken te koopen. Appels voor citroenen, peerdekeutels voor vygen 'te koopen.*

Zy letten niet op wat zy koopen.

> Zy eten dagelyks zoppen.
>
> Zy eten dagelyks mostaerd.

Zy doen dagelyks verlies.

En dan

> Maken zy eenen grooten put om eenen kleinen te vullen.
>
> Openen zy eene deur om eene venster te sluiten.
>
> Maken zy groote schulden om kleinere te voldoen.
>
> Zoo leunen zy op eenen gebroken stok.
>
> Zitten zy op eenen schupstoel.
>
> Zy leggen een banksken en spelen schuivagie naer Luik of naer Viannen.
>
> Zy moeten naer S. Rhynuit (over den Rhyn).

Zy moeten óm peper.

Zy zullen niet lang banken.

Hun ryk zal haest uit zyn.

Zy zullen de pael door den oven steken.

Dit laetste gebeurt niet alleenlyk aen de bakkers maer aen veel anderen, en dan eindelyk,

Is 't verken met den tap doorgeloopen.

Zyn zy om zeep,

Laten zy het zitten.

Luister nu en overdenk wat er gebeurt aen dengene die zyn ambacht met zorgvuldigheid en eerlykheid bedryft.

Hy komt nu regt op zyne eijeren.

Hy wordt ryk.

Hy heeft zyne koetjes in 't droog.

Zyne schaepkens zyn in 't droog.

Laet de boeren maer dorschen,

Hy vreest geen onheil meer.

Hy kan zich smeeren met zyn eigen vet.

Hy kan van zyn inkomen leven.

Hy heeft splenters.

Hy heeft wat in de melk te brokkelen.

Hy zit warm.

Hy is ryk.

Hy dryft op zyne eigene wieken.

Hy is zyn eigen meester.

Hy plant koolen.

Hy zit op het kussen.

Hy leeft gerust.

Hy heeft het op zyn muiltjes gebragt.

Hy heeft dat binnen balie.

Smids dochter is er voor.

Hy heeft dat in verzekering.

Binnen best.

Laet ons nu verkiezen welken weg wy willen volgen, en zoo handelen dat wy eens ook binnen best zyn, en dan zorgen dat

De broodkruimen ons niet steken,

dat wy de weelde kunnen dragen, want dikwyls

Wanneer de ezel wel is, gaet hy op 't ys dansen,

en zoo breekt hy zyn been.

Houden wy ons tevreden met 't geen wy hebben, want

Menig heeft te veel, niemand heeft genoeg.

De oogen zyn grooter dan de buik.

Dat is, veel hebben meer dan zy behoeven of hun nuttig is; maer niemand is met hetgeen hy heeft vergenoegd en tevreden.

Nu, lezers, ik heb u gegeven wat ik kan: zyt met dit geringe tevreden.

EINDE.

NEDERDUITSCH TIJDSCHRIFT.

NEDERDUITSCH
TIJDSCHRIFT

ONDER HET BESTUUR VAN

EMANUEL HIEL

Vijfde Jaargang — 4ᵈᵉ Deel.

BRUSSEL

BUREEL DER REDACTIE VAN HET NEDERDUITSCH TIJDSCHRIFT
Van Dijckstraat, 14, voorstad Schaarbeek

BUREEL VAN INSCHRIJVING:
WILLEM ROGGHÉ. — UITGEVER, TE GENT
Kalanderberg, 13

1867

HELDENWORSTELING.

Ach ! een kamp van elken stond
    is ons daaglijksch leven ;
't leger, dat gisteren de vijand zond,
    is gansch op 't slagveld gebleven ;
maar zie ! daar rijst een ander uit den grond,
    zóó sterk dat men er zou van beven.

Beven ? — Neen toch : wij beven niet.
    Om 't getal zullen we ons niet storen.
Geen levende Franschman op 't Vlaamsch gebied !
    dat hebben wij gezworen.
Eén tegen tien ! dat 's goed : deze dag, dan, ziet
    een' nieuwen slag der Gulden Sporen.

De volle flesschen zijn 't Fransche heer,
    en wij de Vlaamsche leeuwen.
Schild en Vriend ! slaat dood ! terwijl we als weleer
    « wat Walsch is valsch is » schreeuwen.
Wij voelen in ons lijven waarlijk weer
    zoo iets van 't bloed der heldeneeuwen.

Iedre teug verhoogt onzen moed :
    de worstling wordt razernije.
Hoe klopt ons 't hart ! hoe gudst het bloed !
    en alles buigt voor ons heerschappije !
En 't hoofd verheft zich in stralenden gloed
    op de onstuimige vleuglen der fantazije.

Gelijk we den vijand slaan die daar staat
    op tafel voor onze oogen,
zoo is onze geest, die in wolken baadt,
    alreeds door tijden en ruimten gevlogen
tot delging van andren, die, vroeg en laat,
    Vlaandren te dikwijls in 't aanzicht spogen.

En wat we dan doen, wordt luid verkond —
een' roemrijke bladzijde in de historie —
door Roeland, den bronzen vogel, wiens mond
we een ronkend lied van glorie
met volle longen hooren brommen in 't rond —
want 't is in Vlaandren victorie !

—

VADERLANDSCHE ROES.

—

I.

Ons hoofd is als een krater, van lava overkokend,
ons wil gelijk een bliksem, door 's hemels ruimten spokend ;
de strijdlust veroneindigt ons krachten, die hij zweept,
en jublend in triomftocht door de eeuwen medesleept.

Door 't grauw verleden henen, de grijze toekomst binnen,
zoo hollen wij, al vechtend, met duizelende zinnen :
en Plicht heet onze veldheer in 't eeuwenlang gevecht
voor volksbestaan en volksheil, voor vrijheid en voor recht.

Hier stormen wij met Robrecht Richildes hoop in duigen
en doen den Waalschen hoogmoed in 't stof terneder buigen ; (1)
en Willem van Normandië, die wuft- aan valschheid paart,
voelt ook terstond de zwaarte van 't vrijheidwrekend zwaard. (2)

En als de heil'ge Kerke ter hulp komt der bedwingeren
door op onz' stoute hoofden haar bliksemtjes te slingeren, (3)
en meent daarmede onz' zielen, onze armen lam te slaan,
dan schokken we eens de schoudren, en volgen onze baan!

II.

Maar hoort! Wat Walsch is valsch is! Heil, heerlijkste aller nachten!
als wij in Brugges muren de landverdrukkers slachten ;

---

(1) Slag van Kassel, 1071.
(2) 1128.
(3) 1128, zie Kervyn. 1, blz. 427.

en, heerlijkste aller dagen ! als Frankrijks riddermacht
in 't slijk van Kortrijks beemden verdelgd wordt en versmacht. (1)

Weldra rukt list en martling ons 't zwaard weer uit de schede,
en weer strijdt met den vijand de heil'ge Kerke mede ;
doch met haar bliksems drijven we aan Pijckes zij den spot : (2)
wij weten dat ons streven wordt goedgekeurd door God !

Door God die in het harte der volkren heeft gedreven
den drang van 't recht en de eere, den drift om vrij te leven ;
en vallen we ook te Kassel met Zanneken verplet, (3)
het vaderland roept wrake, — tot Artevelde 't redt !

De vijanden van Vlaandren, ze steunen weer elkander :
de een naakt weer met den banvloek, met ridderbenden de ander,
de vreemde dwinglandije, de pauselijke macht....
maar gene wordt verdreven, en deze wordt veracht ! (4)

Zoo hollen wij, al vechtend, met duizelende zinnen,
door 't grauw verleden henen, de grijze toekomst binnen :
de strijdlust veroneindigt onz' krachten, die hij zweept,
en jublend in triomftocht door de eeuwen medesleept.

III.

Wij staan te Roosebeke (5) en hooren, opgewonden,
't bevel door Artevelde, den tweede, rondgezonden :
« Den vreemden geen' genade ! het vaderland eischt bloed !
» gij spaart alleen den koning, hij weet niet wat hij doet.

---

(1) 1302.

(2) 1325. « Desquelles fulminations néantmoins lesdicts de
      Bruges et leurs adhérentz monstrants faire bien peu de comp-
      te, poursuyvoyent toujours, » enz. D'Oudegherst, II, p. 400.
      « Jacques Pyc excita ses compagnons à se moquer ouverte-
      ment de l'excommunication et de ceux qui l'avaient publiée.
      Il ne mit plus le pied dans l'église, et poursuivit les pasteurs
      comme *léliards*.... Les populaires l'adoraient après sa mort
      comme un saint. » Lenz, Arch. Hist., I, p. 523.

(3) 1328.

(4) » Dont néantmoins ceux de Flandre firent bien peu d'esti-
      me. » D'Oudegherst, II, p. 434.

(5) 1382.

» Wij voeren hem naar Gent mee, om hem ons taal te leeren ! »
Doch 't lot bedriegt zijn' hope : de vreemden triomfeeren,
en 't land bezwijkt.... maar 't rijst weer, door Ackerman geleid,
en stelt als overwinnaar een einde aan 't bloedig pleit. (1)

En wordt de vlam, te Gaver verdoofd (2) toch blijft zij blaken.
En siddrend hoort Maria ons plotseling ontwaken,
als onze stemme weder zich rondt tot een gebod
en 't hoofd van haar' ministers doet rollen op 't schavot. (3)

IV.

Weer nadren donkre dagen ; een zoon van Gent, de wreede
en koele keizer Karel vertrapt zijn' vaderstede. (4)
Maar daadlijk weer hervatten wij 't eeuwenoud gevecht
voor volksbestaan en volksheil, voor vrijheid en voor recht.

De vijanden van Vlaandren, ze steunen weer elkander ;
de vreemdling-rechtverkrachter is tevens ketterbrander ;
de vrijheid hijgt geketend, 't geweten kermt versmacht,
en bloedige trofeën getuigen 's vijands macht.

Doch, hoe ze ook moorden, branden, de vijanden van Vlaandren,
de bijl der trouwe Geuzen slaat al hunn' macht aan spaandren,
totdat de Waalsche meineed (5) ons klinkt aan 't vreemd geboeft',
en 't priesterlijke mondslot op onze zielen schroeft.

Zoo hollen wij, al vechtend, met duizelende zinnen,
door 't grauw verleden henen, de grijze toekomst binnen,
en strooien, op onz' bane, des lands geschiednisrol
met glinsterende daden en grootsche rampen vol !

V.

Op eens, wat wildernisse spreidt voor den blik zich open,
bezaaid met dorre beendren rond puin- en vuilnishoopen !

---

(1) 1387.
(2) 1453.
(3) 1477.
(4) 1540.
(5) Verbond van Atrecht, 1579. «Une semblable *Trahison*.» Zie :
     N. Considérant, Révolution du XVIme siècle, p. 213.

O God! is dit ons Vlaandren! O God! heeft dan uw hand
zich afgewend voor eeuwig van 't Vlaamsche vaderland?

Wie is 't, die de eerezuilen, door ons gebouwd, vernielde?
Wie, die dat volk, zoo krachtig van geest en ziel, ontzielde?
Wie, die 't gedoode lichaam afknaagde tot op 't been?
Noemt ons dien beul, en noemt ons die nijdige hyeen!

En hoort! de diepten slaken een' stemme: « Dat bestonden
de vijanden van Vlaandren in 't oud verbond verbonden;
de vreemdeling, de leeljaart voor eigen glorie doof,
en 't zielverstompend dweepen, en 't vretend bijgeloof. »

Zelfs Waterloo slaakt vruchtloos de banden en de schanden:
de vijanden van Vlaandren slaan weer ineen de handen;
en achttien honderd dertig, gestookt door paap en Waal,
spreekt grijnzend d'eeuw'gen doodsvloek op ons en onze taal.

VI.

Doch neen!... — Verdorde beendren, groeit weer aaneen tot mannen!
Dat pees en spier zich weder om uwe knoken spannen!
en 't vleesch zich om u ronde! En gij, o Geest van God,
blaas gij in deze dooden, en: *Leeft!* zij uw gebod!

Zoo roepen we als de ziener (1) tot Israël voorhenen.
En, wonder! ziet ze rijzen, — tot mannen zich hereenen, —
een levend volk weer worden in al zijn jeugdgenot,
en in wiens binnenst vonkelt de heil'ge geest van God!

Van God die in het harte der volkren heeft gedreven
den drang van 't recht en de eere, den drift om vrij te leven;
van God, die, sluwen volksmoord of ruw geweld tot straf,
den toorn der vrije Rede, — desnoods het ijzer — gaf!

VII.

Ons hoofd gloeit als een krater, van lava overkokend,
ons wil is als een bliksem, dóor 's hemels ruimten spokend:
de plicht is onze veldheer, waar recht en roem ons sleept;
de strijdlust veroneindigt onz' krachten, die hij zweept.

---

(1) Ezechiël, XXXVII.

Een storm doorwoelt onz' harten, van koene daden zwanger ;
onz' vuisten die zich ballen, zijn machteloos niet langer ;
wij zijn nog steeds dezelfden, steeds Clauwaart en steeds Geus ;
wij volgen 'tzelfde vaandel, wij voeren de eigne leus !

Nog steeds vereert de haat ons der duisternisaanbidders, —
de grimm'ge nijd der vreemden, der leeljaarts en der ridders ; —
nog steeds zijn wij den bliksem van Romes priesters waard, —
den spot van elken vuige die zelve zich ontaardt !

Ze gieten duisternissen en broeden bastaardije ;
hun waan bespeurt geen grens meer aan hunne heerschappije....
Komt ! woedend nu hernomen het eeuwenoud gevecht
voor volksbestaan en volksheil, voor vrijheid en voor recht !

VIII.

Wij zwaaien in de hoogte de fakkel der beschaving :
Vooruitgang in ons vaandel, onz' leuze zielsontslaving ;
en bij het plechtig dagen van 't glorend Redelicht,
ziet gij hoe 't nachtgebroedsel vliedt, en voor eeuwig zwicht !

Uit onze stadhuiszalen verjagen wij de bende,
die, zich de handen wrijvend, reeds uitroept : « Vlaandrens ende ! »
uit leeraarstoel en rechtbank, — die recht en rede slaan....
Ons vlag is onze tale, onz' leuze is zelfbestaan.

Wij vagen uit de Kamers hen allen die ons haten :
de dompers, taalverachters, en geldaristokraten,
die daar 't Vlaamsch volk verbeelden.... — verbeelden ! spotgedacht!
ja, als een troep gelubden het mannelijk geslacht !

De schuldige ministers, de stoute 'lijk de laffe,
treft, zooals Hugonet eens, de langverdaagde straffe ;
den koning.... Artevelde heeft ons gezegd : » Gij moet
» den koning sparen, hem slechts ! — hij weet niet wat hij doet. »

Hem voeren wij naar Gent mee om hem ons taal te leeren.... —
Waarachtig, ja, zoo gaat het, als 't nat ons 't hoofd doet keeren
tot eenen laaien krater waar lava overkookt,
den wil tot eenen bliksem die door de ruimten spookt ;

en zoo drijft ons de strijdlust, met duizelende zinnen,
door 't grauw verleden henen de grijze toekomst binnen ;
en Vlaanderen verheft zich aan 't hoofd der volkrenrij
weer Vlaamsch en Geus voor eeuwig, voor eeuwig groot en vrij !

—

OORLOGSLEENINGEN.

—

Zoo gaat het ! En 't wordt luid verkond —
    een' roemrijke bladzijde in de historie —
door Roeland, den bronzen vogel, wiens mond
    we een ronkend lied van glorie
met volle longen hooren brommen in 't rond ;
    want 't is in Vlaandren victorie !

Doch oorlog voeren kost veel geld ,
    en zoo we ook roem behalen,
hoe meerder de roem, des te meer ook zwelt
    de reekning : dat kan niet falen.
Gelukkig wie 't zoo wel als Frankrijk stelt,
    steeds rijk genoeg om zijn' roem te betalen !

Ons gaat het, lacy ! niet zoo goed :
    veel moed ja, maar weinig duiten !
Wij staken dus den krijg.... — Maar hoe dan ? Moet
    hun hoongelach ons in de ooren tuiten ?
Neen, nooit ; we zullen liever weer met spoed
    eene onereuze leening sluiten.

JULIUS VUYLSTEKE.

—

KEIZER KARELS ZOON TE BRUSSEL.

— 1549. —

—

Toen na den Smalkadischen oorlog, keizer Karel de Vijfde, erop bedacht werd om zoo veel mogelijk de eensgezind-
heid onder zijne misnoegde gewesten te bewerken, moest
hij vooral iets zoeken aan te wenden ter opbeuring der zoo
hevig verdeelde gemoederen.

Zijn reeds gevorderde leeftijd, en het niet volkomen welslagen zijner verschillende ondernemingen deden hem ernstig over de toekomst nadenken.

Wat zouden na zijne dood de vruchten wezen zijner staats-
onderhandelingen, geleverde veldslagen en zegepralen ? —
In alle gevallen gevoelde hij de noodzakelijkheid het vertrouwen zijner onderdanen te herwinnen, en alle voor hem
gevaarlijke gisting in den geest der Nederlandsche bevolkingen voor te komen.

Dit vertrouwen was hem des te onontbeerlijker daar hij
juist toen het innige voornemen koesterde, alvorens van het
wereldtooneel te verdwijnen, zelf zijne bezittingen, zijn uit-
gestrekt rijk aan zijnen zoon over te laten, zijne macht en
gezag in dezes handen neder te leggen, en aldus voor de toekomst het bestaan van zijn vorstelijk stamhuis op vasten
grond te vestigen.

Het was dan enkel met dat vooruitzicht dat keizer Karel
zijnen zoon tot zich riep, en deze kwam in 1549 uit Spanje
naar de Nederlanden, waar hij van stad tot stad werd rondgeleid, en overal met de uiterste vreugde en plechtigheid
werd ontvangen.

Het onthaal dat hij hier genoot was gulhartig en prachtvol,
en zijn verblijf was slechts eene aaneenschakeling van
schitterende feesten en luisterrijke optochten.

Antwerpen alleen besteedde de aanzienlijke som van twee honderd vijftig duizend goud-guldens om den Spaanschen prins gansch hoffelijk te ontvangen.

Haasten wij ons hier nogtans te melden dat door die ongewone kosten de gemeenteschatkist der Scheldestad in eenen neteligen toestand geraakte : de uitgaven beliepen tot meer dan het dubbel der inkomgelden en natuurlijk was men genoodzaakt tot nieuwe belastingen den toevlucht te nemen. Het volk begon luidop te morren, werd oproerig en eenen opstand tegen de gemeente-overheid, waarvan de gevolgen voor sommige inwoners allernoodlottigst waren, zag men losbreken, en het duurde langen tijd vooraleer de stad heure schijnbare rust herkreeg.

Bij zijne aankomst hier te lande, was Philips omtrent eenen twintig jaren oud. In Spanje opgevoed, had hij ten Hove van Madrid, eene stijve houding, eene sombere bedwongenheid aangenomen. Bovendien was hij van inborst hoogmoedig en weinig gespraakzaam.

De kroonprins uitte zich slechts in de Spaansche taal, terwijl zijn vader, te Gent geboren en grootgebracht, de taal zijner medeburgers, de Vlamingen, sprak, en die zelfs zeer hoog schatte.

Zoo als men overigens weet, kende keizer Karel verschillende landstalen : hij sprak Spaansch met zijne moeder ; Duitsch met zijnen grootvader Maximiliaan ; Engelsch met zijne bloedverwante, de koninginne Katarina ; Italiaansch met den Paus, maar Vlaamsch met zijne medeburgers, met zijne vrienden, met het Vlaamsche volk !

Wat men er ook van zegge, keizer Karel had de vaste overtuiging dat men slechts een volk oprecht kan kennen door zijne moedertaal ; immers de aard, de zeden, de ziel van een volk liggen enkel in zijne taal, ja in zijne taal alleen !

Dat keizer Karel met welgevallen onze taal gebruikte, dat hij gespraakzaam en volkslievend was en met den Vlaamschen landaard alhier in nauwe betrekkingen stond, blijkt zeker wel ten overvloede uit de menigvuldige vertelsels en overleveringen, — mochten die dan ook eenigzins

overdreven zijn, — welke ons van uit zijn tijdvak zijn nagelaten, als daar zijn de verhalen van « *De gekroonde Ander-
lechtsche boter; De gekroonde leers der Brusselsche
schoenlappers; De keizer en de bessembinder; Karel
houdt de lantaren »* en meer andere.

Philips, — ongetwijfeld omdat hij onze taal noch spreken,
noch verstaan kon, — was reeds van zijne aankomst onzen
volke afkeerig ; hij scheen immer de eenzaamheid te zoeken, en toonde maar al te opentlijk zijne minachting voor onze rondborstige en bij uitstek vrijheidminnende bevolkingen.

Dusdanige houding tegenover een rechtzinnig volk, dat
onder de luidruchtigste blijdschap den zoon zijns vorsten
wilde vereeren, moest dan ook wel de bron wezen van dien
tegenzin, waarmede hij later overal te recht werd bejegend.

—

Hoe zonderling, hoe vreemd, hoe aanstootelijk zelfs, het
ons thans ook moge voorkomen, zeker is het toch dat de
intrede van Philips te Brussel, met zoodanig veel pracht,
met zulke ongehoorde toebereidselen werd gevierd, dat zij
beschouwd wordt als eene der voornaamste plechtigheden
van dien aard, welke tijdens de zestiende eeuw plaats hadden.

Op eenigen afstand van Brussel werd Philips afgewacht
door den Amptman, de Burgemeesters, Schepenen, Pensio-
naris, Rentmeesters en andere stedelijke overheden, allen
sierlijk gekleed in roode zijde, satijn, fluweel, of damast.

Die wethouders waren vergezeld van acht of negen honderd burgers te paard, dragende elk eenen overrok van
roode zijde, met witte en gele afhangende mouwen, en van
nog dertien honderd burgers te voet, insgelijks allen in rood
laken gekleed.

Aan de Leuvensche poort gekomen werd Philips, onder
het losbranden van het geschut der vestingen, door de gemeente-overheid welkom geheeten ; vervolgens begaf hij
zich langs Treurenberg, Sinte Goeles Kerkhof, de Berghesstraat, de Gerzemarkt en den Magdalena Steenweg, naar het
Keizerlijke paleis, alwaar hem zijnen vader verbeidde.

Van aan de stadspoort tot aan den ingang des vorstelijken Hoven, waren langs henen de huizen schoone geschilderde pilaren geplant met brandende fakkels daarop. Die pijlers waren aan elkaar verbonden bij middel van gevlochten loover- en bloemenkransen, waaraan ronde schilden en wapenborden hingen met de namen van al de hertogen Brabants.

Overigens was in elke der voornoemde straten eenen heerlijken zegeboog opgericht, welke ieder, volgens de omstandigheid, eene bijzondere beteekenis hadden. Op sommige dier eerebogen was eene plaats ingeruimd voor de stadsmuzikanten, die bij des prinsen voorbijtocht, hunne zoetstluidende toonen zouden aanheffen.

Behalve die menigvuldige triomfbogen en straatversiersels, bemerkte men nog onder andere, tusschen de Leuvensche poort en Treurenberg eene verhevene tooneeltrede, waarop door Brusselsche Rederijkers een tafereel uit den Bijbel werd voorgesteld.

Omhoog der Berghesstraat, was insgelijks een tooneelgevaarte opgetimmerd, dat met tallooze zinnebeelden en kenspreuken was versierd.

Andere Rederijkers en gildebroeders voerden daar een tafereel uit den Bijbel op, hetwelk voor titel had: « De blijde terugkomst van den jeugdigen Tobias, uit het land van Medien. »

De fontein van de Gerzemarkt, — die wij in onzen tijd nog gezien hebben, — was ter gelegenheid van Philipses intrede geheel vernieuwd geworden. De drie waterstralen dier bron, welden uit den mond van drie onderscheidene aangezichten, verbeeldende de Wijsbegeerte, de Dichtkunst en de Godsgeleerdheid. Vergeten wij hier niet aan te stippen, dat gedurende den ganschen feestdag, zijnde de eerste van grasmaand 1549, die fontein, in plaats van heur gewoon water, slechts smakelijken wijn liet vloeien.

Des avonds van dien zelfden dag werden er door gansch de stad vreugdevuren aangestoken. Edoch, de meeste beweging, het levendigste feestgejoel heerschten gewis op de groote markt, op die zoo vermaarde plaats, waarvan elk gebouw, elk huis, elke kamer, als het ware, op zijne bijzondere geschiedenis mag roemen.

Het was immers op de markt, — het Brusselsche *forum*, — dat al de ambachtsgilden elk hare zaal hadden, waar zij hare gewone bijeenkomsten hielden, en na op voormelden dag aan den algemeenen praalstoet te hebben deelgenomen, vereenigden zich de gezellen en gildebroeders, des avonds, op nieuw, om vroolijk onder elkander te verbroederen en naar allerlei uitgeloofde prijzen te dingen.

Men denke niet dat Philips, bij zijne intrede, al die toebereidselen, straatversieringen, zegebogen en andere kunstgewrochten eenigzins scheen op te merken, of dat hij over de hem zoo gulhartig opgedragene eerbetuigingen en feestelijkheden de minste tevredenheid liet blijken.

Het tegendeeel is maar al te waar !... Te midden van het algemeene gejubel der menigte, omringd van eene rechtschapene, eene vrijheidslievende bevolking die hem onbewimpeld hare hulde kwam aanbieden, bleef de Spaansche prins immer ijskoud, gestreng en als geheel gevoelloos. Met onbeweeglijken blik, sterk voor zich heenstarend, reed hij onverschillig de straten van Brussel door. Men hadde zelfs gezegd dat hij de uitbundige volksvreugde opentlijk wilde verfoeien, en de hem van harte bewezene eer wilde met voeten treden. Geen wonder dus dat hij niet lang der Belgen toegenegenheid zou genieten !

Onder de menigvuldige feesten welke te Brussel, ter eere van Keizer Karels zoon werden ingericht, wordt er melding gemaakt van een steek- of zoo gezegd toernooispel, waaraan hij zelfs eenigzins verplicht was geworden deel te nemen. Zeer zwak van lijfsgestalte, zonder de minste ridderlijke houding, en vreemd aan alle lichaamsoefeningen, moest zulk een lansgevecht inderdaad voor Philips zeer weinig aantrekkelijkheid hebben. Hij behaalde er derhalve ook maar weinig roem, want bij de eerste aanraking zijns tegenkampers, rolde hij machteloos in het stof en bleef in bezwijming ten strijdperke liggen. — Niet gelukkiger was hij toen later zijn vader hem te Augsburg aan de keurvorsten van Duitschland ging voorstellen. Daar ook werd hij al spelend uit den zadel gelicht en in het zand geworpen. Op de feestmalen hem door de Duitsche vorsten aangeboden stak hij even deerlijk tegen al de anderen af; zwak, schraal en uiterst matig kon hij schier geenen teug wijns drinken zonder onpasselijk te worden. Ook daar had men eerlang van hem genoeg en den afkeer, welke hem overal betoond werd deed eindelijk Keizer Karel begrijpen dat hem niets beters te doen bleef dan zijnen zoon weder naar Spanje te zenden.

Om op Philips verblijf te Brussel terug te komen, zullen wij zeggen dat de voornaamste plechtigheid, waarop men hem ter hoofdstad uitnoodigde, de vermaarde ommegang was. Het schijnt dat hij onder geen hoegenaamd voorwendsel de uitnoodiging van het magistraat had kunnen afwijzen en aldus toegestemd had dien beroemden praalstoet van uit eene der vensters des stadsraadhuizes te zien voorbijgaan.

Ter oorzake van Philips aanwezigheid had men ter herinrichting van den ommegang merkelijke bekostigingen gedaan, al de kleedingstukken der gezellen werden gansch vernieuwd, de praalwagens herschilderd en weder verguld, en al de reuzen geheel in een nieuw pak gesteken.

Ziehier waaruit, oppervlakkig beschouwd, dien ommegang was samengesteld:

Aan het hoofd van den stoet zag men de vijf hoofdgilden van Brussel, in hun schilderachtig plechtgewaad. Vooreerst de schermers of schermmeesters, — Sint Michiels gilde, — in wit en blauw laken gekleed; dan de kolveniers, — gilde van Sint Kristoffel, — gansch in 't wit, en de handboogschutters, — Sint Antoons gilde, — in 't wit, zwart en rood; vervolgens de kleine gilde van den kruisboog, — Sint Joris gilde, — in 't wit en rood, en de groote gilde der kruisboogschutters, — gilde van onze lieve-Vrouw ter Zavel, — in 't groen.

Ook de twee en vijftig ambachtsgezelschappen namen deel aan den ommegang met al hunne bijzondere kenteekens en zinnebeelden. Zij waren gevolgd van de dekens of gezwoornen met hunne schitterende rood lakenen tabbaarden aan, zoo als men die hoofdmannen slechts bij hoogst plechtige omstandigheden zag optreden.

Al de stedelijke overheden, de rechtvorderaars en de verschillende vierscharen leden der gemeente, mitsgaders het magistraat, waren eveneens bij den optocht aanwezig.

De predikheeren, de karmelieten of Lieve-Vrouw broeders, de franciskanen, benevens al de geestelijkheid van Brussel, met het beeld van Onze Lieve-Vrouw ter Zavel, — gedragen door de « handuyten » of nachtwakers, met een wit koorhemd aan, — besloten den stoet.

Behalve zestien praalwagens, waarop allerlei onderwerpen der gewijde geschiedenisse ontleend, werden voorgesteld, zag men ettelijke kemels en zeepaarden met engelkens daarop ; eene vuurspuwende slang ; eenen reusachtigen grijpvogel; het gevleugelde paard Pegasus en meer andere fabelachtige gedrochten, alsmede het ros-Bayard, bereden door de vier knap gewapende Heymans-zonen, welke laatste « een Vlaamsch liedeken zongen. »

Doch wat, — volgens de kronijkschrijvers, — bij dien ommegang het meest bijval schijnt te hebben genoten, was eenen inderdaad zeer zonderlingen wagen.

Die wagen verbeeldde een overgroot orgel, dat door eenen beer, — wel te verstaan, een' man in beerenvacht, — werd bespeeld, en inwendig was verdeeld in een twintigtal smalle vakken. In elkeen dier enge vakken was, zoo nauw mogelijk, eene levende kat opgesloten, derwijze dat gemelde dieren onbekwaam waren de minste beweging te doen. De staarten alleen dier verschillende katten staken door eene kleine opening, tot dat einde in ieder der bijzondere vakken gemaakt, en waren aldus bij middel van koordekens aan het klauwier vastgehecht.

Bij elke toets, die de gewaande beer aanraakte, ontstond er onvermijdelijk bij eene der katten eene hevige trekking, die haar dan ook een jammerend en scherp gillend gemiaauw deed aanheffen!... Zoo als men het zich kan inbeelden, moest dit beurtelings en soms ook gelijktijdig kattengeschreeuw

eeṇ allerzonderlingst muziek voortbrengen. Overigens dient
men te wetèn dat de onderscheidene kattenstemmen dermate
waren gekozen geworden, dat zij trapsgewijze van den
hoogsten tot den laagsten toon daalden.

Die allezins merkwaardige wagen was gevolgd van eenen
anderen, waarop jonge knapen in wolven, apen en vossen
verkleed, op dit vreemdsoortige muziek dansten en allerlei
aardige sprongen maakten.

Bij het ontwaren dier gansch nieuwslachtige samenstelling kon echter de Spaansche prins, de zwaarmoedige Philips, die tot dan toe slechts tegenzin had laten blijken,
geenen glimlach bedwingen en, volgens de overlevering,
zou dit de eerste en ook de eenigste keer zijn, dat die
vorst in zijn leven openbaarlijk heeft gelachen...!

Omtrent zes jaren nadien, bevond de kroonprins zich andermaal te Brussel. Er had daar toen eene gewichtigere
en gedenkwaardigere gebeurtenis plaats ; het goldt eene
aanzienlijke plechtigheid, waarbij het oppergezag over de
Nederlanden in Philipses handen moest overgaan, namelijk:
de afstand of liever de troonaftreding van keizer Karel, gedaan op den 25 october 1555....

Hoogst indrukwekkend was de oogenblik, toen Karel
de Vijfde voor de laatste maal als Nederlands Vorst, in de
groote Hofzaal verscheen. Hij leunde op den schouder van
Prins Willem van Oranje, en was gevolgd door zijnen zoon,
door de koninginne Maria van Hongaryen, den hertog van
Savoyen, de Ridders van het gulden Vlies, en verder door
eenen prachtigen en talrijken hofstoet, alsmede het gevolg
des erfprinsen en dat der regeerende vorstinne.

De Keizer, om zijne intrede te doen, had met inzicht, den
stond afgewacht dat al de uitgenoodigden reeds behoorlijk
hadden plaats genomen. Onder deze bemerkte men de afgevaardigden en de stadhouders der verschillende provintien,
de onderscheidene leden, zoo van den Opper- als van den
geheimen staatsraad en die van den Raad der staats-
inkomsten, al de te Brussel verblijvende afgezanten en meer
andere hooge ambtenaren des Rijks.

Niet alleen de groote eerezaal, waar eigentlijk die gewichtige gebeurtenis zou plaats hebben, maar ook al de aanpalende zalen, en zelfs de omliggende straten waren letterlijk opgepropt met volk, dat, zoo veel mogelijk, wilde ooggetuige zijn van die afscheidsplechtigheid, van dit laatste vaarwel zijns vorsten.

Het was in die grootsche vergadering dat Philips, na dat hem zijn vader de koningskroon had afgestaan en hem eenige onderrichtingen had gegeven, den plechtigen eed aflegde, een goed en rechtvaardig vorst te zullen zijn, den Nederlandschen volke al zijne voorrechten en vrijheden getrouw te zullen handhaven en doen handhaven, steeds 's lands gewoonten, rechten en gebruiken, te zullen eerbiedigen, kortom, hij zwoer en beloofde daar alles te zullen aanwenden, wat een goed, billijk en trouwhartig Vorst van rechtswege hoeft te doen !...

De geschiedenis is daar om ons te toonen in hoeverre hij, in het vervolg, zijn woord gestand deed, en op welke wijze hij zijnen eed is getrouw gebleven. Helaas, in de gedwongene houding, in het zwaarmoedige en trotsche voorkomen des nieuwen konings, en zelfs bij het somber afleggen van zijnen eed, had wellicht menigeen de bloedige bestemming kunnen ontwaren, welke de ongelukkige Nederlanden te wachten stonden !

Daar Philips evenmin Fransch, als Vlaamsch, kende, was hij genoodzaakt den bisschop van Atrecht in zijne plaats te doen spreken. Hier gevoelde hij nogmaals hoe ongerijmd het is voor eenen vorst de taal niet te kunnen spreken van het volk, dat hij geroepen is vaderlijk te beheeren, en zich gevolgentlijk door anderen te moeten laten wijs maken, wat hij in de onmogelijkheid is zelf te kunnen verstaan of behoorlijk uit te drukken. Men weet dat zijne onkunde der volkstaal, vroeger reeds eene rede was, waarom hij alhier bij onze bevolking zeer weinig toegenegenheid verwierf.

Op den zeventienden januari van het volgende jaar, vergaderden de Staten zich op nieuw te Brussel. Ditmaal kwam Keizer Karel zijnen zoon in bezit stellen van het Spaansche koningrijk met al zijne bijhoorige gewesten.

Philips, van den aanvang zijner regeering, in stede van zooals zijn vader de volksgunst trachten te winnen, zocht slechts de eenzaamheid. Bovendien waren zijne meeste hovelingen laffe verklikkers, zijne afgezanten bespieders. Hardnekkig van aard, ruw van inborst, waande hij immer zijnen wil onbuigbaar. Allen schijn van tegenstand zou hij onmeedoogend met brandstapels en moordschavotten te gemoet gaan. Indien hij over het algemeen bleef volharden in zijnen afkeer van alles wat maar feestelijkheid of volksvermaak mocht heeten, indien hij hier te lande slechts als bij dwang en met tegenzin onze voorvaderlijke ommegangen had willen bijwonen, zoo was er echter in zijn Spanje een slach van openbare plechtigheid, die telkens zijne volle goedkeuring erlangde, en welke hij altijd met een nieuw genoegen ging bijwonen. Die soort van feestelijkheid noemde men daar eenvoudig « auto-da-fé, » eene Spaansche benaming, die, zoo als men weet, geloofs-acte of geloofs-handeling beteekent! Wij, in het Vlaamsch, zullen dat slechts eene afschuwelijke moorderij noemen.

Hier te lande kon gewis de invoering van dergelijke praalstoeten niet gemakkelijk bijval vinden: dit belette nogtans niet dat bij ons de Spaansche Inkwisitie, zich op eenen nog al breeden voet had ontwikkeld. Dagelijks werden er in Brabant en Vlaanderen, en wel voornamelijk te Audenaarde, Dixmude, Doornik en Valencyn, menschen verbrand, opgehangen of geradbraakt, lieden wier eenige misdaad was deze of gene bladzijde uit den Bijbel te hebben gelezen of hooren lezen.

Geen enkel dag verliep er of de openbare plaatsen, de gevangenissen, de kerkers werden hier met het bloed van onnoozele slachtoffers besmeurd! Die onzer landzaten, die eenigzins de hervormleer toegedaan schenen, werden, gelijk honden, handen en voeten te zamen gebonden en alzoo in het water geworpen, en zij die voor hunne aldus wreedmishandelde medeburgers eenig medelijden durfden laten blijken, sloeg men onmiddellijk het hoofd af!.. In de Schelde

kwamen dagelijks de lijken in zoo groote menigte aandrij-
ven, dat het water er door bedorven werd !...

Zeker hoeft het niet meer te worden herhaald, dat voor
ons land, de regeering van Philips den Tweede, eene afschuwelijke plaag is geweest. Bij het plegen zijner woeste
moorderijen trachtte hij zich niettemin als een slaande engel,
als een vertegenwoordiger Gods te doen aanzien, doch, het
volk, zijne tijdgenooten reeds wierpen hem den schandnaam
toe : « Duivel van het Zuiden. »

Geen wonder derhalve dat de gedachtenisse van hem, die
nooit dan tranen en bloed deed storten, van hem, wier naam
zoo menige bladzijde onzer vaderlandsche geschiedenis be-
zoedelt, slechts met hoon en verachting van nageslacht tot
nageslacht wordt overgeleverd !...

Wij moeten hier echter omtrent dienzelfden Philips nog
eene kleine bijzonderheid aanhalen, waarvan in de kronijke
van Brabant gewag wordt gemaakt en hoofdzakelijk zijn
verblijf te Brussel betreft.

Volgens die kronijke zou keizers Karels zoon, onder den
schijn eener geveinsde strengheid, van eenen valschen ernst,
eene onverzadelijke wulpschheid hebben verborgen. — Men
beweert dat hij des nachts in het geheim en vermond op
allerhande liefdepretjes uitging, en de schrijver van gemelde
Brabantsche kronijke, om het spijt te doen kennen, dat de
schoone kunne van Brussel, bij het vertrek van den Spaanschen dwingeland gevoelde, drukt zich in de volgende
openhartige bewoordingen uit : « Daer was zeer groote
droefheyt in Bruessele, ende principalyc onder 't vrouwen-
volc, wyfs, ende meyskens, die haren troost verloren. »

Men vindt in eene insgelijks Brabantsche of Brusselsche
kronijke juist dezelfde letterlijke aanhaling geboekt, met
dit verschil nogtans dat zij tot eenen gansch anderen held
betrekking heeft. In dit laatste schrift geldt het geenszins
den zoo geduchten koning Philips, maar er is daar enkel
spraak in van de verdwijning van..... den zoo gezegden
oudsten burger van Brussel, namelijk van Manneken-Pis!..

Brussel.   S. C. A. WILLEMS.

VOORGEVOEL,

DOOR

SLEECKX.

—

Dat de mensch somwijlen het vermogen bezit de toekomst min of meer duidelijk door voorgevoel te kennen, voor te gevoelen wat hem of anderen gebeurt of te gebeuren staat, zal niemand loochenen. Duizenden voorbeelden uit de geschiedenis en het dagelijksche leven bewijzen zonneklaar, dat het zenuwgestel bij menigeen, in enkele omstandigheden, derwijze geprikkeld wordt, dat het eenen verbazenden, schier ongeloofelijken graad van fijnheid bereikt, die hem toelaat dingen, welke buiten den gewonen kring der zinnelijke waarneming liggen, te vermoeden, te bevatten, te zien, indien men wil, zonder in het minst de hulp der zintuigen te behoeven. De wetenschap zelve neemt die mogelijkheid aan en bevredigt zich ons voorzichtigheid aan te raden omtrent een verschijnsel, waarvan zij, ofschoon het door de ervaring van alle eeuwen bevestigd wordt, tot nog toe geene voldoende verklaring kan geven. « Wij wandelen immer » zegt Zschokke, dien men voorzeker niet van lichtgeloovigheid zal verdenken, (1) « wij wandelen immer in duisteren middernacht, zoodra wij ons in de onderzoeking van ons eigen *ik* wagen : de geleerden mogen nog zoovele folianten met hunne wijsheid vullen, nooit zullen zij, betreffende deze stoffe, onwedersprekelijke waarheden vinden. Zooverre de kracht onzer uiterlijke zinnen strekt, kunnen wij des noods het ware van het valsche onderscheiden ; maar hoe meer sommige voorwerpen zich buiten het bereik dier zinnen bevinden, hoe onduidelijker en onverklaarbaarder die voorwerpen ons schijnen. Hadde de Schepper ons evenveel zinnen ter waarneming van onzichtbare krachten en wezens gegeven, als wij er ter waarneming van zichtbare bezitten, wij

---

(1) Uber Ahnungsvermögen und Schutzgeister.

zouden wellicht in staat zijn zoovele waarheden in gene als in deze te ontdekken. »

Het lust ons een van de zooeven vermelde duizenden voorbeelden tot staving van ons gezegde aan te halen of liever, daar het schier algemeen gekend is, op te warmen. Wij kippen het tusschen de vele andere historisch ware uit, omdat het door eenen tijd geleverd werd, die zeer dicht bij ons is ; omdat diensvolgens het voorval door een groot getal menschen, welke thans nog leven, om zoo te spreken, werd bijgewoond. (1)

— •

Onder de toeschouwers, die, op 29 februari 1828, bij de eerste opvoering der *Muette de Portici*, in de Groote Opera, te Parijs, de meeste geestdrift aan den dag legden, het levendigst toejuichten, het hardst in de handen klapten en het luidst *bravo !* riepen, onderscheidde zich de vermaarde tenor Ponchard. Men weet, dat deze langgevierde zanger en muziekleeraar, weinige maanden te voren, in eenen anderen Parijzischen schouwburg, de Komische Opera, de rol van *Masaniello*, in het zangspel van dien naam, gelijk men het noemt, *geschapen*, en zoowel met deze, als vroeger met die van *Georges Brown*, in de *Dame Blanche* van Boïeldieu, eenen ontzaglijken bijval verworven had. Om zijne bewondering voor Aubers meesterstuk en inzonderheid voor de voortreffelijke uitvoering van hetzelve te verklaren, dienen wij en van dit gewrocht, en van den *Masaniello* eenige woorden te zeggen.

De treurige geschiedenis van den Napelschen volksman Thomas Aniello, Masaniello, zoo als men hem doorgaans bij verkorting noemt, werd al vroeg voor het tooneel bewerkt. Het was omtrent het midden der XVIIe eeuw, dat de Napolitanen, het dwingelandsche beheer van den Spaanschen onderkoning, den hertog van Arcos, moede, zich tegen dezes willekeurige maatregelen door eenen ernstigen opstand verzetteden, die dreigde van toen af Napels

(1) De bijzonderheden van dit verhaal zijn alle echt. Wij putteden ze gedeeltelijk uit onze eigene herinneringen. De overige werden den dagbladen, vooral den tooneelbladen van den tijd en eener fraaie studie van den Duitschen toonkundige-oudheidsminaar Ernst Paque over *Masaniello* ontleend.

van Spanje los te scheuren. Hun aanvoerder, gezegde Aniello, ofschoon eenvoudig een visscher, oefende op zijne gezellen en beroepsgenooten, alstoen zeer talrijk te Napels, alsmede op de *lazzaroni* en andere lieden van lageren stand eenen almachtigen invloed uit door den moed, de vurige vaderlandsliefde, de krachtdadigheid en het beleid, waarvan hij bij meer dan eene gelegenheid blijken had gegeven. Hij dwong den hertog, die op het kasteel San-Elmo gevlucht was, de voorrechten en vrijheden des volks te vernieuwen, en legde, zoodra hij verkregen had wat hij voor zijne medeburgers verlangde, vrijwillig het gezag neder, dat zij hem hadden opgedragen. Na gedurende acht dagen met Arcos het bewind te hebben gedeeld, keerde de visscher-koning naar zijne schamele hut terug, om op nieuws zich aan zijn nederig beroep te wijden. Hij had echter zonder zijne vijanden gerekend. Zijnen invloed op het volk duchtende, die door het welslagen zijner pogingen nog beduidend was vergroot, deden zij hem vergift toedienen. Dit vergift had op Masaniello een zonderling uitwerksel : het maakte hem zinneloos. Hij stierf eerst na het verloop van eenige dagen, gekenmerkt door buitensporigheden en gruweldaden, welke hem den haat en de verachting op den hals haalden van hen, die hem als hunnen redder hadden vergood, ja van zijne trouwste aanhangers en vrienden. Men beweert, dat die laatsten hem zouden doodgeschoten hebben, om aan zijne dolzinnige wreedheden een einde te stellen.

Dertig jaar later reeds werd de geschiedenis van Masaniello op het tooneel gebracht. Het moet ons niet verwonderen. De Napelsche opstand en vooral het rampzalig uiteinde van den koenen visscher hadden in al de landen van Europa belangstelling gewekt. Overal werden zijn leven en zijne daden beschreven en bezongen; overal zijne beeltenis geteekend, geschilderd, gebeiteld en in koper gesneden. Zoo gewaardigde zich onze Vondel op den Napelschen volksheld eenige dichtregelen te vervaardigen, die den stempel van zijn stout vernuft en zijnen krachtigen stijl dragen.

> Zie Mas Anjello hier in print voor elk ten toon,
> Die van de vischbank klom op 's konings hoogen troon,
> Het kitteloorig paard van Napels hielp aan 't hollen,
> En, op zijn Faëtons, geraakte aan 't suizebollen,
> In éénen oogenblik ging plotseling te grond,
> Gehoorzaamd als een vorst, doorschoten als een hond,

schreef de verdediger van Oldenbarneveld op eene af-
beelding van den man, wiens beroep, ondernemen en
lotgevallen aan den Vlaamschen volksleider Zannekin
doen denken. De Duitsche dichter Christian Weise, die
van 1642 tot 1708 leefde, liet kort daarop te Zittau een
treurspel opvoeren, onder den titel: *De Napelsche opstandeling Masániello*. Dit stuk werd door vele andere op hetzelfde onderwerp in Duitschland en elders gevolgd. In
1706 werd te Hamburg het eerste zangspel vertoond ,
waarin Masaniello de hoofdrol speelde. Vòòr weinige jaren
nog zagen wij te Parijs en daarna te Brussel een nieuw
drama opvoeren — *Salvator Rosa*, indien wij het wel hebben, — waarin alweder Masaniello de Napolitanen hunne
vrijheid hielp bevechten.

Na in verschillende landen beurtelings als treurspel,
als drama en als zangspel behandeld te zijn geworden,
werd de geschiedenis van den Napelschen visscher in 1827
door den Italiaanschen komponist Caraffa nogmaals in
muziek gebracht. Deze reis heette zij : *Masaniello ou le
Pècheur Napolitain*. Op den 17^{en} october van hetzelfde
jaar werd zij in de Komische Opera opgevoerd en beviel
ongemeen. Caraffa had voor zijn zangspel een aantal Italiaansche volkswijzen benuttigd, en deze droegen niet weinig bij tot het gelukken van zijn werk. Eene van die wijzen,
de bekende barcarolle : *Le ciel n'a plus d'étoiles*, is tot op
onze dagen volklief gebleven. Onder den naam van *Carnaval de Venise* hebben Paganini en andere voorname
virtuozen haar wereldberoemd doen worden.

Wat niet minder bijval aan Caraffa's blijspel bezorgde,
was het aandeel, dat Ponchard aan de opvoering van hetzelve nam. Hij had zich met de rol van *Masaniello* gelast.
Ponchard was sedert 1819 professor van zangkunst bij
het Parijzische conservatorium. Hij bezat eene lieve, frissche tenorstem, welke, gevoegd bij eene uitmuntende
methode en eene uiterst keurige voordracht, hem tot een
waar toonbeeld voor zijne leerlingen niet alleen, maar
voor al de zangers van zijnen tijd maakte. Ook zong hij
zijne partij en inzonderheid de lichte, vroolijke plaatsen
van deze met eenen smaak, een *brio*, een talent, toereikend om den *Masaniello* over de honderd vertooningen te
verzekeren. Ongelukkig voor Caraffa, die werkelijk een
goed gewrocht had voortgebracht, gebeurde er weldra
iets, dat den loop der voorstellingen in de Komische Opera
onderbrak, de aandacht van zijn stuk afleidde en het belette

in de overige Europeesche landen dien opgang te maken, welken het ongetwijfeld, in andere omstandigheden, er zoude gemaakt hebben.

Auber, alreede door eenige boertige opera's gunstig gekend, had eene kunstreize naar Italië gedaan. Van daar met eenen rijken voorraad volksliederen te Parijs wedergekeerd, wilde ook hij die zoo spoedig mogelijk te pas brengen. Er ontbrak hem slechts een *libretto*, om zijn plan ten uitvoer te leggen. Hij sprak met zijne vrienden Casimir Delavigne en Scribe, die er in toestemden hem dit *libretto* te schrijven. Zij begrepen, dat een Italiaansch onderwerp volstrekt noodzakelijk was, vermits vooral aan Auber de gelegenheid moest verschaft worden zijne Italiaansche liedjes te gebruiken. Hunne keus viel insgelijks op Masaniello. Zoo ontstond de *Muette de Portici*. In korten tijd was de *partitie* voltooid; en nauwelijks vier maanden na de eerste vertooning van *Masaniello*, had die van Aubers zangspel in de *Koninklijke Akademie van Toonkunde* plaats. Eensdeels, omdat de Komische Opera in het bezit was van een welgelukt gewrocht op hetzelfde onderwerp, anderdeels omdat hij wenschte in een ernstiger vak zijne krachten te beproeven, had de Fransche komponist een groot opera vervaardigd, dat is een opera, waarin al de woorden gezongen en de zangstukken niet met proza afgewisseld werden.

Gelijk wij hierboven zegden, woonde Ponchard de eerste vertooning van de *Muette* bij en juichte het stuk en de zangers met de warmste geestdrift toe. Wat voornamelijk zijne goedkeuring verwierf en zijne begeestering ten top voerde, was de rol van *Masaniello* en de meesterlijke wijze, waarop die door Adolf Nourrit werd voorgedragen. Met eene minder lieve en aangename tenorstem, maar met een veel breeder en indrukwekkender orgaan begaafd, treurspeler van het onbetwistbaarste talent en zanger van niet minder verdiensten, was Nourrit inderdaad de man om van *Masaniello* den held te maken, dien Casimir Delavigne, Scribe en Auber hadden gedroomd. Hij vertolkte dezen op eene schitterende wijze en leverde een kunstbeeld, dat onder alle opzichten onovertrefbaar konde genoemd worden. Vooral de dramatische plaatsen zong en speelde hij overheerlijk. Het vierde bedrijf, dat, waarin hij als verdediger van *Alfons* en *Elvira* optrad, verwierf hem de luidste bijvalsbetuigingen. Zijn met kracht en klem uitgegalmd *L'hospitalité vous défend* deed de gansche zaal in eenen donder van toejuichingen losbarsten, waaraan geen einde scheen te zullen komen. Het laatste bedrijf, waarin hij als waanzinnige verschijnt, voltooide zijne zegepraal en die van Auber. Zelden had men in de Groote Opera eene dergelijke geestdrift gezien.

Het konde niet missen, of juist deze plaatsen moesten op Ponchard eenen geweldigen indruk maken. Hij had te veel talent, was te zeer in al de geheimen van het vak ingewijd, om de kunst niet te waardeeren, welke zijn mededinger in dezelve ten toon spreidde. Daarbij wist hij zeer wel, wat hem zelven ontbrak, en was rechtzinnig genoeg om het openhartig te bekennen. Van daar dat dit machtig stemgeluid, hetwelk Adolf Nourrit toeliet de hevigste hartstochten natuurlijk weer te geven, die breedheid van voordracht, die fierheid van houding en die edelheid van gebaren, welke hem zoo geschikt maakten, om eene heldenfiguur als die van Masaniello, den bevrijder zijns vaderlands en het slachtoffer van Napels' vijanden, daar te stellen, Ponchard in de hoogste mate troffen en hem alle kleingeestige afgunst, allen broodnijd, indien wij 't zoo mogen noemen, deden vergeten, om slechts éen gevoel, dat der vurigste bewondering, in zijnen boezem te laten voorheerschen.

Het gevolg was, dat hij zich nauwelijks den tijd gunde het afroepen der namen van de schrijvers des *librettos* en der *partitie* bij te wonen. De gordijn was nog niet, na die afroeping gevallen, de luidruchtige *bravos* van het talrijke publiek hadden nog niet opgehouden in de ruime zaal te weerklinken, of hij stormde naar buiten en snelde naar het tooneel. Hij konde zijne gemoedsbewegingen niet langer bedwingen. Hij moest zijnen kollega met den zoo glansvollen, zoowel verdienden bijval geluk wenschen; hij moest zijn talent, zijn genie de verschuldigde hulde brengen ; hij moest Adolf Nourrit al zijne bewondering, al zijne begeestering betuigen.

Nourrit was zeer vermoeid. Hij was uitgeput naar zijne *logie* teruggekeerd en had het bevel gegeven voorloopig niemand, zelfs zijne beste vrienden niet, bij hem te voeren. Ponchard werd dus afgewezen met de verontschuldiging, dat de tenor der Groote Opera rust noodig had. Hij verloor eventwel den moed niet. Hij wilde en zoude den zanger zien, hem spreken.

« Zeg den grooten man, » riep hij den tooneelbediende toe, die hem poogde terug te houden, « zeg den eersten zanger van de wereld, dat de *Masaniello* van de Komische Opera verlangt den *Masaniello* van de Groote Opera in zijne armen te drukken ! »

De dienaar ging eindelijk. Hij keerde spoedig met een gunstig antwoord weder. Ponchard trad de logie binnen.

Nourrit had werkelijk rust noodig; en indien hij er had in toegestemd zijnen dubbelganger van de Komische Opera te ontvangen, was zulks het treffendste bewijs van hoogschatting, dat hij hem konde geven. Hij was nog meer zedelijk dan lichamelijk afgemat. Nadat Ponchard hem in de vleiendste bewoordingen en met dien vloed van uitroepen en overdreven loftuitingen, den Franschen eigen, zijne hartelijke gelukwenschingen, van omhelzingen en vreugdetranen vergezeld, had toegestuurd, aarzelde de zegepraler niet het hem te belijden.

« Gij kunt niet gelooven, » sprak hij, « hoezeer ik mij tijdens geheel den duur der *repetitiën*, maar vooral in den loop van dezen avond met den ongelukkigen Masaniello heb vereenzelvigd. Het ging zoo verre, dat ik mij, in zekere oogenblikken, den vermaarden visscher wezentlijk waande. Ik had het bewustzijn van mijne eigene persoonlijkheid geheel verloren. »

« Daaraan erken ik den waren, den genialen tooneelkunstenaar, » antwoordde Ponchard, « en daaraan erken ik tevens, dat ik u niet tot de knieën reik. Zingen kan ik, al zeg ik 't zelf, en gij ook zult mij, ik ben er zeker van, dit recht laten wedervaren. Maar derwijze mij in eene rol verdiepen, dat mijn eigen ik verdwijnt, dat ik inderdaad de persoon word, dien ik voorstel, dat gaat niet..... Ik heb het nooit gekunnen ; ik zal het nooit kunnen. Ik zal in der eeuwigheid comedie spelen, meer niet ! »

« Vooral in het laatste tooneeel, dat van den waanzin, was zulks het geval, » hernam Nourrit, zonder de streelende bekentenis anders dan met eenen stillen, bijna weemoedigen glimlach te beantwoorden. « Ik schaam mij het te zeggen, want het is dwaas, onvergeeflijk dwaas, ik weet het ; maar..... Ziedaar, het was mij, alsof iets mij zegde, dat een even rampzalig lot als dat van Masaniello mij boven het hoofd hangt. »

« Wat zegt gij ! Alsof...? »

« Ja, alsof eene geheimnisvolle stem mij toeriep, dat ik een even rampzalig einde als de edelmoedige volksverdediger te gemoet ga ! »

Ponchard proeste het uit van lachen.

« Misschien wel ook te Napels, op het tooneel van ons beider heldendaden ! » schertste hij.

« Juist, » fluisterde Nourrit, « te Napels, op ditzelfde tooneel ! »

Ponchard lachte voort.

« Neen, kollega, » sprak hij, « nu drijft gij de gewetensvolheid te verre. Ook verwondert het mij niet, zoo gij, na de vertooning, uitgeput en afgemat zijt.... Het kan niet anders. Onder ons, gij hebt ongelijk u zooverre door uw gevoel te laten medeslepen. Dat men den toeschouwer zoeke te begoochelen, is wel. Dat men zich zooveel mogelijk in zijne rol spele en, in sommige stonden, eindige met te gelooven, dat men waarlijk degene is, dien men voorstelt, sta ik toe.... Maar dat men het publiek ten believe zichzelven pijnige en martele, dat men zich, in zekeren zin, ongelukkig make of ten minste zijne gezondheid krenke, — want zoo iets moet de gezondheid krenken, er valt niet aan te twijfelen, — dat keur ik af, volstrekt af. Wat duivel ! onze kunst is toch maar kunst, en wat wij op de planken doen, is en blijft spelen, wanneer men het op den keper beschouwt. »

« Ik kan er niet aan doen, » vervolgde Nourrit, de schouders ophalende. « Reeds verscheidene malen bij het *repeteeren* heb ik dezelfde gewaarwording gehad. Eerst gaf ik er weinig acht op. Later deed ik mijn best, om door redeneering mij zelven te overtuigen, dat het eene zinneloosheid was er gewicht aan te hechten. Te vergeefs ! De geheime stem bleef roepen, en het voorgevoel van eenen dood in den aard van Masaniellos en in dezelfde stad, alwaar hij den zijnen vond, wilde niet van mij wijken. Dezen avond eindelijk greep het mij met meerder geweld dan ooit te voren aan. In het tooneel op de Markt en in dat des waanzins was het mij, alsof niets mij van het noodlottige uiteinde des visschers konde bevrijden, alsof ik onherroepelijk veroordeeld ware, om te Napels op eene treurige wijze om te komen. »

« Gij zoudt mij bijna mij zelven doen gelukkig achten, dat ik mij met mijne personaadjes niet vereenzelvigen kan, » merkte de ontroerde Ponchard aan. « Maar komaan ! Stel eens vooral die gedachten ter zijde. Wees verstandig. Ik vraag het u : welke overeenkomst kan er tusschen u en Masaniello, tusschen uw lot en het zijne bestaan ? Hij was visscher en gij zijt operazanger. Hij leefde in de XVII[e] en gij leeft in de XIX[e] eeuw. Hij maakte eene soort van omwenteling, en het is niet te veronderstellen, dat gij ooit op het denkbeeld zult komen iets dergelijks te beproeven. »

Die laatste woorden deden Nourrit, deze reis minder weemoedig, glimlachen.

« Gij hebt gelijk, » bekende hij : « zoo iets ben ik niet van zin, kan ik nooit van zin wezen. »

« Evenmin als gij ooit kunt van zin wezen u te Napels te vestigen. Gij zijt, net als ik in mijn vak, in het uwe een zanger van de Fransche school. Gij zult waarschijnlijk nimmer in het Italiaansch zingen, want de Italianen zouden u moeielijk begrijpen, en gij zelf gevoelt waarschijnlijk hunne muziek niet genoeg, om ze tot hunne voldoening uit te voeren. Van dat oogenblik wordt het u, om zoo te zeggen, onmogelijk Napels of eene andere Italiaansche stad te bewonen, tenzij voor een' dag of wat, als reiziger, als *tourist*. En daar ik niet geloof, dat gij, zelfs in dit geval, lust zoudt hebben, om in den krater van den Vesuvius af te dalen of eenig ander waagstuk van dien aard te ondernemen, zie ik niet, hoe gij er zoudt kunnen verongelukken. »

« Nog eens : gij hebt gelijk, het grootste gelijk van de wereld ; en 't is inderdaad dwaas, onvergeeflijk dwaas van mij, zulke grillen in mijn hoofd te steken…. Bij dat al…. Kom, laat ik er niet meer aan denken. »

Nog eene poos keuvelden de twee operisten te zamen, Nourrit nu en dan wederom een weinig ontstemd, Ponchard al zijn best doende, om hem de sombere gedachten uit het hoofd te praten. Allengs gelukte het den *Masaniello* der Komische Opera zijnen kunstgenoot moed en vertrouwen in de toekomst in te spreken ; en toen hij hem, vrij laat in den nacht, verliet, had hij de troostende overtuiging hem voor altoos van zijn akelig voorgevoel verlost te hebben.

De *Muette de Portici* zette den loop harer zegepralen voort. Na Parijs, wilden de andere steden van Frankrijk het stuk zien en hooren, en na Frankrijk de overige landen Europa's. Overal werd het met luiden bijval begroet. Te Brussel werd het zelfs, gelijk den lezer overbekend is, het sein der omwenteling van 1830, aangezien het na eene vertooning van Aubers opera was, dat in die hoofdstad de eerste wanordelijkheden plaats grepen. Door de ruischende muziek van den Franschen maëstro en de vrijheidademende woorden van het duo *Amour sacré de la patrie* opgewekt, welke de tenor **Lafeuillade** en zijn gezel de baryton, — zijn naam ontschiet ons, — met veel nadruk uitgalmden, vooral door de woelige tooneelen van het derde bedrijf medegesleept en door Fransche agenten opgestookt, verlieten de toeschouwers al zingende den schouwburg en deden het licht ontvlambare volk in hunne opbruisende gevoelens deelen. Denzelfden avond werden de woningen van den beruchten Libri Bagnano, **M.** de **Knyff**, bestuurder der policie, den minister van **Maanen** en den prokureur des konings **M. Schuermans** door het opgewonden grauw geplunderd en verwoest.

Acht volle jaren bleef Adolf Nourrit de gevierde zanger van de Groote Opera ; acht volle jaren schitterde de zon van zijnen roem met onverdoofden luister. Hij *schiep* achtervolgens de prachtige tenorrollen in *Robert le Diable* en de *Huguenots* van Meyerbeer, in *Gustave III ou le Bal masqué, le Dieu et la Bagadère,* enz. van Auber, in *le Comte Ory,* van Rossini, in de *Juive,* van Halevy, enz., enz. De kunstreizen, welke hij naar verschillende landen deed, bevestigden zijne faam en verspreidden ze allerwege. Hij was nauwelijks vier en dertig jaar oud en dus in de volheid van zijn talent, zijne stem was nog even schoon en krachtig als bij de eerste vertooning van de *Muette de Portici,* en hij had lang zijn akelig voorgevoel en zijn gesprek daarover met Ponchard vergeten, toen den bestuurder der Koninklijke Akademie van Toonkunde zekeren dag de lust bekroop eenen anderen tenor aan te werven, om hem den last van het *repertorium,* die voor hem alleen te zwaar wierd, te helpen torschen. Hij ging eene verbindtenis aan met Gilbert Duprez.

Duprez was destijds tenor van de Italiaansche Opera. Te Parijs op 6 december 1806 geboren, had hij op negentienjarigen ouderdom voor de eerste maal in den schouwburg van het Odeon de planken betreden. Ziende, dat aldaar geene veelbelovende toekomst hem tegenlachte, toog hij in 1828 naar Italië. Hier oefende hij zich derwijze, dat hij eerlang een van de meest gezochte tenors van het schiereiland wierd. Zijne stem was verre van schoon te mogen heeten ; doch zij bezat eene meer dan gewone uitgestrektheid, en door hardnekkige studie had hij ze weten te beschaven. Hij zong eenige jaren in den schouwburg van San Carlo, te Napels, en *schiep* de hoofdrollen in ettelijke Italiaansche zangspelen. Voor hem schreef Donizetti den *Edgardo* in *Lucia di Lammermoor,* een stuk, dat later in het Fransch vertaald, haast nog meer beviel dan in het Italiaansch. Zijne optrede in hetzelve werd de luisterrijkste zijner triomfen. Thans kwam hij naar Parijs terug en werd onmiddellijk bij de Groote Opera aangenomen.

Adolf Nourrit, die in deze aanneming eene miskenning zijner verdiensten zag, voelde zich door deze diep gegriefd. Hij wilde niet langer aan de Groote Opera blijven en besloot zich voor eenen zekeren tijd uit Parijs te verwijderen. Op 1 april 1837 had zijne afscheidsvertooning plaats. Men voerde de *Huguenots* op. Nooit speelde en zong hij beter de halsbrekende rol van *Raoul*, dan dien avond. Zijn bijval was overgroot. Met kronen en bloemen beladen verliet hij het tooneel, waarop hij zoo lang de onverdeelde gunst des publieks had genoten. Wat beduidde echter die bijval in vergelijking met dengenen, welke korts daarna zijnen opvolger ten deele viel? Bitter weinig, voorwaar! Veertien dagen later trad Duprez voor de eerste maal op in den *Guillaume Tell* van Rossini. Zijne verschijning werd tot eene van die zegepralen, welke als gewichtige gebeurtenissen dagteekenen in de jaarboeken eens schouwburgs en voor den *dilettante*, in zijnen ouden dag, eene bron van belangwekkende verhalen aan jongere liefhebbers zijn. In het tweede bedrijf reeds met blijken van de algemeene bewondering begroet, voerde hij in het bekende *Suivez-moi!* van het vierde de geestdrift ten top. Vooral toen hij in die aria zijn *ut de poitrine* klinken liet, kende de geestdrift geene palen meer. Het publiek wilde het stuk niet verder hooren en dwong het bestuur van den schouwburg de gordijn te laten vallen. Zoo ging het later telkens, wanneer Duprez de rol van *Arnold* zong, wat ten gevolge had, dat voortaan ook in andere Fransche schouwburgen *Guillaume Tell* met de tenoraria van het vierde bedrijf eindigde, zonder dat het slot van het stuk werd gespeeld, zelfs dan, wanneer de tenor geen het minste *ut* uit de volle borst konde zingen. Er moesten bijna dertig jaren verloopen, eer men van die misselijke gewoonte, in de meeste schouwburgen door niets gerechtvaardigd, afzag, en het Rossinische meesterwerk, zonder verminking, gelijk de *Zwaan van Pesaro* het geschreven had, opvoerde.

Wat was natuurlijker dan dat Nourrit, bij al zijn talent en bij al zijnen roem, na weinige dagen voor de Parijzenaars schier niet meer bestond? Het is het lot van elken zanger, van elken schouwspeler, vergeten te worden, zoodra hij van het tooneel zijner zegepralen verdwijnt;

3

en de overdreven loftuitingen, de buitensporige eerbewij-
zingen, waarmede men zich voor hem, meer dan voor
elken anderen kunstenaar, kwistig toont, zijn slechts door
die broosheid zijns roems, die onbestendigheid zijns bijvals te rechtvaardigen. Voor Nourrit moest zulks nog
onvermijdelijker het geval wezen, dewijl hij tot opvolger
iemand had, die door het ongewone zijner stem al zijne
voorgangers in de schaduw stelde. Ook was het met den
dood in het hart, dat hij Parijs verliet, om, andermaal in
den vreemde zijn geluk te beproeven.

En waarheen begaf hij zich? Waar wilde de eens zoo
afgodisch vereerde, thans bijna vergeten *Robert* en *Raoul*
troost voor zijne smart, vergoeding voor de onverwachte
miskenning zoeken? Naar Italië, in datzelfde land, alwaar
hij gemeend had nooit te zullen zingen, en dat hem thans
het eenigste scheen, alwaar hij zijne gekrenkte faam konde
herstellen. Hij wilde er op zijne beurt lauweren oogsten,
de ondankbare Parijzenaars door den weerklank zijner
triomfen beschamen en niet dan met den zegekrans des
overwinnaars om de slapen hun terug onder de oogen komen. Eilaas! hoe deerlijk moest hij zich in zijne hoop
teleurgesteld zien! Op den 14 november van het volgende
jaar *debuteerde* hij te..... Napels, in de stad en in den
schouwburg, alwaar Duprez had geschitterd, in het zangspel *Il Giuramento* van den maëstro Mercadante. Hij beviel den Napolitanen niet bijzonder. Het was te verstaan.
De hoedanigheden van Nourrit waren niet degene, welke
de Italianen tegenwoordig gewoonlijk in eenen tenor vereischen. Voor hen is eene sterke, geoefende, en bovenal
hoogreikende, luidschetterende stem alles ; het overige
slechts bijzaak. Van den goeden smaak, het juiste gevoel,
de passende voordracht en het kunstig spel wordt door
hen weinig rekening gehouden. Van daar, dat de *librettos*
hunner zangspelen doorgaans zoo onbeduidend zijn. De
komponist vraagt aan den schrijver maar één ding : toestanden, nog toestanden, altoos toestanden, en bekreunt
zich verder niet om de wijze, waarop ze al of niet worden
voorbereid en ontwikkeld. Van daar mede, dat de zanger,
al ware hij de bekwaamste tooneelspeler van de wereld,
luttel gelegenheden vindt, om in die laatste hoedanigheid
uit te blinken. Nourrit wist het ; en daarom had hij lang
geaarzeld om in een oorspronkelijk Italiaansch stuk op te
treden. Hij had zelf den *Polyeucte* van Corneille tot een
opera omgewerkt, waarvan Donizetti de muziek had ge-

schreven. In dit opera wilde hij voor de eerste maal in San-Carlo optreden. Het zoude hem hebben toegelaten zich in zijne gansche waarde te toonen, al zijne begaafdheden en kundigheden te ontvouwen. Jammer maar, dat de censuur verbood den *Polyeucte*, dat is den *Poliutto*, gelijk het stuk in het Italiaansch heette, op te voeren, dewijl het met de zaken van den godsdienst in te nauw verband stond. Het was ten gevolge van dit verbod, dat Nourrit zich gedwongen zag zijn eerste *début* in *Il Giuramento* te doen. En daar dit opera een echt Italiaansch was, een van die, waarin de tenor slechts zingen en hard zingen kan, zoo bevond hij zich in de onmogelijkheid de verschillende zijden van zijn talent ten toon te spreiden en den bijval te genieten, welken hij ongetwijfeld in *Poliutto* zoude genoten hebben.

De volgende vertooningen, welke hij te Napels gaf, waren niet gelukkiger dan de eerste. Integendeel, zij lieten het publiek nog koeler. Hetzelve eindigde met hem schier vijandig te worden. Hoezeer het hem, aan onbetwiste zegepralen gewoon, moest pijnigen en vernederen, zal men beseffen. Hierbij kwam nog, dat hij in de Parijzische bladen dagelijks ellenlange artikels over Duprez las, dat die bladen onuitputtelijk schenen in lofspraken op den tenor, die hem, in zekeren zin, uit de Groote Opera had verdrongen. Zoo verviel hij allengs in eene doffe zwaarmoedigheid, niet veel verschillende van degene, waaraan Ponchard hem den avond der eerste voorstelling van de *Muette* had ten prooi gezien. Wat het einde van die zwaarmoedigheid moest worden, wisten zijne bezorgde vrienden niet. Dat dit einde niet gelukkig zoude zijn, vreesden zij maar al te zeer.

En zij hadden geen ongelijk. Op den 7 maart 1839 zong Nourrit de rol van *Pollione* in de Norma van Bellini. Deze tenorrol, eene van de ongunstigste, zoowel vóór zijn talent als voor zijne stem, is tevens eene van de ongunstigste, voor alle zangers in het algemeen, van geheel het Italiaansche repertorium. Slechts met tegenzin en omdat hij zich aan de verplichting, hem door zijne verbintenis met het bestuur van den schouwburg opgelegd, niet onttrekken konde, trad hij in de alles behalve sympathieke personaadje van den Romeinschen veldheer op. Geen wonder dus, dat hij in deze het publiek nog minder dan in andere voldeed ; en geen wonder ook, dat dit publiek, reeds vijandelijk jegens hem gestemd, zich blijken van afkeuring veroorloof-

de, welke het hem tot hiertoe gespaard had. Er werd zelfs
in de zaal gefloten ! Het was de eerste maal, dat de kunstenaar die schande beleefde. Zij sloeg hem geheel ter
neder. In eenen toestand, die zich eerder beseffen dan
beschrijven laat, keerde hij, na de vertooning, huiswaarts.
Hij was als zinneloos. Nu eens weende hij tranen van
woede en spijt; dan weder gaf hij zijnen verkropten boezem lucht in verwijten en verwenschingen. Aan slapen
dacht hij niet. Hij sleet den langen, langen nacht in droevige gepeinzen, bittere overwegingen, folterende herinneringen en wanhopige besluiten. Tegen den morgen werd
hij kalmer. Reeds waanden de vrienden, die de gezellen
zijner smartelijke waak hadden willen zijn, de *crisis*
voorbij ; reeds vatteden zij de hoop op, dat hij zich den
onverdienden smaad zoude getroosten en er van afzien
met zijn talent een publiek te willen te verzoenen, dat
hem niet begreep, niet in staat was hem te begrijpen.
Eensklaps verliet hij hen. Zonder dat iets zijn voornemen
verried, trad hij in eene nevenkamer. Men snelde hem na.
Te laat !... Eer men het beletten konde, had hij een venster geopend en was uit hetzelve gesprongen... Van eene
hoogte van drie verdiepingen viel hij in den hof van het
hotel, dat hij bewoonde. Weinige stonden later gaf hij
den geest. Dit hotel was niet verre van de plaats gelegen,
alwaar, volgens de overlevering, Thomas Aniello aan zijn
einde kwam.

Nourrit liet eene weduwe na met zes kinderen, voor
welke zijn broeder August, mede een niet onverdienstelijk
operazanger, dien wij omtrent dien tijd de tenorrollen in
den Koninklijken Schouwburg te Antwerpen hoorden zingen, een tweede vader werd. Hij had in de uitoefening
zijner kunst het middel gevonden een vrij aanzienlijk vermogen te verzamelen. Als eene meldenswaardige bijzonderheid stippen wij nog aan, dat de rol van *Poliutto*, welke
hij voor zichzelven vervaardigd had, in 1840, toen het
zangspel van Donizetti onder den titel van *Les Martyrs*
in de Groote Opera te Parijs voor de eerste maal werd
uitgevoerd, aan Duprez de gelegenheid verschafte eene
nieuwe schitterende zegepraal te behalen op hetzelfde
tooneel, alwaar hij den armen Nourrit had vervangen.

—

KLACHTEN EN WENSCHEN.

—

I.

DE BLOEM.

—

Wees mij gegroet, o zuster' avondsterre !
Wat heeft mijn hert naar uwe komst gesmacht !
'k Heb u zoo lief, en — slechts van uit den verre
Mag ik u zien, in 't eenzaam uur der nacht...

'k Heb u zoo lief ! we zijn gezusters beiden :
Ge zijt de bloem van 's hemels blauwen gaard, —
En ik, verholen in mijn stille weide,
Ben ster als gij, de sterre dezer aard.

Nogtans, eilaas ! wat is ons lot verschillig !
U zingt vol dank 't bewondrend menschenkind ;
Mij, onbekende, is 't leven koud en killig :
Geen liefde op aard die de arme bloem bemint !

Geen oog en zoekt mijn smachtend oog, verborgen ;
Ik leef een stond, en niemand gunt een zucht
Aan mij, rampzalige, wier leven morgen
— Reeds morgen ! — op de vlerk des winds vervlucht!

Ik leef een stond... Gij volgt de vaart der tijden,
Gerugsteund door uw' krachtzelfstandigheid ;
Ziet kalm de werelden en de eeuwen glijden,
In 't meer gewiegd van uwe majesteit.

Wat heeft mijn arme leven niet te tarten ?
Ten prooi, helaas ! aan regen, koude, wind,
Tel ik mijn' dagen bij 't getal der smarten
Wier knaaggewormt mij langzaam 't hert verslindt...

Eens taalde mij de zon heur' liefdewoorden :
Zij kuste en troetelde mijn' kelk zoo zacht...
Ik juichte... Eilaas ! die liefde ging me moorden :
Den zoen der dood was 't die de zon mij bracht !

Ik leef en lijde !... Ik lij, en toch — 'k beminne...
'k Bemin met al de wanhoopkracht der dood !
Zeg, sterre, zaagt gij nooit mijne engelinne,
Het speelziek kind dat mijne min verstoot ?

Ik zag ze, en minde... en ach ! 'k verstond het leven !
'k Verstond het lied der aarde, 't vogellied,
Het golf- en bladgefluister, 't windenzweven,
'k Verstond mijzelf... maar zij — verstond mij niet !

Zij dwaalde in mijne weide en zag mijn oog niet,
Mijn smachtend oog en zijnen liefdetraan ;
Ze zag mijn jeugd, mijn liefde en 't blij vertoog niet
Mijns herten, rijk met geur en zeem belaân !

Nogtans, dit alles was het hare... ik weende
Mijn' reinsten dauwdrop uit vóór haren voet —
Vergeefs ! zij kwam, zij ging, de hertversteende,
En gunde mij geen enklen liefdegroet....

Ach ! eindigde ik op hare borst mijn leven !
Gevoelde ik heuren adem, heuren mond,
Heur' warmen zoen op mijne bladen kleven !
Ik stierve — en zegende dien zaalgen stond.

Thans sterf ik, maar — door wanhoop, door het blaken
Dat mij de wreede liefde in 't herte giet...
Ik voel alreê mijn stervensuur genaken, —
Eilaas ! zoo jong, nog kende ik 't leven niet !

Thans sterf ik, maar door 't woest, afgunstig broeien
Der zon doorzengd die mijne borst doorblaakt ;
Ik voel haar vuurge straal mijn hert doorgloeien, —
'k Bezwijk, o God ! mijn stervensuur genaakt !

O gij die mij bemint, geliefde zuster,
Ik smeek u ! wen ik zal gestorven zijn,
Verlaat mij niet... Dan slaap ik, wis, geruster,
Bewaakt, o ster, door uwen liefdeschijn !

O ! kome uw geest op mijne zode zijgen !
Dan zal zijn kus mij wekken uit den schoot
Der killige aarde... ik zal mijn graf ontstijgen,
En, ster met u, beheerschen haat en dood !

Maar — zie ! wie komt er ginder aangeschreden ?
Wie rukt mij uit dien droom zoo hemelzoet ?...
't Is Zij... o wee! door haren voet vertreden ?...
Vaarwel... ik sterf, vertrapt door haren voet !

—

II.

DE STERRE.

—

Eeuwen zweef ik
Door de ruimte heen,
Eeuwen leef ik
Gansch alleen.
Uit de helle
Stralenwelle
— Die me in 't blaakrend herte gloeit —
Stralen strooi ik,
't Leven gooi ik
Dat op de aarde nedervloeit...
En omhooge,
Van op de aard,
Niemands ooge
Mij bestaart.

De bloem heeft hare zonne,
Haar' kozelenden wind,
De frissche waterbronne,

De liefde van een kind.
Zij heeft de zachte spreide
Van haar' fluweelen weide,
Het blijde liefde- en levenslied
Van knapen en van meiden...
Dat heb, dat ken ik niet !
Ze wordt getroeteld, wordt gekust
Door vogel, bie en vlinder,
En, wordt ze 's nachts in slaap gesust,
De dauw bewaakt en mint heur.

    Berg en dalen,
    Woud en weên,
    Veld en zeên,
    Blij herhalen
    Ze om heur heen
't Juublend lied der lente — en weven
    Om heur heen
    Liefde en leven
    Ondereen.
En, wordt ze lente en leven moê,
De maged kust heure oogen toe,
En koestert, vleit en wiegt, verrukt,
De lieve, aan 't kloppend hert gedrukt...
Zoo wordt de zaalge in de eeuwge rust
    Gekust !

Voor mij niet 't lijzigst boezemhijgen,
Geen enkel woord van liefde.... niet een zucht
Van wind of blad of golve.... Niets bevrucht
Mijn' nare onmeetlijkheid, mijn eindloos, aaklig zwijgen.

Zoo rol ik sedert eeuwen heen
    In de naakte onmeetlijkheên
    Van de doode ruimte, alleen.
Aan het heelal licht en leven
    Kan ik geven,
    Maar voor mij — mijn eigen schoot
    Is dood !

O Gij, alwijze Álmogendheid,
Die me in den dwarrelkolk der schepping hebt verwezen,
Hoevele duizende eeuwen is 't gezeid

Dat ik, in mijne ellendigheid,
De ruimte nog ben rondgeleid
Om de eeuwengolving in des bajerts zee te lezen ?...

Een enkel woord van liefde !... liefde ! — o gij,
Gij, sterre van het aardsch gezegend eden,
Het levenzwanger eden,
Gezuster bloeme, — ik smeek u ! weze mij
Een enkel zuchtje toegegleden
Doortinteld van een liefdemelodij
Der om u golvende harmonij —
En... 'k roei de ruimte door, te vreden !

—

III.

DE MENSCH.

—

De bloem benijdt de sterre ,
De sterre benijdt de bloeme ,
Maar ik, in mijn' ziel en mijn hert, ach !
Benijde ze alle beide !

De bloem doorgeurt de velden,
De sterre doorvonkelt den hemel ,
Maar ik, zelfzuchtig mensch, ach !
Doorgeur en verlicht mijn eigen !

Vertordten door den hoogmoed,
Beweent de bloem heuren eenvoud ;
Misprezen door de stofzucht ,
Beklaagt de sterre heur' lichtzee.

Waarom, vertrapte bloeme,
Beklagen uw balsemend leven ?
Gij, onbespeurde lichtbaak,
Waarom, o ster, uwen straalglans ?

Vertrad de voet des ondanks
Weleer ook niet den Christus ?
Miskent nog 't blinde menschdom
Niet de alomstralende Godheid ?...

Gij, eenzaam bloeiende bloeme,
Verloren dwalende sterre,
Bevatte mijn hert uwen geurkelk,
Bevatte mijn' ziel uwe lichtwel !

EUGENÉS.

—

SPAANSCHE LIEDJES.

—

I.

Haar gaarde scheen te bloeien
van rozen uitverkoren.
Toen ik ze wilde plukken,
verzamelde ik slechts doornen.
   O liefste leven,
    gij hebt voor liefde
    mij leed gegeven.

II.

De druiven hares gaarden
zijn zoet en uitgelezen ;
maar worden door zoovelen
geproefd en blij geprezen.
   Ik wil het niet verhelen,
    ik kan het niet wel lijden,
    dat druiven deelen.

—

AARDIGHEDEN UIT DEN OUDEN TIJD

DOOR

FRANS DE POTTER.

—

(SLOT).

—

IV.

WETTELIJKHEDEN EN GEBRUIKEN, BIJ HET VERKOOPEN OF AFSTAAN EENS EIGENDOMS IN ZWANG.

Oudtijds werden er bij de verkooping of den vrijwilligen afstand van onroerende goederen zekere zinnebeeldige teekens gebruikt. Volgens de Salische wet moest een onroerend eigendom in het plechtige *gouding* of in de vergadering van de besturen des kantons, waarin deze eigendom lag, verkocht worden. Er waren daartoe drie zittingen en drie werpingen noodig. Was er geen tegenzeg gedaan, en achtte men den aangeboden prijs billijk en vergoedend, dan werd de koop symbolisch met eenen hamer of stok toegeslagen. Die slag of klop moest evenwel van al de aanwezigen kunnen gehoord worden, dewijl er geene geschrevene overeenkomst van dien overgang des bezits werd opgemaakt. De slag of klop was dus eigenlijk de verkoopakte, en aanstonds bracht de aannemer een offer aan de Goden, opdat die overeenkomst door hen mocht beschermd worden. Voor kleine eigendommen bestond dit offer doorgaans in het plengen of drinken van den eenen of anderen drank.

Vóór het invoeren der schriftelijke overeenkomsten (welke slechts van de XIIIe eeuw dagteekenen), waren, bij de verkooping van groote eigendommen, een zeker getal getuigen noodig, waaronder eenige kinderen, welke laatste men gewoonlijk eene buitengewone behandeling, hetzij goede of slechte, deed ondergaan, opdat het feit, waarbij ze tegenwoordig waren, beter in hun geheugen zoude geprint blijven.

De verschillige symbolen, bij de overdracht eens eigendoms gebruikt, waren niet willekeurig, maar veranderden volgens den aard van het te verkoopen voorwerp. Het *uitschudden*, zoo men gemeenlijk zegt, greep volgenderwijze plaats. De boetplichtige, die niet voldoen kon, of de vervolgde voor schuld, riep, volgens de Salische wet, zijne bloedverwanten bijeen, nam, met de linkerhand, een weinig aarde uit de vier hoeken zijns huizes, ging zich vervolgens op den drempel der woonst plaatsen, met het gelaat naar binnen gekeerd, en wierp de aarde over de schouders zijns naasten bloedverwants, die daardoor in het bezit des eigendoms werd gesteld. Daarna ontkleedde hij zich tot op het hemd, sprong blootshoofds en barevoets, met eenen stok in de hand, over de haag, die zijnen eigendom afsloot, na vóór twaalf getuigen te hebben gezworen, dat hij, boven noch onder de aarde, iets meer bezat dan hij had aangeboden. Dit gedaan, kon hij voor de op hem drukkende boet of schuld niet meer vervolgd worden, ja mocht zich des noods met den stok, dien hij behield, verdedigen.

Wilde iemand zijne familie onterven of zijne goederen « uter warmer hant » wegschenken, dit geschiedde eveneens op symbolische wijze voor den rechter van het gouw, in plechtige vergadering. De onterver verscheen er met vier kleine elzen stokjes, brak die op zijn hoofd in vier stukjes, en wierp deze in 't midden der zittingszaal. Was dit rechtsgebruik volbracht, men beschouwde den onterver als vreemd aan zijne familie, die, bij gevolg, geene aanspraak op het bezit van den eigendom meer kon maken. Vandaar het spreekwoord: *de vriendschap breken*. In sommige gewesten, onder ander in het Oudenaardsche, werd zelfs voor de levering des halms een taks betaald.

De bedoelde symbolen kunnen omtrent de XIIe eeuw, wanneer de kennis van derzelver oorsprong verloren geraakt was, willekeurig geworden zijn; toch werden ze, volgens de getuigenis van D. DEVAINES, in zijn *Dictionnaire Diplomatique*, meestal zorgvuldig in 't archief der parochie-kerk bewaard. Men toonde aldaar de graszoden, stokjes, stroohalmen, boomtakken, handschoenen, messen, ringen, kelken, kruisen, kandelaren, en wat dies meer, die bij de eigendomsoverdrachten gebruikt geweest waren. Die symbolen, zegt DUCANGE, strekten tot bewijzen der traditie.

De meeste symbolen bleven, ook na de invoering der schriftelijke akten, in zwang. Op sommige plaatsen werden er verscheidene tegelijk in acht genomen, zooals, onder andere, bij eenen verkoop van gronden te Ertvelde, in het jaar 1403, vermeld staat: « ..... Aldaar es commen Heindric » Plasch, ende es te buten ghegaen van al deser voors. » erfven, merschen ende landen, *met handen* (1), *met* » *monde* (2), *met halme ende met werpinghe.....* » (3).

Hetzelfde greep plaats in de heerlijkheden, toebehoorende aan de machtige St.-Pietersabdij van Gent, zooals wij zien uit het Charterboek N^r 3, bl. 90: « Sij ghinghens hute, ende » worpens ende daden d'toe met *alme, hande ende monde,* al » dat sij sculdich waren te doene om hemlieden daer af » tontervene. »

De oude wijze om de koopen symbolisch toe te slaan is behouden door de Vlaamsche notarissen, die vóór elke toewijzing zeggen: *eenerwerf, anderwerf, derdewerf.* Ook bij openbare veilingen van roerend goed wordt elke koop met den hamerslag, en die, tusschen bijzonderen, met den handslag bevestigd.

V.

ZONDERLINGE WEDDENSCHAPPEN EN BELOFTEN.

Onder de zonderlinge gebruiken, die vroeger ten onzent bestonden, dienen hier nog de weddenschappen en beloften vermeld te worden, meesttijds met het oog op eene

---

(1) Met handslag.
(2) Met eenen zoen.
(3) *Oud Charterboek.*

of andere gewichtige gebeürtenis van het leven gedaan,
·Ziehier de kopie eeniger wettelijke akten, in bedoelden
zin voor baljuw en schepenen verleden:

Jan de Laet verkoopt den 18 Mei 1602 aan Christiaan
Thijs eene partij tarwe, te Kemseke, voor de som van 22
gulden; is hij op Sᵗ-Jacobsdag van datzelfde jaar niet getrouwd, dan bekomt Thijs de tarwe ten geschenke; heeft
hij een huwelijk aangegaan, Thijs moet de koopsom en het
feestmaal betalen, doch mag gedurende twee dagen bij Jan
de Laet kermis houden:

« Desen xiijᵉⁿ meye zo zyn vergadert ten huyse van eenen
» Pieter Stom, eenen Jan de Laet ende Kerstyan Tys, al-
» waer den voornomden de Laet vercocht heeft eenen bogaert
» teruwen op Kemseck houck, ende dat voor de somme van
» twee en twyntich guldens; ende est by aldien dat den
» voornomden de Laet op Synt Jacopsdach nast commende,
» duyst ses hondert twee, nyet ghesekert en es, so hedt den
» vornomden Kerstyan Tys de teruwe voor nyet; ende
» hout hy, zo moet den cooper die twee en twyntich guldens
» brynghen in de trau maltyt, en vermach den selven
» Kerstyan Tys daer twee daghen goet syer te maken.
» Ende hier op heeft den cooper ghegeven tien stuyvers
» int gelach. In kennessen der waerheyt zo hebbe ic Kerstyan
» Tys mynen naem hier onder ghestelt »

« KERSTYAN † TYS. » (1)

Jan de Laet liet zich de rozenbanden omslaan, als blijkt
uit de volgende *wettelijke passeering:*

« Jan de Laet heescht Xpiaen Thys iij p. xiij s. iiij gr.
» afslach xi s. viij g. daer op betaelt over coop van terwe
» opt velt, by den verweerdre van den heescher gecocht op
» sverweerders houwelyck, ende by den heeschere ghewon-
» nen conforme den contracte alhier geexhibeert. Den 23
» 7ber 1602, den verweerdre absent. Den xxj october 1602,

---

(1) *Ferie van de Vierschare van Kemseke en Sᵗ-Pauwels,*
1593-1603.

» verclaert naer hoesch afslach als boven. Is gheacqui-
» teert. » (1)

Het schijnt dat dergelijke overeenkomsten te dien tijde
nog al veel te Kemseke en in den omtrek in zwang waren ;
zie er hier eene andere, waarbij de inzet een verken was:

« Op heden xx^{en} april 1599 so zijn verghaerdert gheweest
» ten huyse van Jacop van de Voerde, tavernier tot s^{te} Pau-
» wels aen de plaetse, alwaer Jacop Villaert vercocht heeft
» aen eenen Jan van Goethem, een soch veercken met swerte
» plecken, ende dat voor de somme van vier pondt groeten,
» ende dat up alsulcke conditie als hier naer volcht, te
» wetene: In also verre als Jacop Vyllaert niet ghesekert
» en es, so moet hy Jan van Goethem bethaelen totter somme
» van dese voorsijde vier ponden ofte vier en twintich gul-
» dens daer voeren. Ende also verre als hij gesekert es
» binnen eenen jare datum deser, so heeft hij Jan van
» Goethem het zelve veercken voor niet. Actum desen
» datum als boven, ter presentie van Gillis Nonneman als
» cleerck, ende so heeft hy coepman ghegeven int ghelaghe
» totter somme van drij schellynghen vier groeten, ende
» also verre als hijt betaelen moet, so vermach hy de helft
» af te corten; ende de coepers ende vercoepers hebben dit on-
» derteeckent met aerlieder antheecken hier onder ghestelt.»

JAN VAN GOETEM. (2)

Dezelfde Jan van Goethem aanvaardde van genoemden
Willaert een paar kousen, onder beding, dat op zijnen trouw-
of sterfdag aan laatstgenoemde eene som van twee gulden
zoude gegeven worden:

« Ick Jan van Goethem kenne mits desen schuldich te
» sijne eenen Jacop Willaert de somme van twee pont
» groote ende dat ter causen van een paer causens, op
» mijn howelijck ofte op mijn doot, ten moet ick dat betalen

---

(1) Vierschaere, ghehauden den IX^{en} September 1602. — Kemseke. *Idem.*

(2) *Ferie der Vierschaere van Kemseke en St-Pauwels.*

» als ick howe of sterve, anno xv^c lxxxiij. In kennessen
» der wareyt so hebbe ick mijn hantcecken hier onder
» ghestelt.

» JAN VAN GHOETEM. »

« Int tghelage verleyt xij gr, de helft af moet trecken.» (1)

Het Resolutieboek van het magistraat van Waarschoot,
van 't jaar 1691, maakt ons bekend met eene andere zonderlinge verbintenis, door de leden van het magistraat dier
gemeente op dat tijdstip aangegaan : Christoffel de Backer,
burgemeester, Pieter de Vos, Jan de Dobbelaere en Aren-
hout Roegiers, schepenen; Karel van Hoorebeke, baljuw,
en Philip de Rinck, amman, legden plechtig de belofte af,
in tegenwoordigheid van Joost van der Cruysen, procurator
der priorij aldaar en bekend Nederduitsch dichter, elken
zondag de hoogmis en vesperen in de schepenenbank ter
dorpskerk bij te wonen, op de boet van 3 stuivers, ten
voordeele der behoeftigen. Deze verbintenis, loffelijker dan
de vorenvermelde, daar zij een louter liefdadig doel had,
werd door het genoemd magistraat gedurende langen tijd
nagekomen.

Het was met een bloot godvruchtig oogmerk, dat twee
ingezetenen van St-Gillis, bij Dendermonde, in 1642 zich
vóór den pastoor aldaar verbonden, ieder sermoon en
elke onderwijzing in den catechismus bij te wonen. Deze
devote lieden willen zelfs erkennen dat hun, bij nalatigheid
in het houden dezer belofte, de woning te Sint-Gillis mocht
ontzegd worden :

« Onderschrevene Pieter van Belle belove dry jaeren
» naer deser vervolgende alle sondaegen ende te komen in
» myne prochie kercke ende daer te aenhooren het gewoo-
» nelyk sermoen ende soo daer door als andersints door be-
» hoorelycke cathecifatie myn ende myne huysvrauw ghe-
» noech te doen onderwysen, ghenterende in gebreke van
» dien onseyt te worden de wooninge in Ste Gillis prochie
» ende van daer mogen toe bedwongen worden te verhuysen.

(1) *Ferie*, enz.

» t' Oirconden onder myn handteeken desen 15 februarij 1645.

» Dit is tmerck van PR † VAN BELLE ende JANNEKEN
» VAN ONDERBERGHEN (1).

VI.

EEN MINNEBRIEF VAN DE XVIIᵉ EEUW.

Met haesten lief. ....Le xxᵗ davril 1697.

Ma trez chermante et plus esmez.

Alle vrienden in Christo Jesu, saligheydt in den Heere.

Lief, als ghij mijn brief aenziet,
Leest den grondt, of leest hem niet.

Bemerckt hebbende de continuatie ende cloeckmoedighe volstandigheyt van Ul. woorden, ende het volbrenghen van diere, in wercken, op mijn verzouck, als de zendinghe van Hindrick, ende Ul. zelver vojaege van Bever, etc., gheve zulcke prickels ende spoorslaghen aen mijn ziele, om u te beminnen, al of het door de goddelijcke wijsheyt soo hadde beschickt geweest over langhen tijt, tot wien mijn hert hem wil voughen met u beliefte, wie het lief of leet es, voor alle tijt ende eeuwigheyt, zoo langh het bloet mij noch in het leven is houdende, ende de goddelijcke gratie op mij de gheloofbaerheyt is stortende , ende door zijne gratie in christenheyt is regierende, tot t' vraegen van zijn almoghende hulpe, tot bijstandt van dit werck, wandt, mijn beminde, door ons menschelijck opsicht, ofte woorden, en can men tot soo een gelucksaligh eynde niet geraecken, als het betrachten van liefde wel dient gedaen te sijn, want den achterclap, schamper woorden, quade ghesichten met den uytblaeckenden nijt is soo groot op dese jeghenwoordighe eeuwe, dat zij alle verghyft is uytspuwende om twee gheliefde herten te vernietigen, ende den haet hier in te storten, op dat den duyvel, den nijder van de liefde ende eendracht van twee minnende herten, hier door dickwils zoude connen beletten 't geene wel door oprechte liefde zoude gheschiet

---

(1) Register der overlijdens van Stᵗ-Gillis, 1642. *(Aldaar).*

hebben, alhoewel die door de goddelijcke gratie ende lief-getalicheyt van malkanderen noch licht can verdreven worden, want uyt haet, achterclap ende alle duyvelsche list en heeft gheen meer macht over ons, als dat wij de selve macht zijn gevende door flouwheyt des gemoets ende afganch van Godes weth.

Daerom, mijn beminde, soo u prickel van liefde ofte vier van minne, uyt een cleen voncxken tot een groote vlam is ontsteeken, gelijck het mijne, bidde noeyt te willen neemen achtbaerheyt op den lossen toom der menschetonghe, maer neempt, soo het u behaegelijck zij, met mij u vaste hulpe, tot den welcken alle dinghen in sijne macht heeft, den be-stierder aller wercken, den vader van het licht, den schepper van de liefde, ende den baumeester van den mensch, onsen Heere Jesu Christy onsen godt. Bidt hem met volstandig-heydt, dat hij u geve gratie tot voorder liefde, soo het u siele saligheyt zij, aen dengenen ghij liefde bekendt; oock afscheydinghe van die u tot quade drift zouden beminnen, twelck u door de voorspraecke van de verheven coninginne des hemels, u patronesse, licht sal toeghebracht sijn, soo ghij u meeninghe op waeren echt heeft, sonder nochthans te zien op pracht, staet, rijckdom, fris posteur, etc., twelck anders niet en sijn als distels ende scherpe doorens, ofte helsche instrumenten, om den mensch sijn ziel ende lijf te pijnighen, daer in tegendeel echte liefde is een salve voor alle ghebrecken, om een vertroubuleert ende ongerustich gelieft hert te stellen, wederom in rechte vreede; want, mijn liefste, waerin condt gij vreede hebben als te sijn met liefde bevanghen, danckende Hem, die alles heeft geschapen, zoo in voorspoet als druck, ende soo in tegenspoet als in gheluck. Want een reyn gemoet vol contentement es be-haegelijck aen den Heere onsen Godt, soo hij ghenouch in het heylich bladt bewijst.

Mijn lief, ick verwacht dat Ul. het quaet vermoeden van mijne passiën sult rechtsinnigher overlegghen, schoon ul. mij den tijtel gheeft, dat ick mij over langen tijt hebbe gegeven uyt den rechten wegh des levens, in het betrachten van oncuyssche min, ofte uyt het beleet van maeghdom; maer om te betoonen, dat ick u echtelijck beminne, ende niet tot beprouvinghe, als wel ghij lest in Ul. brief mij toeschreeft, soo segghe ick met oodmoedigheyt des herts, voor Godt ende u, dat ghij mooght vrijelijck gelooven dat als ick ontfingh mijn christendom, ende wiert gheschreven in het bouck des levens, dat mijn peter ende meter mosten voor mij antwoorden: *abxononsio*, dat is loochenen, den duyvel, de werelt ende het vleesch, soo ist dat desen eet mij altijt comt in den sin, schoon ick een deel van de werelt hebbe aengehanghen, nochtans door de besonder bestierynghe Godts mij daer over hebbe gewacht, schoon in de werelt geen sonde soo gemeen en is; maer het doet mij afgrijsen, als ick bemercke de groote straffe van Godt over deesghelijcke sonde, als was den overvloet van de deluvie, tversincken ende branden van Choxo, Datan en Abxon, met 75 omliggende dorpen, dan ist dat ick, schoon de occasien mij hebben genouch voorgevallen, met den wijsen Joseph deselve verfoeyt hebbe, als hij dede met dhuysvrauwe van den grooten Photiphar, de welcke hem wilde brengen tot den val. Dies neeme ick sijn exempel, als hij zeyde: liever van een mensch versmaet, als van Godt te zijn ghehaedt.

Ghij condt, o mijn beminde! ghenough jugeeren wat mijn comportement aengaet; dat ick licht van tonghe sijn, eylaes, en can ick niet recht vermaecken; schoon een fault in mij is, mooght vrijelijck gelooven dat alle fault in mij niet en is te vinden, maer ghenouchsaeme liefde, niet als ghij heeft bedaght, die niet en zoude hebben gegrontvest geweest op rechte eere, maer op bedroch. Ghij condt immers anders in mij bevinden, als ick u schrijve, voor den 2en ende derden keer; ghij zoude nemen informatie op mijn gheslachte, manieren ende regime, twelck ick voorneme niet te laeten, aen Ul. familie ghelijck ick alreede kennisse hebbe begonst met u beminde compeere. Dies bidde ick u, hetselve niet naer te laeten, op dat misschien de goddelijcke bermhertigheyt zoude door ons medewerckinghe verbinden, daer door misschien eenigherley

questie zoude comen te wesen, ende de liefde te doen ver-
flauwen, die nochtans met den Nijles beest, die men croco-
dille noempt, altijt diende te groeijen totter doot, meer
liefde ten lesten daghe als ten eersten beghinne, twelck
nochthans dickwils misslaeghen in veele howelijcken heeft
verdraeyt, diet in plaets van hun liefde met den crocodil te
doen groeijen met den paeuw altijt vernietighden, bij hen
selven, ende voor Godt maer voor de werelt als met een
opgeblasen liefde waeren belast,

Lieve, ick zoude u noch meer voor den dach hebben
ghebracht, ten waere ick moste sito vertrecken in mijn
affairen; nemaer hoope met Godes gratie ma-mères vriendschap soo wel tot mij te trecken als heeft ghedaen den
persoon Ul. bekent; nochthans soo ul. mij eenighe affectie
zouckt op te draghen, condt oock aen ma-mere in mijn
regaerdt veel uyt wercken; maer ick sal, als hem, soo ick
haer ievers vinde, met Godes gratie thoonen wien ick ben,
ende wat redelijckheyt datter in mijn borst woont, om u
ende haer te thoonen een uytmuntenden ijver van liefde,
zoo langhe als ick leven, verzouckende hiertoe gratie van
den bermhertighen Godt, ende Maria de Coninghinne des
Hemels, ende Ul. besonder gebeden, waervan ick mij soo
het ul. liefgetal waer, geyren zoude deelachtigh maecken,
thoonende nu met het hert ende als het u belieft metter·daet,

Que je suy jusque à la mort,

· Ul. oodmoedighsten ende altijt bereyden Dienaer

·Allemeesch.

1697.

Bidde patientie in het gheschrifte, vermits het is met
haesten.

Ick verwachte antwoorde met een impassientie.

Zoo ick merghen tot Leysel niet en ben, wensch u ge-
luckighe vojaeghe ende saligh retour.

Suyvant ma bessemain à vostre chere sœur. (1)

_____

(1) Oorspronkelijk stuk, in ons bezit.

VII.

OPTOCHT TE PAARD, IN DE KERK.

De pastoor en de bewoners van het dorp Enneulin bezaten van onheuglijken tijd het recht, op H.-Drievuldigheids-
dag naar Seclin te komen om den H. Piat te « dienen, » te
paard in de collegiale kerk rond het koor en het hoogal-
taar te rijden. Toen de bisschop Van de Wiele, den zetel
van Doornik bekleedde, verbood hij hun dit aloud gebruik
te volgen, maar zijn opvolger stond het hun weder toe in
1642, onder beding, dat zij niet in het koor zouden rijden.
Eenigen tijd nadien trok de prelaat evenwel de toestemming
in, hetgeen het gevolg had, dat de pastoor en de ingezetenen
van Enneulin hem een proces aandeden, en het oud gebruik
weder in voege brachten.

De bijzondere raad, na het advies van den bisschop van
Doornik en het bestuur der stad Rijsel gevraagd te hebben,
schafte het bedoeld gebruik af, bij gewijsde van 3 October
1642, als strijdig met den eerbied, dien men Gods huis verschuldigd is. Een afgevaardigde van het kapittel moest den
vereerderen van St. Piat, te paard gezeten, vóór de groote
kerkdeur, evenwel de reliquiën te kussen geven. (1)

VIII.

HEEREN EN STUDENTEN MET KOPPENJAGER EN VAAGBORSTEL.

Wij herinneren ons niet meer in welk boek over « Oud-
Hollandsche zeden » geschreven staat, dat in 1653 twee
Hollandsche afgevaardigden naar Lubek gezonden werden,
om deel te nemen aan het aldaar te houden congres.
De aankomst dezer gezanten van hunne hoogmogen-
den werd aan de overige afgevaardigden op de gewone
wijze bekend gemaakt, doch er werd bijgevoegd, dat de
doorluchtige heeren vooreerst nog geene bezoeken konden
afwachten, daar zij eenigen tijd noodig hadden om *hunne
kamers te stoffen en in orde te brengen.*

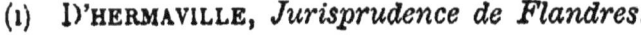

(1) D'HERMAVILLE, *Jurisprudence de Flandres.*

Uit deze boodschap blijkt wel niet met zekerheid, dat die hooggeplaatste heeren zelven den vaag- of stofborstel hanteerden, maar het is toch wel mogelijk. In dien tijd dacht men over zulke bezigheden anders dan in den onzen. In de ordonnantie van 1631, van het staten-college te Leiden, waar een aantal theologische studenten op 's lands kosten onderhouden werden, lezen wij, onder anderen, dat elk student gehouden is des morgens vóór het ontbijt « *zijne* » *kamer te keeren of te vagen*, *en de vuylicheydt wech te* « *dragen ter plaetse, die daertoe geëygent is.* » Verder, dat er op kosten van het college zal onderhouden worden een dienaar of *famulus*, « wiens ambt zal wezen de tafel der » bursalen te bedienen, de gemeene plaetsen van 't college » van alle vuylicheydt te reynigen, de klok te geordineerder » uren te kleppen, voor het lijnwaet der bursalen, als 't ge- » wasschen wert, te sorgen, en voorts soodanige diensten te » doen, als de regent ofte subregent, tot dienst van 't college » noodigh vindende, hem in der billijkheyd zullen bevelen.»

Die famulus was niet de eene of andere Leidenaar uit de achterbuurt — neen! het was in de ordonnantie bepaald voorgeschreven, dat hij, die over den klokreep en de waschkuip het opzicht had, en met vaagborstel en koppenjager de collegekamer en eetzaal rondliep, ook *student* moest zijn!

IX.

ALLERLEI, IN RIJM, UIT EEN HANDSCHRIFT DER XVIᵉ EEUW (1).

1.

Men kent eens mans

Wijsheyt, als hij thooft is;
Betaelinghe, als hij ghelooft is,
Duecht, als sijnen last groot is,

---

(1) Bundel, behelzende Nederduitsche, Fransche, Latijnsche en Spaansche rijmen, waaronder eenige van erotieken, andere van politieken aard, in ons bezit.

Rijckdom, als hij doot is,
Versinnigheyt, als hij traeg in 't antwoord is.

2.

Eén vrouwe is een menaige;
Twee vrouwen is een clappaige;
Drie vrouwen is een eyermerckt;
Vier vrouwen is een jaermerckt;
Vijf vrouwen is eenen beer,
Teghens zes vrouwen en es gheen gheweer,
Zeven vrouwen en sijn niet te blussen,
Want sij sijn eenen duyvel op een cussen.

3.

Jaeghers die qualijck commen gheloopen,
Vogelers die vincken ende meesen vercoopen,
Trompers, die qualijck connen gheblaesen,
Dienstknechten die van outheden rasen,
Dobbelers die haer hausse verdryncken,
Putiers die om vrouwen dyncken,
Valckeneers die niet meer en dooghen,
Boelen met leepe ooghen,
Dronckaerds die gheern den bierpot houden,
Coppelerssen en oude stoefvrouwen,
Al dit voorgenoempde gesinde
Siet men al meest ouds ende arm ten eynde.

4.

Men vindt geschreven int Latijn
Datter sessentwintich derhande manieren van dronckaerts zijn.

Den eersten is wijs met allen seere,
Den tweeden is milt, al waert een heere,
Den derden en can anders niet dan slaepen,
Den vierden wilt altoos gieten ende gaepen,
Den vijfsten dronckaert wilt altoos eten,

Den sesten dronckaert en heeft gheen secreten,
Den sevensten heeft schoon vrouckens lief,
Den achtsten steelt, al waert een dief,
Den negensten vint alle de wegen crom,
Den tienden drinckt hem selven stom,
Den elfsten wilt altoos kijven en vechten,
Den twaelfsten wilt het alles berechten,
Den dertiensten kan groote leugenen liegen,
Den veertiensten doet potten ende cannen vliegen,
Den vijftiensten wilt altoos coopmanscap maken,
Den sesthiensten en can nauwelijckx thuys geraecken,
Den seventhiensten altoos tuysschen ende spelen begeert,
Den achthiensten groote quade eeden sweert,
Den neghenthiensten dronckaert is eenen geck,
Den twintighsten heeft altoos 't vuylste in den beck,
Den een en twintigsten wilt dansen ende springen,
Den twee en twintigsten wilt altoos fluyten ende singen,
Den drie en twintigsten heeft hem, al waer hij dul,
Den vier en twintigsten wilt spelen met sijnen pul,
Den vijf en twintigsten is eenen leelijken planant,
Hij schiet maelen van Engelant ;
Den zes en twintigsten is eenen man vol trouwen,
Hij braeckt wel in zijn wambeysmouwen.

5.

Dit wilt aensien Davidts sonden quaet,
Aensiet sijn penitentie voor die mesdaet.
D' beste studeren, wilt elck mercken,
Ist dwoort conformeren met gewercken.
Dient Godt vier uren alle dage;
Drij uren neempt voetsel t' uwen behaege,
Slaept seven uren, oft condy min,
Dan borcht acht uren voor u gewin,
Twee uren mocht gij verscrapen den sin ;
Wilt dus den tijt smadelijck kiesen
Soo en sult gij u siele niet verliesen.

Compt, siet en pluckt, wie dat ghij sijt,
De vruchten van den auden tijt,
Neempt uwen lust en niet en mijdt,
Want alles door den tijt verslijt.

—

De autheyt wort ghecelebreert,
Het aut gheloof gheprefereert,
D'aude wetten gheëxtimeert,
D'aude lieden gherespecteert.

—

Men prijst het aude gaude gelt,
Dat men in een audt sterfhuys telt ;
Een aude crijghsman, cloecke helt ;
Den auden vrient meer vóor al stelt.

—

D'aude olie en Reinschen wijn
En moeten niet vergeten sijn;
D'aude termen en spreucken wijs,
Verdienen hier oock lof en prijs.

—

D'aude schrijvers sijn seer vermaert,
D'aude schriften met lof verclaert.
Ick sluyte dan voor 't alderlest:
Dat d'aude liedjens sijn de best.

Gent, 1664.   JUSTO BILLET.

X.

NOG EEN RIJMKEN VOOR HET LEST. (1)

Gij die dit weerck bij wijlen siet,
En daer van deucht en vreucht gheniet,
Ick bid u, dat ghij doch ghedynct
Den werckman, die de waerheyt brynct,
En dat, ter soen van dese pijn,
Hij sij beschoncken met den wijn.

1666.   JACOB DE PLANCKE,
                                  baljuw.

---

(1) Geschreven op het titelblad van den heerlijken *Renteboeck
van den Houweelsche, bestreckende te Tielt en 't omligghen-
de.* (Prov. arch., te Gent.)

EEN BERUCHTE NAAM

DER JAREN 'T NEGENTIG.

—

De Fransche omwenteling is eene der grootste gebeurtenissen, die in den loop der tijden de wereld geschokt, geroerd en omgekeerd hebben. Zij is zulks niet alleen door haar zonderling begin of groote gevolgen ; door hare bloedige tafereelen ; maar ook door de vreemdsoortigheid harer inrichters, harer leiders, harer gedachten, harer drijfveeren. Zij heeft iets karakterisch dat men in geene andere staatomwenteling, bij welkdanig volk ook, aantreft. Hare kopstukken ook zijn niet van die mannen, welke men in andere volksbewegingen ontmoet. Bijna alle staatsorkanen zijn enkele omwerpingen van een despotiek bestuur, of 't werk der wraak, of der heerschzucht. Het jaar negentachtig was het begin eener omwenteling van de gansche maatschappij.

Niet dat de inrichters het doel beoogden waar de omstandigheden hen gebracht hebben : oh, neen, want toen velen hunner zagen, welke wending de zaken namen, wilden zij den vloed in zijnen loop stuiten ; maar de driften eener teugenlooze, opgewondene, en verleide omwetende menigte, waren door buitensporigheid in wilde en woeste razernij veranderd, en hij die 't wagen dorst, zich tegen den stroom te stellen, werd door hem medegerukt, en in den dwarlkolk der vergetelheid geslingerd.

Het volk, dat men door grootsche woorden en philosophische gedachten, voor welke het niet rijp was, had opgeruid, en dat zich nu op eens, na eeuwen van verdrukking en smaad en lijden, meester en vrij zag, wist niet wat gebruik dezer macht te maken, noch waarin de vrijheid bestond. Van daar die groote onrust, die losbandigheid, die kannibaalsche tafereelen, die het bloed in de aderen doen stollen, en ons reeds aan hunne echtheid doen twijfelen, wij pas sedert haar ontstaan geboren. De toekomst zal ze voor fabel houden en weigeren aan hunne wezenlijkheid te gelooven.

Onder al de zonderlinge en groote mannen van dit tijdstip wil ik u spreken over dien, welke, door de afschuwelijke rol, die hij op dit bloedig tafereel heeft vervuld, ons
het best met den aard en denkwijze van de alsdan heerschende lagere standen zal bekend maken.

Niet dat die man alleen misdadig was, of dat er geene
anderen, zoo doemelijk als hij, eene bloedige rol in die
schrikkelijke dagen vervuld hebben ; oh neen ! want zij
die zich achter hem verscholen, waren zoo slecht of nog
zondiger dan hij. Niet dat er geene uitzinniger, noch
bloeddorstiger waren; o zeker neen, zij die het *mitraljeren*
te Lyons, de *noyaden* en de *mariages républicains* te
Nantes bedachten en uitvoerden ; zij die honden africhte-
den om vluchtelingen op te speuren en te ontdekken ;
verdienen zoowel als hij gevloekt te worden. En nogtans
hunne namen zijn niet als de zijne het zinnebeeld van
afschuw geworden ; hunne namen zijn niet in aller mon-
den, en waarom niet? Omdat hij openlijk den roof, de
moord aanpredikte.

« Het is meer dan 6 maanden, » zoo schreef hij in zijn
dagblad, na de oorlogsverklaring van Frankrijk aan
Europa, « dat ik schrijf dat al onze generaals, die goede
knechten des hoven, de natie zouden verraden, en de grenzen open laten. Mijne hoop is dat het leger de oogen opene
en gevoele, dat zijne eerste plicht is de generaals te vermoorden. »

Dit monster werd geboren te Boudry in Zwitserland,
1743 den 24 Mei. Zijne ouders, arme protestanten, lieten
hem nogtans een uitgebreid onderwijs geven : hij sprak
en schreef het Fransch, Engelsch, Italjaansch, Duitsch,
Nederlandsch, het Grieksch en het Latijn, en gaf verscheidene werken uit over letter-natuur- en scheikunde, welke
allen van eenen woeligen geest en van een' overdrevenen
zucht naar vermaardheid en roem getuigen. Ziet hier hoe
hij zelf in den *Ami du Peuple* het leven zijner eerste jaren
afschetst : « Mijne lezers vergeven het mij, zoo ik hun
heden van mij spreek ; ik doe het noch uit eigenliefde,
noch uit stoeverij, maar alleen om beter het gemeene welzijn te dienen. Hoe het mij overigens ten kwade nemen,
als ik mij vertoon, zoo als ik wezenlijk ben, wanneer de
vijanden der vrijheid mij afschilderen voor een' zot, een'
menscheneter, een' tijger dorstig naar bloed.

Ik ben geboren met een gevoelig hart, eene vurige verbeelding, een opbruisend karakter, vrij, stijfhoofdig, een'

rechtschapen geest, een' zucht naar roem.

Met de teederste zorgen in het ouderlijke huis opgekweekt, ben ik tot den mannelijken ouderdom gekomen,
zonder mij ooit door de driften der jeugd te hebben laten
medeslepen. Der nature wijte ik den aard mijner ziel, maar
de ontwikkeling mijns karakters danke ik mijner moeder.
Zij is het die in mijne ziel het zaad der liefde voor mensch en
en recht heeft gestrooid en welig doen opwassen.

Door mijne handen gingen de almoezen, die zij den behoeftigen schonk. Het belang, dat zij in 't lot der ellendigen
stelde, boezemde mij reeds van in de eerste jaren mijner
jeugd, genegenheid voor hen in.

Op 8 jarigen leeftijd kon ik niet meer lijden, dat een
mijns gelijken onrecht werd aangedaan.

In mijne kinderjaren was ik zwak van gestel. Nooit heb
ik de spelen, noch de vreugd der kinderen gekend. Zacht
en vlijtig, zoo als ik was, kregen mijne onderwijzers door
zachtheid van mij al gedaan, wat zij verlangden. Eene
enkele maal ben ik gestraft geweest. Ik was 11 jaar oud.
De straf was onverdiend. Men sloot mij op in eene kamer;
ik opende het venster, sprong op straat en kwetste mij
gevaarlijk aan het hoofd.

De zucht naar roem was op allen stond mijns levens,
mijn eenigste drift; en nu ook wensch ik als slachtoffer
voor de vrijheid mijns vaderlands te mogen sneven.

Van mijne jeugd af denker, is het werk des geestes
voor mij eene ziekte geworden. Mijne aangenaamste uren
slijt ik in de overweging, in het met bewondering aanschouwen des hemels, of in het nazoeken waarin 's menschen grootste wellust bestaat; in die stonden, wanneer
de ziel met eene ongeruste nieuwsgierigheid tracht te
doorgronden wat aan gene zijde des grafs berustend is.....
Na 25 jaren onderzoek in de belangrijkste werken over
zedekunde, wijsbegeerte en politiek en nagedacht te hebben, wat hierin het beste was voor den voortgang en de
verbetering van het lot der menschen, viel ik gevaarlijk
ziek en was bedreigd de verwezenlijkheid mijns ganschen
strevens, in 't graf te zien eindigen. Deze aarde niet wil-
lende verlaten, zonder 't menschdom eenig nut te hebben
verschaft, schreef ik mijne offerande aan 't Vaderland....
Tot het leven teruggeroepen, zocht ik nog enkel naar de
middels uit, om de zaak der vrijheid van nut te wezen.

En men beticht mij een verkochte schelm te zijn. Maar
met te zwijgen kan ik millioenen verzamelen, en ik ben in

de ellende gedompeld....

En die man loog niet. Hij was arm. Doch schande voor hem, hij maakte zich ellendiger, dan hij was, en dat was geene goede philosofie ; want de mensch mag zich vrijwillig niet verlagen : hij moet zich verheffen, om aldus zijner bestemming, zijnen Schepper naderbij te komen.

— Het leven diens mans was dat eens schamelen arbeiders. Hij won zijn brood door zijn slaven. Den dag door was het in zijn huis een over en weer loopen van drukkersgezellen, die bij hem om dagbladartikels kwamen. Hij bewoonde een armoedig huis in de *rue des Cordeliers* te Parijs: Hij bezat nauwelijks de onontbeerlijkste meubels, en geheel zijn omgeven getuigde een arme werker. Op eene ruw geschaafde plank, aan den blooten muur gespijkerd stond een vijftigtal philosofische boeken. Op zijne tafel lag steeds het Evangelie opengespreid, en nooit sprak hij den naam Jezus uit dan met den grootsten eerbied en ontdekten hoofde : 't Is ons aller Meester, zeide hij.

Ziet daar den man ; zien wij het mensch. De Fransche omwenteling vond hem doktor bij den graaf van Artois.

Met hartstocht klampte hij zich aan de nieuwe denkbeelden vast, en vatte eenen hevigen haat op tegen de geleerde en hooge standen der samenleving. Tot lijden en zwoegen gebracht, maakte hij zich den apostel van hen die lijden en slaven. In hunne verheffing zag hij de zijne, maar, oh wee ! den weg welken hij hiertoe insloeg, was die van eenen bloeddorstigen tijger.

Hij schrijft *l'Ami du Peuple.* Zijne te overdrevene taal doet hem door de *Constituante* vervolgen. Lafayette omsingelt zijne woonst.

Danton begunstigt zijne ontsnapping.

Legendre verbergt hem in de kelders der Cordeliers, en toch houdt hij niet op, elken dag in zijn blad, tot moord en vernieling aan te sporen.

« In afwachting, zoo schrijft hij, dat de Natie zelve er toe besluite de aarde der vrijheid te zuiveren van dit misdadige ras, welke door de straffeloosheid zijner afgevaardigden tot de misdaad wordt aangemoedigd, moet men het niet euvel nemen, dat 't volk, ten uiterste gebracht, zich zelf recht doet. In ieder land, waar de volksrechten geene ijdele woorden zijn, zou het plunderen van eenige magazijnen, in wier deuren men de opkoopers zou ophangen, weldra een einde stellen aan deze ambtsontrouw, die vijf millioenen menschen tot wanhoop brengt en er bij duizenden van ellende en gebrek doet sterven. » En zulke taal houdt hij staande, ja vernieuwt ze in volle zitting.

Hierom opnieuw beschuldigd door de *Girondins* wordt hij door het *revolutionnair tribunal* vrijgesproken en door het volk naar de Conventie gedragen. Hier overtuigt hij in eene hevige aanspraak, zijne vijanden van hunne onmacht en verlaat het spreekgestoelte onder het gejoel en gewoel der tribunen.

Alsdan torschen forsche mannen hem op de schouders, en gevolgd van duizenden en duizenden werklieden, draagt men hem al jubelende, en onder eenen regen van bloemen, die de vrouwen hem uit alle vensters toewerpen naar de zaal der *Cordeliers* en van hier langs de volkrijkste straten, naar zijne woning.

Hij triomfeerde. Gelukkig voor 't menschdom zou zijn zege van korten duur zijn.

Wij zijn den 27 juni 1793 : 't is 8 ure 's avonds. Hij is alleen, in een bad, ondermijnt door de koorts. Hij schijnt een voorgevoel te hebben zijner aanstaande dood en vreezende der Guillotien geene offers genoeg te kunnen zenden, kan hij nog deze oogenblikken niet in rust doorbrengen ; en zijne pen glijdt met snelheid over 't papier om 't *revolutionnair tribunal* brief op brief te schrijven, ten einde het aan te wakkeren met meer spoed en in grooteren hoop de hoofden te doen rollen. Daar komt eene jonge maagd en ploft hem 't mes in den boezem ; hij valt en 't water zich verwende met zijn bloed, vindt hij een graf, waardig zijns levens, versmacht in een bloedbad.

De mare zijner dood verspreidt zich door Parijs met de snelheid des bliksems. Zijn volk komt in wanorde en in wanhoop om wraak schreeuwen. De groote, doch laffe schilder David, belooft de geliefde trekken des « deugdzamen menschenvriends voor de toekomst te bewaren. Zijn beeld wordt tentoongesteld met het opschrift : « Hem niet kunnende verleiden, hebben zij hem vermoord.» Verscheidene straten nemen zijnen naam; men vergelijkt hem aan den Zaligmaker en stelt hem nevens Jezus Christus.

« Zou het dan waar zijn, roept een redenaar bij zijn graf uit » dat der Natuur duizenden van jaren behoeft, om mannen als Jezus en onzen vriend voort te brengen. « Deze vergelijking is onder menig oogpunt juist, roept burger Morel uit, » als Jezus beminde onze vriend vuriglijk het volk en beminde maar hem alleen ; even als Jezus, leide hij een armoedig leven, even als Jezus, was hij uitermate gevoelig en menschlievend. « De geheele Conventie woont de begraving bij van den martelaar der vrijheid. Zijn lijk wordt in het Pantheon nedergelegd, de klubs der Cordeliers richt hem een autaar op, en zijn beeld langs de straten omgedragen, prijkt als eene relikwie in alle huizen en schouwburgen.

Dit mensch, die zich den verdediger van het schuim der maatschappij had gemaakt, van dat volk, hetwelk in de modder der onwetendheid en onbeschoftheid wroet en groot wordt, en zich slechts door de spraak boven de dieren verheft, alle standen boven hem, van den werker, die door naarstig en hard slaven, zijn brood wint, tot den rijke die zich in wellusten baadt, met haat en nijd beschouwt, kon alleen zijne belofte van gelijkmaking volbrengen, door de geheele Maatschappij, 't onderste boven te keeren. Hierom beticht hij van verraad al wie maar gemakkelijk zijn brood won. 's Volksafgevaardigden zelven zijn voor hem niet vrij. Ziet hier wat hij schreef na de strafuitvoering van Nancy......

« Burgers, vereenigt u ten allen kante, wapent u met uwe wanhoop en loopt de toorts in de hand, de schuilhoeken verbranden dier brigands, welke het ongeluk uws levens zijn. Vliegt vervolgens naar 't senaat, laat de kortzichtige mannen, die niet zien als zij uwe rechten slachtofferen, vertrekken; sluit daarna de poorten, en dat al de overigen door de vlammen verslonden worden. »

Door zijn opstoken geschiedt den 10en oogst de plundering des koninklijken paleizes, welke den oudsten troon van Europa omverwerpt. Pas is het koningdom vernietigd, of hij werpt zich op den adel en, vereenigd met Danton, smeedt hij en stuwt aan tot de moorderij van september, van welker koele barbaarschheid zeker in de geschiedenis van geen volk der aarde, voorbeeld zij, en welke ook ten eeuwigen dage de Republiek met schande zal besmeuren.

Terwijl al de *Septembriseurs* door wroeging gefolterd, langs alle zijden den dood zoeken, durft hij opentlijk er al den last, al de verantwoordelijkheid van op den hals nemen, en roept om meer offers. « Niet eer, schrijft hij zal 't volk gelukkig, vrij, machtig zijn, dan nadat het de hoofden van de drij vierden der Conventieleden en van 270,000 aristokraten voor de voeten des beuls heeft doen rollen. »

De Conventie, de *Montagne* zelve, is verontwaardigd. Hij, nooit voor de schande terugwijkende, durft antwoorden:

Indien gij mij de hoofden niet geeft, die ik vraag. zal het volk, in zijne woede, er wel meer anderen doen vallen. » Wat tijd ! wat mensch ! wat volk ! wat vergadering ! die stom blijft bij zulke politieke menscheneterij.

Hij vraagt de terechtstelling of liever de dood van Lodewijk XVI en vergt de naamoproeping, opdat het volk zijne vrienden en vijanden kenne, en voteerde aldus: « In de innige overtuiging waarin ik ben, dat Louis XVI de voornaamste oorzaak is der wandaden, die den 10en oogst zooveel bloed hebben doen vergieten en van al de massacres, die sedertdien de Fransche omwenteling bezoedeld hebben, stem ik voor des dwingelands dood, en dat zij binnen de vier en twintig uren plaats hebbe. » 20 januari 1793.

't Was hij die den 31 mei de alarmklok klepte, en door een' oproer de Girondijns van het bestuur stootte.

Het was ook zijn laatste. Terwijl Frankrijks grootste redenaars in 't gevang hunne veroordeeling afwachteden, valt hij onder 't wrekende mes van Charlotte Corday.

Ziet daar wat voor een man, men heden in de volksopinie zou willen verheffen, en op nieuw als martelaar doen heiligen. Dat hij geene goede hoedanigheden bezat, willen wij niet betwisten ; maar bij een monster als hij worden zij zoo wijd op den achtergrond geschoven dat men ze niet meer bemerkt. Ware hij nooit op het politieke terrein gekomen, en alleen op het wetenschappelijke gebied gebleven dan hadde wellicht zijn overdreven zucht tot roem, gepast met zijn' koortsigen werkzamen geest, hem een naam vol achting nagelaten, en ware de wetenschap hem menigen vooruitgang schuldig geweest. Maar hij is verdwaald geraakt en, eens op den weg der misdaad geslingerd, kon hij zich niet meer terug trekken. Zij die hij had voortgestuwd, en der losbandigheid had gewoon gemaakt, rukten hem nu al verder en verder, werden van dag tot dag dringender. Zich achteruit trekken, ware hem noodlottig geweest ; en toch verder gaan, kon hij niet meer. Zijne vurigste aanklevers gevoelden dit, en zegden, dat hij den gang der republiek veel kwaad deed.

Robespierre gevoelde zich niet weinig ontlast toen de dood hem van dien gevaarlijken vriend verloste. En geén wonder ; want dit oog dat alles bespiedde en overal verraad, en bedrog, en slavernij meende te ontwaren, had reeds de laffe schijnheiligheid des toekomenden diktators geraden, en hield hem in 't oog gereed, om hem te beschul-

digen. Danton zelf, de *Semptembriseur*, wien niemand
zal beschuldigen ooit voor de uiterste middels te hebben
geweken bekende dat dit mensch de Republiek veel schade ; en hij zegde waar ; want zij die in haar het heil des
volks meenden te vinden hadden voor haar nog enkel haat
en afkeer en schrik als zij zagen tot wat verregaande
buitensporigheid en regeeringloosheid, hare leiders de
Maatschappij brachten.

Weldra kwam een terugkeer in de gemoederen. De *Jeu-
nesse dorée* sloot zich moedig aaneen ; het schrikbewind
versmoorde in het bloed zijner slachtoffers en pas was
het lijk van den man die Frankrijk op den weg der misdaad had gestampt in het Panthéon nedergelegd, of het
werd er met verachting en walging uitgesleurd, en sedert
dien dag tot heden, de drij vierden eener eeuw, drukt den
vloek van geheel de beschaafde wereld op den naam van
l'Ami du Peuple, op Jean, Paul, Marat.

Gent.   L. J. VERGOTEN.

BORLEN DE BAREN OP EN AF.

—

Borlen de baren op en af,
Geene golvet verloren :
Zonk mijn vader in 't duistere graf
Mij werd een zoon geboren.
Borlen de baren op en af
Nimmer en nimmer zij stokken :
Groeit het mosch op mijns vaders graf,
Bij den jongen groeien de lokken.

ADOLF SCHUTS.

—

DE

NEDERLANDSCHE TAALCONGRESSEN.

—

Linguae unitas firmissimum est
vinculum societatis humanae.
St Aug. de Civ. Dei, cap. 7.

De eenheid van taal is de sterkste band der samenleving.
Toen de Latijnsche kerkvader die woorden nederschreef,
sprak hij een' der grondregels uit, waaraan de Romeinsche
staatkunde grootendeels hare wereldheerschappij te danken
had. De volkeren, die Rome verdeeld had om ze te overwinnen, snoerde zij aan haren troon vast met hun hare taal,
hare beschaving en hare zeden op te dringen. Eerst dan
waren de vijanden voor goed getemd en onschadelijk
gemaakt, bevredigd zou Caesar zeggen, wanneer zij hunne
taal, tegen de taal der gebiedster verruild hadden, en door
vereenzelving van gedachten en spraak tot gehoorzame
ledematen herschapen waren van het groote lichaam, waarvan de eeuwige stad het hoofd was.

En zelfs wanneer het hoofd van den romp gescheiden en
de ledematen door de woeste veroveraars gevierendeeld
waren, bezaten de brokken nog opslurpings- en verduwings-
kracht genoeg om de overwinnaars te verzwelgen en ze
zoodanig te vervormen, dat de Romaansche rijken niet
hunnen dood, maar hunne herleving vonden in de Germaansche bestanddeelen, welke zich met het groote afgeleefde
lichaam waren komen vermengen.

Zoo Rome, in den bloei haars levens, Gallië uit de lijst
der rijken deed verdwijnen en de Gallische taal bijna
spoorloos deed wegkrimpen, zoo zij na haren val nog

levenskrachten genoeg bezat om hare Germaansche overwinnaars met zich samen te doen groeien, was dit onbetwistbaar aan deze dubbele oorzaak toe te wijten, dat
Gallen en Germanen verdeeld stonden tegenover eenen
sterk ineengesloten en krachtig samenwerkenden en doordrijvenden staat, en dat de taal der Zuiderlingen oneindig
beschaafder en rijker aan voortbrengsels was dan die van
de Noordsche volkeren.

In het overwegen dier eeuwenoude gebeurtenissen ligt
dan ook voor het heden de groote les opgesloten : Landgenooten, verdeelt u niet in den strijd tegen den vreemdeling;
aanziet uwe taal als het onfeilbaarste herkenningsteeken
van uwen gezamentlijken oorsprong, en houdt aan haar,
als aan het bewijs door de natuur en den' tijd u verleend,
dat uw recht tot bestaan en samen te bestaan onbetwistbaar
maakt; taalgenooten, wilt gij dat uwe spraak u een behoed-
middel tegen overweldiging zij, draagt dan zorg, dat zij
niet enkel uit klanken besta, maar gedachten tot voertuig
en beschaving tot middel diene, dat zij door allen gekend
en geacht worde en die vereering waardig zij.

Die oude waarheid werd in de jongste tijden beter dan
ooit begrepen en klaarder dan ooit kwam men tot het besef,
dat er een sterkere band was voor het samenhouden der
volkeren dan het bezit van gemeene wetten en eenen zelfden
vorst, namelijk het spreken van eene zelfde taal; dat die
band sterker is, omdat hij niet willekeurig aangelegd en geene
stoffelijke keten gelijkt, die geburen aan elkander kluistert,
omdat hij van innigeren aard is, omdat hij ook getuigt van
eene verwantschap der zielen en gemoederen, waaraan de
spraak tot onmiskenbare uitdrukking dient.

De taal wordt dan ook meer en meer aanzien als « de
vlag der onderscheidene volken,» als de geboortebrief, welke
hunne afkomst uit éénen stam bewijst en hun het recht geeft
in een zelfde staatsgezin samen te wonen.

Sinds die waarheid door de wereld uitgesproken en
erkend werd, werkte zij als een talisman op de staatkundige gebeurtenissen van Europa.

Zij was de tooverspreuk die de « doode maget » Hellas uit haar graf deed opstaan. De taal van Homeros had de Grieken bewaard voor de zedelijke opslurping, toen alle andere volkeren met Rome's juk ook Rome's spraak aannamen, en het was zij ook die, na twee duizend jaren afhankelijkheid, een vrij Griekenland weder mogelijk maakte.

De taal was het eenige teeken, waaraan de Italianen elkander nog als kinderen van één gezin herkenden. Zij was het die aan de afgehouwen ledematen van dit land de eigen beweging gaf, die ze weder tot een levend geheel moest doen samengroeien.

Het was zij, die, krachtiger dan de naaldgeweren, Pruisens veroveringen voorbereidde en ze beter dan een staatkundige bond te zamen houden zal.

Rusland zelf, wanneer het gevoelt dat het afgebeulde Polen niet bezwijken wil, spreekt het tooverwoord uit, om toenadering te verkrijgen, daar, waar het niets dan afkeer ontmoet.

Maar het woord is heilig : het verliest zijne kracht wanneer men het met schuldige bedoeling uitspreekt en toont dan slechts hoe zijn vermogen door ieder, ook door de vijanden der volkeren, gehuldigd wordt.

Ik weet het, enkele stemmen hebben zich verheven tegen het doorvoeren van deze nieuwe staatkunde. Zij hebben er eene inkrimping in gezien van het recht tot voortleven, dat ieder bestaande rijk of vorstendom heeft, zij hebben er eene schending in gezien van de persoonlijke of gewestelijke onafhankelijkheid, op de geschiedenis gegrond, ten voordeele van een hersenschimmig volkswezen, dat van geene feiten rekening houdt en soms de eeuwenoude overleveringen miskent van die waarop men het toepast.

Stellig willen wij het misbruik niet wettigen, noch aan eenen dwingeland een middel in de hand geven om, gewapend met het taalrecht, tegen wil en dank over het lot eener natie te beschikken. Integendeel, de taal moet voor de volkeren het herkenningsteeken zijn, waar zij zich rond scharen om *zelve* voor hunne toekomst te zorgen. Het moet een paal en perk zijn voor de aanmatiging van vorsten, die over hunne onderdanen als over redelooze kudden en over den bodem als over hunne eigene erve beschikken. ·

De erkenning van het bestaan der volkeren gevestigd op de eenheid hunner spraak sluit de erkenning in van het recht, dat zij hebben hun eigen leven te leven, hun zelven hunnen levensregel voor te schrijven en naar eigen goeddunken hunne bestemming te vervullen. Het is de vervanging van de overheersching der vorstelijke stamhuizen door de heerschappij van het volk, de overwinning van de genade Gods door den volkswil, de zegepraal van de natuurwet boven het geschreven recht.

Zoo de geschiedenis der volkeren de uitdrukking is van het innige leven, zoo zij de aanstipping is van de ontwikkeling van elk menschenras volgens eigene krachten, zoo zij door geen toeval maar door vaste wetten overheerscht wordt, dan mag men wel zeggen, dat de staatkunde der taaleenheid, het aanbreken van een nieuw tijdperk vol hoop op eene schoonere en vruchtrijkere toekomst in de jaarboeken van het menschdom geopend heeft.

In den toestand, waarin België verkeerde na 1830, moest de algemeenere beweging, welke zich over gansch Europa uitbreidde en de volkeren aandreef om de willekeurige samenpersing der staatsonderdanen door de samenleving der taalrassen te vervangen, zich ook vroeg of laat ten onzent laten gevoelen.

Voor de tweede maal waren de Nederlanden hunne gemeene lotbestemming misloopen.

In de 16e eeuw echter hadden beide landen gedaan wat in hunne macht was om het onheil af te weren. De jonge Noorderstaten waren te zwak om het te beletten en de Vlaamsche gewesten lieten zich van hunne broeders niet afscheuren, dan wanneer zij uitgeput van marteling en strijden en verlamd door het verraad der Walen het afgebeulde lijf niet langer ontrukken konden aan de Spaansche kluisters. — Vlaanderen had toen zijne plicht gedaan en onverdiend onderging het de verschrikkelijke straf, die het gedurende twee eeuwen droeg, onverdiend werd het door vreemde handen dien weg der verdrukking ingestuwd, langs waar het met eene zoo verschrikkelijke snelheid de trappen der ontaarding en der zedelijke en stoffelijke verstomping insloeg. Toen kon men zich getroosten met de gedachte dat men voor de stoffelijke overmacht had moeten bukken. —

Maar in 1830 schenen de broederlanden niet te begrijpen dat in de scheiding het grootste gevaar voor beide lag, dat men de gezamentlijke krachten niet mocht verbrokkelen, wilde men het bestaan van beide staten niet in gevaar brengen, dat, waar de vereenigde en eendrachtige Nederlanden sterk genoeg waren om het indringen van vreemde macht en invloed af te weren, de gesplitste gewesten eene gemakkelijkere prooi voor machtige naburen moesten worden.

De Noord-Nederlanders hadden vergeten dat het zuiden een jongere broeder was, en tusschen beiden geen voorrecht van eerstgeboorte bestond, en de Belgen vonden het gemakkelijker het verdrag, dat hen met het Noorden vereenigde, te verscheuren, dan de stipte nakoming ervan te eischen.

En nu was de scheiding door eigen schuld zoo als twee en halve eeuw vroeger door vreemden drang voltrokken en ieder gewest ging op eigen krachten en eigen baan zijne toekomst te gemoet.

En die toekomst was noch aanlokkend noch hoopvol.

Vijandelijk stonden de broederlanden tegenover elkander, gereed om in twisten hunne verzwakte krachten te verspillen. Zij woonden op een plekje gronds, omsloten aan den Wester- en Noorderkant door de zee, naar welker boorden zij gedreven en op welker oevers zij samen gedrongen waren door naburen, rijker in macht en beschaving dan zij: — Zuidwaarts Frankrijk, dat, na ons reeds het vierde eener eeuw onder zijne klauwen te hebben gehouden, nog van tijd tot tijd zich aangedreven voelde om den poot dreigend en roofgierig naar ons uit te strekken, en dat reeds Vlaanderen in de draden zijner taal gewikkeld had, gelijk de spin met haar weefsel de prooi overdekt, welke zij gaat uitzuigen. Aan de Oosterzijde het immer vraat-

zuchtige, immer verslindende en immer hongerige Prui-
sen, dat ook zijne taal als een' bode vooruitzond en met
vonkelenden blik naar de zeestreken loerde, welke zoo aan-
lokkelijk aan haren voet nederlagen.

Moest er bij het zien van dit gevaar geene huivering gaan
door de herten der Nederlanders, die aan hun bestaan als
volk verkleefd waren.

Moesten zij niet wenschen dat, zoo 1830 niet meer kon her-
daan, de gevolgen er ten minste van verholpen mochten worden, dat beide volkeren, op stoffelijk gebied gescheiden, zich
op zedelijk gebied vereenigen mochten en tusschen hen en
hunne dringende en drukkende geburen den dam opwerpen
hunner gemeenschappelijke taal.

Lang scheen men op het middel om dien wensch te verwezentlijken niet bedacht. Het was uit het Zuiden dat de
eerste noodkreet en het eerste verzoeningswoord opsteeg.

Daar ook woedde de kwaal het ergste en was het gevaar
het nakendste. Holland ten minste behield zijne taal als een
onderscheidingsteeken, maar dit kenmerk dreigde Vlaamsch-
België ontnomen te worden.

Het waren vooral de Waalsche gewesten, die de tweede
zoowel als de eerste scheiding bewerkt hadden en ze ten
hunnen voordeele uitbuitten. Wat Vlaamsch was, was verdacht als Hollandsgezind ; wie recht voor onze taal hadde
durven vragen, hadde als een vriend van het verjaagd stamhuis doorgegaan. De Vlamingen zwegen en intusschen werd
de toestand meer en meer benauwend.

Zoo kwam eindelijk 1839 en voltrok de splitsing. Nu Zuid
en Noord stoffelijk en staatkundig voor goed gescheiden
en nu er aan geene vereeniging door geweld of list meer te
denken was, kón men de zedelijke heropbouwing van het
Dietsche Vaderland beginnen zonder mistrouwen te wekken
en zonder gevaar van voor onvaderlandsch uitgescholden
te worden.

De tot nog toe sterk verbrokkelde pogingen der Vlaamsch-
gezinden kregen meer eenheid, de Vlaamsche beweging
ontstond.

Eerst moest de taal, de hefboom ter heropbeuring, hersteld

en handig gemaakt worden. Dit was de taak, welke de eerste Vlaamsche Taalverbonden op zich namen.

Op 11^{en} October 1841 vereenigden zich de Vlamingen van Antwerpen, bijeengeroepen door den Gouverneur hunner provincie, om eene gelijkvormige spelling aan te nemen, die meer met de eischen der taalkunde en bijna geheel met de schrijfwijze der Noord-Nederlanders overeenkwame.

Den 23^{en} derzelfde maand werd te Gent eene algemeene bijeenkomst van taalbeoefenaars uit alle streken des lands beroepen. Zij kwamen er in ruim getal en namen eene eenvormige spelling aan, die het verschil van taal tusschen Noord en Zuid bijna geheel deed verdwijnen.

Het was een schoone dag, toen, na het sluiten der vergadering, de Vlamingen zich ten getalle van 200 aan eenen feestdisch vereenigden, voorgezeten door den Gouverneur van Oost-Vlaanderen, aan wiens zijde twee Ministers hadden plaats genomen.

De zaak had eenen reuzenstap gedaan ; zij was niet meer de mistrouwde en verdachte poging van Orangisten, maar de herleving van het nationaal gevoelen onder de Vlaamsche bevolking, de grootste helft van België's inwoners, en de vreedzame en grondwettelijke strijd dier bevolking voor het herkrijgen hunner ontroofde taalrechten.

Wel is waar deed zich hier en daar nog een enkele stem hooren om de Vlamingen als landverraders aan te klagen ; wel is waar deed de abt de Foere opmerken, dat drij dagen na dit eerste Congres de samenzwering van Van der Smissen uitbrak, maar het land lachte met de schrikbeelden, welke ontstonden in de hersenen van menschen, die meenden dat het behoud des vaderlands verbonden was aan dat der geteekende *e*'s, en de Vlamingen hadden door hunne bezadigdheid en de zuiverheid hunner inzichten de achting van velen gewonnen en den argwaan bij allen uitgeroeid.

Drie jaar later, in 1844, had te Brussel een tweede taalcongres plaats, waar de steden en maatschappijen, die de gewijzigde spelling nog niet aangenomen hadden, hunne bijtreding kwamen toezeggen en waar allen op nieuw zwoeren

« hou en trou » het pand der vaderen te verdedigen.

Daar werd ook een algemeen en blijvend Taalverbond gesticht ter beoefening der taal en ter verdediging harer rechten, dat zich door geheel Vlaamsch Belgie uitstrekte. Bij gebrek aan eene stevige en doelmatige inrichting ging de bond ten gronde, maar niet minder krachtig bleef de zucht voortleven om even onvermoeid de Vlaamsche zaak ter harte te nemen.

Ik hoef hier niet langer stil te staan bij de geschiedenis der Vlaamsche beweging, voldoende zij het te herinneren dat zij geen oogenblik hare zending vergeten of verloochend heeft, dat zij in dagbladen, tijdschriften en boeken zoowel als in openbare vergaderingen geen middel onbeproefd heeft gelaten om de rechten der Nederlandsche taal in België te wraken, om de Moedertaal door letterkundige en weten-schappelijke werken luister bij te zetten en haar te doen dienen als beschavingsmiddel des volks. Mijn eigenlijk doel was een overzicht te leveren van diezelfde werking, in zoo verre zij gezamenlijk door de beide deelen van Nederland ondernomen en voortgezet werd. Die vereenigde pogingen moesten weldra eenen aanvang nemen, de Vlaamsche taal-congressen mogen als voorbereiding aanzien worden der Nederlandsche.

Eens dat de gedachte van eenheid in de werking in het hart der Zuid-Nederlanders wortel geschoten had, kon het denkbeeld niet uitblijven, dat ook nog over de Noordergren-zen taalbroeders woonden; die evenveel belang als wij stel-len moesten in het behoud van onze taal en onzen volksstam.

De woelige tijden van 1848, die Europa op hare grond-vesten schudden deden, moesten ook hier hun uitwerksel doen gevoelen ; de woorden Vaderland en Nationaliteit, die de volksmassa's zoo diep omwoelden, vonden ook ten onzent weerklank en deden gretiger dan vroeger uitzien naar al wat ons eigen bestaan kon verzekeren.

Reeds in 1849 werd de eerste vergadering van Noord- en Zuid-Nederlandsche taalbroeders te Gent beroepen en daar gaf zich de algemeen gevoelde wensch tot de zedelijke heropbouwing van het Vaderland luide lucht.

De heer Snellaert, bij het openen van het 1ᵉ Congres, sprak dien wensch nadrukkelijk uit. Na aangetoond te hebben welke hinderpalen zich altoos tegen het ontstaan en het voortleven van het éene Nederland verzet hadden, eindigde hij zijne redevoering met deze woorden : « Zijn tot nog toe alle pogingen mislukt om de Nederlanden door politische banden tot elkander te brengen, zien wij naar middelen om, welke de zedelijke banden meer stevigheid mogen bijzetten. Dat wij elkander de hand toereiken en met raad en daad behulpzaam zijn. Betrachten wij gezamenlijk volkszin en volkstaal, waar zij gekrenkt zijn geworden, voor verdere besmetting te beveiligen, opdat zij door nieuwe groeikracht tot de evenredigheid gedijen, waarop wij recht hebben dat zij geraken. »

Dat de taal tot grondslag van het ontworpen gebouw dienen moest, drukte reeds de eerste spreker, de heer de Jager uit, toen hij het Nederlandsch noemde : « de knoop van den band die ons omsnoert. »

Die gedachten werden door elken spreker en bij elke gelegenheid het gansche Congres door geuit en bij den afscheidsgroet werden zij nogmaals krachtig herhaald. Alberdingk-Thijm zong toen :

> Ook ons vereent een band in werken en gevoelen,
> Ons blikt één zelfde wit aan 't eind van de eigen baan ;
> De band, dat wij den bloei van 't Nederlandsch bedoelen ;
> Het wit, dat eenheid heet in 't nationaal bestaan.

En de heer des Amorie van der Hoeven, de voorzitter van het Congres, drukte hetzelfde denkbeeld uit, toen hij zegde, dat hij « eene gedachte, die zich dezer dagen telkens aan hem had opgedrongen, niet in zijnen boezem kon besluiten. Er was — zoo althans kwam het hem voor — er was eene *volkséenheid* en eene *staatséenheid*. De laatstste was het werk der menschen, de eerste was het werk van God. De groote Mogendheden, die in 1815 hét rijk der Vereenigde Nederlanden hadden gesticht, hadden dat zelfde rijk weinige jaren later gesloopt en in twee staten gesplitst. Maar de groote Mogendheden waren onvermogend om broedervolken te scheiden, die uit éenen stam gesproten, en door éene taal verbonden zijn. »

De langdurige toejuichingen, welke den spreker hier beletten voort te gaan, zegden het luide dat hij de juiste snaar aangeslagen had en dat zij luide en lang onder zijnen greep daverde.

Van den eersten oogenblik af was dus aan de Nederlandsche Congressen hunne ware beteekenis gegeven : het nauwer aan elkander hechten, het herknoopen der gebroken zedelijke banden van Noord- en Zuid-Nederland en het behoud van den Dietschen volksstam tegen vreemde drukking of inheemsche miskenning. De taal moest daarbij zijn als de sluitsteen die de twee gescheiden halve bogen tot een stevig gewelf te zamen voegde en waarop zich de zedelijke heropbouwing van den Nederlandschen stam moest verheffen.

De woorden van den voorzitter van het 1e Congres en de geestdrift welken zij verwekten kwamen ons levend in het geheugen, toen aan den feestdisch, welke het 9e Congres sloot, de heer de Maere rechtstond en den beker in de hand de woorden uitsprak : Ik drink op het behoud van den Dietschen stam — en de gansche zaal als door eene machtige drijfveer bewogen opsprong en door haar eindeloos gejuich en gejubel verklaarde, dat die weinige woorden alles zegden, en op zulk eene verheven en welsprekende wijze de tolk van ieders gevoelen waren, dat al wat er opvolgen kon hunnen indruk moest verzwakken en den geestdrift verkoelen.

De beteekenis van de Nederlandsche Congressen stond ieder dus nog levend voor den geest, het doel bleef hetzelfde, het streven was onafgebroken.

In hoeverre is op dit oogenblik dit doel bereikt of genaderd, welke waren die middelen die men ter bereiking aanwendde en welk was de uitslag dien men verkreeg : ziedaar een paar punten welke ik wil onderzoeken vooraleer tot het herdenken van het laatste en het beschouwen van het naaste Congres over te gaan.

I.

Stellen wij in het algemeen de vraag: is « het wit dat eenheid heet in 't nationaal bestaan » bereikt ? dan vinden wij ons genoodzaakt zonder aarzelen ontkennend te antwoorden. Neen, dit nationale bestaan, die « volkseenheid, » waarvan des Amorie van der Hoeven sprak en die hij boven de staatseenheid plaatst, hebben zij op verre na niet bewerkt. De lijn tusschen Noord en Zuid is nog immer meer dan eene gekleurde streep, en ofschoon onze koningen elkander ten teeken van vrede en vriendschap de hand gedrukt hebben; ofschoon in de Kamers herhaalde maal de verklaring is afgelegd dat wij in beider belang op elkander als op trouwe bondgenooten moeten kunnen rekenen; ofschoon de *Brabançonne* zoo een' dommen haat niet meer bezingt en de Septemberfeesten ook al hun vijandelijk karakter verliezen; ofschoon sedert lang alle wrok uit ieders hart gebannen en niets meer dan woorden van verzoening en toeneiging gewisseld worden, toch zijn die woorden nog niet tot feiten overgegaan, toch is de verzoening door geenen hechten band gesloten, en blijft nevens de stoffelijke kloof ook nog de zedelijke gaping bestaan.

Vragen wij nu of het congres er schuld aan heeft dat de versmelting niet vollediger geworden is, dan kunnen wij op die vraag slechts ten deele ontkennend antwoorden. De schuld volgens ons is aan eene tweevoudige oorzaak te wijten.

De eerste der redenen, waarom de Congressen hun doel niet bereikt hebben, ligt buiten de palen hunner macht. Zij bestaat hierin dat de taal, de grondvest, waarop het nationaal gebouw moest opgericht worden, in Zuid-Nederland nog altijd in denzelfden staat van miskenning van wege het hooger bestuur en het volk voortleeft, waarin zij vóór twintig jaren verkeerde, en dat voor het Zuiderdeel van ons land die taal nog zoo vreemd gebleven is, als hadden de Walen

met ons niets gemeens dan den naam van Belgen. De grond-
zuil was dus bij ons al te zwak om er een gebouw van zooveel gewicht op te verheffen. De band kon niet toegehaald
worden omdat hij aan den eenen kant niet in den grond
geankerd lag, maar op den stroom dobberde.

De tweede reden ligt in den aard der Congressen zelven.
Zij waren *taal- en letterkundige* vereenigingen, waar wel
vriendschapsbetrekkingen tusschen bijzonderen aange-
knoopt konden worden, waar wel gunstig kon gewerkt
worden ter verheerlijking van de gemeenschappelijke taal-
beoefening, maar waar men zich onfeilbaar blootstelde
aan eene berisping van den voorzitter, wanneer men, na
van den band gesproken te hebben, ook een woordje van
het binden reppen wilde.

Intusschen, wij erkenden het reeds, er heeft eene wezen-
lijke toenadering tusschen Noord en Zuid plaats gegrepen.
Wij zijn er aan gewoon geworden elkander als vrienden,
meer nog dan vrienden, te aanzien ; de verbittering van
vroeger heeft plaats gemaakt voor welwillendheid ; men
gevoelt algemeen dat men in een oogenblik van gevaar op
elkander zou kunnen rekenen en dat niemand vreemd of
wrevelig zou opkijken, indien ook een inniger verbond tijdens de rustige dagen tusschen beide landen tot stand kwame.

Zoo de Congressen dien ommekeer in de betrekkingen
niet te weeg brachten, dan hebben zij er minstens veel toe
bijgedragen en, ongezien en ongehoord, hebben zij dus meer
werk afgedaan dan op hunne programma's aangeduid stond.
De persoonlijke kennismaking en vereeniging in hetzelfde
streven van Noord- en Zuid-Nederlandsche letterkundigen
brachten te weeg dat tusschen deze ten minste die gemeenschap van zielen en gedachten tot stand kwam en uitgesproken werd, waartoe de volkmassa's geene gelegenheid
vonden. En wanneer men nagaat dat van beide zijden geen
beroemde letterkundige naam daar ontbrak en men tevens
overdenkt wat gezag bij onze Noorderburen die schrijvers
hebben door hun vernuft, en wat invloed zij bij ons hebben
door hunne werken en meer nog door de Vlaamsche dag-

bladpers, die hun bijna uitsluitelijk ten dienste staat, dan zal men alras begrijpen, hoe krachtig die onderlinge toenadering op de denkwijze van het volk in beide landen moet gewerkt hebben.

Maar dit vriendschappelijk verkeer van bijzonderen ook op de twee landen toepassen, dit gezellige samenleven van letterkundigen ook door de menigte doen deelen, het bij middel van een verdag, waarin de meest mogelijk zedelijke en stoffelijke belangen zouden vereenzelvigd worden, bepalen, dit kwam er niet van. Niet dat de leden van het Congres het oorspronkelijk doel uit het oog verloren of nalieten het te bespreken, neen, herhaalde malen werd er op aangedrongen dat men eenen verkeerden weg insloeg, dat de Congressen iets anders zijn moesten dan tijdelijke vrienden-vergaderingen en dat zij blijvende en werkende genootschappen moesten worden.

Reeds op het eerste Congres stelde de heer Alberdingk-Thym voor een *bureau* te benoemen uit Noord- en Zuid-Nederlanders bestaande om de zaak van het woordenboek voor te bereiden. — De vergadering verklaarde zich tegen dit voorstel en droeg liever den last op aan enkele afzonderlijke personen. (1)

Op het derde Congres, toen er sprake was van een bestendig fonds in te richten, stelde de heer Van Lennep voor « dat door zoodanige letterkundigen of voorstanders onzer letterkunde als zich daartoe opgewekt gevoelen, in beide Rijken eene maatschappij werde gevormd, onder gelijke bepalingen en onderling briefwisseling houdende, welke leden zich tot eene jaarlijksche bijdrage verbinden zouden (2) en die volgens hetzelfde voorstel belast zou worden met de uitvoeringen der besluiten van het Congres. »

Deze maatschappij werd in den loop van het Congres hervormd in eene bestendige Commissie, bestaande uit tien leden, voor de helft Noord-, voor de wederhelft Zuid-Ne-

---

(1) Handelingen van het 1e Congres.
(2) Handelingen van het 3e Congres, blz. 95 ; ibid. blz. 159.

derlanders. (1) Hare benoeming zou door het Bureau van het Congres geschieden. (2)

Zij werd aangesteld en bestond voor België uit de HH. David, de St. Genois, Delecourt, Nolet de Brauwere van Steeland en M. Van der Voort ; voor Holland uit de HH. Koenen, Van Lennep, Van Asch Van Wyck, Hora Siccama en Bodel Nyenhuis. (3)

Wij vinden de namen van vier der vijf Hollandsche leden terug op de omzendbrieven, waarbij het Utrechtsche Congres werd bijeengeroepen, maar of zij ook nog iets anders verrichtten dan hunne hulp verleenen aan het tot stand brengen van dit Congres vinden wij nergens aangeteekend. (4)

Wel is waar werd na afloop van het 4e Congres dezelfde Commissie · op nieuw benoemd en werd er een « lid in elk rijk ter vervanging van eenen overledene aangesteld en een zesde lid bij de vijf eerste benoemd· » (5) maar die herschepping schijnt haar geene nieuwe kracht bijgezet te hebben, want het Antwerpsche Congres werd niet door haar, maar door eene plaatselijke Commissie bijeengeroepen. (6)

Laatstgenoemd Congres werd door den vastberaden en krachtig doordrijvenden Michiel Van der Voort geopend met eene redevoering, waarin hij deed uitschijnen, hoe weinig tot dan toe de Congressen aan duurzame en afdoende uitslagen opgeleverd hadden en al te zeer hunne krachten verspilden aan het oplossen van taalkundige vragen en het uiten van ijdele wenschen. Hij eindigde zijne kernachtige toespraak met het volgende tweeledig voorstel :

« Het vijfde Nederlandsch Congres verklaart bij deze, dat het doel van de Nederlandsche congressen is het tot stand brengen der eenheid in de werking der Noord en Zuid-Nederlandsche letterkundigen, tot behoud van den gemeen-

---

(1) Handelingen van het 3e Congres, blz. 228.
(2) Ibid. blz. 229,
(3) Ibid. Bijlage III.
(4) Handelingen van het Congres van Utrecht, blz. 12.
(5) Ibid. 264.
(6) Handelingen van het Antwerpsch Congres, blz. 12.

schappelijken volkszin en de gemeenschappelijke volkstaal.

» Dit doel niet genoegzaam door de voorgaande Congressen bereikt zijnde, besluit het vijfde Congres, dat voortaan alle pogingen te dien einde zullen worden aangewend, en benoemt het, met dit inzicht, eene Commissie van 6 leden, 3 in elk der beide koninkrijken, welke in het aanstaande Congres, in 1858 te Leiden te vereenigen, verslag harer werkzaamheden zal inleveren, er al zulke maatregelen zal voorstellen, als tot het bereiken van het gemeenschappelijke doel, — de eenheid — zullen kunnen nuttig en voordeelig zijn. » (1)

Dit mocht doeltreffend heeten en had wellicht tot een besluit van gelijken aard aanleiding gegeven, ware het op staanden voet, in de frischheid en werkzaamheid eener eerste bijeenkomst besproken geworden ; jammer maar dat dit niet in het plan viel van den heer Gerth van Wyck, die « een voorstel, met dat des heeren Van der Voort in verband, wenschte te doen » en verzocht de beraadslaging tot de volgende vergadering te verdagen.

Maar wat gebeurde er nu ? De heer Gerth van Wyck had groote moeite om aan het woord te komen en toen hij er aankwam had hij nog grootere moeite het te behouden ; zijne redevoering, die, voor wat het kernachtige betreft, sterk afstak tegen die van den heer Van der Voort, moest de leden wel ten volle voldaan en hun den lust tot spreken benomen hebben, want er werd geen woord gerept zoo min over het eene als het andere voorstel. (2) Na den afloop van het Congres werden zij te zamen met al wat er verder voorgesteld was « aan het onderzoek van eene door het bureel te benoemen Commissie onderworpen. » (3)

Welke die Commisie geweest is, wat zij onderzocht en gevonden heeft is ons niet gebleken. Van der Voort's voorstel werd, hoe herhaaldelijk de man er in zijne redevoering

(1) Handel. van het Antw. Congres, blz. 33.
(2) Ibid. blz. 133.
(3) Ibid. blz. 165.

voor gehuiverd had, « in de jaarboeken van het Congres begraven. »

Bij den aanvang van het daaropvolgende Congres te 's Hertogenbosch werd het verhevene doel der vergadering nog eens door den voorzitter der Regelings-Commissie, Jhr. Verheyen, met welsprekende woorden herinnerd en de heer Ecrevisse, die de eerste aan de spreekbeurt kwam, stelde eene gansche reeks maatregelen voor om dit doel, — « de verbroedering van Holland en België in den strengsten zin des woords, » feitelijk te treffen. Het zij genoeg onder de voorgestelde middelen er eenige op te noemen, om te bewijzen hoe ernstig hij de zaak opgenomen had :

Vermindering van den brieventaks en afschaffing van het zegelrecht ; gelijkheid in de benaming en waarde van maten, gewichten en munten ; bevoegdheid van geneesheeren en advokaten om hun beroep in beide landen uit te oefenen ; eenheid van spelling, oprichting éener Hollandsch-Belgische Academie van kunsten en wetenschappen : ziedaar alle punten welke hij voorstelt door bemiddeling van het Congres tot stand te brengen.

Spijtig genoeg overschreed hij de grens die de Congressen zich zelven gesteld hadden en sloeg hij ook zuiver stoffelijke veranderingen voor, die geheel buiten den werkkring van het congres vielen zooals : de afschaffing der douanenlijn en het vermenigvuldigen van steen- en ijzeren wegen tusschen beide landen.

De spreker was te stout geweest ; hij had te veel verwacht van de genegenheid van het taal- en letterkundig Congres om zich met wat men staatkundige zaken noemde in te laten, en voorzitter en vergadering beslisten dat zijne voorstellen zonder onderzoek zouden verworpen worden. (1)

Geen beter onthaal viel denzelfden spreker te beurt toen hij bij het sluiten van het Congres voorstelde het bureel permanent te verklaren en het te belasten met de werkzaamheden van het volgende Congres voor te bereiden.

---

(1) Handelingen van het Congres van 's Hertogenbosch, blz. 41.

Men schrikte, volgens de uitdrukking van den voorzitter, voor de « *eigenaardige bezwaren aan dit denkbeeld verbonden* » ! (1) en de roekelooze voorsteller, overtuigd dat er met menschen die voor schaduwen bevreesd zijn geen kruistocht zelfs op het zedelijk gebied mogelijk is, antwoordde niet op die *eigenaardige bezwaren* en stak zijne voorstellen in den zak om ze bij gunstiger gelegenheid nog eens te voorschijn te halen.

Tijdens het Brugsche Congres was de strijd tusschen *ae* en *aa* zoo hevig, dat geen geregeld bespreken der levensvraag kon ondernomen worden.

Te Rotterdam werd zij daarentegen op nieuw te berde gebracht door eenen jongen en koenen voorvechter, den heer Julius Vuylsteke, van Gent, die zijn plan ter hervorming der Congressen in 4 voorstellen samenvatte en ze in het breede ontwikkelde ; de hoofdinhoud der voorstellen was dat de Congressen, ten einde meer uitbreiding aan hunnen werkkring te geven, in drij afdeelingen en niet in eene algemeene vergadering zouden zetelen, dat zij elk jaar plaats grijpen en er telkens eene bestendige Commissie in het Noorden en eene in het Zuiden zou benoemd worden, om te zorgen « dat de wenschen of besluiten, in een Congres genomen, niet zonder gevolg blijven en dat de belangstelling voor de zaak der Congressen wakker gehouden worde. » (2)

Toen dit voorstel ter bespreking kwam, werd alleenlijk het punt van inwendige orde, daarin aangeraakt, besproken en de grondzaak zelve gaande weg afgescheept en tot onderzoek en bericht verzonden naar eene Commissie, waarvan het ontstaan aan de welwillendheid van den tijd overgelaten was en waarvan de werkkring ook zoo onbepaald als maar eenigzins mogelijk was, omschreven werd. (3)

En zoo eindigde het 8ᵉ Congres met een ijdelen wensch te meer en liet naar gewoonte een tal voorstellen na, welke

---

(1) Handelingen van het Congres van 's Hertogenbosch, blz, 201.
(2) Handelingen van het Rotterdamer Congres, blz. 109.
(3) Ibid. blz. 204.

de Congressen de gewoonte hadden aan elkander als een achterstal over te maken, waarvoor niemand aansprekelijk was en die zich dan ook niemand geroepen achtte te voldoen.

Men ziet het, op het vaste terrein der praktijk waren nog weinig stappen ter verbroedering gedaan.

Zoo er aarzeling geweest was om stoutweg het rechte en kortste pad in te slaan, dan had men toch geen oogenblik verzuimd dit pad effen te maken en voor te bereiden ; zoo niemand de hand aan het werk had durven slaan om den band tusschen Noord en Zuid nauwer toe te halen, dan was die band zelf toch sterker gemaakt en de zwakkere plaatsen er nauwkeurig van nagezien en hersteld.

Op taal- en letterkundig gebied mocht men vooruitgaan zonder iemand in den weg te loopen en daar bleef het dan ook niet bij enkele aanporringen en ijdele wenschen.

Vooreerst moest de taalschat, het gemeene erfdeel van de beide verwanten, aangeteekend worden, opdat niets er van verloren ginge en ieder met dien rijkdom woekeren konde. Er moest een algemeene inventaris der taal, een woordenboek opgesteld worden. Reeds in het 1e Congres werd het denkbeeld daarvan opgeworpen door den heer Gerth van Wyck en met vuur verdedigd door de HH. Snellaert en Alberdingk-Thym.

Eenige taalgeleerden uit Noord en Zuid werden aangewezen « om hunne gedachte over de zaak van het woordenboek te laten gaan en hunne denkbeelden daarover te doen blijken op het eerstvolgend Congres. » (1)

Op het Congres van Amsterdam werden rapporten uitgebracht door de HH. Bormans, David, Van Duyse en de Jager. Er ontstond daarover eene langdurige en grondige discussie, waarin bijzonder aandeel namen de HH. Alberdingk-Thym, Jonckbloet, Halbertsma en Polak, waarvan de eenen wilden dat alleen een wensch van het Congres zou uitgaan opdat een woordenboek door persoonlijk initiatief zou tot stand komen, en de anderen dat het Congres er zijne zaak zou van maken en onder zijne leden enkele per-

(1) Handelingen van het Congres van Gent, blz. 91.

sonen benoemen « tot het beramen van maatregelen ter samenstelling van een woordenboek. » (1)

Dit laatste voorstel werd aangenomen. De personen aangeduid door het Congres waren de heeren de Vries, de Jager, Koenen, David, Snellaert, van Duyse.

Het Congres machtigde hen zich in beide landen nog twee leden toe te voegen en verbond zich « aan de Gouvernementen van Holland en België een adres te richten, tot verkrijging van eene tot uitvoering der zaak noodige subsidie. »

De zes benoemde leden namen de zaak warm ter harte en Prof. de Vries stelde aan het volgende Congres, te Brussel bijeengeroepen, de vrucht hunner gezamenlijke overpeinzingen voor. (2) Grondig hadden zij de maatregels overdacht die er dienden genomen te worden voor wat betrof « den inhoud, de inrichting en de vervaardiging van het Woordenboek. » Als middel om hun plan ter uitvoering te brengen deden zij het dubbele voorstel : 1e dat het Congres een besluit moge nemen van dezen inhoud : « *Er zal op last en in naam van het Nederlandsch Letterkundig Congres een woordenboek worden vervaardigd en uitgegeven overeenkomstig het plan, door de daartoe benoemde Commissie ontworpen.*

2e Dat aan dit besluit een begin van uitvoering worde gegeven, door de benoeming eener Commissie van redactie, uit drie leden bestaande, die verzocht zullen worden zoodra mogelijk met de voorbereidende werkzaamheden eenen aanvang te maken. »

Dit dubbele voorstel werd aangenomen en de heeren de Vries, L. Ph. C. van den Bergh (na zijne weigering vervangen door te Winkel) en David werden als leden der Redactie benoemd. Aan hen werd dan de taak overgelaten voor het tot stand komen van het plan, door het Congres goedgekeurd, te zorgen.

Men had reden verheugd te zijn aan eene blijvende vereeniging die belangrijke taak opgedragen te hebben, die

(1) Handelingen van het Congres van Amsterdam, blz. 95 tot 171.
(2) Handelingen van het Congres van Brussel, blz. 109 tot 159.

wellicht nimmer door onmiddellijke inmenging van het Congres verwezenlijkt ware geworden.

In elk der opvolgende Congressen kon de heer de Vries een verslag uitbrengen, waarbij hij aan de vergadering rekening gaf van wat er intusschentijd door de Redactie verricht was en dat telkens sprekende blijken opleverde van den ijver en de welgelukte pogingen der Redactie. Op het achtste Congres mocht hij aan de vergadering de heugelijke mededeeling doen dat de twee eerste afleveringen verschenen waren en het werk geregeld zijnen gang zou gaan. Prof. David had intusschen aan de eigenlijke bewerking van het Woordenboek geen deel kunnen nemen en gansch de last van die reuzenonderneming rustte op de schouders der twee wakkere taalkundigen de Vries en te Winkel. De geestdriftige bijval dien zij verwierven, telkens als zij rekening aan de lastgevende vergadering kwamen brengen over het gedane werk, en de ruime deelneming, zoo door medewerking als inschrijving, moest de opstellers een blijk zijn, dat hunne pogingen naar waarde geschat werden en aan het Congres bewijzen, dat wanneer enkele bijzonderen de belangen en wenschen van allen tot de hunne maken en zich aan het werk stellen met al den moed en de eigenliefde die men voor eigen werk gevoelt en met al het zedelijke gezag dat men aan zijne lastgevers ontleent, zij in hunne onderneming slagen moeten.

Met het opstellen van het Woordenboek hing het vaststellen der spelling ten nauwste samen. Ook werd door den heer Gerth van Wyck, te zelfder tijd als hij voorstelde een algemeen Woordenboek op te maken, de wensch geuit « dat er ook maatregelen zouden genomen worden om tot de eenvormigheid der spelling te geraken. »

Wonder genoeg, tegen « die vereffenings- en gelijkmakingstheorie » werd er « ten nadrukkelijkste geprotesteerd » door den heer Alberdingk-Thijm. Reeds daar deed zich dus het wonderlijke verschijnsel op, dat in de volgende vergaderingen nog meermaals moest herhaald worden en waarbij bleek dat de Hollanders meer aan vrijheid van spelling hielden dan de Vlamingen.

In het tweede Congres werd de eenparigheid terloops verdedigd door I. da Costa. (1)

In het daaropvolgende werd zij bestreden door den heer de Jager en verdedigd door den heer Delecourt.

In het 4ᵉ en 5ᵉ bleef de quæstie slapen, maar bij het naderen van het tijdstip, waarop het Woordenboek zou verschijnen, moest zij noodzakelijker wijze weder in het leven geroepen worden.

Op het 6ᵉ Congres verklaarde zich de heer Heremans in zijnen naam en in name van een aantal Vlaamsche schrijvers er de warme verdediger van. (2)

Later legde nog de heer Vuylsteke in name van een twaalftal Vlaamsche schrijvers de verklaring af dat ook zij eene eenparige spelling verlangden en als doelmatigste middel om daartoe te geraken de Noord-Nederlandsche spelling aangenomen hadden. (3)

En wederom waren het Nederlanders, van Lennep en Halbertsma, welke de eenparigheid bestreden en de Vlamingen afrieden de Vlaamsche spelling te verwerpen om de Hollandsche aan te nemen. Een vreemde strijd, waar de kampers het stelsel van hunne tegenpartij verdedigden, waar de eenen streden om te mogen toegeven, en de anderen die toegevendheid aan hunne eigene oude zienswijze wilden beletten.

De strijd herbegon op het Brugsche Congres, maar werd dit maal aan den gang geholpen door den heer David, een' Vlaming die eene lans brak voor de Vlaamsche spelling. Tegen hem traden op de HH. Heremans, Conscience en Vuylsteke.

De Hollandsche leden, de hardnekkigheid der Vlamingen ziende om hunne eigene spelling te verloochenen, verklaarden zich niet verder met de zaak te willen bemoeien. Een hun-

---

(1) Handelingen van het 2ᵉ Congres, 180.

(2)   id.   6ᵉ Congres, blz. 93.

(3) Ibid. blz. 188.

ner, de heer Beets, sloot de discussie met een verzoenend woord en sprak de lijkrede uit over de Vlaamsche spelling.

In het laatste Congres werd er nog slechts gehandeld over de schrijfwijze der bastaardwoorden. De Redactie van het Woordenboek had eene spelling vooruitgezet die reeds door velen uit beide landen aangenomen was. De eenparigheid werd dus een voldongen feit, met dit voortdurend verschil, dat de Vlamingen zonder onderscheid de gezamentlijke spelling aannamen en een goed deel der Hollanders hunne oude schrijfwijze behielden.

Hier weder had de persoonlijke bemoeiing der heeren de Vries en te Winkel dus spoedig en duurzaam werk geleverd.

De Vlamingen hadden door hun krachtig doordrijven ook merkelijk dezen uitslag bespoedigd, en het stelsel kreeg eene eerste ambtelijke bevestiging toen onder het ministerie en dank aan den invloed van den heer Van den Peereboom, het Belgisch Staatsbestuur in het tijdverloop tusschen het 8e en 9e Congres de spelling van het Woordenboek tot de staatspelling van België uitriep.

Een punt dat ten nauwste samenhangt met de spelling is de uitspraak ; wat de eerste is voor het oog, is de tweede voor het oor.

Van de eenheid dezer beide vormen hangt de eenheid der taal af. Loopen beiden al te zeer uiteen, dan ook verbrokkelt de spraak in verscheidene tongvallen en de eendracht die de macht, ook der talen, uitmaakt is verbroken.

Eenheid van uitspraak bestaat sedert lang in Noord-Nederland ; maar verschil is er tusschen de uitspraak der verscheidene Zuid-Nederlandsche gewesten met betrekking tot elkander en tot het Noorden.

Had men aan de Zuid-Nederlanders in België zoo dikwijls en zoo dwazelijk verweten dat hunne taal niet de taal van Noord-Nederland was, dikwijlder nog had men hun misprijzend toegeroepen dat hunne taal geene taal was, althans geene beschaafde, dat het eene straattaal was, die van gewest tot gewest, van stad tot stad en van dorp tot dorp verschilde, en zoo zeer verschilde dat op enkele uren afstands de eene Vlaming den anderen niet meer verstond.

Van dit dubbele verwijt, uit kwade trouw of onwetendheid gesproten, was het eerste door het algemeen aannemen van eene zelfde spelling en een zelfde Woordenboek als Noord-Nederland ten onzent voor goed onmogelijk gemaakt. — Het tweede was even weinig gegrond, maar duidde echter op eenen staat van zaken die voor verbetering vatbaar was. In Zuid-Nederland deed zich namelijk, gelijk overal elders, het verschijnsel op dat de ongeletterden hunnen gewestelijken tongval spreken, maar wat elders sedert lang niet meer bestond was dat er in de beschaafde kringen, in de wereld der geletterden nog niet algemeen eene zuivere uitspraak aangenomen was en gebezigd werd. Op dit punt vestigden dan ook al vroeg de Vlaamsche schrijvers hunne aandacht en werden hierin later nagevolgd door Noord-Nederlanders. Het scheen den eersten toe dat het bevorderen eener algemeene beschaafde uitspraak ook niet weinig zou bijgedragen hebben tot het nauwer verbinden van al hunne taalgenooten uit Zuid-Nederland, en tot het verkrijgen dat ook daar waar het gesproken woord tot voertuig der gedachten dient, de Moedertaal den rang verkrege, waarnaar zij mocht en moest streven. Den tweeden docht het dat tot het behoud eener zuivere uitspraak en tot het vergemakkelijken harer verspreiding het nuttig en noodig was de regels daarvan vast te stellen.

Voor het eerst werd de zaak ter tafel gebracht op het 5e Congres te Antwerpen en verschafte daar stof aan twee Zuid-Nederlandsche sprekers, die de vraag dan ook slechts beschouwden voor zooveel zij hunne streek betrof.

De HH. David en Vleeschouwer (1) traden beiden met hetzelfde onderwerp op, iets wat als bewijs mocht dienen van zijne belangrijkheid, en kwamen beiden tot dezelfde slotsom, namelijk dat het wenschelijk ware dat eene algemeene uitspraak voor Zuid-Nederland vastgesteld en door eenieder aangenomen werde ; — die uitspraak hoefde niet

---

(1) 5e Congres, 57, 140.

die van Noord-Nederland te zijn ; David verklaarde er zich stellig tegen ; zij hoefde zelfs niet gemeen aan de beide landen te worden : Vleeschouwer trachtte de onmogelijkheid te bewijzen dat iedere landstreek zooveel van hare eigenaardige uitspraak op het altaar der eenheid zou ten offer brengen. In België alleen, meenden beiden, diende eene zelfde beschaafde uitspraak algemeen aangenomen te worden.

In het Brugsche Congres werd de vraag op nieuw gesteld door den heer van Biesbrouck. (1) Hij ook vroeg dat de Zuid-Nederlanders van alle gewesten hunne zelfde taal op dezelfde wijze spreken zouden, en drukte sterk, al te sterk op den noodlottigen invloed, dien verschil en onbeschaafdheid van uitspraak op het gebruik der moedertaal uitoefenden. Volgens zijn beweren ging het zooverre dat zelfs Vlaamsche letterkundigen, uit verschillende streken afkomstig, zich liever van het Fransch bedienden dan stof tot lachen aan hunne aanhoorders van elders te geven.

Dat gezegde kon misschien iets waars bevat hebben in 1840, maar in 1862 had ten onzent het streven naar eenheid in de uitspraak al te veel vordering gedaan, dan dat iemand, die aanspraak maken mocht op den naam van geletterd Vlaamschgezinde, zich nog in zulke verlegenheid kon bevinden. Eene krachtige protestatie onthaalde dan ook dat gezegde van den spreker. Die logenstraffing werd gegeven en bijgestemd door letterkundigen uit de groote Vlaamsche steden, waar men er zich algemeen op toelegde om tot de eenvormigheid, door David en Vleeschouwer aangepredikt, te geraken.

Zoo er in Zuid-Nederland iets gedaan en iets verkregen was voor het tot stand brengen eener gelijke uitspraak, tusschen Zuid en Noord was nog niets dergelijks beproefd. Lang moest het voorstel daartoe echter niet uitblijven. Op het daaropvolgende 8e Congres stelde de heer J. van Lennep voor « dat het Congres eene Commissie benoemen zou ter aanwijzing der meest geschikte middelen, om eene zuivere

(1) 7e Congres, 52.

beschaafde uitspraak der taal meer algemeen te maken. »
Zooals de spreker het verklaarde bij de toelichting van zijn
voorstel, gold de maatregel evenzeer Zuid- als Noord-Nederland. (1)

De Commissie kwam na afloop van het Congres tot stand
en zooals wij het vermeld vinden op het programma van
het 9e Congres, bestond zij uit de HH. van Lennep, de Bull
en Hofdijk, zij zou op het volgende, dat is het IXe Congres,
verslag uitbrengen over de middelen die haar geschiktst
voorkwamen ter bereiking van het doel. Bij het overzicht
der werkzaamheden van het laatste Congres zullen wij zien
dat het punt daar breedvoerig besproken werd en vinden
wij dan ook gelegenheid om van het verslag der Commissie
te gewagen.

Het voorbereiden der uitgave van een algemeen Woordenboek, het omzien naar iets dergelijks voor de uitspraak
waren twee stoffelijke en praktische maatregels door de
Congressen genomen om nut te stichten op het gebied van
Taal-en Letterkunde. Getrouw aan hun doel, bepaalden zij
er zich echter niet bij te zorgen dat er buiten hunnen kring
middelen aangewend werden voor het ontwikkelen dezer
twee kennissen, ook in hunnen schoot waren velen en onder
hen de eersten der beide landen werkzaam met het beoefe-
nen der beide vakken.

Ik zal in geene opsomming van namen en zaken vervallen, die door hare uitgestrektheid al licht vervelen mocht.
Wie zich herinnert dat het puik van Neerlands geleerden
en letterkundigen daar regelmatig vergaderden, dat namen
van taalkundigen als de Jager, David, Heremans, Daut-
zenberg, de Vries, Brill en Halbertsma gestadig op de
programma's prijken , dat letterkundigen zooals Beets,
Conscience en van Lennep zich daar herhaalde malen lieten vinden, dat daar de stem van des Amorie
van der Hoeven en Isaac da Costa weergalmde , dat
van Beers daar zijne eerste dichterlijke proeven voorlas,

---

(1) 8e Congres, 207.

en Nolet de Brouwere en van Duyse er niet zelden hunne verzen lieten hooren; dat mannen bedreven in de geschiedenis der Letterkunde, zooals Alberdingk-Thijm, Jonckbloet en Snellaert daar voortdurend verschenen, wie zich dit alles herinnert, en wie doet zulks niet, zal geen oogenblik aarzelen ons bij te stemmen wanneer wij de meening uiten, dat de Congressen feesten van geestesoefening en verstandelijk genot waren, wier weerga wij op geen ander tijdstip onzer geschiedenis aantreffen.

Naast deze rechtstreeksche bemoeiing met Taal- en Letterkunde trachtten de Congressen of sommige leden daarvan ook op minder onmiddellijke wijze mede te werken tot het aanmoedigen en vergemakkelijken van alles wat met de beoefening der taal in verband staat.

Sommige dier pogingen en niet altijd de minst gewichtige werden met eenen weinig voldoenden uitslag bekroond, andere integendeel gelukten er in het belang in hooge mate te wekken en niet zonder vruchten te blijven.

Tot de minst bevoorrechte vraagstukken behoorde voorzeker wel het onderwijs der moedertaal. Even als de meeste en belangrijkste vraagpunten kwam het ter sprake op het eerste Congres en werd er ingeleid door den heer de Jonghe bij middel eener zeer beknopte redevoering. Hij sprak bepaaldelijk over het Nederlandsch onderwijs in België. Dit gaf aanleiding tot de opmerking dat het Congres zich niet kon bezig houden met zaken alleen van belang voor een der twee landen en dat men er zich bij bepaalde « den wensch te ontboezemen dat door de Belgische regeering aan het Vlaamsch eene voegzame plaats bij het onderwijs werde ingeruimd. » (1)

Op het vierde Congres werd er door den heer de Jager een stuk gelezen, opgesteld door den heer Tideman, waarin de schrijver klaagde over het verwaarloozen van dit onderwijs en bekend maakte dat er op dit oogenblik slechts 6 gymnasiën waren in Noord-Nederland, waar regelmatig

---

(1) 1e Congres, blz. 94

onderricht in de landtaal gegeven werd, dat in allen dit vak als van minder belang dan de vreemde levende talen aanzien werd. Hij riep de aandacht van het Congres op dien staat van zaken en verzocht dat het naar middelen uit zou zien om dien te verbeteren (1) En hoe werd zijne vraag onthaald ? Men bracht tegen die zoo gegronde en zoo belangrijke klachten vooreerst in dat de voorlezing ervan langer dan 15 minuten geduurd had, en toen dit gewichtig protest met de noodige zorg door den heer Secretaris aangeteekend was, drukte een lid zijn leedwezen uit dat de vergadering toegelaten had dat het stuk door een ander dan den schrijver voorgedragen was, en toen dit ernstige bezwaar weer uit den weg geruimd was, vond men dat het stuk alleen handelde over den toestand van het onderwijs in Noord-Nederland en dat het bijgevolg niet in den werkkring der vergadering viel. Het lid dat dit bezwaar uitsprak was hetzelfde dat zes jaar vroeger te Gent het voorstel van den heer de Jonghe had doen verwerpen omdat het alleen liep over Zuid-Nederland en nu was er daar niet een Zuid-Nederlander om de woorden van den heer de Jonghe en de reden waarom zij niet aanhoord werden, te herinneren en om te verklaren dat het met het onderwijs zijner taal in zijn land nog immer allerellendigst geschapen was, dat ook daardagelijks de wortels van ons volksbestaan van hun voedsel beroofd worden, doordien de grond waaruit het levenssap getrokken wordt alleen ten behoeve eener vreemde plant bebouwd wordt — en er was daar niet een man die genoegzaam met het onderwijs in Noord en Zuid bekend was om Tideman's voorstel tot het zijne te maken en de groote levensquaestie openlijk in haar geheel voor de vergadering te stellen — en zoo kwam het, dat na al dit ellendig geharrewar zij zonder de minste plichtpleging begraven werd.

Op het volgende Congres was haar lot nog ellendiger. Zij prijkte op het programma, maar de spreker die ze behandelen moest, was afwezig, en geen woord werd er over haar gerept.

---

(1) 4e Congres, 107.

Op het 7ᵉ Congres bracht de heer van Biesbrouck ze ter tafel, maar hij mengde ze te zamen met de vraag der uitspraak en alleen dit laatste punt zijner redevoering viel de eer te beurt opgemerkt te worden en een antwoord uit te lokken.

Even als de uitspraak werd de vraag van het onderwijs voor het eerst grondig besproken en ex-professo behandeld op het 9ᵉ Congres, daar ook dus zullen wij het weder ontmoeten.

Een ander punt dat het lot dezer vraag deelde, en vooral belang voor het Noorden oplevert is de afschaffing van « het zegelrecht. »

Voor het eerst ter loops aangeduid door den heer Ecrevisse op het Congres van 's Hertogenbosch (1) als een middel om het verstandelijk verkeer tusschen Noord en Zuid te bevorderen, werd het zoo min in aanmerking genomen als de reeks voorstellen waarvan het deel maakte.

Op het programma van het volgend Congres gebracht om door den heer Snieders behandeld te worden, kwam het evenmin ter sprake, omdat hij die voornemens geweest was er eene lans voor te breken, vernomen had dat de afschaffing in beginsel door het Noord-Nederlandsch gouvernement aangenomen was, en hij ongaarne een *coup d'épée dans l'eau* gaf. (2)

Vijf jaren nadien bleek het echter dat de *coup d'épée* ook nog elders kon gegeven worden en dat het beginsel nog geen begin van uitvoering verkregen had. Ook deze verwaarloosde vraag werd breedvoeriger op het 9ᵉ Congres behandeld.

Meer belangstelling zonder meer goeden uitslag verwierven de quaestien van boekhandel en van tooneel.

De eerste behoorde ook tot diegene welke behandeld werden op het eerste Congres. Daar traden de heeren Suringar en Schleijer als afgevaardigden en vertegenwoordigers van den Noord-Nederlandschen boekhandel op en teekenden

---

(1) 6ᵉ Congres, 35.
(2) 7ᵉ Congres, 302.

een krachtig protest aan tegen den nadruk, die toen in België ook voor Nederlandsche werken in de gewoonte kwam.
Zij grondden hunne klacht op het onvervreemdbaar recht
van eigendom dat de schrijver heeft op zijn werk of dat de
uitgever van hem verkregen heeft. Harde woorden verdrongen zich op de lippen der sprekers en men gevoelde
dat alleen de welwillendheid hen weerhield den naam van
letterkundige kapers naar het hoofd der Belgische drukkers
te slingeren. Niemand betwistte de gegrondheid hunner
rede en de rechtvaardigheid hunner klacht op het standpunt
der zuivere wettelijkheid, maar wat men betwistte was het
voordeel dat het afschaffen van den nadruk voor Holland
zou opleveren en wat men bewees was het belang dat de
Zuid-Nederlandsche lezers, die geene goede werken aan
dure prijzen zouden gekocht hebben, bij het voortduren van
die onwettelijkheid konden hebben.

Wat algemeen betreurd werd was het ontbreken aan
regelmatige en gemakkelijke betrekkingen tusschen boekhandelaars uit de beide landen. Wel wilden de Noord-Nederlanders van geene gezamentlijke werking hooren zoolang
de nadruk zou blijven bestaan, maar de mogelijkheid en
de wenschelijkheid zulker vereeniging werd echter algemeen aangenomen en het Congres « ontlook den wensch
eene ruimere betrekking tusschen Noord- en Zuid-Nederlandsche boekhandelaren te zien ontstaan, » en benoemde
eene Commissie, belast met het onderzoeken der beste middelen om daartoe te geraken. (1)

Deze Commissie, volgens rapport uitgebracht op het 2e
Congres, (2) richtte zich tot de wetgeving der beide landen
om een handelstractaat nopens den letterkundigen eigendom
te bekomen ; zij vroeg den wederkeerigen transit-invoer en
verklaarde zich bepaald tegen den nadruk; als middel om
het bezwaar door de Zuid-Nederlanders aangaande de duurte
der Noord-Nederlandsche werken te doen verdwijnen, stelde zij voor deze in België met 1/3 van den oorspronkelijken

(1) I, 119. (2) II, 214.

prijs te verminderen. Zij berichtte tevens dat men op de welwillendheid van het Belgische Staatsbestuur voor al wat tot diens bemoeiing behoorde mocht rekenen.

De heer Nijhoff kwam nogmaals terug op de voorgestelde vereeniging tusschen Zuid- en Noord-Nederlandsche boekhandelaars, de vraag werd besproken, maar gelijk het zoo dikwijls in de discussiën plaats had, verloor men het hoofdpunt uit het oog om zich over bijzaken warm te maken en het gevolg hiervan was gelijk gewoonte dat er niets bepaald, niets beslist werd.

In het daaropvolgende Congres (1) trad de heer Zetternam op met een voorstel om van wege het Congres eene maandelijksche algemeene boekenlijst te laten verschijnen en verspreiden. Hij vond weinig bijval ; de ontwikkeling en beslissing daarvan werden naar eene volgende vergadering verzonden.

Op het zelfde Congres (2) stelde de heer Delecourt voor dat het Congres zich nogmaals tot het Belgisch gouvernement zou wenden om den vrijen invoer van boeken, in beide landen te verkrijgen. Dit geschiedde en het handelsverdrag dat weldra nadien verscheen en waarbij de inkomrechten op de boekwerken aanzienlijk verminderd werden, loste de quaestie gedeeltelijk op in den zin, dien het Congres verdedigd had. Waarschijnlijk was dus de werking van het Congres niet zonder gelukkig gevolg gebleven, en had het medegeholpen tot het opmaken of bespoedigen van dit vrijzinnige verdrag.

Op het 4e Congres werd de boekhandel niet besproken. Wel deed de heer Visscher zich op het programma aanmelden met een « voorstel om het litterarisch verkeer tusschen Noord- en Zuid-Nederland te verbeteren, » maar het bleef bij die aanmelding, het voorstel bleef achter.

Op het 5e Congres daarentegen werd met dezelfde bewijsreden als op het 1e de vraag van den nadruk door de Zuid-Nederlandsche sprekers van Doosselaere en Heremans

(1) III, 174. (2) III, 229.

vergoelijkt, terwijl de eerste het betreurde dat aan de vroegere voorstellen geen gevolg gegeven was en daarom deze
nog eens hernieuwde en samenvatte.

Hij stelde voor het aanwenden van pogingen om den
transit-invoer te bekomen ; de benoeming van twee agenten algemeene depothouders voor Zuid en Noord ; het
inrichten van eene vereeniging ter bevordering van den
boekhandel en het stichten van een maandblad, orgaan dezer
vereeniging.

Alle deze voorstellen werden ten onderzoek onderworpen
aan eene bestendige Commissie, die bij onze weet nooit een
teeken van leven gegeven heeft.

Op de volgende Congressen werd de vraag niet meer besproken ; de nadruk werd wel is waar afgeschaft, maar
een hollandsch boek blijft in Zuid-Nederland nog altijd eene
zeldzaamheid, iets wat in Noord-Nederland eveneens het
geval is voor de voortbrengsels der Belgische drukpers.
Dat de schuld daarvan grootendeels ligt aan de gebrekkige
inrichting van den boekhandel wordt niet betwist, dat het
Congres veel zou kunnen doen om aan beide landen een inniger letterkundig verkeer te verzekeren is onbetwistbaar,
blijft nu slechts de vraag waar diegene te vinden is die zich
met de zaak wil gelasten, vermits gebleken is dat de Congressen al te dikwijls niet alleen geen initiatief willen nemen, maar zelfs geen gevolg willen geven aan hunne eigene
besluiten.

Als een gestadig punt van bemoeiing komt op de programma's der verschillige Congressen de tooneelquaestie
voor. Maar wanneer men al nagaat wat over dit zoo belangrijk punt geschreven, gelezen en gesproken is, ziet men dat
het eerder onmacht dan gebrek aan goeden wil is die de
Congressen verhinderd heeft iets te verbeteren in dit kunst-
vak, waarvan de invloed zoo heilzaam op den nationalen
geest zou moeten werken als hij nu bijdraagt om dien geest
te verzwakken en uit te roeien.

Reeds op het eerste Congres hielden er zich twee leden
mede bezig, de HH. van Halmael en Onderoet. De eerste

stelde als middel ter opbeuring van het laag gedaalde tooneel in Noord-Nederland voor « de ondernemers van tooneel-
vertooningen welke eenige ondersteuning van rijks- of
stadswege genieten, te verplichten oorspronkelijke spelen
op te voeren » (1) ; de tweede dat voor Zuid-Nederland « uit
de tooneelliefhebbers de beste zouden gekozen worden, die
alsdan onder toezicht van deskundigen en mits eene voldoende bezoldiging, vertooningen zouden geven. »

Men ziet het, deze voorstellen vielen geheel buiten den
werkkring van het Congres. Dit was niet het geval op de
tweede vergadering : daar werd voorgesteld door den heer
Kisselius, dat het Congres de hulp van de hooge regeering
der beide landen zou inroepen om in de behoefte van een
eigenlijk Nationaal tooneel te voorzien. (2)

Hiertoe diende men volgens hem te zorgen, dat de
beste vaderlandsche schrijvers opgevoerd werden ; een
jaarlijksche prijs zou uitgeloofd worden voor het beste too-
neelspel ; het eigendomsrecht der schrijvers zou verzekerd
worden en men zou zorgen dat er eene kweekschool voor
tooneelisten gesticht werde. Ook vroeg hij nog dat er door
deskundigen aan eene te benoemen Commissie rapport zou
uitgebracht worden over de wijze waarop de Rederijkka-
mers voor het tooneel konden benuttigd worden. De heer
Pringle drong even als hij aan op het stichten « eener academie voor de tooneelspeelkunst. »

Geen van beide voorstellen werd in aanmerking genomen.

In het 3° Congres riep de heer Sleeckx de aandacht van
alle vrienden van moedertaal en beschaving op den betreu-
renswaardigen toestand van het tooneel, dat zoo ruime
belangstelling verdient en 'er zoo weinig ontmoet. Hij drukte
vooral op de noodzakelijkheid dat ons tooneel nationaal
worde, zijnde dit het geschiktste middel om den nationalen
geest te versterken. (3)

Zijne redevoering was eene aanwakkering en bevatte
geene aanwijzing van eenig practisch middel : het Congres

---

(1) I, 161. (2) II, 249. (3) III, 216.   7

had er dus geene beslissing over te nemen.

Op het volgende Congres kwam de vraag bij uitzondering niet ter spraak. Op het 5ᵉ werd zij geopperd door den heer Van Driessche, die nagenoeg hetzelfde onderwerp op dezelfde wijze behandelde als de heer Sleeckx dit vroeger gedaan had. Men stemde het hem bij dat er veel, dat er alles te doen was, maar men moest het wel, aangezien de zaak voor geene officieele inmenging of regeling vatbaar is, bij vrome wenschen laten. (1)

Op het programma van het volgende Congres had zich de heer Rosseels laten brengen met eene voordracht « over de strekking van het nationaal tooneel »; daar hij afwezig was, werd zijn stuk niet voorgedragen; het werd opgenomen in de notulen en daaruit blijkt, dat hij, met het oog op de vreemde stukken, die voortdurend onze schouwburgen innamen, vroeg dat het premiestelsel in België reeds ingevoerd, ook tot Holland zoude uitgebreid worden.

Op het 7ᵉ verscheen de heer Van Driessche op nieuw om over het tooneel te spreken, dat hij nu beschouwde onder het oogpunt van taal en stijl. (2)

Op het voorlaatste trad de heer Rosseels op en sprak nogmaals over den ondergeschikten rang dien de nationale stukken op ons nationaal tooneel innemen. Men stemde het hem algemeen bij, maar men scheen het er voor te houden, dat het kwaad zoo diep en zoo wijd ingeworteld was, dat er niet aan te denken viel het uit te rukken. (3)

Wij zullen de theaterquaestie even als zoovele andere die vroeger verwaarloosd of uit het oog verloren of onafgedaan bleven, zien verschijnen op het 9ᵉ Congres, waar wij in een volgend hoofdstuk een overzicht willen van leveren.

II.

Vooraleer ik het bedoelde overzicht lever heb ik, en dit mag wel het onaangename deel mijner taak heeten, de inrichters van het laatste Congres vrij te pleiten over eenen stroom van beknibbelingen, spijtige of smaadvolle woorden

---

(1) V. 87. (2) VII. 131. (3) VIII. 115.

en verwijten. Niet dat ik lust gevoel om elken papierbekladder die het goed en geesti^{og} gevonden heeft mijne collega's der inrichtings-commissie aan te vallen, met zijne munt te betalen.

Lieve hemel ! waar ging dat heen ? Maar de aanvallen zijn zoo dikwijls vernieuwd en men heeft zich zoo weinig de moeite getroost er het ongegronde en kleingeestige van te doen uitschijnen, dat ik het aan de waarheid en aan de edele zaak der Congressen verschuldigd denk te zijn, de voornaamste der besproken punten in hun waar daglicht te stellen. Niet allen kan noch wil ik bespreken, en sommige zijn ook niet van aard om een ernstig onderzoek te kunnen doorstaan.

Zoo kregen de verduldige lezers van sommige dagbladen, en dit nog wel de voornaamste in Vlaamsch-België, regelmatig eens per veertien dagen te lezen dat het Congres eigenlijk niets was dan eene parade-plaats van eerzuchtigen — een domein geschikt voor de kruiskensjacht — eene woordenkermis, enz.

Wij zouden al wel in te brengen hebben dat men juist geenen overlast van geest moet hebben om zulke aardigheden te schrijven, dat niemand ter wereld zich ooit eene zaak aangetrokken heeft, die niet rechtstreeks met zijnen kookketel in verband stond, dat niemand zich uit den leuningstoel van het « *dolce far niente* » opgericht heeft zonder bij den eersten stap tegen een waarschuwingsberd te loopen waarop geschreven stond : « gij zijt een eerzuchtige » ; wij zouden al wel trachten te bewijzen dat een eerlijk man, wanneer hij eene gewetenszaak verdedigt, wel lachen kan met gouvernementsgunsten, maar juist daarom niet moet gaan loopen als een kind dat men van den bietebauw spreekt, wanneer iemand hem kruiskensjager naroept. Maar waartoe zou het dienen iets te herhalen, wat ieder die de aanvallen las moet gezegd hebben ?

In den geest van sommigen was het besloten dat het Gentsche Congres zou mislukken ; voor deze waren alle middelen, alle leugens goed ; de middelen waren berekend op het uitwerksel van den oogenblik, de leugens moesten slechts eenen dag dienen ; het ware leugenaars en logens te veel eer aandoen eenig gewicht aan hunne verzinsels te hechten. Aan hen heeft dan ook het gebeurde een voldoende antwoord gegeven.

Maar iemand bij wien men kalmer overweging zou verwacht hebben, meende ook voor eigen rekening eenige der verwijten te moeten herhalen, die eerst door zuivere partijzucht uitgebracht waren. Hij deed het na den afloop van het Congres in een geacht en vrijzinnig *Tijdschrift* en beredeneerde zijnen aanval. Om den man die het bedoelde artikel schreef, om het *Tijdschrift* dat het opnam en om den vorm waarin het geschreven is dunkt het mij dat een antwoord van nut kan zijn, te meer daar het ons de gelegenheid aan de hand doet om hier meteenen de bijzonderste beknibbelingen te ontmoeten.

De heer Jottrand in een artikel van de *Revue Trimestrielle* (1) bespreekt de inrichting en den gang van het Congres, op eene wijze, die of wel doet glimlachen of ernstig doet vragen of hij met zijne lezers den draak steekt.

De inrichters worden er in afgeschilderd als menschen zoo behendig in het smeden van complotten, dat Talleyrand en Metternich bij hen les zouden kunnen nemen. Het gentsche Congres is eene fijn ontworpen en behendig uitgevoerde samenzwering tegen.... het Katholicismus en de katholieke Flaminganten.

Gij lezer, die het Congres gehoord en gezien hebt, gij glimlacht : maar voor een oogenblik alle teeken van ongeloof van uw wezen gevaagd, de heer Jottrand heeft den waarlijk zwaren last op zich genomen u te overtuigen.

Ziehier de geschiedenis volgens den heer Jottrand :

Toen nu de samenzweerders overeengekomen waren een liberaal Congres te houden, begonnen zij met het te stellen op den 26, 27 en 28 augusti, juist alsof het eene voortzetting

---

(1) *Le 2e Congres flamand de Gand.* Revue Trimestrielle, October 1868. Brussel.

der vorige Congressen ware. (1)

Niet tevreden met dien eersten goochelaarstoer, vormden zij eene commissie samengesteld uit liberalen en katholieken, waaronder gedeeltelijk de inrichters van het Congres van 1849. De nieuw aangekomenen waren wel liberalen, maar als hoofdsecretaris werd gekozen de heer Vuylsteke, een rechtzinnige Flamingant.

Wie weet wat een eerste secretaris in inrichtingen als een Congres is, zal met den heer Jottrand de geslepenheid van de inrichters bewonderen.

Maar waarom nu die listen? — Omdat de Gentsche inrichters aan hun hoofd den Burgemeester hunner stad wilden hebben ; omdat in hun midden twee opstellers zetelden van een liberaal dagblad, welke opstellers, hetzij hier gezegd, persoonlijk als Flaminganten gekend zijn. De inrichters van het eerste Congres en de heer Vuylsteke dienden dus als dekmantel voor die zuiver liberale gekozenen, die hunne kleur aan het Congres moesten mededeelen.

Alles ging wel. De Vlamingen hadden zich een rad voor de oogen laten draaien ; maar daar brak de bom los ! Een Antwerpsch dagblad viel de inrichters aan en een Gentsch dagblad, dat katholiek en vijandig aan het Congres was en waarvan nogtans ook de redakteur en de eigenaar in de Regelings-commissie zetelden, nam dit artikel over. Dit laatste gewichtige feit viel voor op 10 Augusti 1866 en den 11 Augusti werd het Congres verdaagd.

Wel is waar beweerden de inrichters dat de heerschende

---

(1) Het spijt mij die ongelooflijke beweringen niet allen in de oorspronkelijke taal te kunnen opnemen, volgens een stelsel nog al in zwang in Noord-Nederland. Ik haal slechts *hier* de woorden van den heer Jottrand aan, de lezer gelieve te gelooven dat ik ook in het vervolg ernstig al die onernstige dingen vertaal. De text dan luidt aldus : Le congrès avait été fixé primitivement aux jours anniversaires exacts du premier congrès de 1848 : les 26, 27, 28 et 29 août. *C'était implicitement l'indiquer comme une reproduction des Congrès passés.*

ziekte de zeer gegronde reden van de verdaging was, gelijk zij het voor alle vergaderingen van dien aard hier en elders geweest is ; de heer Jottrand schijnt er maar half aan te gelooven; de Antwerpenaars waren het die op het kaartenhuis hadden geblazen en het hadden doen instorten. De heer Jottrand schijnt nu niet te weten dat er een bijzondere wrok tusschen de twee steden heerschte, waarbij Antwerpen zeer natuurlijk afkeuren en afbreken moest wat Gent opbouwde; neen, Antwerpen handelde zoo omdat zij tegen de partijdigheid van de inrichters protesteeren wilde.

Nu het Congres gestruikeld had over een dagbladsartikel was het zeker geene geringe taak het weder op de been te helpen. Hiertoe behoorde dan ook eene dubbele behendigheid.

Wat deden de inrichters, de *faiseurs* zooals de heer Jottrand ze noemt? Nevens den gunstig gekenden eersten secretaris benoemde men er eenen anderen met gelijken titel, die zelf een Antwerpenaar was, « die aan niemand verdacht was en wiens goede trouw niet kan betwijfeld worden. »

En weder kwam de zaak vlot. Na al het aanwenden hunner listen en lagen gingen de liberalen zich voorzeker eenen gemakkelijken zegepraal voorbereiden met partijmakkers te werven? Wie dit denkt toont al seffens dat hij de Gentsche Machiavellis niet kent. Al hunne moeite werd aangewend om de hoofden der scheuringspartij in hun midden te lokken, en door hunne helsche kuiperijen gelukten zij er in zich de medewerking van een aantal mannen te verzekeren, die het jaar te voren niet bijgetreden waren. De heer Jottrand roemt erop dat hij stukken bezit, die bewijzen dat men grooten prijs stelde op zijne medewerking en dat men noode hadde gezien dat een enkele Vlaamschgezinde achteruit gebleven ware, nu het er op aankwam gezamenlijk iets van algemeen nut tot stand te brengen. De heer Jottrand beloofde ons zijne medewerking en hield zijn woord. En niet alleen koesterde hij geen het minste mistrouwen, wanneer hij zich naar Gent begaf, maar in de redevoering, die hij op het Congres hield, verblijdde hij zich nog dat de eendracht tusschen alle Vlamingen nopens de zaak tot stand gekomen was.

Wij halen hier zijne eigene woorden aan. « Spijt, innig spijt hadden wij gehad, zoo, gelijk het vooreerst scheen te kunnen gebeuren, sommige Vlamingen en Brabanders, onder de eersten en voornaamsten, die de wederopbeuring hunner schoone taal hebben in werk gesteld, de beteekenis van het tegenwoordig Gentsch Congres, gelijk wij, niet begrepen hadden, en den schapenstal verlaten hadden juist toen men er feest moest houden, omdat verdoolde schapen er toe terug kwamen. »

Men ziet het, voor den heer Jottrand was er geen wolkje aan den hemel toen hij te Gent aankwam. Het was dus daar zelve dat hij lont begon te rieken en het zoo behendig gesmede verraad wist te ontdekken.

Wat gebeurde er hem dan zoo verschrikkelijks, wat hoorde of zag hij er dat hem begrijpen deed dat zoo de verdwaalde en wedergevonden schapen tot den schaapstal terug keerden, er daar ook wolven waren onder eene schapenhuid, die de onnoozele blaters gingen verslinden op het oogenblik dat zij dachten feest te komen houden in den schapenstal (!)

Uit zijne pleidooi halen wij de grieven aan die hem doen verklaren dat voortaan onpartijdige Congressen onmogelijk zijn.

De eerste grief bestaat hierin dat hij te Gent vernam dat de dagbladen der oppositie (tegen het gemeentebestuur) geene uitnoodiging ontvangen hadden en dus (die bemerking is van den heer Jottrand) niet in staat waren verslag der vergaderingen te geven,

Ten tweede was hij verplicht eene brok uit zijne redevoering, handelende over het nut eener algemeenmaking van het kiesrecht, weg te laten vallen, wilde het dagblad waarin hij ze liet drukken, ze opnemen.

Ten derde waren de bureelen uit liberale Vlamingen samengesteld en voerden er in de vergaderingen de sprekers, *les sectaires* heet het, zoo vrijen teugel aan hunne partijzucht, dat de priesters verplicht waren zich te verwijderen.

Mijn antwoord op het eerste punt kon zeer kort zijn. De

heer Jottrand deed mij de eer aan mijne onpartijdigheid niet te betwijfelen : met hem te verzekeren dat ik alleen de kaarten aan de dagbladen heb rondgezonden zou hij dus gerustgesteld zijn. Maar een paar woorden opheldering wil ik er bijvoegen. De dagbladen, welke hij aanduidt als geene kaarten ontvangen hebbende, zijn drij in getal, twee fransche en een Vlaamsch. De twee fransche hebben zich immer zoo onverschillig aan de zaak van het Congres getoond, alsof er spraak was van eene plechtigheid, die in Lapland moest plaats hebben. Een hunner bedankte ons dan ook hem geene kaart gezonden en hem dus den last gespaard te hebben zich met ons bezig te houden. Een Vlaamsch dagblad, *de Beurzencourant*, beweert geene kaart ontvangen te hebben ; dit moet bij toeval plaats gehad hebben, want alle stukken van het Congres uitgaande, werden regelmatig aan dit blad medegedeeld en zelfs toen het zich onwillig toonde ze op te nemen en ons liever aanviel dan ons te ondersteunen, getroostten wij ons de moeite stappen aan te wenden om den afkeer te overwinnen, dien het blad toonde om onze mededeelingen te drukken. Ik hoef er nauwelijks bij te voegen dat al deze bladen, indien zij benieuwd waren te zien wat er in het Congres omging, zich slechts als vertegenwoordigers der drukpers aan de deur aan te melden hadden, of zoo zij voor zoo iets tegenzin gevoelden, zich als gewoon lid konden laten inschrijven.

Wat de tweede grief betreft, de heer Jottrand zelf antwoordt hierop, wanneer hij verklaart, dat het dagblad, waarop hij zinspeelt, onafhankelijk was van het stadhuis, dus uitsluitelijk zijn eigen goeddunken te rade ging wanneer het weigerde de redevoering van den heer Jottrand *in extenso* op te nemen, gelijk het vroeger geweigerd had de berichten op te nemen die wij het toestuurden. De handelwijze van die Courant hadde den heer Jottrand een staaltje moeten geven van de onpartijdigheid zijner beste vrienden.

Wat het derde punt betreft ; het spijt ons dat een man als de heer Jottrand zoo lichtzinnig dergelijke beschuldigingen uitbrengt. Welhoe, de bureelen waren op eene wijze samengesteld die de catholieken niet kon bevallen? Maar hield de heer Jottrand dan de oogen gesloten toen hij in de tweede afdeeling zetelde en sprak en daar voor hem zag zitten de HH. Serrure, voorzitter, Vreede en Rolin-Jacquemijns, ondervoorzitters, Noordziek en Wouters, secretarissen. Waren alle denkwijzen niet onpartijdig in dat bureel, waar het vooral op denkwijzen aankwam, vertegenwoordigd? Dat de spreker weinig bijval verwierf, dat zijne zienswijze bestreden werd en hij door de gebrekkige kennis onzer taal buiten staat was ze zoo krachtig te verdedigen als hij zou gewenscht hebben, dat kan niemand ter wereld en voorzeker de *faiseurs* van het Congres niet verhelpen. Wat het verdwijnen der priesters betreft, dat de heer Jottrand plaatst op den eersten dag, ik zal mij veroorlooven hem te vragen hoe het komt, dat de priesters die na den eersten dag niet meer verschenen zijn, den derden dag nog konden verjaagd worden door het gedicht van den heer de Geyter, dat gelezen werd éen uur voor het sluiten van het Congres en dat volgens de eenparige verklaring aller katholieke dagbladen die de zaak besproken hebben, voor uitwerksel had de priesters die in de zaal aanwezig waren, te doen uitgaan om niet meer weder te komen. (1)

---

(1) Ziehiër wat wij lezen in het Verslag der maatschappij « Met Tijd en Vlijt » nopens den indruk dien het Congres op de twee afgevaardigden van het Studenten-genootschap der Catholieke Hoogeschool, waarvan de eene priester was, gemaakt heeft : « Eindelijk wat zullen wij zeggen van die groote vereeniging, die, den 19 van oogstmaand, te Gent gehouden wierd en welke, zoo als haar programma luidde, voor doel had — met strenge eerbiediging der tegenwoordige staatsverdeelingen — het behoud en de versterking der Nederduitsche volkseenheid te beoogen? Ziet hier den indruk die onze vertegenwoordigers, de eerw. heer Schuermans en A. Fredericq, student, er hebben van mede gebracht. Belangrijke vraagpunten onzen taalstrijd rakende werden er verhandeld en opgelost ; menigvuldige schikkingen werden er ook nog genomen om de studie der Nederlandsche taal- letter- geschied- en oudheidkunde te bevorderen en de *boekhandelsbetrekkingen* (?) tusschen Noord en Zuid te vergemakkelijken.

Maar aangenomen nu nog dat de bewijzen van den heer Jottrand iets bewijzen en dat de inrichting van het Congres eene samenzwering van het Gentsche liberalismus ware, welk was dan het doel van het complot? Want het zou moeilijk zijn aan te nemen dat het alleen gesmeed was om aan den heer Jottrand de gelegenheid te geven het te ontdekken en te veropenbaren.

Laat ons zien wat de heer Jottrand verder van de handelwijze der Gentenaars en inzonderheid der anti-Vlaamschgezinde liberalen zegt.

Hij, die op zoo behendige wijze te Gent gelokt werd was er ooggetuige van den zegepraal der Moedertaal. De burgemeester, die lijkredenaar onzer taal, gelijk de heer Jottrand hem zoo geerne afschildert, boog den nek en aanbad wat hij vroeger verbrijzeld had, de *Journal de Gand* deed *amende honorable*, de Gentenaars die aan de bureelen zetelden noodigden den heer Jottrand op hunne feestmalen uit, waar niets hem trof dan de heuschheid van den gastheer en de beleefdheid der gastvrouw, die zoo wel onze taal tot hare genoodigden sprak. Overal vond hij welwillendheid en wellevendheid.

In een woord, het IXe Nederlandsch letterkundig Congres is aan zijn programma getrouw gebleven en zal, wij zijn er van overtuigd, zoo als de vorige Congressen, die reeds de eenheid der Nederlandsche taal, die te lang in vlaamsch en hollandsch verdeeld scheen, door de uitgave van het groot Woordenboek, duurzaam mochten bevestigen, schoone vruchten dragen en voorttelen. Jammer maar dat een zeker iemand daar alweer met het liberaal en klerikaal spook moest voor den dag komen, om met zijne godsdienstlasterende taal dit echt onzijdig terrein te bezoedelen en aldus de edele pogingen die er aangewend wierden om onzen stam te verheffen, eenigszins te verlammen. Toch zou het nauw gezet zijn voor een ongelukkig woord van een enkelen eene gansche vergadering verantwoordelijk te maken die, voor de overgroote meerderheid, in geenerlei wijze met den spreker instemde. »

Het zij mij toegelaten hier op te merken dat de twee laatste volzinnen een *hors-d'œuvre* uitmaken, dat ik niet zonder reden aan den opsteller van het verslag toeschrijf, welke opsteller het Congres niet bijwoonde.

Hadden de samenzweerders misschien plan hem onder den overlast der bewijzen van genegenheid te doen bezwijken ?

Misschien wel, want volgens de bekentenis van den heer Jottrand, zal het Congres voor onmiddellijk gevolg hebben dat zich de burgemeester van Gent en gansch het gemeentebestuur tot het Vlaamsch bekeeren ! Wonderlijke uitslag en die in alle geval zou toonen, dat de samenzweerders nog zoo geene booze plannen smeedden en zoo slecht niet gerekend hadden.

Jammer maar dat zoowel de uitslag als al wat er toe leiden moest eene zuivere hersenschim is. De heer de Kerchove heeft met zijnen titel van eerevoorzitter van het Congres ook zijne tijdelijke Vlaamschgezindheid afgelegd en behoudt nog enkel de eenige hoedanigheid, die hem dan ook alleen tot dit eereambt kiezen deed, die van Burgemeester der stad, waar het Congres vergaderde.

Maar zoo alle Vlamingen zonder onderscheid tot het Congres uitgenoodigd zijn, zoo zij daar heusch en voorkomend bejegend werden, zoo zelfs die personen welke aan de Vlaamsche zaak vijandig waren, zich geweld hebben aangedaan om hunne gasten welwillend te ontvangen, zoo er geene bom nadien geborsten is en het Congres zelfs eenen gunstigen invloed in Gent schijnt uitgeoefend te hebben, dan vragen wij, waarin en waarom bestond de samenzwering en welk kwaad heeft zij gesticht ?

De heer Jottrand zal ons het antwoord daarop wel schuldig blijven.

En dan ook achten wij het onnoodig te vragen : noem ons de samenzweerders ; want klaar blijkt het dat zij ontstaan zijn in de verbeelding van den heer Jottrand, die ze gewapend uit zijn brein in het leven riep om zich het genoegen te verschaffen er eene lans tegen te breken en ze te verslagen zonder dat iemand voor die hersenschimmige smeders van hersenschimmige complotten partij trok.

Of men zich geen onschuldiger genoegen zou kunnen verschaffen ; of men geen ander *declamatio* zou kunnen vinden als men zich dan toch wil oefenen in het opstellen van pleidooien — dit is eene andere vraag.

Ik voor mij vind het weinig geschikt om eendracht te stichten, diegenen waarvan men getuigt dat zij geene poging onbeproefd lieten om die eenheid van werking tot stand te brengen, zelve later van partijschap of medeplichtigheid daaraan te beschuldigen.

Ik vind het weinig eerlijk van eene partij, te beginnen met zich te onthouden in het deelnemen aan eene vergadering en dan later aan die vergadering te verwijten, dat alle gezindheden er niet evenzeer vertegenwoordigd waren.

En eindelijk vind ik, dat wij ons al te lang hebben bezig gehouden met het bestrijden van aantijgingen, die onvatbaar zijn of in stof vergruizelen, wanneer men ze vatten wil. Wat ik het meeste echter betreuren zou ware, dat die aanvallen iemand moesten verhinderen in het medewerken tot het grootsche doel der Congressen, die niet zijn noch zijn mogen een middel om de eigenliefde van dezen te streelen, een krijt om bijzondere wrokken van genen te koelen, maar een strijdperk waarin taalbroeders vergaderen, die voor doel hebben het behouden en het oprechten van hun zedelijk vaderland dat in gevaar is.

Het IXe Congres, dat op zulke behendige wijze als de voortzetting der voorgaande Congressen was willen beschouwd worden voor wat betreft de dagen waarop het moest plaats hebben, wilde het echter niet bij die uiterlijke overeenkomst laten blijven; het had voor ernstig doel genomen de werking der acht eerste voort te zetten en zelfs zoo mogelijk eene nieuwe ontwikkeling en doelmatigere aanwending aan hunne levenskrachten te geven.

Met dit doel was het dat, bij afwijking van wat vroeger plaats gegrepen had, de leden niet meer gezamenlijk in éene vergaderzaal bijeenkwamen, maar dat zij des morgens in drie afdeelingen werden gesplitst, waarin afzonderlijk de verschillige hoofdpunten van het programma besproken werden.

Die punten waren evenals de datum der zittingen bijzonder geschikt om de minder klaarzienden in den waan te brengen, dat het tegenwoordige Congres een opvolger der vorige zou zijn.

Behalve de afgehandelde vraagpunten, zooals die van het Woordenboek en de spelling, werden hier de nog niet uitgeputte voortbesproken, en zoo kwamen achtervolgens de quaestiën van het onderwijs, van het tooneel, van de uitspraak, van het zegelrecht en van de bestendigheid der uitvoerende afgevaardigden aan de dagorde.

Het dunkt ons dat het minder of meerder nut door het IX⁰ Congres opgeleverd, kan afgemeten worden naar de stappen, die het, in vergelijking met de voorgaande vergaderingen, aan deze verschillige quaestiën heeft doen afleggen. Daarom zal het noodig zijn de werkingen nopens die vragen samen te vatten, liever dan ze volgens den tijd of de plaats waar zij besproken werden te behandelen.

Twee punten zooals wij zegden, waren van de dagorde verdwenen : het Woordenboek en de spelling; niet zoo zeer verdwenen echter dat er geen spoor meer van overbleef.

Zoo zien wij dat als vollediging van het taalkundig Woordenboek het opstellen van een wijsgeerig Woordenboek dit maal werd ter spraak gebracht. De zaak echter schijnt ons van al te bespiegelenden aard dan dat het geraadzaam zou kunnen geacht worden ze tot onderwerp eener bespreking op openbare vergaderingen aan te bevelen. En dit scheen ook de meening der aanhoorders van de proeve door den heer van Geertruyen geleverd ; niemand verlangde het woord er over te voeren en de zaak bleef te recht daarbij.

Wat de spellingquaestie betreft, aan deze werd met beter gevolg eene nieuwe uitbreiding gegeven. Men bracht ter sprake de wijze waarop de namen van steden en dorpen moeten geschreven worden. De heer van Lennep trok de aandacht der vergadering op de gebrekkige kennis die onze schrijvers van de Nederlandsche namen van vreemde plaatsen nog bezitten. De heeren Ternest en Heremans onderzochten de vraag, op welke wijze de namen onzer gemeenten dienen geschreven te worden. De eerste streed voor de schrijfwijze door de woordafleiding aan de hand gedaan en verklaarde zich tegen het behouden van zooveel versteende overjaarsche namen als er op onze landkaarten prijken. De heer Heremans was het over het algemeen met hem eens, hij wilde alleen de schrijfwijze naar de afleiding in zooverre beperken dat men niet afbreken zou met de geijkte uitspraak, wanneer deze verandering verwarring zou kunnen veroorzaken ; hij waarschuwde ook tegen al te gewaagde afleidingen en raadde de onthouding aan in gevallen, waar twijfel bestaat.

Wij stemmen ten volle in met het gevoelen der beide sprekers en hopen ook dat de goedkeuring door het Congres verleend aan de zienswijze van den eersten, gewijzigd door de opmerkingen van den tweeden, haren invloed door de Nederlanden zal doen gevoelen.

Dit vraagpunt werd voor de eerste maal op het programma gebracht en wij vermeenen dat er voor lang het laatste woord over gezegd werd.

Ook oude vraagpunten werden ernstiger dan ooit behandeld. Op den eersten rang staat de quaestie van het onderwijs. Wij hebben gezien hoe gebrekkig dit belangrijk vraagpunt vroeger behandeld werd, wij hebben den staat van verval betreurd, waarin zoowel in Noord als in Zuid-Nederland het onderwijs der moedertaal zich bevindt, en daarom ook verheugde het ons te zien, hoe ernstig deze verwaarloosde zaak opgenomen en besproken werd. Vier sprekers waren meer bepaald aangeduid om het woord er over te voeren, namelijk de heeren de Beucker en Lenaerts van Antwerpen, Meganck van Assenede en Pieron van Goor. Van dezen laatsten spreker kwam ons het doodsbericht toe enkele dagen voor de opening van het Congres ; de voorlaatste werd verhinderd bij gebrek aan tijd zijne redevoering uit te spreken. Maar niettegenstaande dit ontvallen van twee sprekers werd aan het onderwijs al het belang gehecht, dat het verdiende op te wekken.

De vraag kwam eerst ter spraak in de tweede afdeeling, waar zij niet te huis behoorde. Daar had de heer Jottrand

als het geschiktste middel om de moedertaal uit hare verne-
dering op te beuren gewezen op eene uitbreiding van het
kiesrecht in België.

Hierop werd door den heer Vuylsteke de aanmerking gemaakt en in het breede ontwikkeld dat de redding onzer
zaak niet zoo zeer te zoeken is in het uitbreiden van het
kiesrecht dan wel in het verbeteren van het Nederlandsch
onderwijs. Deze verbetering zou voor gevolg hebben, vooreerst de niet-kiezers waardig en bekwaam te maken om de
burgerlijke rechten, die hun toch vroeg of laat ten deel moeten vallen, met kennis van zaken uit te oefenen en voorts
de kiezersklas in staat te stellen onze moedertaal te leeren
en ten beste van de lagere klassen te gebruiken. Te dier
gelegenheid hing de spreker een uitvoerig tafereel op van
ons onderwijs en duidde op den beklaaglijken toestand waarin het verkeerde. Andere leden stemden hem bij en zoo
kwam men van het blootleggen der wonden tot het zoeken
naar een geneesmiddel.

Twee voorstellen werden in dien zin gedaan : het eerste
van den heer Noordziek, dat verworpen werd en hoofdzakelijk bestond in een verzoek aan de belgische regeering te
zenden, opdat zij « het mocht goedvinden de binnen haar
bereik zijnde middelen aan te wenden, die leiden kunnen
tot het voldoen van het reeds zoo lang gekoesterd verlangen
om het Nederlandsch onderwijs naar behooren te verbeteren. » Het tweede was van den heer Schneiter en werd
aangenomen ; het had voór doel « eene Commissie uit Vlaamsche leden van het Congres te benoemen om op de volgende
bijeenkomst een rapport uit te brengen over de wijze waarop
het Congres zich de zaak van het Nederlandsch onderwijs
zou kunnen aantrekken en welke intellectueele en materieele
middelen daartoe zouden moeten worden aangewend. » Die
commissie werd niet afzonderlijk benoemd, maar hare taak
werd opgedragen aan de algemeene commissie belast met
het uitvoeren der wenschen en besluiten van het Congres,
welke bij het sluiten der laatste zitting benoemd werd en
bestaan moest uit de leden welke aan de verschillige buree-

len zetelden en met der woon te Gent gevestigd zijn.

Ook in de eerste zitting, waar de vraag eigenlijk te huis behoorde werd het onderwijs breedvoerig besproken. De heer de Beucker na in de eerste algemeene vergadering eene pleidooi voor het gebruik der moedertaal in het wetenschappelijk onderwijs in het algemeen, en in de tuinbouwkunde in het bijzonder uitgesproken te hebben, vatte de maatregel waarvan hij het invoeren aanbevool in een vierledig voorstel samen.

Hij vroeg over 't algemeen : dat het Nederlandsch onder alle opzichten bij de Vlaamschsprekende bevolking op den zelfden voet zou behandeld worden als het Fransch bij de Walen ;

En in 't bijzonder : 1° Dat er voor de Vlamingen eene tuin, en landbouwschool zou worden gesticht, waarin al de vakken uitsluitend in de volkstaal zouden onderwezen worden ;

2° Dat alle wetenschappelijk onderwijs aan de Vlaamschsprekende bevolking zou gegeven worden in het Nederlandsch ;

En 3° dat de Vlaamsche soldaten, indien het onderwijs in 't leger verplichtend wordt gemaakt, dat onderwijs zouden ontvangen in hunne moedertaal ;

Hij uitte den wensch dat door het Congres bij de Belgische regeering stappen zouden aangewend worden om de door hem gevraagde verbeteringen te verkrijgen. Zijn voorstel werd aangenomen en het uitvoeren daarvan aan de algemeene Commissie opgedragen.

Ook in de derde zitting der algemeene vergadering kwam een spreker, de heer Lenaerts, op de quaestie terug en deed in algemeen princiep aannemen, dat het Congres den wensch zou uiten « dat in het middelbaar onderwijs het Nederlandsch tot het geven van onderricht in alle vakken zou gebezigd worden. »

Men ziet het, er was verwarring van bevoegdheid en bemoeiing ontstaan, de tweede afdeeling had een deel der taak van de eerste op zich genomen en de heer Lenaerts had verkozen voor een grooter publiek dan voor dat der afdeeling, waarin hij opgeschreven was, te spreken; maar uit de drift, waarmede zich ieder de zaak ter harte trok, bleek toch ten duidelijkste, dat het Congres het groote belang begrepen had, de moedertaal in het onderwijs te behouden, wilde men ze geen onherstelbaar verval onder het volk prijs geven.

Eene leemte ook nog is er op te merken in de genomen besluiten en het bespreken dezer, namelijk dat men zich alleen met Belgie en dan nog slechts met het Vlaamsch gedeelte daarvan bezig gehouden had, daar het nogtans blijkt dat ook in de andere deelen der Nederlanden het onderricht der Moedertaal voor verbetering vatbaar is. Niettemin was er balsem gezocht voor de ergste wonde, en het Congres had op verre na den tijd niet verloren, dien het aan deze opspeuringen besteed had.

Eene quaestie, welke nog minder aangeraakt was dan het onderwijs werd nog verder dan deze doorgedreven; namelijk de vraag van het zegelrecht, die na slechts terloops op de vorige Congressen genoemd te zijn, hier in haren geheelen omvang besproken en voor zoo verre het in de bevoegdheid van de vergadering lag, afgedaan werd.

In de derde afdeeling las de heer Maurits van Lee eene merkwaardige verhandeling over deze vraag voor, waarin hij toonde en met cijfers staafde, hoe drukkend dit recht in het algemeen was en hoe bijzonder drukkend het op de Nederlandsche dagbladpers woog. De buitengewone bijval, die den spreker te beurt viel, toonde hem, dat men het met zijne zienswijze over het gewicht der behandelde vraag eens was. Ook werd er over zijn werk door het bureel verslag geleverd aan de algemeene vergadering, welke zich dan ook de zaak aantrok en besloot, dat overeenkomstig het voorstel van den heer van Lee aan de regeering van Nederland een vertoogschrift zou gezonden worden, vragende, dat het zegelrecht op de dagbladen zoude afgeschaft worden.

Dit vertoogschrift, opgesteld door den heer Woudrichem

van Vliet, werd zoohaast het ter tafel gelegd was met talrijke handteekens bekleed en den dag na den afloop van het Congres den minister van financiën van Nederland toegezonden. Een ander lid der vergadering had zich belast, kosteloos de memorie van den heer van Lee, het vertoogschrift en de debatten over de geheele zaak te drukken en te verspreiden. Dit gebeurde eveneens en eene maand nadien kon geheel Nederland kennis nemen van de besluitsels van het Congres en de beweeggronden waarop deze gesteund waren.

Spoediger werd er wel zeker nimmer deugdelijker werk afgedaan. Hopen wij nu slechts dat het land het voorbeeld van het Congres volgen zal en door zijne belangstelling bewijzen, dat het er evenzeer aan houdt dat een dwarsboom geslagen over de baan der gedachten en tusschen het verstandelijke verkeer der beide landen gesloopt worde.

' Niet minder dan op de twee vorige punten werd de aandacht van het IX⁰ Congres gericht op eene vraag, die wij telkens zagen herhalen op de programma's der Congressen en telkens zonder eenigen merkwaardigen uitslag onafgehandeld blijven.

Het is het Nederlandsch Tooneel; eene vraag zoo belangrijk dat een iegelijk er zich om bekreunt en naar de oplossing zoekt, zoo moeielijk dat nog niemand een geschikt antwoord heeft gevonden. Ook dit maal werd zij gesteld en besproken maar bleef zonder voldoende oplossing. De reden daarvan is dan ook niet wijd te zoeken. Het tooneel is eene bijzondere onderneming en moet volgens velen het blijven. Bijzonderen door redeneering overhalen om van hun eigen belang, of wat zij als zoodanig beschouwen, af te zien ten voordeele van het algemeener nut van kunstsmaak en beschaving, valt moeielijk te verkrijgen en kan in alle gevallen slechts dan verhoopt worden, wanneer de algemeenere gedachten door den tijd en door het onderzoek bij velen doorgedrongen zijn. Onbetwistbaar is het dus een wenschelijk iets dat de belangstellenden in de zaak de aandacht en den ijver niet verkoelen laten en onder dit opzicht bewees het Congres een waren dienst zoo breedvoerig de tooneelvraag te behandelen, al kwam men dan hier zoo min als elders tot eenen bevredigenden uitslag.

Vijf sprekers waren aangeduid om de quaestie te behandelen. Twee hunner, de HH. Hiel en Versnaeyen, zouden spreken over den grond der zaak, drij andere, de HH. Hermans, van 's-Hertogenbosch, Schubart en Dodd over punten, welke er mede in verband staan.

De HH. Hiel, Versnaeyen en Dodd, die het meest beloofd hadden, namen het woord niet en de discussie werd geopend naar aanleiding van de voordracht des heeren Schubart over het doel en de werkingen van het Nederlandsch Rederijkersverbond opgericht te Utrecht.

Spreker meende in de opbeuring dier aloude vereenigingen een middel te vinden ter verbetering van het huidige tooneel. Hierin werd hij bijgestemd door den heer Delcroix, die zelfs het voorstel deed het rederijkersverbond over gansch Nederland uit te breiden.

Hierop drukte de heer Vuylsteke de meening uit, dat, wat die genootschappen ook in vroegere tijden voor nuts gesticht hadden, zij tegenwoordig niet meer in staat waren ernstige diensten te bewijzen; dat bijgevolg elders de middelen moesten gezocht worden om het tooneel uit zijnen staat van verval op te rechten. Wat spreker reeds gedaan had voor het onderwijs, deed hij nogmaals voor het tooneel. Hij hing een uitvoerig tafereel op van den ellendigen toestand waarin het verkeerde, en bewees dat het kwaad te vinden was zoowel in het gemis van goede oorspronkelijke stukken als in het gebrekkige der opleiding van de tooneelisten en het onvoldoende hunner bezoldiging.

Om die kwalen te keer te gaan stelde hij verschillige maatregelen voor, waarvan het Congres de uitvoering aan de regeering zou vragen.

Die voorstellen waren van den volgenden inhoud:

1º Dat een adres zal gestuurd worden aan de Noord-Nederlandsche Regeering, ten einde ook aldaar het in Zuid-Nederland bestaande premiestelsel in te voeren; alsdan zouden de oorspronkelijke stukken, onverschillig of zij door een Zuid-Nederlander of een Noord-Nederlander gemaakt zijn, tot de premiën toegelaten worden.

2° Dat aan beide Regeeringen zal gestuurd worden een adres, vragende in beide landen volledige tooneelscholen in te richten, waarin alle vakken behoorende tot de tooneel-kunst, daaronder muziek en zang begrepen, zullen worden onderwezen.

3° Dat de wensch uitgedrukt worde, dat in Zuid-Neder-land het Nederlandsch tooneel op gelijken voet en in gansch gelijke voorwaarden zou gesteld worden als het Fransch tooneel.

Schrijver dezes stelde na hem voor meer bepaald aan de regeeringen der groote Vlaamsche steden te vragen dat zij voor het Nederlandsche tooneel zouden doen wat zij reeds lang voor het Fransche deden, namelijk ook aan het eerste een geschikt lokaal verleenen, dat aan eenen bestuurder door de stad benoemd zou afgestaan worden.

De Zuid-Nederlandsche leden verklaarden zich over het algemeen gunstig aan de ambtelijke tusschenkomst, de Noord-Nederlandsche verklaarden er zich eenparig tegen. Zij verwachtten meer van de inmenging van bijzondere per-sonen of maatschappijen.

Toen den volgenden dag gestemd werd over de verschil-lende voorstellen was de heer Vuylsteke afwezig en bevond er zich niemand om de verdediging der maatregelen door hem aanbevolen, op zich te nemen. Het voorstel des heeren Rooses werd in dezelfde zitting aangenomen.

De uitslag der lange discussie was onbeduidend indien men alleen de genomen besluiten nagaat; maar als men over-weegt hoe breedvoerig de grond der zaak besproken werd, hoe klaar de verschillige meeningen over de redmiddelen uiteengezet werden, dan mag men het er gerust voor houden dat in geen vorig Congres zooveel gedaan werd voor het tooneel, en dat er geen zoo geschikt was om aanleiding te geven om in het vervolg nog meer te doen.

De schoolquaestie zal door het verslag dat er moet gemaakt worden voor het volgende Congres, daar noodzakelijk verrijzen, wij hopen wel dat dit ook het lot zijn zal van de tooneelvraag en dat het bestudeeren dezer wel het geschiktste middel zal verschaffen om tot de oplossing te geraken, zoo die oplossing ergens te vinden is.

Tot de bemoeiing van de derde afdeeling, waarin de twee vorige punten behandeld werden, behoorde ook de uitspraak. In het vorige Congres, zoo als wij het reeds gezien hebben, bracht de heer van Lennep die zaak ter tafel. Na den afloop van het Congres werd hij zelve met de heeren Hofdijk en de Bull belast een rapport uit te brengen over de geschikte middelen om eene zuivere beschaafde uitspraak der taal meer algemeen te maken.

Dit verslag werd door den heer van Lennep nedergelegd in den loop van de tweede zitting der derde afdeeling, toen er spraak was van het tooneel en er ter loops gewezen werd op de onbeschaafde uitspraak aldaar heerschende. De Commissie uitte den wensch dat « voortaan kuratoren der Hoogescholen en Bestuurderen van alle inrichtingen van onderwijs, de zangscholen inkluis, de zuivere en beschaafde uitspraak der taal zullen bevorderen door aan het taal- of zangonderwijs wel bepaald de uitspraakleer te verbinden en daartoe de hulp en voorlichting van bevoegde mannen van erkend gezag in te roepen ; zoodat niet slechts als tot heden de zuivere taalregels alleen worden nagevorscht en geleeraard, maar ook de ware en beschaafde uitspraak een deel van het onderwijs uitmake ; een wezenlijk deel, waarvan de beoefening en het recht verstand op alle examina gevorderd wordt. »

De heer van Lennep droeg dit verslag niet voor, maar legde het enkel ter tafel, zoodat het niet te verwachten was dat er discussie over dit belangrijk stuk ontstaan zou, maar integendeel te voorzien dat het verslag op last van het vorige Congres opgemaakt, alleen voor de Handelingen dienen zou en de zaak zelve er zou door geleden hebben.

Gelukkiglijk moest het punt nog door anderen besproken worden en namelijk door den heer Arents van Turnhout,

die de volgende stelling verdedigde : « de eenheid van spelling aangenomen zijnde moet, tot bevordering der beschaafde
taal, in al de scholen van Vlaamsch Belgie dezelfde uitspraak aangeleerd worden. »

Zooals men hooger zag nam de heer van Lennep aan, dat
de zuivere uitspraak uit den mond of naar gezag van bevoegde mannen kon vastgesteld worden en hield hij zich
dus ook niet bezig met het zoeken naar wat hij als gekend
aanzag. De heer Arents stelde de vraag anders en hield het
voor noodzakelijk dat men elkander voorafgaandelijk verstaan zou omtrent de ware regels der uitspraak. Eene
langdurige discussie greep hierover plaats. De Zuid-Nederlandsche leden met den heer Conscience aan het hoofd
verlangden over het algemeen, dat er uit verschillige gewesten taal- en letterkundigen zouden benoemd worden om
tot eene algemeene uitspraak te geraken en met eenparige
goedkeuring der vergadering werden daartoe benoemd de
heeren Heremans, Ternest, van Beers en Arents. Ook voor
Noord-Nederland wilde men leden aanduiden, die voor hun
land de taak zouden op zich genomen hebben, maar de twee
leden hiervoor aangeduid, de heeren Beets en Mees, waren
van gevoelen dat zoo iets bezwaarlijk door algemeene regels
kon voorgeschreven worden, en dat zij er geen groot kwaad
in zagen dat ieder iets van zijnen gewestelijken tongval behield. Zoo kwam het voor de Noord-Nederlanders tot geene
beslissing en werd de zaak verzonden naar de algemeene
vergadering. Niemand echter nam het op zich ze daar te
bespreken en zoo bleef zij half afgedaan en alleen geregeld
voor wat Zuid-Nederland betreft. Laat ons echter hopen dat
zij hier niet zal verwaarloosd worden en dat de ijver waarmede de reeds aangestelde leden zich van hunnen plicht
zullen kwijten ook aan de Noord-Nederlanders het besluit
zal doen nemen krachtdadig mede te werken om ook op dit
terrein de gewenschte eenheid te verkrijgen.

Zooveel te meer bestaat die hoop daar al spoedig na het
Gentsche Congres een der meest geachte Noord-Nederlandsche leden zich bezig hield met het navorschen over

het punt der uitspraak en den uitslag zijner opzoekingen mededeelde in een Zuid-Nederlandsch tijdschrift. (1)

De bespreking van zoo gewichtige onderwerpen als het onderwijs, het tooneel, het zegelrecht en de uitspraak en de besluiten hieromtrent genomen vormden de hoofdzakelijke werkzaamheden van het IXe Congres. Nog andere belangrijke vraagstukken die echter tot geene stellige oplossing konden leiden maar niettemin in overeenstemming waren met den geest der Congressen, werden er verhandeld. Zoo om niet te gewagen van de discussie over de schrijfwijze der plaatsnamen waarvan wij reeds spraken, moeten wij nog vermelden : de discussie over het behouden van de verbuigingsvormen, aangevangen door den heer Ternest, en de verhandeling van den heer te Winkel over de vraag of men het Nederlandsch uit andere dialecten kan onderscheiden in de overgeblevene schriften der vroegste middeleeuwen ; het voorstel van den heer Rolin-Jaequemijns voor doel hebbende te doen besluiten dat voortaan de Congressen niet enkel letterkundige, maar ook maatschappelijke quaestiën zouden behandelen ; de keurige toespraak van den heer Beets over het nut dat ongeletterden in de letterkunde stichten ; de merkwaardige en sterk toegejuichte voordracht van prof. Vreede « over den onuitroeibaren gemeenschappelijken volksaard in Holland en Belgie trots elke staatskundige scheiding »; de scherpe wenken van Douwes Dekker « over eene gepaste maat van vrijheid in het gebruik van ongewone woordvormen en zinswendingen. » De merkwaardige studiën over taal en letterkunde geleverd door de heeren de Jager, Mees, Sleeckx, Kok, ten Brink en Moltzer. De geschiedkundige bijdragen van de heeren Kern, Noordziek, C. A. Serrure, de Keghel en Boone.

Het zoude ons al te verre leiden indien wij, al ware het slechts met een enkel woord, van al deze bijdragen gewaagden, wij verzenden liever naar de Handelingen van het Congres,

---

(1) Zie « de Toekomst, » aflev. Januari en Februari 1868. Dr. H. Kern. Eenheid van uitspraak.

die ter pers liggen en die ten duidelijkste bewijzen zullen dat, wat sommigen mogen beweerd hebben, het IXe Congres voor wat betreft de belangrijkheid van het aldaar verhandelde de vorige Congressen verre achter zich gelaten heeft.

Wij spreken nog niet eens over de zuiver letterkundige lezingen aldaar gehouden, en echter waren het de heeren van Beers, Nolet de Brauwere van Steeland, de Geyter en Versnaeyen die ons daar op dichterlijke bijdragen onthaalden. Zulke lezingen schijnen ons minder in den aard der Congressen te liggen en bekwamen hier dan ook den bijval niet waarop de dichters recht hadden.

Iets waarover mij te spreken blijft is de inrichting eener Commissie belast met het verwezentlijken en uitvoeren der wenschen en besluiten van het Congres. Zooals het aangeduid was op het programma der werkzaamheden zou er door den heer J. Vuylsteke een verslag geleverd worden over het voorstel door den verslaggever en consoorten te Rotterdam gedaan om « in ieder Congres bestendige Commissiën te benoemen gelast met de uitvoering der genomene besluiten. »

Ongelukkiglijk werd de verslaggever verhinderd het verwachte voorstel te doen en het Congres ging scheiden zonder zich met die belangrijke vraag, waarvan grootendeels de vruchtbaarheid der vereeniging afhangt bezig gehouden te hebben. Om dit te voorkomen deed de heer de Maere, voorzitter, het voorstel de Gentsche leden, die deel maakten van de verschillige bureelen tot uitvoerende Commissie te benoemen, iets waar de vergadering in toestemde.

Zoodat voor de eerste maal die uitvoerende Commissie waar immer van gesproken werd, welke soms wel aangeduid maar nimmer werkzaam geweest was, samengesteld werd uit diegenen die bewezen hadden, dat zij belang stelden in het gelukken der zaak.

Wij achten ons dan ook gelukkig te kunnen mededeelen dat zij zich niet onttrokken hebben aan de hun opgelegde taak, maar zich ernstig bezig houden met ze uit te voeren.

Wat men van hen verwachten mag en kan is tweederlei :
ten eerste, dat zij de verzoekschriften zenden welke in de
verschillige vergaderingen gestemd werden, en tweedens,
dat zij over de besprokene en niet afgehandelde vragen
verslagen leveren, opdat deze dienen zouden tot uitgangs-
punt der discussiën gedurende de volgende bijeenkomst.
Wij koesteren de vaste hoop dat zij zich aan geen dier beide gedeelten zullen onttrekken en dat hun de medewerking
van niemand die belang stelt in het welgelukken der Congressen, zal ontzegd worden.

Het aanstellen van dergelijke Commissiën mag dus aangezien worden als eene zaak zonder ernstige bezwaren, het
vervolg zal er het nut van leeren en het tot eene gewoonte
en vaste instelling maken.

Het nut dat er moet uit voortvloeien is onbetwistbaar ;
zij zullen de natuurlijke band zijn, die de nu verbrokkelde
werking der Congressen verbindt, en de uitvoerende macht
die de besluiten der wetgevende vergadering tot stand brengt;
zij zullen het nog zijn die verslag maken over de reeds
besproken en nog niet afgedane vragen en aldus zorgen dat
eene volgende vergadering het werk herneme en voortzette
waar het de voorgaande gelaten heeft. De eenheid, die tot
hiertoe ontbroken heeft, de doordrijvende macht, die niet
toelaat dat iets verwaarloosd of vergeten worde, zal door
deze instelling in het leven geroepen worden en alzoo aan
de Congressen een werkdadig leven en een praktisch nut
verschaffen, die zij tot hiertoe al te zeer gemist hebben.

En dit is niet de eenige nuttige maatregel van huishoude-
lijke orde dien wij aan het jongste Congres te danken
hebben ; ook de afzonderlijke werking in verscheidene afdeelingen is daar voor de eerste maal beproefd. Wel is waar
werd die maatregel niet met volledigen goeden uitslag bekroond en bleek het zelfs dat hij eigenaardige bezwaren
opleverde, maar daardoor juist dat die bezwaren aangewezen zijn, wordt het mogelijk en zelfs gemakkelijk ze in
het vervolg te voorkomen.

De verdeeling in verscheidene vergaderingen welke

'smorgens afzonderlijk zetelden en des namiddags zich in
eene enkele vereenigden, had voor goed gevolg dat er meer
werk vroeger afgedaan werd en voor slecht gevolg dat niet
ieder in alles zijne hulp leenen kon. Meer nog —en dit was
de zwakke zijde van het Congres, die men dan ook met
recht deed uitkomen — meer nog, zeggen wij, moest men
betreuren dat tusschen de werkzaamheden der verschillige
afdeelingen en der algemeene vergadering geene regelmatige betrekkingen bestonden, zoodat vragen die behandeld
waren in de afdeelingen, in de algemeene vergadering of
wel in het geheel niet ter sprake kwamen of wel niet genoegzaam begrepen en dus ook niet voldoende opgelost
werden.

Dit was het geval met de quaestie van het onderwijs waarvoor verwarring plaats vond ; dit gebeurde eveneens voor
de uitspraak die in haren tocht van de 3e afdeeling tot de
algemeene vergadering zoek geraakte.

Maar die moeielijkheden schijnen ons gemakkelijk te
voorkomen. Met de vragen klaar voor te stellen op het programma, de werkzaamheden der afdeelingen nauwkeurig
te beschrijven en te zorgen dat er een regelmatig verkeer
tusschen de bijzondere en algemeene vergaderingen plaats
grijpt ; met aan de algemeene vergadering alleen het recht
van beslissing over te laten, denken wij deze bezwaren zeer
gemakkelijk en zeker uit den weg te ruimen.

Eens dat de moeielijkheden aan de nieuwe inrichting
verbonden, opgelost zijn, eens dat de Congressen zich ijve-
rig en moedig op de goede en korte baan naar het ernstige
en verheven doel gesteld hebben, zullen zij meer en meer
degelijk nut stichten en minder en minder den naam verdienen van woordenkermissen dien men hun wel eens gegeven
heeft.

Ook bleek het reeds op het laatste Congres dat er eene
gunstige ommekeer in dien zin plaats gegrepen had ; terwijl er vroeger weinig of niet gediscuteerd werd en men er
zich al te dikwijls bepaalde tot het aflezen van op voorhand
bereide redevoeringen van zuiver taal- of letterkundig be-

lang, was het integendeel de discussie die hier overheerschende was.

Geen enkel der door ons herdachte punten was er dat geene min of meer grondige bespreking uitlokte. Ook deze nieuwe invoering dient in het belang der zaken als eene overlevering waaraan men trouw blijft, aan de volgende vergadering overgemaakt te worden.

Iets zal hierdoor lijden, namelijk de zuiver letterkundige voordrachten zooals de bespiegelende gedichten of het beschouwen van dichters als zoodanige ; trouwens op het laatste Congres merkten wij reeds aan dat de aandacht voor zulke lezingen, hoe verdienstelijk zij dan ook waren, merkelijk verzwakt was ; maar niemand zal dit voorzeker betreuren, zelfs niet de dichters, die er niet bij winnen kunnen met zooveel verstrooidheid aanhoord te worden.

Zij zoowel als de andere leden zullen verstaan dat in de Congressen er nog tijd te kort schiet ter oplossing van ernstige vragen en dat het alleen deze zijn welke onverdeeld de vertegenwoordigers van Noord en Zuid mogen bezig houden, willen de Congressen worden wat zij zijn moeten en tot hiertoe nog niet genoeg waren : de raadzaal waar de gezamenlijke belangen der broederlanden besproken worden, het werkhuis waar de band moet gesmeed worden die Noord en Zuid zedelijk vereenige.

III.

Bij de sluiting van het 9e Congres werd er aangenomen dat het volgende zou vergaderen te 's Gravenhage. Nadere inlichtingen stellen ons dan ook in staat mede te deelen dat de voorloopige werkzaamheden reeds aangevangen zijn en dat het tijdstip der bijeenroeping bepaald is op 31 Augusti, 1 en 2 September 1868.

Zoo is dan ook het voorstel, vragende dat de Congressen jaarlijks en niet om de twee jaren zouden vergaderen verwezentlijkt. Deze laatste beslissing eveneens bij het afscheid te Gent genomen, zal met voldoening vernomen worden door al diegenen welke verlangen dat de bemoeiingen der Congressen zoo uitgebreid en zoo doortastend mogelijk zijn. En dit kunnen zij alleen worden wanneer de werkzaamheden van de eene vergadering aan die van de opvolgende gehecht en verbonden worden op zulke wijze, dat de indruk, die het eene Congres gelaten heeft niet gansch verdwenen zij op het oogenblik dat het andere begint, en dat de aandacht gespannen en onafgebroken gericht blijve op de besproken punten.

In der waarheid, wil men dat de Congressen alleen dienen tot uitstalling van personen ot tot gelegenheid om letterkundige voordrachten te houden, dan zou men er zich kunnen bij bepalen slechts zoo dikwijls elkander weer te zien als het noodig is om met de jongeren kennis te maken en de ouderen niet uit oog en hart te verliezen. Maar wil men dat de Congressen hunnen invloed ook elders dan op zuiver letterkundig gebied laten gevoelen, dat zij inderdaad gunstig en krachtig werken tot de toenadering van Noord en Zuid, dan moet men ook willen dat zij zoo dikwijls mogelijk plaats grijpen, dan moet men het ernstige van de werking in verband brengen met het ernstige van het doel.

« Dit doel dat eenheid heet in 't nationaal bestaan » is zoo als wij het reeds zegden op verre na niet bereikt. Niet alleen is Noord- en Zuid-Nederland nog stoffelijk gesproken vreemd aan het broederland, maar zedelijk ook is de splitsing nog immer gapend. De samenwerking van schrijvers uit beide landen is op letterkundig en wetenschappelijk terrein onbeduidend : wel verschenen er jaarboeken en tijdschriften die de woorden Noord en Zuid voor titel hadden, maar woorden alleen waren het ; de boekhandel is slechter ingericht tusschen België en Nederland dan tusschen ons land en Frankrijk of Duitschland ; buiten eenige letterkundigen kent ons volk beter de lettervruchten van Parijs, de wetenschappelijke boeken en de kunstwerken van Duitschland dan van onze taalverwanten ; het onderwijs heeft niets gemeens in de twee landen, dan dit eene punt misschien dat de moedertaal van weerszijde verwaarloosd wordt; ons tooneel wordt door verschillende wetten beheerscht en zoo het al eens voorvalt dat een tooneelist de grenzen overstapt, dan is het tot hiertoe ongehoord dat ook een tooneelstuk het zoo verre brenge, en dan blijft nog altijd de opvoering van slecht verdietschte fransche stukken de wijze, waarop een speler toonen kan dat hij zich zoowel ten Noorden als ten Zuiden van Rozendaal te huis bevindt.

Dit is de toestand waarin wij ons bevinden. Bewustzijn bij eenieder dat toenadering hoogst noodzakelijk en allervoordeeligst is en, verwaarloozing der middelen welke er ons zouden kunnen toe leiden of vadsigheid om die middelen ter hand te vatten.

Ik wil het niet heeten onwetendheid van de wijze waarop men het doel bereiken kan; eenieder acht ik genoegzaam overtuigd dat de Congressen, die de baan gebroken hebben, ook het geschikte middel zijn om op dien weg snel en krachtig vooruit te gaan. De eenmaking der taal, welke zij reeds bewerkt hebben, de weg dien zij aan andere belangen reeds hebben doen afleggen, de gewoonte welke er tusschen mannen van beide landen ontstaan is zich daar regelmatig te vergaderen, alles bewijst indien iemand er aan twijfelen kon, dat de Congressen moeten blijven voortbestaan en dat men, verre van hunnen invloed te verzwakken of te betwijfelen, integendeel hunne uitbreiding moet ter harte nemen en zorgen vooral dat het nuttige, het praktische belang niet ten minste uit het oog verloren wordt.

Voor Noord en Zuid is zoowel het doel als het nut der Congressen van het grootste gewicht. Het Noorden heeft er een stoffelijk en zedelijk belang bij eene bevolking van 2 1/2 millioen menschen die zijne taal spreken niet te verwijderen noch te laten vervreemden, maar de verstandelijke en letterkundige betrekkingen zoo nauw mogelijk toe te halen. Immers daargelaten wat eene beschaving erbij wint eerder van 6 millioen dan van 3 1/2 millioen menschen uit te gaan en op even zoovele te werken, daargelaten het voordeel voor Noord-Nederland van zijne merkt voor letter- en kunstvruchten om de helft te vermeerderen, moet het nationaal gevoel, de liefde voor stam en bloedverwanten, alleen luid genoeg tot aller geest spreken om hun de zedelijke plicht voor te schrijven, geen deel van den stam te laten verbasteren waaraan zij zelf toebehooren, maar zoo onversaagd en onverpoosd te strijden voor het geheel houden van het zedelijke Nederland, als men dit doen zou voor het stoffelijke Vaderland.

Voor Zuid-Nederland is het belang zoo mogelijk nog grooter. Immers daar komt het er niet alleen op aan te zorgen dat taalbroeders niet vervreemden, maar daar wordt de strijd gevoerd voor eigen bestaan en eigen behoud; daar moet men tegen vreemden invloed eigen beschaving kunnen stellen; daar heeft men eerder eene markt noodig om geestproducten aan te koopen dan uit te voeren; daar verwacht men van Nederlanders die onze taal spreken zedelijke sterking en opbeuring in den strijd voor het behouden en opbeuren onzer gemeenschappelijke beschaving, die bedreigd wordt door vreemden of door Belgen die eene voor ons vreemde taal bezigen.

Nog eens, wie zal die betrekkingen aanknoopen of liever voortzetten dan de Congressen, de bevoegde vertegenwoordigers der letterkundigen van beide Nederlanden? En hoe zullen de Congressen in hunne taak gelukken zoo zij niet ernstig en nog ernstiger dan tot hiertoe het geval was doorwerken?

Maar men gevoelt alras wanneer men zich met de belangrijke vraag van het zedelijk behoud van Nederland bezig houdt, dat deze vraag u nog eene andere zijde toekeert, die zoo men zelfs lust gevoelde ze te verbergen, met nieuwe kracht en grootere klaarte zou te voorschijn komen. Het is, zoo ik het aldus noemen mag, de diplomatieke zijde van de beweging. Deze zijde, even gewichtig als de letterkundige moet tot bekroning, tot wettiging der eerste dienen.

Wij zagen reeds hoe in de zaak van het woordenboek en van de spelling, de besluiten van het Congres eerst dan hunne kracht van internationale overeenkomst verkregen, wanneer beide regeeringen de zaak ter harte genomen hadden; wij zagen iets dergelijks zich voordoen voor den boekhandel, waarbij de internationale onderhandelingen over dit punt de wenschen van het Congres tot wetten des lands maakten.

De tusschenkomst der Noord-Nederlandsche regeering werd ingeroepen in de vraag van het zegelrecht, omdat deze slechts de wetgeving van een der beide landen kon aangaan. De aandacht der Belgische regeering zal getrokken worden op het Nederlandsch onderwijs; de beide landsbesturen, stelde men reeds voor, zouden de diploma's in het eene verkregen ook in het andere moeten geldig verklaren; ook nog voor het tooneel moet men zich tot de regeeringen wenden zoo men er wil toe komen eene tooneel-academie te stichten of het Belgisch premiestelsel tot Holland of tot de Hollandsche stukken uit te breiden. In al de gewichtige vraagpunten door het Congres verhandeld, werd dus tot de oplossing de tusschenkomst der diplomatie of der regeeringen ingeroepen.

Ik weet het, over enkele punten bestaat er tusschen de Congresleden verschil van meening, en achten sommige een officiëelen weg niet den geraadzaamsten, maar over het algemeen toch is men van gedachte dat, wil men het niet bij vrome wenschen laten, en wil men die wenschen een praktisch, een algemeen of verplichtend karakter geven, men de aangeduide baan moet inslaan.

Maar niet alleen en zelfs niet voornamelijk om deze reden gevoelt men dat het Congres eene diplomatieke beteekenis moet hebben. In de laatste jaren vooral hebben burgers van beide zijden ernstige vrees voelen ontstaan voor het stoffelijke behoud van hun vaderland; de Noord-Nederlanders en de Belgen hebben gesidderd bij de gedachte wat het lot der beide kleine en onmachtige landen worden zou, zoo een overmachtige alleenheerscher ze aan zijn gebied hechten wilde. Van lieverlede heeft men aan beide zijden de oogen geslagen op elkander en de gedachten voelen ontstaan dat de eendracht ook zwakken sterk maakt en men heeft de

hoop en den wensch voelen ontkiemen dat een verdedigings-
bond moge gesloten worden tusschen beide koninkrijken.

De gedachte aan de verwezenlijking van zulken bond
doet ons voorzeker het harte kloppen van moed en vertrouwen in de toekomst, die hij ons voorbereiden zou. Maar de
hinderpalen die er uit den weg te ruimen zijn, zijn wel van
aard om ons eenigszins af te schrikken.Ten eerste zou de bond
niet enkel gesticht worden tusschen Nederlandsch-spreken-
den, ook de Fransch-sprekende Belgen zouden er moeten
in opgenomen worden: zoodat nevens den bond tusschen twee
verschillende landen, nog de bond tusschen twee stammen
zou moeten tot stand gebracht worden. Ten tweede zou
België eene geheel nieuwe gedragslijn tegenover zijne Ne-
derlandsch-sprekende bevolking moeten aannemen, die
regelrecht in strijd zou zijn met zijne tegenwoordige ver-
franschende staatkunde. En eindelijk zou alle oneenigheid,
alle wantrouwen, dat ijverzucht en misverstand zou kunnen baren, tusschen beide bondgenooten uit den weg
moeten geruimd worden. De zaak is niet licht, maar zij is
verheven. De hinderpalen uit den weg ruimen is een
werk van rechtvaardigheid en beschaving, van vaderlandsliefde en wijze staatkunde.

En wie is beter berekend voor dit werk, wie is natuurlijker aangeduid om het Nederlandsch in zijne rechten te doen
herstellen, om er een band tusschen één volk en twee
landen van te maken, om eenheid van zin en strekking, om
duurzame broederliefde te doen ontstaan, dan de Congressen?

Maar men begrijpt het gemakkelijk, opdat het Congres
ook nog dit gedeelte zijner taak ter harte neme, opdat het
werke tot de stoffelijke versterking van het vaderland en
het aanknoopen van den staatkundigen bond tusschen beide
Koninkrijken, moet het zijnen werkkring uitbreiden.

Men moge aarzelen zich op dit nieuwe terrein te begeven,
maar natuurlijk toch zal men er toe komen, wanneer men
wel overtuigd is, dat de ondergang van het stoffelijke vaderland ook dien van het zedelijke zou ten gevolge hebben,
wanneer men inziet dat die stoffelijke ondergang best kan

voorkomen worden door eenen bond tusschen de bedreigde landen, en dat het Congres de geschikste plaats is om dien bond voor te bereiden.

Wij hebben reeds gezien hoe de Congressen er natuurlijk toe kwamen invloed op de regeeringen zoeken uit te oefenen, wij zijn overtuigd dat zonder internationale verdragen hunne werkzaamheden niet kunnen bekroond worden en tijdens het laatste Congres, toen voor de eerste maal eene afdeeling van Geschiedenis ingericht werd, kon men gemakkelijk bemerken, dat zulke nieuwe invoering onvermijdelijk leiden moest tot het bespreken van staatkundige zaken.

Wij vragen dus eenvoudig, dat het Congres door alle middelen trachte zijne werking en invloed op de regeeringen te versterken en dat in de geschiedkundige afdeeling zooveel mogelijk de middelen besproken worden die langs diplomatischen weg zouden kunnen leiden tot het tot stand komen van den gewenschten bond.

Of men het overigens wille of niet, men zal dien weg inslaan. Reeds zien wij dat in tijd- en vlugschriften de zaak ernstig besproken wordt. (1)

Reeds hoorde men herhaalde malen in de Congressen betreuren, dat het zedelijk vaderland niet door stoffelijkere banden dan de taal vereenigd werd, en telkens als de gedachte uitgesproken werd, dat, niettegenstaande het voortduren der staatkundige scheiding, de broederlanden toch op elkander moesten kunnen rekenen, bewees de geestdrift waarmede deze ontboezemingen ontvangen werden genoegzaam, dat de congresleden al het gewicht van zulke woorden begrepen en genegen waren zich met moed en iever aan het werk te stellen om ze te verwezentlijken.

Het doel ligt ver, de taak is zwaar en niet berekend voor zuiver letterkundige arbeiders. Daarom moeten ook de

(1) Zie het dezer dagen verschenen vlugschrift: *la Confédération des Pays-bas unis*, en het artikel van den heer Jottrand: *de la solidarité des Pays-bas*, verschenen in *le Conservateur*.

9

staatsmannen van beide landen, die belang in de zaak stellen, uitgenoodigd worden zich bij ons te voegen om gezamenlijk over de algemeene belangen te beraadslagen.

Die theoretische beschouwingen op het Congres geuit, zullen voor uitwerksel hebben de Congresleden, de burgers en de regeeringen voor te lichten en aan te winnen ; de gedachten tot rijpheid te doen gedijen en zoo den weg tot meer officieele toenadering voor te bereiden.

Men sla alleenlijk de hand aan het werk, men stelle zich het hooge nut, de verhevene wettelijkheid van het doel voor oogen en met moed en aanhouding zal men winnen. De staatslieden van beide landen, die ons helpen willen, zullen eenen onberekenbaren dienst aan hun vaderland bewezen hebben ; de ijveraars voor de moedertaal zullen den kortsten, wellicht den eenigsten weg ingeslagen zijn, die ons tot het doel van ons allen kan brengen : de eenheid in het nationaal bestaan en tot het doel van ons Zuid-Nederlanders in het bijzonder : de rechtherstelling onzer moedertaal.

Eene afdeeling van het Congres zij dus voorbehouden aan al wat betreft de geschiedenis en de diplomatieke betrekkingen der beide landen ; de twee andere kunnen zeer gevoeglijk blijven wat zij reeds verleden keer waren : eene afdeeling voor taal, letterkunde en onderwijs en eene laatste waarvan de bemoeiing tweevoudig zijn zou, en die zich bezig zou houden 1° met tooneel en zang, 2° met boekhandel en de vragen hiermede in betrekking, zooals zegelrecht enz.

Het ware wenschelijk dat de bijzonderste vragen welke van huidig nut zijn door de inrichtende Commissie in het programma werden opgegeven en dat de aandacht der sprekers hierop gevestigd wierde ; het ware wenschelijk nog dat vooral discussiën uitgelokt werden, waarop eenieder zich zou kunnen voorbereiden ; dat de betrekkingen tusschen de afdeelingen en de algemeene vergadering stevig ingericht werden en dat de bureelen belast met de leiding der debatten sterk de hand hielden aan het uitvoeren van het programma en het afhandelen der hangende vragen.

Doch van weinig beteekenis is nog de inrichting der werkzaamheden, zoo de werkers zelven niet in grooten getalle en bezield met eenen goeden geest optreden. Wil men dat de Congressen waardig zijn van hun doel, men aanzie ze als de plaats waar de levensvraag der beide volkeren op het spel staat en waar eenieder geroepen is om zich met de oplossing dier vraag bezig te houden. Men trachte doelmatig te werken en niet eenen oogenblik uit het oog te verliezen wat men wil en hoe men verkrijgen kan wat men verlangt. Niemand blijve achter die komen kan, opdat de Congressen echte landdagen worden, waar de beide volkeren elkander ontmoeten om hunne gemeenschappelijke belangen te bespreken, om de verbroedering tusschen de burgers tot stand te brengen en deze te doen leiden tot de verbroedering tusschen de regeeringen.

Eene gedachte, een wensch dringt zich nog aan mij op en ik wil hem uiten vooraleer dit artikel te eindigen. Het is dat er een Nederlandsch tijdschrift tot stand kome als tolk dienende onzer internationale belangen en hoofdzakelijk voor doel hebbende de zaak van de Congres te behertigen.

Dit zou de geschiktste wijze zijn om de werkzaamheden der jaarlijksche vergaderingen voor te bereiden, om de aandacht van eenieder op de hoofdvragen gevestigd te houden en om de uitslagen bekend te maken, welke men reeds verkregen heeft.

Zoo ware het bijvoorbeeld uiterst wenschelijk dat de verschillige verslagen die moeten ingediend worden op het Xᵉ Congres, reeds eenigen tijd te voren mochten bekend gemaakt worden, opdat ieder ze rijpelijk zou kunnen overwegen en zou kunnen bestrijden of verdedigen met volle kennis van zaken ; het zou nog de geschiktste wijze zijn om zulke quaestiën te behandelen, die te zeer buiten de huidige bevoegdheid der Congressen vallen maar die niettemin van aard zijn om de betrekkingen tusschen Noord en Zuid te bevorderen.

Het schijnt ons toe dat zulk een tijdschrift, waarvan de lezers zeer natuurlijk aan te werven zijn tusschen de honderde en honderde Congresleden, waarvan de schrijvers even natuurlijk te vinden zijn tusschen diegene, welke als sprekers daar vergaderen, de stevigste en eenvoudigste band zou zijn om die samenwerking van Noord- en Zuid-Nederlandsche letterkundigen en staatkundige schrijvers te verkrijgen, die tot hiertoe nog in geen enkel blad of tijdschrift aangetroffen werd.

Het tijdschrift zou geen dienstplichtig maar een dienstvaardig orgaan der Congressen zijn, het zou door bestendige medewerking van enkele schrijvers tot stand gebracht en door de medewerking van allen, die belang stellen in de zaak van verbroedering tusschen Noord en Zuid, staande gehouden worden.

Dat er zich slechts een uitgever voordoe en ik geloof, dat noch schrijvers noch lezers aan zijne belangrijke en nuttige uitgave zouden ontbreken.

De vraag is te klaar om niet door eenieder begrepen te worden en het nut der oplossing te groot opdat niet eenieder mede werke om die oplossing voor te bereiden.

En zoo ieder onzer staat- en letterkundigen de ernstigheid en de verhevenheid van het doel der Congressen voor oogen hield en ter bereiking van dit doel wilde medewerken, dan voorzeker zou er voor ons grootere vaderland, voor het vereenigde Nederland eene toekomst dagen, die glansrijker zijn zou dan die welke wij ooit in vroegere tijden mochten verhopen.

Dan zou verholpen worden wat Alva 's beulenwerk en Parma 's wapens voor onheil stichtten en wat de burgeroorlog van 1830 ons aan verzwakking van krachten gekost heeft.

Dan zou de eenigste stevige bond tusschen de vereenigde staten van Noord en Zuid mogelijk worden : de vereeniging gevestigd op onderlinge hoogschatting en gelijkheid en gesterkt door wederzijdsch stoffelijk en zedelijk belang.

Dan zouden onze landen getrouw aan hunne eigene staatkunde van het verleden, die de algemeene staatkunde van de toekomst worden moet, eene waarborg van vrijheid in hun afzonderlijk bestaan vinden en eene waarborg van macht in hun bondgenootschap.

Dan eindelijk en dan alleen zal de Vlaamsche beweging haar laatste woord gezegd hebben en zal onze moedertaal en beschaving kunnen gered worden, wanneer wij ze niet langer onder vreemden verleeren moeten maar aan denzelfden vaderlijken haard gezeten met onze broeders in onze taal over ons verleden, onze belangen en onze toekomst zullen mogen spreken: wanneer de bloedverwanten ook weder huisgenooten zullen geworden zijn.

MAX. ROOSES.

—

HET MEISJE EN DE STARREN.

—

Des hemels starren klimmen en dalen,
Doch altoos lichtend uwe oogen stralen
Van 's morgens vroeg tot des avonds laat,
Daarom zijn op u de starren kwaad.

Men wil eenen ouden man u geven,
Omdat ge zoudt naar den regel leven
En slapen des nachts, zooals het behoort,
Daar niemand dan uwe ruste stoort.

WILHELM MULLER.

—

PROMETHEUS.

—

INLEIDING.

Aischylos, de schepper van het treurspel, werd te Eleusis in Attika het vierde jaar der drieënzestigste Olympiade, 525 jaar voor Christus geboren. Hij streed als held ter verdediging van het kleine vaderland tegen de overweldigingen der Perzen te Marathon, Salamis en Platœa. Met roem overladen keerde hij in zijne haardstede terug, waar hem in vrede eene heerlijkere zegepraal wachtte — de zegepraal des dichterroems, die door alle eeuwen heen glinstert als eene onuitdoofbare zon.

Aischylos behoorde tot de mannen, die niet enkel rechtvaardig schijnen, maar het zijn willen. Hij beoefende de kunst niet alleen voor de kunst, het woord voor het woord; het gold hem vooral de zaak, alsook diepte, verhevenheid en strekking zijner opvattingen. Schoon Sophokles van hem getuigt, dat hij het recht deed zonder het te weten, toch mag men, met Bernhardy, in Aischylos den stichter eener dichterlijke wijsbegeerte der geschiedenis beschouwen. Ook had hij zijnen geest niet alleen gevoed met de studie van Homeros, maar tevens met de wijsbegeerte van Pythagoras. Als alle dichters der oudheid volgde hij eene philosophische school. (1)

Buiten eene trilogie « de Oresteia » zijn er ons van de 29 trilogieën en de 87 tragedieën, slechts vier dramen en eenige onbeduidende brokstukken bewaard gebleven.

---

(1) Emile Souvestre — Causeries historiques et littéraires.

Onder het helaas! weinig overgeblevene is de « Geboeide Prometheus » het middeldrama eener trilogie, eene der wonderbaarste scheppingen, der grootste opvattingen van het menschelijke vernuft.

Uit het zonnige Oosten, die tooverbron der menschheid, stamt waarschijnlijk de mythus van Prometheus, van daar ging zij in Hesiod's theogonie over en eindelijk behandelde ze Aischylos in eene trilogie, die, den « Vuurroovenden » den « Geboeiden » en den « Verlosten Prometheus » bevatte.

Prometheus — de Verstandige, de Vooruitziende — werd met het lot der menschen bewogen, toen Zeus — de Oppergod — voornemens was ze te vernietigen. De Titaan (1) alleen strijdt voor de stervelingen, redt ze van den ondergang, rooft het hemelsche vuur ter verbetering van het aardsche leven, schenkt dien zegenrijken gloed zijnen beschermelingen en leert hun tevens akkerbouw, scheepvaart, bouwkunst, bergbouw, de kennis van op- en ondergang der starren, getal, geschrift, heelkunst, met een woord « Verneem het gansch te zaam gevat in één gedacht: den stervelingen schonk Prometheus alle kunst. »

De vuurroof vormt het eerste gedeelte van Aischylos' trilogie.

Door die gave en door overmoedigen trots lokte Prometheus de wrake Zeus' uit ; die bestraffing wordt ons door het tweede deel der trilogie voorgesteld.

Kratos en Bia — Kracht en Geweld — dienaars van He-

---

(1) Prometheus was Titaan, zoon van Japetos en Themis of Gaia. Titaan wil zeggen: wereldscheppende kracht. Zij waren twaalf in getal, door Zeus overwonnen, en stelden ongetwijfeld scheppende natuurkrachten voor. Bij Aischylos wordt Prometheus reeds als God en als menschenschepper opgenomen en staat aldus zelfstantig handelend Zeus tegenover. Reeds daar bemerkt men vooruitgang voor het gedacht des Godsbewustzijns in de geschiedenis. — Zie: Bunsen's voortreflijk boek « Gott in der Geschichte, ».

phaistos – den Vuurgod — volbrengen met hunnen meester Zeus' wraakbevel.

Prometheus wordt in eene wilde streek, aan eene rots des Kaukasus geboeid. Genade- en gevoelloos beschimpen de ruwe Kratos en Bia den edelmoedigen redder der gefolterde menschheid. Hephaistos wordt medelijdend, want hij is met den duldenden Titaan verwantschapt en

« Sterk bindt de vriendschap, sterker nog de band des bloeds. »

Geenen zucht slaakt Prometheus voordat zijne pijnigers zich verwijderd hebben; dan breekt hij in jammerklachten los:

« Omdat ik den menschen heil bracht,
» Daarom lijd ik, arme, dezen smaad ! »

Angstig verneemt hij gesnor in de lucht. Wat naakt er ? Zijn het nieuwsgierigen, goden of menschen, om zijn lijden aan te staren ? welke geluiden ! wat geurt er hem tegen ? — Bloedverwanten zijn het, eene rei Okeaniden, dochters van Okeanos — den Zeegod — en zusters van Hesione, Prometheus' gade. De radelooze vriendinnen, die vroeger het liefdelied aan zijn bruidsbed zongen, deelen in zijne smarten en vernemen waarom Zeus hem zoo schrikkelijk martelt. Doch ziele-droefheid kwelt hem het bitterste.

« O had hij mij diep in der aarde schoot,
» In de woning des doods, in 't schaduwenrijk,
» In d'onpeilbaren kolk, met onlosbare boei,
» Voor eeuwig gestort, dat nimmer een God
» Of een andre zich over die straffe verheuge !
» Als speelwerk der winden word ik nu gezweept
» En duld hier der vijanden spotlust. »

Okeanos verschijnt zelf op zijn zeeros, betreurt Prometheus' lot en biedt zich als bemiddelaar aan om Zeus tot de ver-lossing des Titaans te bewegen. Verlorene moeite ! ijdele goedmoedigheid ! « Pas wel op door uw medelijden voor mij geenen haat in te oogsten, » zegt Prometheus en vader Okeanos verwijdert zich van den vriend met tegenzin en bekommernis.

De Okeanidenrei heft een klaaggezang aan, over de folteringen van Prometheus. Hij somt de weldaden op door hem den stervelingen geschonken en verwijt den Goden hunne ondankbaarheid ! — Doch de rei vraagt vol erbarmen: Of dan de menschen, die hij, zonder Zeus te vreezen, zoo liefde en hoogvereerde, hem in zijne onuitsprekelijke martelpijn niet kunnen bijstaan ?

« O hoe faalt voor de liefde de liefde !
» Wie, dierbre, kan u redden,
» Van de kindren des dags, wie helpt u thans ?
» Gij zaagt niet, hoe de nietige kracht der onmacht,
» 't Blind geslacht der menschen, lijkend
» Aan droomgestalten, in banden gekneld houdt ?»

Verliest hij zijn eigen welzijn niet uit het oog, dan zal het hem eens gelukken zijne ketens te breken. — Prometheus wijst op de eeuwige macht des noodlots, waaraan ook Zeus niet ontsnappen kan; het geheim der toekomst kent hij, zal het niet veropenbaren, want door het te verzwijgen hoopt hij zijne verlossing te bewerken Nu verschijnt Io, de dochter van Inachos. Omdat zij Zeus' liefde met geene wederliefde beantwoordde, werd zij door den Oppergod aan Hera's ieverzucht prijsgegeven; deze vervult haar met angst en waanzin en drijft haar over landen en zeeën in de woeste streek, waar Prometheus te lijden ligt. Beide slachtoffers, deze het vernuft, gene de liefde voorstellende, jammerklagen hevig tegen den oorsprong hunner kwalen, tegen den gewelddadigen en afgunstigen tiran. Prometheus verkondigt aan de armzalige de toekomst : uit haar zal een held, Herakles, geboren worden, die hem verlossen zal; doch eerst zal zij nog angstig dwalen, leed en smart verduren, totdat zij Molossis' vlakten betreed, waar Dodona's eiken haar als Zeus' roemrijke gemalin zullen begroeten! — Woedend stormt Io voort. Prometheus verheft de stemme luider tegen Zeus en spreekt onverholen den val van dezes heerschappij uit. Deze woorden klinken niet verloren, stijgen tot in den Olympos, ontroeren den tiran en bewegen hem Hermes, den hemelbode, tot den geboeiden martelaar te zenden. Namens Zeus gebiedt Hermes den Titaan hem de middels te onthullen om dit gevaar te ontwijken. Deze vraag en de weigering, die erop volgt, is het onderwerp van een laatste tooneel, waarin de fierheid, de ontembaarheid van Prometheus' gemoed uitstraalt in zijne volle grootheid, zijne glansende krachtdadigheid. Hermes vliegt dreigend henen. De bedreiging wordt vervuld : geweldig loeien orkanen, de aarde beeft, bliksems vlammen en Prometheus weeklaagt :

    « Daar siddert de grond,
    » En de donder in schor nadreunenden slag
    » Grolt woest, en wild slingert de vlammende flits
    » Des bliksems, stormwinden woelen het zand omhoog !
    » En in warling gejaagd, in elkander gezweept,
    » Met des oproers toorn en der golven gehuil
    » Verbindt zich de hemel met de aaklige zee !

   . . . .

    » O heilige moeder, o Œther, gij
    » Die het licht verleent, dat alles doordringt,
    » Ziet, welk onrecht ik verdure ! »

Prometheus zinkt met de rots in den afgrond.

Hij roept zijne moeder Thémis, de Godin der gerechtigheid aan, als richterin, den alzienden Œther, als getuige der mishandelingen, die Zeus hem doet onderstaan. (1)

Zoo eindigt dat heerlijk tweede gedeelte, waarover Moriz Carriere te recht schrijft : « In dit drama schiep Aischylos zijn koenste en diepzinnigste werk, dat de lichtkern der gansche menschengeschiedenis volgens hare zedelijke bediedenis en hare verhouding tot God als daad, leed en verzoening, als schuld, boet en verlossing op dezelfde wijze voorstelt als het boek Hiob, als Dante's Goddelijke Comedie of Gœthe's Faust. »

_____

(1) J. J. C. Donner — Aischylos ausgewählte Tragödiën. De meeste citaten uit Aischylos, die in deze verhandeling voorkomen, zijn uit Donner's merkwaardige overzettingen overgenomen.

Na duizende jaren wordt Prometheus uit den afgrond gehaald en weder in treurige eenzaamheid aan den Kaukasus geboeid. Alle drie dagen verschijnt een afgrijselijke adelaar, Zeus' geklauwde bloedknecht, die de steeds aangroeiende lever des Titaans opvreet. Herakles doorschiet den adelaar, maar nog is Prometheus niet vrij. Dan overhaalt Io's zoon Zeus, ten einde Hermes' bedreiging te vervullen : « Dat een der onsterfelijken voor den Titaan vrijwillig in den dood ga, » den Kentaur (1) Cheiron in den Tartaros (2) te zenden. Cheiron, door Herakles met eenen vergiftigen pijl gewond daalt vrijwillig in den afgrond. Prometheus is vrij. Nu maakt hij het geheim bekend: als Zeus met Themis zich vereenigt zal er hem eenen zoon geboren worden, die hem van den troon zal rukken. De Verloste Prometheus bekranst zich, volgens de Hellenische overlevering, met eenen wilgentwijg en draagt eenen ijzeren ring aan den vinger met eene brok der Kaukasusrots, als zinnebeeldige teekens der « Geketende » en der « Begenadigde » menschheid. Aldus gesmukt woont hij de bruiloft bij van Thetis, die Zeus aan Peleus geschonken had.

Evenals in het eerste gedeelte der Trilogie, dat met de bruiloft sluit van Prometheus en de okeanide Hesione, wordt het derde deel gesloten door het huwelijk van Thetis of Themis, de wetgevende okeanide, de goddelijke gerechtigheid, de zedelijke wereldverordening. Met deze Saga, als slot, zegt Bunsen, verschijnt de goddelijke gerechtigheid weder op aarde : haar kind is een ware menschenzoon : en hij is het , die den oudsten geschiedkundelijken wrevel wreekt.

Sedert Aischylos begeesterde deze mythus vele denkers.

---

(1) Kentaur. In de Grieksche mythologie woud- en bergdæmonen. Om hunne wilde natuur aan te duiden werden zij half ros en half mensch voorgesteld.

(2) Tartaros. De onderwereld; de verblijfplaats der gestrafte titanen en verdoemden.

Tot onderwerp heeft zij ook den edelen strijd der vrijheid en hare deugden tegen het despotismus en al de ondeugden, die het als trawanten dienen. Trots is bij de vrijheid, en alle trots verdient straf! Daarom lijdt zij, worstelt en behaalt eindelijk de zegepraal.

Het verhevene gedacht van eenen God, die zich zelven voor de menschen slachtoffert, bewoog eenige kerkvaders Prometheus als Christus' aankondiger te beschouwen. De Kaukasus wordt Kalvariënberg. En Tertulliaan den heidenen over Christus predikende roept uit : « Ziehier den waarachtigen Prometheus ! »

Om van de oudheid niet verder te gewagen, zien wij in de moderne tijden de mythus van Prometheus op verschillende plaatsen in de geschiedenis en in de poëzie verschijnen. Op het einde der middeneeuwen bewerkt in Spaniën Calderon de la Barca den strijd tusschen het vernuft en de zinnen, de zelfbekamping onzes bestaans in een allegorisch drama « *La Estatuta de Prometeo* ». Vondel in Nederland voor zijn treurspel « *Lucifer* » en Milton in Engeland voor zijn « *Paradise lost* » en « *Samson agonistes* » nemen, ter opluistering dier werken, eenige der stoutste trekken uit Aischylos' meesterstuk. Ook in Frankrijk werd de held des Griekschen dichters gebruikt, als de zoutelooze minnaar van zijn beeld, in de *Pandora* van Voltaire, en, zegt M. Patin, als de onbeduidende uitdrukking van Voltaire zelfs en van de wijsbegeerte der XIIIe eeuwe in den *Prométhée* van Lefranc de Pompignan; wanneer, in 1838, Edgar Quinet die eeuwig edele figuur op eene ernstige wijze terug ten tooneele voerde in een groot dramatisch gedicht. Zich steunende op de vergelijking door eenige Kerkvaders gemaakt tusschen Prometheus' martelpijn en de Passie van Jezus-Christus, lost de dichter het drama op, dat, volgens hem voor de Ouden onoplosbaar was, door den val des heidendoms en de opkomst der christelijke religie.

Te Rome schrijft de Engelsche dichter, Percy Byssche Schelley, zijn classiek drama « *Prometheus unbound* ».

Dees drama, zegt hij, is voor het grootste gedeelte geschreven op de bergachtige puinen van Caracalla's baden, tusschen bloemrijke vlakten en bosschagen van geurig bloeiende boomen. De schitterende blauwe hemel, de indruk der krachtige lentontwaking in deze gezegende streek en het nieuw leven, dat daar de geest doordrong en vreugdedronken ontvlamde, zijn de ingevers van dees drama. Schelley's *« Verloste Prometheus »* is een werk vol gloeiend glansende dichterbeelden, met metaphysieke en mystieke bespiegelingen, bijwijlen opgehelderd door pantheïstieke beschouwingen, doch daarbij is het doorgaans stouter en sceptieker nog dan eenige zijner vroegere werken.

Byron, bestendige lezer, geestdriftige bewonderaar van Aischylos' Prometheus, neemt den God-mensch als oorbeeld voor al zijne helden, waarin de menschelijke hoogmoed kampt tegen de voorzienigheid Gods, en vervaardigde het volgende gedicht.

PROMETHEUS.

I.

Titaan ! gij wiens onsterflike oogen
De martelpijn der sterflikheid
Zien in de sombre werklikheid,
Gij, met der menschen leed bewogen,
Wat was uw loon voor 't milde strijden ?
Een stom en hevig gruwzaam lijden !
Rots, keten, gier en helsche smart,
Al wat 't gevoel van koenheid tart,
De zielestrijd, dien gij verbergt,
't Verstikt besef van wee, dat vergt
Tot klagen killige eenzaamheid,
En angstig naar den hemel tuurt
Of daar geen luistraar spottend gluurt,
Ja, zelfs voor 't zuchten de echo mijdt.

II.

Titaan, gij proefdet 't bitter strijden
Van vrijen wil en laf geduld,
Dat, doodt het niet, met smart vervult ;
De hemel zonder medelijden,
De droeve tirannij van 't lot,
Het heerschend grondbegin van haat,
Dat schiep, om dan met blijden spot
De wezens te verdoen als kwaad,
Ontzegden u den troost te sterven,
Gij mocht zelfs de ijdle gift niet derven

Der eeuwigheid — doch droegt ze wel !
Al wat de Dondraar u ontwrong
Was slechts de dreiging, die in schijn
Hem schonk uw' helsche folterpijn.
Van 't noodlot, dat uw blik doordrong,
Spraakt gij, ter slooping uwer knel,
Geen woord ; zijn vonnis was dit zwijgen,
Vergeefs voelde in het hoofd hij stijgen
Den rouw.... De booze vrees hem drilde,
Dat in zijn' hand de bliksem trilde.

III.

Ja, goedzijn was uw godlik kwaad,
Te maken door uw onderricht,
Der menschen leed en lasten licht,
En hun gemoed te sterken. — Doch versmaadt
U ook een God, dat uwe kracht
In 't lijden, dat uws geestes macht,
Die niemand kan doordringen,
Door aard noch hemel te bedwingen,
Een' les zij voor de stervelingen !
Ge zijt een heilig zinnebeeld
Van 's menschen noodlot, sterkte en moed.
Als gij, zijn wij met God bedeeld,
Van eene reine bron, zijn wij een troeble vloed ;
Zijne eigen lotbestemming, zijnen dood
Voorziet de mensch ten deele en ook den nood
Van 't duister ongeholpen leven,
Zijn diep ellendig wederstreven,
Waarin de geest zich zelf bevecht
En alle wee en rampen slecht.
De vaste Wil van zijn gemoed,
In smarten 't loon hem vinden doet
Door eigen krachten kalm gevoed ;
Die Wil, die, eens getart, ontblaakt,
En zoo den dood ten zege maakt !

Behalven de satyriker Johannes Daniël Falk uit Dantzig,
werd in Duitschland ook de dichtervorst Gœthe door het
grootsche der Prometheus-legende begeesterd; hij vervaardigde de stoute schets, die onafgewerkt gebleven is, zooals
zoovele andere ontwerpen zijner jeugdige jaren.

PROMETHEUS.

Bedek vrij uwen hemel, Zeus,
Met wolkenwalm,
En oefen u, zooals de knaap
Die distels topt,
Aan eiken, aan der bergen kruinen;
Mijne aarde moet ge
Toch laten staan,

En mijne hut, die gij niet bouwdet,
Ja, ook den haard
En dezes gloed,
Dien ge mij benijdt.

Ik ken niets ellendigers
Onder de zon, dan u, Goden!
Gij voedt zoo kommerlik
Met offergaven,
Gebedsgezucht
Uwe heerlikheid;
Gij leedt gebrek, waren er
Geene kinders en smeekers, —
Hoopvolle dwazen!

Toen ik nog kind was,
Niet wist waar uit of in,
Wendde ik mijn verdwalend oog
Ter zonne, alsof daarboven
Een oor was, om mijne klacht te aanhooren,
Een hert, als 't mijne
Om zich des verdrukten te erbarmen.
Wie hielp mij
Tegen der Titanen overmoed?
Wie redde mij van den dood,
Van slavernij?
Hebt gij niet alles zelf voltrokken
Heilig gloeiend hert?
Gij zondt, nog jong en goed,
Bedrogen, reddingsdank
Den slapenden daarboven.

Ik u eeren? Waarvoor?
Hebt gij de lasten gelinderd
Der beladenen?
Hebt gij de tranen gedroogd
Der beangstigden?
Hebben mij niet tot mensch gesmeed
De almachtige tijd
En het eeuwige noodlot,
Mijne meesters en de uwen?

Waant ge dan,
Dat ik het leven haten zal,
In woestenijen vluchten,
Omdat niet alle
Bloeiseldroomen rijpen?
Hier zit ik en vorm menschen
Naar mijne beeltnis,
Een geslacht, dat mij gelijkt,
Om te lijden, te weenen,
Te genieten, zich te verheugen
En u te verachten,
Zooals ik!

Beethoven, de hedendaagsche Aischylos der toonkunst, schiep ook zijnen Prometheus.

Doch hoe koen ook gedacht, hoe schitterend ook bewerkt, hoe warm ook bezield, geene der verschillende bewerkingen dier saga der menschheid, evenaart de onvergankelijke schoonheid, wonderbare poëzie, diepe wijsbegeerte, ingrijpende dramatieke effecten, heldere toestanden en verhevene strekkingen van Aischylos' goddelijke schepping.

Twee woorden uitlegging, waarom de schrijver gewaagd heeft eene gedachte uit Aischylos' Prometheus in het Nederlandsch tebehandelen.

Tijdens de wereldtentoonstelling, te Parijs geopend, werd het gedicht eener feest-cantate van Mr Romain Cornut « *Les Noces de Promethée* » als *Cantate de l'Exposition* verkozen onder de 222 ingezondenen, om getoonzet te worden. Die « *Cantate de l'Exposition* » moest dienen, om de wereldtentoonstelling van 1867 te vieren, alsook den vrede, die er het welgelukken van verzekert. — Edel gedacht, voorwaar !

In Frankrijk trouwt Prometheus met de Menschheid; de vreemde volkeren, de Barbaren (1) komen toegeloopen en juichen het huwelijk toe van den God-Mensch met de goddelijke Natie, het uitverkorene volk, de eenige menschheid, onder Frankrijks schoonen hemel.

Dit gelegenheidsgedicht maakte de Franschen gelukkig. De toondichters aller streken werden tot eenen prijskamp uitgenoodigd om het te toonzetten.

Natuurlijk werd een Franschman bekroond.

De toondichter van den hiervolgenden Prometheus dong mede. — Hij bezielde zich door Aischylos, putte aan deze onuitputbare bron van schoonheid, verhevenheid en gedachtengloed en gaf aan zijne schepping den oratoriumvorm — deze vorm, hoog als de hemel der phantazie, zegt Herder, diep breed en golvenrijk als de zee der gevoelens.

Zijn werk werd verworpen.

---

(1) Victor Hugo. — Paris-Guide.

De Koninklijke Koormaatschappij, aan wier iever en moed de Vlaamsche kunst zooveel verschuldigd is, nam het op zich het nieuwe oratorium uit te voeren. Een gelegenheidsgedicht te zingen, waarin Prometheus trouwt *sous le beau ciel de la France*, kwam niet meer te pas en paste ook niet gezongen te worden door Vlaamsche borsten. De schrijver van dees gedicht ging ook bij Aischylos te rade, hij aanzag Prometheus als de Genius der menschheid, en daar de geest uit liefde de menschheid redde, liet hij de menschheid uit wederliefde de boeien des geestes breken!

In het oratorium zijn Poëzie en Muziek zusters. Zij wandelen daar onzichtbaar heen en strooien hemelsche klanken, droppen der ziele, doorglinsterd van den straal des diepsten gevoels; doch tot nu toe zijn alle behandelingen, na Aischylos, der Prometheusfabel mislukt.

Dees gedicht zal het getal der misgeboorten vermeerderen.

—

De dichter heeft een tweevoudig doel gehad met de moeielijke taak op zich te nemen, een gedicht en dan nog wel « Prometheus » voor de reedsbestaande muziek te vervaardigen; de aandacht terug te wekken op de onsterfelijke schepping van den grooten Grrrekschen tragieker, en met behulp van den machtigen toondichter en der moedige kunstminnende Koormaatschappij van Gent, liefde en eerbied te verwerven voor de schoone rijke moedertaal.

PROMETHEUS.

*Rotsig zeestrand in eene woeste streek. Hephaistos,
met hamer en ketens, en de Godheden Kratos
en Bia voeren Prometheus geboeid op.*

RECITATIEF.

KRATOS (Tutti Bassi).

Aan 's aardrijks verste en woeste strand,
van mensch noch dier gekend, zijn wij thans aangeland.

10

Hephaistos, 't is uw plicht: in diamanten kluister
nu Themis' zoon geboeid, die stal des hemels luister!

HEPHAISTOS (Tutti Tenori).

Het vuur, dat hij uit reine menschenliefde schonk
aan de aard, die d'ethergloed met volle teugen dronk,
den gloed, die, snelgejaagd in eindloos golfgewemel,
terneerdaalt bij den mensch en hope wekt in 't hart.

KRATOS (Tutti Bassi).

Hij, die 't geheim verried, het kleinood van den hemel,
verdient geen medelij, maar haat en helsche smart.

KRATOS en HEPHAISTOS (Tutti Bassi e Tutti Tenori).

Nu ligt hij daar geboeid, die Goden uit dorst dagen,
de bloem des lijfs verwelkt door 't zengend zonnelicht.
Vergeefs houdt hij den blik naar Helios gericht!

KRATOS (Tutti Bassi).

Vergeefs heft hij de stem tot klagen...
Hem strafte Zeus... Wie zal het wagen,
hem uit dit schandig jok te ontslagen?...
De Lijder trilt en zucht: het licht!

Hephaistos, Kratos en Bia verdwijnen.

REI VAN OKEANIDEN.

Ween niet, droog de jammertranen,
menschenvriend, verdraag uw leed.
't Vuur zal niet meer wijken, tanen,
dat uw' liefde ontspringen deed.
Ziet de menschheid juichend komen;
over bergen, wouden, stroomen,
hoort hoe haar gejubel zweeft;
sinds uw geest haar hoofd verlichtte,
sinds uw' kunst haar herte stichtte,
dat van blijde erkentnis beeft.

DE MENSCHHEID.

Verlossing den Lijder!
Bron van hoop en deugd.
Ja, eere den strijder!
Bron van liefde en jeugd.

PROMETHEUS.

Welk lied verneemt mijn oor, zoo grootsch en engelachtig!
Hoor ik den menschenzang, die krachtig
mijn hart met troost en moed
vervult in wee en tegenspoed?
O, menschenlied, wat zijt ge schoon en zoet!
Reine zieletonen,
komt ge mij beloonen
voor mijn heilgeschenk?
Licht gaf ik aan 't leven,
't wordt me weergegeven
als een heilgeschenk!

De Menschheid verlost Prometheus.

Breken mijne boeien,
'k voel den ether vloeien
om de leden mijn!
'k word als opgeheven,
vrij kan ik weer zweven
door den zonneschijn!

DE MENSCHHEID.

Verlost is de Lijder!
Bron van hoop en deugd.
Ja, eere den strijder!
Bron van liefde en jeugd.

PROMETHEUS EN DE MENSCHHEID.

Nu zegepraalt de geest der eedle kunsten

PROMETHEUS.

door mij den mensch veropenbaard;

DE MENSCHHEID.

door hem aan ons veropenbaard;

PROMETHEUS EN DE MENSCHHEID.

de heil'ge vrede schenkt de mildste gunsten,
de schoone waarheid troont op aard.
Nu heerscht het recht, gebroken is de keten,
die eeuwen hield gekneld 't gedacht....
't Geweld is heen, de tweedracht is vergeten,
terwijl het licht der liefde lacht.

DE MENSCHHEID.
SLOTKOOR.

Nu zegeviert de geest der eedle kunsten,
door Prometheus veropenbaard;
de heil'ge vrede schenkt de mildste gunsten,
de schoone waarheid troont op aard.

EMANUEL HIEL.

—

REALISMUS.

—

Het is nu zoo wat een jaar geleden dat ik klaagde over gebrek aan critiek in onze letterkunde. Toen begreep ik nog de oorzaak niet van dit gemis, sedert dien zijn mij de oogen opengegaan en, wat ik leerde, wilde ik aan de lezers van het tijdschrift mededeelen en vooral aan hen, die ooit lust zouden kunnen gevoelen het baantje van criticus aan de hand te nemen.

De lezer zal zich misschien nog herinneren hoe de heer Nolet de Brauwere van Steeland mijnen te kwader ure gekozen naam *Comestor* vertaalde. — Met behulp van Latijnsch-Fransche woordenboeken — men bewere nu nog dat die heer niet de zedigheid in persoon is — had hij gevonden dat die naam moest vertaald worden door *grand mangeur, goinfre, gourmand ;* iets wat hij in de schitterende, hem eigene taal translateerde door : *veelvraat, slokop, zwelgbalg.*

Helaas ! ik moet het bekennen de vertaling van mijnen ongelukkigen naam was zeer gelukkig — alleen de naam zelve deugde niet. — Niet zwelgen mag de criticus, maar daar waar het lezende publiek slikken mag zonder kauwen, moet hij kauwen en wat hij als afgekauwd aanzien kon, moet hij, hoe ongekookt en zuur de brokken soms zijn, nog eens herkauwen.

Dit is de wet — dit is het lot van eenen Vlaamschen criticus. — Men bewere nu nog dat er geene onedele ambachten zijn.

Dit herinnert mij de avonture van een mijner goede vrienden. Hij woonde ergens stil en vreedzaam in een stil en vreedzaam steedje ; hij had weinig oorlogszucht in het hart en, daar hij niemand aanviel, had hij ook niemands slagen af te weren. Daar komt in eens bij den uitgever van een onzer tijdschriften de rampzalige gedachte op hem een boek ter recensie te zenden.

Het was een doodeenvoudig schoolboek over stijl en letterkunde, het bevatte niets nieuws, dus niets gewaagds. Wat erg kon er in zijn zijne gedachte hierover uit te spreken, daar het dan toch alleen opmerkingen van weinig belang kon gelden ? Geen het minste, dacht mijn vriend, en hij schreef eene alleszins gunstige beoordeeling op zeer gematigden toon en veroorloofde zich ter loops enkele aanmerkingen op punten, waarover hij dacht te mogen mede spreken. Het kwam er zijns dunkens slechts op aan den schrijver eenige onvrijwillige onnauwkeurigheden onder het oog te leggen.

Zoo dacht hij bijv. dat verzen zooals :

Laat *mijn moed* niet *misdoen*

*M*et *m*isnoegd beklag ;

*M*aar *v*erleen me in 't *v*erdriet

't Vernoegen der rust.

in het geheel geene allitereerende verzen mochten genoemd worden, zoo als de schrijver van het schoolboek het deed.

Hij had nooit grooten smaak in Vondel's proza gevonden en zegde het ; hij meende, in tegenspraak met den schrijver, dat de Nevelingen en de Goedroen niet oorspronkelijk in onze taal geschreven waren en dat Reinaert de Vos ons niet uitsluitelijk toehoort.

Over al deze punten was hij volkomen zeker van wat hij sprak, met de enkele uitzondering, dat hij bekennen moest, dat het zeer wel mogelijk is dat er menschen zijn die hunne lievelings-lectuur van Vondels proza maken. « Elk zijn goeste. »

Gij zult met mij bekennen, lezer, dat er niets buitensporigs in al die meeningen lag, dat de nieuwbakken criticus zich niet aanstelde als een kerel gevaarlijk voor de rust van den Staat of als een overdreven omwentelingsgezinde op het kalme gebied der Letterkunde. Wanneer men zijne critiek gelezen had, nam menigeen het hem kwalijk, dat hij niet harder doorgeslagen had.

En nogtans ! kendet Gij onze Vlaamsche schrijvers, de kitteligheid hunner huid, de verdraagzaamheid voor al wat uit hunne pen gevloeid is en de edele weerbarstigheid waarmede zij zich tegen elken band verzetten ; gij zoudt zoo licht uw oordeel niet vellen.

Zes maanden, of zoo wat nadien, antwoordt de beleedigde schrijver dat... hij niet antwoordde. — Niet, omdat hij niet kan. — Foei ! voor wie zoo iets zou veronderstellen. — Neen, dat hij zich te groot acht om op zulke jeugdige onbezonnenheden te antwoorden — dat hij er misprijzend de schouders over ophaalt en dat de anderen het maar met hem moesten mede doen.

De bedeesde criticus trok alles terug wat hij gezegd had, liever dan van het schoolboek nog eens te herkauwen en liet aan ernstige en bevoegde mannen de taak over, uitspraak te doen over eene zaak, waarin hij wel degelijk onbevoegd scheen.

Men denke nu niet dat de ernstige schrijver het bij het schouderophalen liet blijven. — Verre van daar. — Hij zocht hulp en vond ze bij iemand die, zoo als het geschreven staat, in eene voorstad van Brussel woont. — Welke voorstad weet ik natuurlijk niet. — Die vriend van den ernstigen schrijver verzekerde dat de criticus, die reeds eenen akt van berouw verwekt had, wel degelijk een neuswijs was, omdat hij niet zonder onderzoek berust had in wat de heer Sleeckx zegde, en dat gezegde heer Sleeckx wel degelijk een ernstige schrijver was.

Hij bewees onder anderen met Snellaert in de hand, dat de Goedroen en de Nevelingen in het Vlaamsch geschreven waren, maar het moet zijn dat hij slecht gelezen had — want de text zegde in het geheel niet wat hij zeggen moest. Maar waar men zoo nauw ziet is de kamaraderij klein, zegde de heer Versluys tegen den heer Sleeckx — en de geklopte Criticus werd nog duchtiger dan te voren uitgelachen.

Wel is waar beweerde iemand, dien men uitgenoodigd had mede de schouders op te halen, dat hij de critiek zoo niet verstond en dat er buiten en boven Snellaert nog andere bevoegde mannen zijn. Maar de slotsom was toch dat onze jeugdige onbezonnene deerlijk zijne hand gepletterd had, wanneer hij ze steken wilde tusschen de werken van eenen ernstigen Vlaamschen schrijver en dezes teergevoeligheid en dat hij er met zijne neuswijze kritiek slechts in gelukt was, den beoordeelde kwaad bloed te maken en zich zelven de verontwaardiging van eenen of meer ernstige mannen, zonder eenig nut of eenige vergoeding op den hals te halen.

Ik vertelde deze herinnering slechts om te bewijzen hoe benijdenswaardig het lot van eenen criticus in de Vlaamsche letterkunde is, en hoe hij — wil hij geen herkauwer worden — beter doet zoo spoedig mogelijk het veld te ruimen.

Het is waar, ik kende dit bemoedigend vertelseltje niet, toen ik mij liet verleiden tot het opstellen van een overzicht in het *Nederduitsch Tijdschrift*, ik ben dus slechts ten halve plichtig — of onnoozel, hoe zal ik het heeten? —

geweest, wanneer ik mij de heup omgordde met den papieren sabel der recensie. Maar lang moest ik niet wachten op eigen rug de ondervinding op te doen van wat er is weggelegd voor den vermetele, die zich, geroepen of ongeroepen, het recht aanmatigt, dat ieder bij den boekhandelaar koopen kan, het recht zijne gedachte vrij over een boek uit te spreken.

Daar kreeg ik eerst knorren van den heer Nolet, omdat ik niet met den noodigen eerbied van Hoogstdeszelven verzen gesproken had. Die knorren hadden nu het voordeel dat zij geschreven werden door iemand, die, met zijnen welgelukten satyrischen vorm, de menschen niet verveelt zelfs wanneer hij niet lacht, en daargelaten — of misschien om het overdrevene van zijne tegenstribbeling — zag ik geen groot kwaad in de auto-panegyriek van Zijne gevestigde letterreputatie.

Maar toen viel mij de laatste aflevering van het *Nederduitsch Tijdschrift* in de hand en daar las ik pleidooien van Versluys voor Sleeckx, van Michiels tegen Sleeckx, van Van den Abeele tegen Comestor, van Comestor tegen Nolet, zonder te rekenen de gewone en buitengewone recensies.

En ik, die klaagde, dat er geene lettercritiek bestond in Vlaanderen, deinsde terug voor het uitwerksel mijner woorden, als ik zag dat de naam der critici *legio* geworden was. Ik bevond mij in den onaangenamen toestand van den man uit « Duizend en eene nacht » die een tooverwoord verkeerd had uitgesproken en die een leger waterdragers zag verschijnen met emmers en nog emmers water, zoodat de onvoorzichtige groot gevaar liep versmoord te worden, door al het nat der opgeroepenen. Ik weet niet wat er van den man kwam, of hij het goede tooverwoord weervond, noch of hij zich door de vlucht wist te redden. Wat mij betreft ik zoek liever niet naar de wonderspreuk en, — om niet versmoord te worden door de waterige bijdragen der twistige anti-recensenten, en om het publiek niet te vervelen met te schrijven als ik niets te zeggen heb of met over mijne gezegden te doen schrijven door lieden, die altijd zoo ferm de anti-critische zweep niet hanteeren als de zanger van den Peerenboom en de kruiskens — geef ik mijn ontslag van officieelen aftakelaar van gevestigde of ongevestigde letterreputaties.

Vooraleer echter mijnen regelmatigen dienst op te zeggen, want liefhebberen zou ik soms nog wel eens, « als 't past bi appetite » heb ik eene achterstallige schuld te betalen aan den heer Albijn vanden Abeele, die in het laatste nummer bedenkingen geopperd heeft over mijne opvatting van het Realismus.

Ik betaal die schuld des te liever, omdat het protest op zoo een beleefden toon aangeteekend is. Dit verschijnsel zou mij dan ook te recht verwonderen zoo ik niet wist dat de heer v. d. A. nog slechts aan zijn eerste of tweede werkje is — laat er hem zes gedrukt hebben en wie weet of zoo gij u dan nog veroorloofdet eenen vinger uit te steken naar zijne letterreputatie, gij hem niet even als de anderen zijn « *Quos ego...* » zoudt hooren uitdonderen tegen iederen vermetele die het wagen zou de hand te slaan aan de pikkels welke tot vestiging van zijnen troon dienen.

Ofschoon ik nu grooten lust had mij bij het beantwoorden der bemerkingen op mijne critiek te bepalen, vond ik er mij natuurlijk toe gebracht ook hier en daar een woordje te zeggen over de Inleiding van het laatste werk van den heer Sleeckx : de « Plannen van Peer-Jan, » welke inleiding eene verdediging van het realismus en eenen aanval tegen de critieken bevat. Dit laatste punt kan ik nu wel ter zijde laten liggen alleen is mij dit niet mogelijk voor het eerste. Ik verklaar echter voorop dat het hier slechts de theorie van den schrijver betreft en niet de toepassing daarvan. — Men kan eene middelmatige theorie hebben en een degelijke schrijver zijn en vice-versa. — Mochte de heer S. nu al weder aan eenen boosaardigen aanval van zijne gedachten denken, dan gelieve hij maar weer de schouders op te halen en zich niet verder om onbezonnenheden en *onrechtzinnigheden* te bekreunen.

De anti-critiek van den heer A. vanden Abeele en de Inleiding van *de plannen van Peer-Jan* handelen alle twee over Realismus, in geen van beide tref ik echter de waarde van het woord nauwkeurig vastgesteld.

De heer v. d. A. schijnt te denken dat het wel photographie en kopie zou kunnen zijn. — Wij laten zijne eigene woorden volgen.

« De heer Comestor alhoewel hij naar het Realismus
» overhelt en het op zekere voorwaarde goedkeurt, wil
» dat wij te veel realist zijn in *Karel en Theresia*, dat onze
» schets photographie, *hetgeen volgens hem niet zijn mag,*
» en de copie van het platte landsleven te gemeen is. Wij
» antwoorden.....: elk zijn goeste. »

Ondanks al het nevelachtige van dit realistische antwoord, dunkt het mij dat het eene afkeuring is onzer veroordeeling van photographie en kopie.

De heer Sleeckx aanziet als realismus « de eenvoudige stijl en het gebruik der volkswoorden » « het aanschouwelijk maken der waarheid », « de werkelijkheid als middel om de poëzij te bereiken. »

Ik heb ten volle vrede met deze bepaling van het *gezonde* realismus, en in dien zin verstaan, zeg ik met den heer Sleeckx dat Homerus en Shakespeare, Vondel en Goethe, Lesage en Fielding, Cervantes en Dickens, of breeder nog dat alle schrijvers die, steunende op het ware zich verhieven tot het schoone, die aanschouwelijkheid en kleurenrijkdom bezaten, realisten waren.

Ik meen echter dat de heer S. niet volkomen in overeenstemming met zich zelven blijft, wanneer hij in eenen adem, Rubens den Griekschen heidene, den schilder der vleeschmassa's en Van Eyck, den schilder van het ascetische Christendom, noemt en dezen laatste looft, omdat hij zijne heiligen, onverschillig tot welk tijdstip zij behooren, de costumen der 14ᵉ eeuw doet dragen.

Ik geloof evenmin dat Vondel een uiterst gelukkig gekozen voorbeeld van realismus zij, noch de aanhaling, dat hij zijne engelen deed spreken als stervelingen, een krachtig bewijs van zijne waarheidsliefde.

Het schijnt mij in het algemeen uit de woorden van den heer S. te blijken, dat hij, uitgaande van zijne verschillige bepalingen, den kring van het realismus zoodanig breed maakt dat hij er eenieder in op nemen kan, die kracht van zeggen en schilderen aan den dag gelegd heeft.

Wanneer men aanneemt dat Vondel realist is omdat hij de betrekkelijke waarheid boven de absolute stelde, ten einde zijne engelen aanschouwelijk te maken, dat Van Eyck het is omdat hij anachronismes beging, dat Cervantes de grootste fantaisist der wereld en de schrijver der *Pickwick papers*, zijn groote jongere, dat Goethe de moderne Sophocles en Shakespeare de koning van het moderne drama, allen in den kring kunnen geplaatst worden, zonder dat hij te eng schijne, dan moet men met eenen aannemen dat realismus dezelfde beteekenis heeft als aanschouwelijkheid en waarheid en dat de theorie van het realismus de aesthetiek zelve is.

Maar die uitgebreide beteekenis heeft zeker de heer S. aan zijn lievelingsvak niet willen geven, en zoo hij het dan ook al hadde gewild, niemand hadde het hem nagezegd.

Laat ons dus vragen wat realismus beteekent, naar het

woord en naar de zaak.

Realismus beteekent, volgens de waarde van het woord, zucht om de werkelijkheid af te schilderen.

Die zucht kan natuurlijk wel bestaan maar niet bevredigd worden. De mensch is zoo geschapen dat zijne gedachten ontstaan uit de samenwerking van zintuigen en geest, zoodat er in elke opvatting der werkelijkheid een deel geestelijkheid (verschooning om het woord) moet gemengd zijn.

Men kan dus niet ten volle, maar min of meer realist zijn, naarmate men min of meer overwicht aan het zintuigelijke, het realistische, op het geestelijke, het idealistische, toekent.

De overheersching van de opgemerkte buitenwereld boven de zuivere gedachte zal dan het hoofdkarakter van het realismus uitmaken.

En dit doet het ook, — als bijgaande kenteekens, welke met het hoofdkarakter in verband staan, kan men nog aanmerken het streven om het juiste woord te gebruiken, zonder af te schrikken, zoo het wat ruw of alledaagsch mocht klinken, en het aanschouwen der wereld derwijze dat de kleine bijzonderheden, niet de groote massa's op het voorplan gezet worden :

In het algemeen dus het nauwkeurig opmerken der uiterlijke hoedanigheid en het wedergeven der werkelijkheid met hare eigene of lokale kleur.

Het is de genre-schildering, nevens de groote historie-schildering.

Het vak heeft stellig waarde en is meermaals met goed gevolg beoefent. Zoo vinden wij het allergelukkigst aangewend, om slechts van de meestgekenden te wagen in *Hermann en Dorothea* van Goethe, in de *Romans nationaux* van Erckmann-Chatrian, in Beet's *Camera obscura*, in Van Beers' *Bestedeling*. Niemand zal eveneens aan de verhalen van den heer Sleeckx verdiensten van juiste opmerking en ware kleur ontkennen.

Het vak heeft waarde wanneer het gebezigd wordt om een trouw tafereel op te hangen van eenvoudigen en individueelen aard, dat schitteren moet door de juistheid der bijzonderheden en lokale kleur eerder dan door verheffing en warmte.

Het heeft daarbij nut omdat het ons verlost van, en bevrijdt tegen, pathos en ledige opgeblazen woorden, die erge struikelsteen onzer jongere schrijvers.

In dien zin geven wij den heeren Sleeckx en Van den

Abeele volkomen gelijk het realismus te vereeren.

Waarom beknibbelde ik dan den laatste?

Omdat zelfs dan, wanneer men jacht maakt op kleine bijzonderheden, men nog kiezen moet; omdat, wil men in den geest een geheel opvatten, men de afzonderlijke deelen moet weten samen te grijpen; omdat tot het bekomen van een bepaald uitwerksel slechts bepaalde middelen kunnen aangewend en bepaalde zaken gekozen worden.

Dit kan niemand betwijfelen. — Een keus moet er gedaan worden waarbij vooreerst het onkiesche wegvalt.

Teniers moge overtuigde bewonderaars tellen om zijne kermis tafereelen, niemand echter zal het op zich nemen de hoeken dierzelfde bewonderde tafereelen te verdedigen, geen schrijver zou ze in zijne geschreven schilderij photographieeren.

Maar niet alleen het walgelijk onkiesche ook het stuitende, het ondoelmatige moet vermeden worden, wil men het uitwerksel niet bederven of misloopen.

Nemen wij tot voorbeeld van wat wij door dit laatste verstaan eene bladzijde uit *Karel en Theresia* welke de liefdeverklaring tusschen beiden bevat.

» Hoe grooter de overtuiging der maagd was geweest, des te gelukkiger gevoelde zich de jongeling. Een springvloed van zegevierende vreugd, die uit zijn hartje opwelde, deed hem uitroepen:

« Voor eeuwig, Trezeken, bemin ik u! »

En de maagd antwoordde:

« Maar Karel toch... » iets wat, naar den toon, waarin hare woorden geklonken hadden, meer zegde dan tienmaal: « ik bemin u tot in de eeuwigheid. »

Hierop volgde eene wederzijdsche stilzwijgendheid, maar beider hartjes vertelden zoetigheden en blijde maren.

. . . .

Onder het drinken van het halveken menthe, hunne zoo gezegde slaapmuts, fluisterde Karel aan zijne geliefde:

« En eer we goên avond zeggen, Trezeken, zult ge mij nog wel eenen snuif geven, niet waar? »

« Zeer gaarne, Karel, » en de maagd bood hem eene geopende tinnen doos aan. Nadat de jongeling eenen snuif genomen had, duwde het meisje hem, onder eenen minlijken glimlach, de doos in de hand, welke Karel met gretigheid aanvaardde en met zorg in den binnenzak zijner bovenvest verborg. En toen de jongeling de hand weder bovenbracht, reikte hij Theresia eenen vergulden koperen ring toe, dien hij met dat inzicht gekocht had, en welken de maagd met zooveel genoegen aanvaardde, als Karel de doos genomen had. «

Ik mag dit tafereeltje nog al — maar ik heb iets tegen de snuifdoos. Het moge zijn dat zij voor anderen het genot van de beschrijving niet stoore, ik zage ze liever verbannen — naar het hoekje van den haard, — bij de brilkast van grootvader en het kerkboek van zijne eerbiedwaardige wederhelft.

De gedachte dat Theresia hare maagdelijke vingers in die tinnen doos gaat doppen, dat zij met het *schmutzige* nieskruid haren neus gaat bevuilen — dat er daarbij een onmaagdelijke zakdoek vereischt wordt — Elk zijn goeste — Maar die gedachte bederft mij het tafereeltje der liefdeverklaring — ik vind ze al te realistisch.

De liefde men heeft het spottend gezegd is de synthesis van realismus en idealismus. Men mag met de spreuk lachen, maar men komt er toch zeer natuurlijk op terug en, zoo zij niet uitgevonden was, zou men ze stellig uitvinden.

Is er een gevoelen, dat ons kiescher maakt, dat de werkelijkheid, het platte realismus van alle dagen en van alle dingen meer met zijnen wazen sluier overdekt, alles meer verheft en meer doet zijn wat onze droomen het maakten — meer idealiseert in een woord, — dan de liefde. En wat zij voor de minnenden doet, zou zij dit ook niet voor den schrijver, den vertrouwde der gelieven, doen moeten. Zal het hem toegelaten zijn die nietigheden, die bewijzen, dat wij ons in geen geval boven de aarde kunnen verheffen en dat de zuiverste hartstocht ons niet eene enkele vleugelveder op het lijf kan doen wassen, grof en plomp gaan neerschrijven. En als er zoovele onschuldige en kinderlijke keuzelarijen zijn, waar tusschen er slechts te kiezen valt en wanneer alles tot het nietigste ding toe aan de gelieven tot bewijs van hun veredelend gevoelen kan strekken, moet het dan juist eene snuifdoos — met hare onvermijdelijke gevolgen — zijn, die als bewijsstuk voor den lezenden rechter moet opgebracht worden. Ik meen het niet. Ware ik beeldhouwer of schilder en hadde mijn kunstgewrocht snuifvlekken onder den neus ik verbrijzelde het, ware ik schrijver en vond ik dat het in de natuur mijner helden en heldinnen lag snuifdoozen als tolken hunner liefde te bezigen — ik liet ze waar ze vrij snuiven mogen, maar ik plaatste ze niet op den troon der min.

Het overdreven realismus keuren wij dus af, dat bestaat

in het zien en opnemen zonder keuze, dat alleen door de oogen en nooit door den geest opmerkt. Zelfs in de eenvoudigste tafereelen kan en moet er idealismus, dat is geest en onderscheiding, zijn ; daar waar zulks ontbreekt eindigt de kunst en vervalt men in het rekenkundig opschrijven, iets wat de loochening is van het letterkundig beschrijven. —

Een voorbeeld van dit uiterste vind ik op bladz. 22 van *Karel en Theresia*. Ik schrijf letterlijk over.

» Eindelijk brak het lang verwachte, gelukkige uur aan: de Sint-Martens zondag schonk aan allen in 't algemeen en aan ieder in 't bijzonder al wat hij maar schenken kon, en stelde elkeen in 't bezit van hetgeen hij gewenscht en verlangd had : 1° Het was schoon weder ; 2° de kleinen konden spekken, lekkerkoek enz. gaan koopen, want er stonden kramen en de kramers hadden al hunne waar tentoon- en ten koop gesteld ; 3° de grooten hadden reeds bloedverwanten, vrienden of andere verlangden ontvangen; 4° de jonge lieden trokken op naar de herbergen en daar gingen zij zich vervoegen met hem of haar, gingen zien en zouden gezien worden ; 5° de bejaarden mochten doen wat zij wilden; ófwel naar de herbergen gaan, ófwel rond de akkers wandelen, ófwel te huis een dreupelken uithalen of eene pijp rooken, in een woord, er ontbrak hun geene gelegenheid om over hunnen tijd te klappen. «

Daar hebt gij photographie ! Ik vrees geen oogenblik dat gij u zult beklagen dat het stukje overgekunsteld is ; integendeel, ik vrees dat bij het lezen wel de wensch in u kon ontstaan dat, de schrijver om ons volle zekerheid te geven dat hij niets overgeslagen heeft, ons even goed het plaatselijke kermisprogramma, van ambtswege uitgevaardigd, hadde kunnen mededeelen. Dit ambtelijke proza zou misschien dat letterkundige weinig overtreffen in zwier, maar de nauwkeurigheid, het kenteeken van het realismus, zou ten minste gewaarborgd zijn.

Zoo ik evenzeer hulde breng aan gezond realismus als ik het overdrevene afkeur wil dit nogtans niet zeggen, dat het mij voorkomt alsof eene letterkunde, welke zich hoofdzakelijk op dit vak zou toeleggen tot eene hooge bestemming zou geroepen zijn. Dit zoude ik in tegenspraak achten met het gezond oordeel en met de geschiedenis der letterkunde.

« *L'extrême désir des détails offense l'art, il détourne l'attention de l'objet principal pour la divertir sur des inutilités. — L'objet principal c'est l'homme.* »

Zoo spreekt L. Veuillot, die ook iets van stijl kent, over de hedendaagsche fransche school, en zijn oordeel is juist. De bezorgdheid om alles aan te teekenen en juist weder te geven zooals men het ziet, belet ons met de oogen van den geest de innerlijke beteekenis der zaken te doorgronden. De angst om zelfs niet het minste te laten ontsnappen belet den geest de eenheid en de gedachte in de stof en in den mensch te vatten.

En wat leert ons de geschiedenis der letterkunde over de waarde van het realismus. — Zijn al de geniëen door den schrijver van Peerjan opgesomd realisten, dan heeft het woord voor hem eene andere beteekenis, dan voor ons : dan is realismus iets anders dan realismus. — Maar bewaart het woord zijne aangenomen en geijkte beteekenis dan — neen — dan mag die gansche rij niet met den naam van realisten bestempeld worden. Want zij zagen niet alles, wat zij schreven — of zoo zij het zagen was het met den geest en bemerkten zij wat voor anderen verholen bleef.

Noch Homeros, noch Shakespeare, noch Goethe aasden op de buitenwereld. Of had Van der Palm het mis, toen hij van den Dichter, wien men den naam van Homeros geleend heeft, zegde :

« Zijn genie, zijne goddelijke muze fluisterde hem in, dat hij het dichterlijk verhaal van gebeurtenissen of gevechten, het schilderen van tooneelen en karakters, zonder éénen alles bezielenden geest daarin, aan mindere talenten en verbeeldingen kon overlaten, dat het zijne roeping was, een volmaakt geheel te leveren ; en daar stond de vergramde Achilles voor zijne oogen ! Zij fluisterde hem in, dat in een Goddelijk dichtstuk, het werk eens aangeblazen zangers, de Goden in de bedrijven der helden deel moesten nemen, aarde en hemel in verband gebragt, en alles als door een verborgen, verheven raderwerk in beweging gezet moest worden. » (1)

Homeros, de blinde, gelijk men hem voorstelt, had met zijnen geest de eenheid van Achilles karakter, het verband tusschen hemel en aarde doorzien — zijn vernuft niet de werkelijkheid had hem voorgelicht en daarom schiep hij de regelen van het heldendicht — die maar moeilijk met

---

(1) Van der Palm — over het verwaarloozen en veronachtzamen der regelen van de kunst.

die van het realismus zouden overeen te brengen zijn.

En toen Isaac da Costa die gave van het zicht des geestes, de intuïtie gelijk hij het noemt, schetste, wilde hij voorzeker noch Goethe noch Shakespeare tot den rang van realisten vernederen.

« Gave van intuïtie ! » roept hij uit « Zonder haar wederom geen dichter, althans die tot de aristocratie der wereld behoort. Die gave van intuïtie, die raadt en treft, die door een voor anderen ondoordringbaren muur heenblikt, die door een verborgen deur ingaat tot in het binnenste des gebouws, waarvoor de menigte, ook wel geleerden daaronder, zich met de buitenste deelen moet vergenoegen.

Kennis van menschen, gave van intuitie ! Wat anders maakte Shakespeare, maakte Goethe zoo groot ? Wel niet door de kennis der oude talen, wel niet door eene studie van historie en monographiën, zooals *de* wetenschap die heden vordert overeenkomstig haar recht op haar grondgebied, zal Shakespeare den Julius Cesar leeren kennen, dien hij zoo meesterlijk (en de Julius Cesar is Shakespeare meesterstuk niet eens) zoo levend wedergaf. Maar hij las zijne helden, zijne menschen in het hart, in het innerlijkste van hun wezen. Hij zag ze door, *hij at ze op,* hij gaf ze, zooals hij ze nu met zich zelven vereenzelvigd had, weder.

En Goethe! op zijne gave van dichterlijke intuïtie stelde hij meer dan op zijnen wetenschappelijken rijkdom prijs, toen hij in zijnen ouderdom aan eenen vertrouwden vriend zich dus uitte : « Toen ik mijnen Goetz van Berlichingen schreef, kende ik de wereld, die ik beschreef nog niet bij ondervinding. En toch ik beschreef ze bij intuïtie beter dan ik later in het volle midden dier wereld verkeerende, het zou hebben kunnen doen. » (1)

Ja ik zeg het deze groote schrijvers na. — De poëzij of de hoogere vorm aller letterkunde is eene plant, die, wil zij zich verheffen in den hooge, wil zij iets anders zijn dan een nederig gras, dat langs de aarde kruipt, wortelen moet schieten in den grond, diep moet doordringen in den schoot der natuur en daar hare levenssappen zoeken.

Wilt gij oor en oog verblijden, spreek dan van wat oog en oor waarnemen, maar wilt gij de ziel schokken en het hart treffen spreek dan, zoo gij eene ziel en een hart hebt, van wat zij gedacht en gevoeld hebben.

Dit is het doel der kunst, dat zij verheffe en verbetere,

---

(1) Handelingen van het 4ᵉ Nederlandsch Congres, bladz. 236.

dat zij niet blijve hangen aan het uiterlijke, het toevallige maar trachtte het innerlijke en het algemeene te bereiken, en dit zal zij niet bereiken dan wanneer zij zich boven de alledaagsche en stoffelijke werkelijkheid weet te verheffen.

De studie van den mensch, de groote, om niet te zeggen de eenige studie der kunst, toont ons best het verband tusschen de twee richtingen.

De opmerking leert ons den toevalligen mensch kennen met zijne vervelende alledaagschheid, met zijne stuitende ongelijkheid — den mensch « zoo valsch als het water » die zich voor eenieder en zelfs voor zijn eigen verbergt, die niemand in zijne verholen drijfveeren kan opspeuren, zoo hij door het uiterlijke niet heenziet en den mensch niet als oorbeeld opvat, geene eenheid in die verbrokkeling, geen einddoel in die steeds veranderende richtingen, geen leiddraad in den doolhof zijner daden weet te vinden en ons mede te deelen.

De schrijver, die niet denkt, maar ziet, speelt tegen over hem de rol van den knecht van een groot man, die zijnen meester *en robe de chambre* ziet.

De dichter integendeel, de schepper, vat hem uit den heele op en schept zijn karakter vooraleer hij het in de bijzonderheden uitwerkt. Doorloop de beeldengalerij der letterkunde : Achilles, Odysseus, Orestes, Phaedra, Chriemhilde, Lady Macbeth, Othello, Falstaff, Nero, Athalie, Faust zijn niet zoovele afzonderlijke individuën, die den dichter gezien en opgemerkt heeft, zij zijn de mensch, het oorbeeld in zijne verschillige uitingen opgevat en wedergegeven, en alleen gewijzigd door het midden, waarin de dichter leefde.

Le principal c'est l'homme. Kent gij hem dan kent gij alles, en gij zult hem niet leeren kennen met alleenlijk op te merken wat zijne handen doen en wat zijne tong zegt, gij zult hem leeren kennen met tot in het binnenste door te dringen, tot in zijne ziel den zetel zijner driften, dien te veroveren en daar de verborgen drijfveeren van zijn doen en zeggen op te zoeken en te beheerschen.

Gij zult met uwen held tot een oorbeeld der menschelijke natuur te maken een duurzaam werk scheppen, waarin wij niet zullen bewonderen den mensch van nu of vroeger, van hier of elders maar den mensch zooals hij altijd en overal is en was.

Dit doel ook alleen is waardig van de verhevene kunst, die den mensch wil beter en verhevener maken met hem in hare gewrochten volmaaktere en krachtigere afdrukken van zijne eigene natuur te laten zien.

En die kunst hebben wij, Vlamingen, noodig, gelijk ik het reeds zoo dikwijls op deze plaats herhaald heb, omdat wij niet alleen kunstzonen zijn, noch mogen zijn van Teniers, maar ook van Van Eyck en Rubens, omdat ons volk gedaald is in de stoffelijkheid en dat een *Sursum corda* ! aanhoudend en luide hem toegeroepen en wel door hem begrepen, niet enkel op letterkundig gebied weldadig werken zou.

P. COMESTOR.

—

BOEKAANKONDIGING.

—

Plaats- en ook tijdgebrek dwingt het bestuur des Nederduitschen Tijdschrifts de letterkritiek te verschuiven tot de eerstvolgende aflevering ; nogtans zijn er belangrijke uitgaven verschenen, die niet onvermeld kunnen blijven en waarop de aandacht der lezers dient gevestigd te worden :

Te Leiden bij D. Noothoven van Goor.

1° *Het Historisch . en Geographisch woordenboek.* Dit allerbelangrijkste werk verschijnt in afleveringen van 48 pag. op twee kolommen gedrukt à 60 centen. Zulke aflevering bevat evenveel letterdruk, als doorgaans den inhoud van een zwaar boekdeel van 360 pag.

2° *Bloemlezing uit de Dichtwerken van Mr Willem Bilderdijk*, naar tijdsorde gerangschikt en in verband gebracht met zijn leven en brieven, door Dr J. Van Vloten. Dat werk zal compleet zijn in 16 afleveringen ; elke aflevering van 8 bladzijden, ruim zoo veel bevattende als 32 bladzijden gewoon groot 8°, kost slechts bij inteekening 35 cent.

Deze twee werken worden door hunne belanhrijkheid en de buitengewone goedkoopheid ten zeerste aanbevolen. Het eerste is een onmisbaar werk voor geleerden zoowel als voor beambten, onderwijzers en alle lezers, die zich eenigzins met de aangelegenheden der hedendaagsche wetenschap, geschiedenis, kunst en staatkunde bezig houden.

De naam van Willem Bilderdijk zegt genoeg òm het tweede werk aan te bevelen, en Dr Van Vloten is door zijne vroegere uitgaven zoo gunstig gekend, dat men verzekerd mag wezen dat zijn keus smaakvol en rijk zal zijn in den weelderigen dichtergaarde van den grootsten dichter onzer moderne letterkunde.

—

Te Antwerpen bij J. W. Marchand en Cie, uitgevers.

1° *De Plannen van Peerjan* door Sleeckx.

Het eerste deel eener goedkoope Roman-Bibliotheek. — Van deze bibliotheek verschijnt alle maanden, of ten minste alle twee maanden, een boekdeel van 100 a 200 bladzijden, ten prijze van 90 centiemen per inschrijving voor 12 deelen.

2° *Beantwoording der Prijsvraag uitgeschreven door de* « Académie de archéologie de Belgique. » — Faire connaître la vie de l'Hérésiarque Tanchelin, exposer ses doctrines et en apprécier l'influence sur les idée religieuses des Anversois au XIIe siècle » door H. Q. Jansen.

3° *De Roodgieter Meester Lamp en zijne dochter.*

Naar het Platduitsch van Klans Groth, overgedicht door C. J. Hansen.

Te Gent bij W. Rogghé, uitgever.

1° *Nederduitsch Jaarboekje voor* 1868, — uitgegeven door F. Rens.

2° *Jaarboekje van de Maatschappij* « Het Kersouwken » te Leuven.

3° *Verhalen voor Jonge Lieden*, door Pieter Geiregat.

4° *Geschiedenis der Gemeenten van Oost-Vlaanderen*. V Deel, door F. de Potter en J. Broeckaert.

—

Te Groningen, bij J. B. Wolters.

Uit Zuid-Nederland. Vlaamsche Verzen en versjes, samengelezen door L. Leopold.

—

Te Brussel bij Ferd. Claassen.

De la race et de sa part d'influence dans les diverses Manifestations de l'activité des Peuples, par Léon Van der Kindere.

—

Alle deze werken zullen nader besproken worden, in de eerste aflevering van den jaargang 1868.

Onder de letterkundige Tijdschriften, die zich vooral onderscheiden door hunne degelijkheid en hunne warme genegenheid voor de Nederlandsche kunst en litteratuur, alsook voor den onverpoosden strijd tegen de verguizers onzer rechten, mogen wij met fierheid noemen :

1° *Magazin für die Literatur des Auslandes*. Herausgegeben van Joseph Lehmann. — Wekelijks eene aflevering van 16 bladzijden, ten prijze van 16 fr. 's jaars.

2° *Nederland*, verzameling van oorspronkelijke bijdragen van Nederlandsche Letterkundigen. Onder de redactie van T. van Westhreene Wz. Maandelijks eene aflevering van 7 à 8 vel druks. — Guldens 12 's jaars.

3° *De Tijdspiegel*. Uitgegeven door D. A. Thieme, te Arnhem. Maandelijks eene aflevering van ongeveer 200 bladzijden. — Guldens 12 's jaars.

4° *Bato*. Een boek voor het Jonge Nederland. Redacteur: W. Marten Westerman. Maandelijks eene aflevering, bevattende 4 à 5 vellen kompressen druk, in groot octavo formaat, en eene fraaie plaat. Prijs 5 guldens in het jaar.

5° *De Toekomst*. — Tijdschrift voor opvoeding en onderwijs, onder het bestuur van Frans de Cort. — Verschijnt in maandelijksche aflevering van 60 bladzijden. — 's Jaars 5 francs.

—

INHOUDSTAFEL.

—

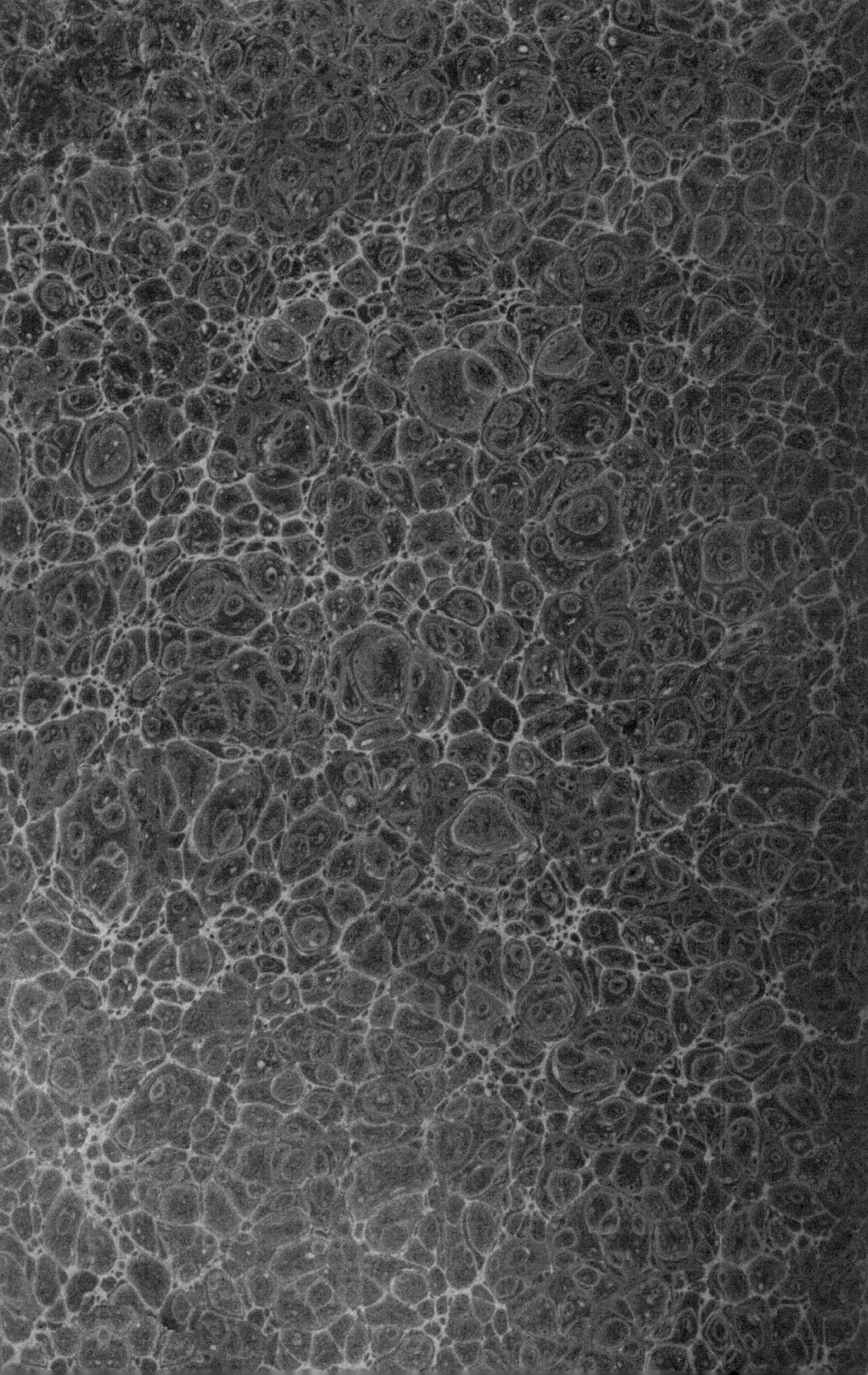

www.ingramcontent.com/pod-product-compliance
Ingram Content Group UK Ltd.
Pitfield, Milton Keynes, MK11 3LW, UK
UKHW011147110325
456070UK00006B/25